Inhalt

Mehr Dschagannath wagen

Dare more Jagannath

Auf dem Friedhof in Wallhausen, einem kleinen Ort in Baden-Württemberg, wurde im Jahr 2019 ein junger Mann beerdigt, der sich kurz zuvor das Leben genommen hatte. An seinem Grab ließen die Eltern eine 1,55 Meter hohe, orangegelbe Statue errichten. Sie ist das Werk eines Berliner Künstlers und wurde knapp drei Jahre nach der Beisetzung zeremoniell enthüllt (siehe Abbildung auf S. 8). Nur wenige Wochen später erhielt die Familie jedoch die behördliche Mitteilung, dass das markante Grabmal in der vorliegenden Form gegen die geltende Friedhofsordnung verstoße. Zudem hätten sich einige Friedhofsbesucher*innen von diesem Anblick offenbar gestört gefühlt und beschwert. Aus diesen Gründen solle die Skulptur wieder entfernt werden. Gegen die anschließende Beseitigungsverfügung setzte sich die Familie zu Wehr; sie legte Widerspruch ein, startete eine Unterschriftenaktion und rief eine Initiative für mehr Gestaltungsfreiheit auf Friedhöfen ins Leben. Als das Landratsamt Schwäbisch-Hall den Widerspruch zurückwies, reichten die Eltern mit anwaltlicher Hilfe beim Verwaltungsgericht Stuttgart eine Klage gegen die Beseitigungsverfügung ein – die allerdings im Frühjahr 2024 ebenfalls abgelehnt wurde. Nachdem einige Monate später der Verwaltungsgerichtshof in Mannheim die Zulassung der Berufung verweigerte, wurde die Statue – unter Genugtuung auf der einen Seite und Fassungslosigkeit auf der anderen – am 30. Oktober 2024 schließlich abgeräumt (SWR 2024). Die Hinterbliebenen nahmen diese Beseitigung zum Anlass, daraus eine weitere Zeremonie zu machen: Auf einem Video, das bei YouTube einsehbar ist (Initiative Friedhofkultur Wallhausen 2024), wird betont, dass der Kampf um diese Grabgestaltung ein Kampf für die Freiheit der Trauer sei.

Der Streit in Wallhausen ist kein Einzelfall. Es kommt regelmäßig zu Konflikten zwischen Angehörigen und Friedhofsverwaltungen, obschon seit längerer Zeit ein zunehmender Trend hin zu Traditionsbrüchen, zur Individualisierung und Destandardisierung innerhalb der zentraleuropäischen Bestattungskultur zu beobachten ist (siehe schon Benkel/Meitzler 2013), der sich nicht zuletzt an modernen Grabgestaltungen und einer zunehmenden Akzeptanz auch gegenüber unkonventionellen Wünschen ablesen lässt. Manche dieser Konflikte erlangen bald kleinere, bald größere öffentliche Aufmerksamkeit, wenn die Presse über sie berichtet. Üblicherweise werden kontroverse Gestaltungsanliegen gar nicht erst verwirklicht, weil sie hierfür von herein keine Genehmigung erhalten. Insofern sind die Geschehnisse in Wallhausen besonders, da hier ein bereits fertiggestelltes Grabmal erst nachträglich Diskussionen auslöste, die schließlich zur behördlichen Intervention führten. Die dafür Verantwortlichen berufen sich wiederum darauf, der Statue in ihrer tatsächlichen Form nie zugestimmt zu haben; der ursprünglich zugelassene Entwurf weiche von der tatsächlichen Umsetzung im Hinblick auf Größe und Farbe ab (SWR 2024). Zudem passe das aufgestellte Objekt nicht in das Gesamtbild der hiesigen Friedhofsareale – wenngleich auf dem gewählten Grabfeld diesbezüglich keine gesonderten Vorschriften herrschen.

Die geschilderte Begebenheit ist nicht nur auf rechtlicher, sondern auch auf soziologischer Ebene interessant. Sie wirft einige Fragen auf, u. a. die nach dem Verhältnis von individueller Selbstbestimmung, kollektiven Ordnungsansprüchen, sozialer Kontrolle und gesellschaftlicher Transformation. Für letztgenannte macht u. a. Anthony Giddens (1996) von der Metapher des *Dschagannath-Wagens* Gebrauch. Gemeint ist ein ursprünglich mit der hinduistischen Gottheit Vishnu assoziiertes hölzernes Gefährt mit gigantischen Rädern, welche unaufhörlich in Bewegung sind und alles unter sich zerdrücken, was sich ihnen in den Weg stellt. Der soziale Wandel, so die damit implizierte Botschaft, entfaltet eine enorme Kraft und lässt sich von nichts und niemandem aufhalten. Wer ihm Hindernisse bereitet, wird überrollt. Und doch gibt es offenbar immer wieder Unternehmungen, die versuchen, dem Wandel auf voller Fahrt Steine in den Weg zu legen.

Für die Friedhofskultur gilt, dass sich Gepflogenheiten und Vorschriften langfristig an den in stetiger Dynamik befindlichen Bedürfnissen von Hinterbliebenen orientieren. Das mag nicht jede*r gerne hören, und oft genug wird, sei es vonseiten der Kirchen, der Gewerke oder auch von Privatpersonen, ein bestattungskultureller ›Verfall‹ beklagt. Es wird die Frage aufgeworfen, was man denn tun könne, um den leidigen individualistischen Ausbrüchen Herr zu werden, damit es im besten Fall wieder so werden könne wie ›in guten alten Zeiten‹, in denen kollektivistische Ordnungsmuster Vorrang hatten.

Tatsächlich aber wird es heutzutage nicht einfach darum gehen können, Menschen auf ›die richtige Spur‹ zu bringen, indem man ihnen in Bezug zu ihrer Trauer ein neues bzw. altes Kollektivbewusstsein einimpft. Relevanter und auch institutionell anschlussfähiger erscheint es, Möglichkeiten und Räume zu schaffen, um die unterschiedlichen Einstellungen, Haltungen und Bedürfnisse in einer pluralisierten (nicht nur Trauer-)Welt erhalten bzw. entfalten zu können.

Der Dschagannath-Wagen rollt weiter – und er wird auch nicht vor dem Ortseingang von Wallhausen zum Stehen kommen, selbst wenn das umstrittene Artefakt vorerst im Keller der Familie eingelagert ist. Mit der Räumung von der Grabstätte mag der Fall juristisch gelöst sein. Die Debatten darüber, unter welchen Rahmenbedingungen Menschen in Gegenwart und Zukunft umeinander trauern und einander erinnern wollen, wie viel individuellen Spielraum und wie viel behördliche Einschränkung es hierfür braucht, wie die persönlichen Gestaltungswünsche der einen und das Ästhetikempfinden der anderen gegeneinander zu gewichten sind etc. werden damit jedoch nicht beendet. Vielmehr werden sie gerade durch solche Auseinandersetzungen, wie es sie zuletzt eben in Wallhausen gab und sicherlich künftig noch an anderen Orten geben wird, immer wieder aufs Neue entfacht. Als Wissenschaft von ›der Gesellschaft‹ und vom gesellschaftlichen Wandel wird die Soziologie auch auf solche vermeintlichen Nischenvorgänge schauen und ihre Lehren daraus ziehen müssen, um ihrem Untersuchungsgegenstand gerecht zu werden.

Auch mit der vierten Ausgabe des *Jahrbuchs für Tod und Gesellschaft* möchten wir Einblicke in aktuelle Forschungen zu den sozialen Implikationen des Lebensendes geben. Die Hauptbeiträge decken ein breites Spektrum an methodischen Zugängen und theoretischen Reflexionen ab und spannen den Bogen von den konkreten Praktiken und Symbolen des Gedenkens über mediale und emotionale Ausdrucksformen bis hin zu neuroperspektivistischen Reflexionen über die Existenz an der Grenze zwischen Leben und Tod.

Viel Vergnügen, aber auch Nachdenklichkeit wünschen

Thorsten Benkel • Ekkehard Coenen • Ursula Engelfried-Rave • Matthias Hoffmann • Matthias Meitzler • Melanie Pierburg • Leonie Schmickler • Miriam Sitter • Michaela Thönnes

Literatur

Benkel, Thorsten/Meitzler, Matthias (2013): *Sinnbilder und Abschiedsgesten. Soziale Elemente der Bestattungskultur*, Hamburg.

Giddens, Anthony (1996): *Konsequenzen der Moderne*, Frankfurt am Main.

Initiative Friedhofkultur Wallhausen (2024): »Beseitigung Grabmal Ricardo Schott Friedhof Wallhausen«, 2. November, https://www.youtube.com/watch?v=RdRjGQX7Xwo [13. Dezember 2024].

SWR (2024): »Umstrittenes Grabmal in Wallhausen wurde entfernt«, 30. Oktober, https://www.swr.de/swraktuell/baden-wuerttemberg/heilbronn/grabmal-wallhausen-wird-entfernt-100.html [13. Dezember 2014].

Bildrechte: Hartmut Schott

I Originalbeiträge

Tod und Schnulze

Death and Schmaltzy Song

Michael Corsten und Volker Schubert

In unserem Beitrag gehen wir der Thematisierung von Tod in Schnulzen nach, indem wir YouTube-User-Kommentare bei klassischen, zu Evergreens geronnenen Schnulzen untersuchen und diesen Analysen hermeneutische Interpretationen der Songs gegenüberstellen. Auf diese Weise soll Aufschluss über das in Populärer Musik meist Übersehene gegeben werden: Die schnulzige Art der musikalischen Ausdrucksweise wird oft abgewertet, obwohl in ihr Formen entstehen, mit dem Unsagbaren umzugehen.

Populäre Musik, Tod, Sentimentalität, Online-Ethnographie, Artefaktanalyse

In our contribution, we explore the theme of death in schmaltzy songs by examining YouTube user comments on classic schmaltzy songs that have become evergreens. We juxtapose these analyses with hermeneutic interpretations of the songs. In this way, we aim to shed light on aspects of popular music that are often overlooked: The schmaltzy style of musical expression is usually devalued, even though it gives rise to forms of dealing with the unspeakable.

Popular music, death, sentimentality, online ethnography, artefact analysis

»Gib es zu, du warst im Nana-Mouskouri-Konzert.
Ich war auch da und du hast geweint.«
(Fanny van Dannen)

Einleitung

Für seine Beerdigung hat sich Nick Hornby die »großartige« Live-Version von *Caravan* von Van Morrison gewünscht. Sie klinge, als könnte sie »beim Abspann des besten Films laufen, den man je gesehen hat«. Ausschlaggebend für diese durchaus ernsthaft gemeinte Wahl ist nicht das Thema des Songs – »fröhliche Zigeuner/-innen und Lagerfeuer« –, sondern die Stimmung, die der Song verbreitet.

»[In] der langen improvisierten Passage vor dem Höhepunkt, wenn das Saxophon sich sanft in die gekonnten, geistreichen Neo-Kammermusik-Streicher hinein und wieder heraus schlängelt und das Klavier bluesige hohe Töne darauf tüpfelt, isoliert Morrisons Band einen Moment irgendwo zwischen dem Leben vor und dem Leben nach dem Tod, einen Ort wie eine große, barocke Eingangshalle, an dem man innehalten und über alles, was davor war, nachdenken kann« (Hornby 2003: 98 f.).

Caravan ist keine Schnulze. Aber die beschriebene Passage (etwa ab 4:20) verbreitet eine entsprechende Stimmung; sie ist – wie Hornby selbst schreibt – besinnlich und weckt passende Assoziationen. Ironisch: der beste Film, aber auch ganz konventionell: die barocke Eingangshalle zwischen Leben und Tod. Zwei wichtige Stichworte sind damit gefallen: Stimmung und Assoziation. Ein dritter Gesichtspunkt ist ebenfalls angesprochen worden: der Kontext. Die besinnliche Passage ist Teil eines Rocksongs, der sowohl von den Assoziationen als auch von der Stimmung her ganz anders gelagert ist. Der Song muss nicht nur zur Situation passen, sondern auch zu der Person, um die es geht. Für Hornby bündelt er verschiedene Lebenserfahrungen – Kummer, Schmerz, Freude, Hoffnung – und macht »aus diesem exorbitanten Schlamassel [...] etwas, das heiter klingt«, ohne deshalb banal zu werden.

Nicht nur Hornby möchte sein Lieblingslied bei seiner Beerdigung gespielt wissen. Beerdigungsinstitute bieten inzwischen auf Social Media-Plattformen wie YouTube Vorschlagslisten für die Trauerfeier an, in denen sich neben den üblichen klassisch oder kirchenmusikalisch anmutenden Stücken auch viele populäre Songs finden, meist solche, die gemeinhin als Schnulzen bezeichnet werden.[1] Zu diesen Songs gibt es Hörerkommentare, in denen auch Assoziationen zum Tod, insbesondere zum Tod geliebter Personen oder enger Verwandter geäußert werden. Oftmals werden sie als Lieblingslieder der verlorenen Personen bezeichnet, die bei den Kommentator*innen nicht nur die Erinnerung an die Verstorbenen wecken, sondern – wie wir im Weiteren in unserer Auswertung zeigen – auch Gefühle aufzurufen vermögen, die sie mit ihnen geteilt haben. Was sagen solche Schnulzen aus? Welche Haltungen werden in ihnen kommuniziert und für die Trauernden aufbereitet? Werden diese Haltungen überhaupt wahrgenommen und wie werden sie wahrgenommen? Mit den Songs und den YouTube-Kommentaren liegt dazu Material vor, das sich im Hinblick auf solche Fragen untersuchen lässt.

In dieser explorativen Studie möchten wir vor dem Hintergrund einer Skizze des Verhältnisses von Tod und Schnulzen diesen Fragen nachgehen, indem wir User-Kommentare zum Thema Tod in klassischen, zu Evergreens geronnenen Schnulzen untersuchen und diese Analysen hermeneutischen Interpretationen

1 Eine Auswahl von Playlists auf YouTube liegt der folgenden Untersuchung zugrunde.

der Songs gegenüberstellen. Die Kommentare werden sowohl quantitativ mittels Diktionärsanalysen und weiteren computerlinguistischen Verfahren (Klinger/Samat Suliya/Reiter 2016) als auch wissenssoziologisch-hermeneutisch (vgl. Corsten 1993: 69) ausgewertet. Auf diese Weise soll Aufschluss über das Nicht-Gesagte und meist Übersehene gewonnen und es sollen Formen erkennbar werden, mit dem Unsagbaren umzugehen.

Was haben Schnulze und Tod miteinander zu tun?

Ausgangsbeobachtung unserer Auseinandersetzung ist die weitgehende Nicht-Beschäftigung mit Schnulzen in den Kultur- und Sozialwissenschaften (inklusive der Erziehungs- und auch der Musikwissenschaft). Beim Tod handelt es sich ebenso um ein in den Kultur- und Sozialwissenschaften weniger erforschtes Thema, wenn auch das ›death denial‹ (Walter 2020) selbst wiederum in der Nische der Sterbe- und Todesforschung diskutiert wird. Grund für die Außenseiterposition des Themas ist wahrscheinlich eine funktionalistisch geprägte Auffassung im Verhältnis von Leben und Tod, die tendenziell zu einem Ausweichen vor dem Thema Tod führt.

Schnulzen können Interesse wecken, weil sie trotz der inzwischen ziemlich umfassenden sozial- und kulturwissenschaftlichen Beschäftigung mit popkulturellen Phänomenen fast völlig ignoriert werden (Corsten/Schubert 2019). Offensichtlich unterliegen sie einer gesellschaftskulturellen Abwertung; sie sind der (wissenschaftlichen) Rede nicht wert.[2] Sie sind kaum untersucht, die Bezeichnung kaum spezifiziert worden. Definieren lassen Schnulzen sich – wenn überhaupt – nicht allgemein, sondern nur relational: in Bezug auf das jeweilige Genre und die Position, die sie in diesem Zusammenhang einnehmen oder zugewiesen bekommen. Angesprochen und abgewertet wird damit das im jeweiligen Kontext Verfemte, Unerwünschte, aber auch Unvermeidliche. Ob im Schlager oder im Heavy Metal: Schnulzig ist stets das Langsame gegenüber dem Schnellen, das Gefühlvolle gegenüber dem Schwungvollen, das Traurige gegenüber dem Fröhlichen, das passiv Leidende gegenüber dem Zupackenden, kurz und überspitzt: das Tote gegenüber dem Lebendigen. Zwar ist für die Unterhaltungsindustrie die Organisation von Lebensfreude Kern des Geschäftsmodells, aber das Wehmütige, die Trauer und die Melancholie gehören dazu – wahrscheinlich nicht allein für den Ausgleich der Gefühlshaushalte der Hörenden (dazu Corsten 2014), sondern auch, weil Emotionen angesprochen

2 Eine im musikwissenschaftlichen Feld anerkannte Definition von Schnulze existiert nicht – von Vorschlägen einiger Grenzgänger*innen wie Stave (1958) oder Wicke/Ziegenrücker/Ziegenrücker (1997) abgesehen.

werden, die anderweitig keinen legitimen Ausdruck fänden. Die unvermeidlichen Feuerzeuge oder das Handyleuchten, mit denen diese Songs häufig begrüßt werden, können das verdeutlichen. Jede Beschäftigung mit popkulturellen Phänomenen, die diese schnulzige Seite ausklammert, bleibt unvollständig.

Eine, wenn auch vage Verbindung von Tod und Schnulze ist damit schon angedeutet. In Schnulzen artikulieren sich Gefühle nicht nur des Abschieds, sondern mehr noch der Abhängigkeit und des Ausgeliefertseins an ein unberechenbares Schicksal. Im gewöhnlichen Alltag gibt es solche Gefühle zwar; sie zu äußern oder sich zu ihnen zu bekennen, ist aber eher befremdlich. Sie bieten keine Orientierungen, sie sind unproduktiv – oftmals muss man sich ihrer sogar schämen. Das ist wohl ein, wenn nicht *der* entscheidende Grund dafür, dass Schnulzen generell abgewertet werden. Über den Tod wird ebenfalls nicht gerne gesprochen, wenn auch die Mediatisierung des Todes (vgl. Feldmann 2004: 109 ff.) – etwa in Form der Berichterstattung über Krieg (vgl. ebd.: 179 ff.), Tötungsdelikte (vgl. ebd.: 203 ff.) oder Selbstmord (vgl. ebd.: 239 ff.) – die Relevanz von Nachrichten wiederum steigert.

Angesichts von Trauerfeiern ist es aber unumgänglich, sich dem Tod auch alltagspraktisch zu stellen. Trauerfeiern stellen eine der wenigen Gelegenheiten dar, bei denen die Äußerung von Gefühlen nicht nur legitim, sondern sogar erwünscht ist, in begrenztem Maße jedenfalls. Schnulzen können hier Unterstützung bieten, Emotionen bündeln, aber auch Trost spenden. Schließlich sollte der musikalische Rahmen der Trauerfeier zur verstorbenen Person passen. Die wenigsten Menschen lassen sich heute mit klassischer Musik oder Kirchenliedern in Verbindung bringen. Gerade wenn die Feier nicht einfach nur überlieferten Bräuchen Genüge tun, sondern individuell mit dem betrauerten Menschen zu tun haben soll, liegt es nahe, eine individuelle Musikauswahl zu treffen. Sie muss freilich dem Anlass gerecht werden und sie darf nicht allzu idiosynkratisch sein, weil sie für alle Trauergäste, auch für die weniger nahen Bekannten und Verwandten, verständlich bleiben muss. Der Appell an die freie Auswahl durch die Hinterbliebenen hilft hier nicht immer weiter. Das Lieblingslied könnte unpassend sein. Nick Hornby (2003: 100) hat das auch in seinem Fall als Problem gesehen:

> »Das Einzige, was mir daran Sorgen macht, wenn *Caravan* auf meiner Beerdigung gespielt wird, sind diese Streicherarrangements. Wird man von mir denken, ich würde irgendwelche Zugeständnisse an klassische Musik machen? Werden sie sich sagen: ›Eine Schande, nun war er am Ende doch zu feige, seinen Überzeugungen treu zu bleiben wie alle anderen auch …‹?«

Damit ist zunächst nur die Problemstellung gekennzeichnet, vor der Beerdigungsinstitute stehen, wenn sie ihre Musikauswahllisten zusammenstellen. Eine andere Frage ist es, was die Trauernden bei der musikalischen Begleitung und ihrer Auswahl empfinden. Aufschluss können hier vielleicht die Songs selbst und die Kommentare geben, die Trauernde spontan verfasst haben.

Tod und Vergänglichkeit in der Schnulze

Bestimmung Schnulze

Schnulzen sind schwer zu definieren. Aber wenn es etwas gibt, das für alle Schnulzen gilt – gleichgültig aus welchem musikalischen Kontext sie stammen –, so ist es die Artikulation großer Gefühle des Vermissens und des Mangels. Was immer genau angesprochen und beklagt wird, stets geht es um Schmerz, Wehmut, sogar Verzweiflung und immer wieder, sozusagen als permanent mitlaufendes Hintergrundgeräusch: um Sehnsucht. Die Themen wechseln und werden oft nur vage angesprochen, nicht selten auch mehrere auf einmal. Heimweh oder Fernweh sind ohnehin mit Sehnsucht verknüpft. Liebe ist unerfüllt geblieben oder enttäuscht worden, zumindest ist der oder die Geliebte nicht anwesend und wird herbeigesehnt. Die Vergangenheit ist vergangen und die Zukunft unabsehbar. Das grenzt manchmal an Wehleidigkeit oder Selbstmitleid und kündet von Verletztheit, vom Berührtsein von der eigenen Verletzlichkeit oder von Wunschträumen, die sich auf den ersten einigermaßen nüchternen Blick als unrealistisch erweisen.

Thematische Bezüge von Schnulzen

In Schnulzen geht es keineswegs nur um Liebesschmerz und Heimweh (wie Wicke/Ziegenrücker/Ziegenrücker 1997: 480 meinen). In unserer Beschäftigung mit Schnulzen[3] finden wir fünf dominante Themen: zunächst natürlich die Liebe, vor allen Dingen die unerfüllte oder vergangene Liebe; dann das fortwährende Unterwegssein, ohne anzukommen; zum Heimweh kommt das Fernweh hinzu, zwei Perspektiven, die sich häufig gegenseitig ergänzen; die Anrufung eines inklusiven Wir, bei dem es häufig auch Ausschließungen gibt; und schließlich auch Vergänglichkeit, Leben und Tod, nicht selten mit einer unterschwelligen Hoffnung auf Wiederkehr.

3 Wir beziehen uns auf Ergebnisse einer umfangreichen populärmusikhistorischen Auseinandersetzung mit Schnulzen, die in Form einer Monografie erscheinen wird.

Fluchtpunkt: ›Große Gefühle‹

Bei den Themen, die mit der gesungenen Geste des ›großen Gefühls‹ vorgetragen werden, handelt es sich nicht nur um ein Feld popkulturell wiederholter Bedeutungen, sondern auch um durchaus mythische Erzählmuster, in denen das in einer Gegenwart Abwesende, das räumlich oder zeitlich Nicht-Vorhandene re-imaginiert wird. Es befindet sich jenseits der Grenze der alltäglichen Welt, die in der musikalisch untermalten, lyrischen Fantasie überschritten wird. Raum, Zeit, das sich bewegende Ich, das sich vergemeinschaftende Wir sollen in ihren (gegebenen) Grenzen überschritten werden. Die verschiedenen Themen – Liebe, Vagabundieren, Ferne/Weite, ›großes Wir‹ und Leben/Tod – müssen dabei natürlich nicht trennscharf auftreten; bisweilen überlagern sie sich auch:

> »Über sieben Brücken musst du gehen« (Raum)
> »sieben dunkle Jahre überstehen« (Zeit)
> »siebenmal wirst du die Asche sein« (das sich bewegende Ich)
> »aber einmal auch der helle Schein« (adventistischer Erlösungsschimmer)[4]

Auch das Thema Tod hat in der Schnulze die Funktion, auf den Verlust von etwas Großem hinzuweisen, wobei am Verlorenen – dem Großen – festgehalten wird. Schnulzen sind mehr als Trauerlieder.

Musikalische Charakteristika von Schnulzen

Die für Schnulzen charakteristische Stimmung wird meist weniger durch den Text als durch die musikalische Gestaltung vermittelt. Hier dominieren getragene, wehmütige und elegische Klänge, die bisweilen ins Hymnische spielen. Musikalisch wird das ›große Gefühl‹ (als Stimmungslage) insbesondere durch Modulation der Stimme eines (lyrisch) singenden Ichs hergestellt und durch einen instrumentalen Begleitteppich (Chor, Geigen, Bläser) unterlegt bzw. gestützt. Die ohnmächtigen Gefühle werden nicht nur ausgestellt, sondern in eine mehr oder weniger gelungene ästhetische Form gebracht. Sie werden zum Genuss dargeboten; man kann sich in ihnen wiederfinden und verlieren. Wo die Verzweiflung im Text allzu bodenlos erscheint, gleicht die Musik aus. Insofern tröstet die Schnulze immer auch; ein sanfter, versöhnlicher Ton verbindet die Sehnsucht mit Gefühlen von Ruhe, Gelöstheit, Gelassenheit, sogar Einklang mit dem Lauf der Welt. Das muss keine faule Harmonie sein, sondern kann auch als ein flüchtiger Eindruck davon verstanden werden, was die Dinge der Welt – trotz allem – für uns bedeuten könnten. Auch damit thematisieren Schnulzen etwas Großes, von dem man weiß, dass es unverfügbar bleibt. Als Genre der

---

4 *Über sieben Brücken* von Ed Swillms (Musik) und Helmut Richter (Text); zuerst 1978 von der Gruppe Karat veröffentlicht, 1980 von Peter Maffay.

unerfüllten und unerfüllbaren Wünsche, wie sie sich im Laufe des Lebens ansammeln, adressieren sie primär ein erwachsenes Publikum; als Teil der Jugendkultur sind Schnulzen – bei allem jugendlichen Weltschmerz – eher randständig. Das passt zu ihrem Grundgestus oder zumindest ihrem angestrebten Grundgestus: wehmütige Gelassenheit.

Damit deutet sich schon an, dass in Schnulzen mit Empfindungen, Stimmungen und Gefühlen immer auch Haltungen vorgestellt werden, die sich ihnen gegenüber einnehmen lassen. Wiederum zeigen sie sich nicht allein am Text; verkörpert werden sie vielmehr in der Bewegung eines Songs insgesamt, im Rhythmus, im Sound, in der Stimme und ihrer Intonation, in der Instrumentierung und dergleichen. Haltungen sind das, worauf unser Körper antwortet, wenn uns ein Musikstück anspricht. Das ist sogar spürbar, wenn wir nur mit halbem Ohr zuhören. Damit wird es möglich, dass unsere eigenen Stimmungen und Haltungen an einen größeren Zusammenhang (etwa die Trauergemeinde) angeschlossen und insofern verallgemeinert werden. Vor allem lässt sich dadurch nachvollziehen, wie und warum Songs – auch über die im Text ausdrücklich angesprochenen Sachverhalte hinaus – Gefühle, Assoziationen und Erinnerungen zu mobilisieren vermögen. Schnulzen können einen Überschuss an Bedeutung transportieren, der nicht in ihren Darstellungs- und Ausdrucksformen aufgeht.

Ästhetisch-wertende Einordnung von Schnulzen

Wie in allen Kunstrichtungen gibt es auch bei Schnulzen gelungene, weniger gelungene und völlig missratene Beispiele. Das kann in der konkreten Zeremonie zwar zum Problem, peinlich oder gar zum Anlass zum Fremdschämen werden, über den alle Beteiligten schweigend hinwegsehen. Dennoch wäre es verfehlt, die ästhetische Wertung mit der Bestimmung des Genres kurzzuschließen. Das oft kritisierte Klischeehafte und Stereotype in solchen Songs muss kein Mangel sein, es erleichtert die Rezeption. Die aufgerufenen Empfindungen werden nicht als einzigartig präsentiert; betont wird weniger ihr persönlicher als ihr allgemeiner Charakter. Die scheinbar privaten Gefühle werden in einen größeren Zusammenhang integriert, als allgemein verbreitet dargestellt und können so als emotionale Gemeinplätze der Selbstverständigung innerhalb eines (imaginären) sozialen Kontextes dienen. Gerade Trost spenden können Schnulzen, indem Emotionen vergemeinschaftet, mit anderen geteilt werden: mit den Interpret*innen, die sie besser auszudrücken vermögen als man selbst, mit den Chören, Bands und Orchestern, und mit den anderen Hörenden. Der eigene Schmerz wird in einen größeren Kontext gestellt, Teil des Schicksals, des Gangs der Dinge, des Weltenlaufs, des Unverfügbaren, an dem wir leiden.

Mit diesen Vorüberlegungen im Hintergrund wenden wir uns nun einer besonderen Empirie zu: Playlists, die von Beerdigungsinstituten als geeignete musikalische Parts für Trauerfeiern vorgeschlagen werden. Für uns stellen die dort versammelten Stücke Indikatoren für einen potenziellen Zusammenhang von Schnulze (Musik) und Tod dar. Denn sie wurden von den berufsmäßigen Fachleuten für Traueranlässe als geeignet erachtet. Eine solche Auswahl ist zwar selektiv, kann aber als im Feld selbst vollzogene Selektion von ›Trauermusik‹ angesehen werden, die von alltagspraktischen Orientierungs- und Entscheidungskriterien geleitet sein dürfte.

Empirischer Fokus: Playlists auf YouTube als Dokumente der Rezeption

Materialauswahl: Drei Playlists mit insgesamt 103 Musikstücken

Wir haben daher auf recht einfache Weise drei Playlists ausgewählt, indem wir zunächst in YouTube nach dem Stichwort ›Playlist für Beerdigungen‹ gesucht haben und dabei neun Treffer erzielt haben. Dazu ist zu bemerken, dass nicht alle Treffer Playlists von Beerdigungsinstituten waren, sondern vier von Sänger*innen stammen, die für Beerdigungen live gebucht werden können. Wir haben uns für den Zugang über Playlists entschieden, weil dieser eher die Perspektive auf alltags- und populärkulturelles Wissen um Songs eröffnet, die für Trauerzwecke geeignet sein könnten. Sänger*innen repräsentieren dagegen eine Kultur der Authentizität, d. h. eines in der Präsenz der Trauerveranstaltung verkörperten musikalischen Beitrags. Interessant ist die Frage, weshalb die Wahl artifizieller Musik dominanter wird.

Die folgende Tabelle (1) gibt einen Überblick zu den drei gewählten Playlists. Liste A ist eine recht gemischte Folge aus deutsch- und englischsprachigen populären Songs sowie klassischen Stücken. Die hohe Zahl der absoluten Aufrufe, Likes und Kommentare geht vor allem auf die Wahl sehr populärer englischsprachiger Songs in dieser Liste zurück. Bei Liste B handelt es sich zwar auch um eine gemischte Liste. Allerdings nehmen die deutschen Songs einen größeren Umfang ein, sodass die absolute und relative Aufmerksamkeit für die darin enthaltenen Stücke deutlich geringer ausfällt. Liste C enthält ausschließlich deutsche Songs.

Liste	Anzahl Titel	Aufrufe	Likes	Kommentare
Liste A	28	3.430.489.988	20.384.269	828.865
Liste B	47	1.505.136.269	9.561.731	399.015
Liste C	28	265.870.928	1.326.623	62.872
Gesamt	103	5.201.497.185	31.272.623	1.290.752

Tabelle 1: Allgemeine Merkmale der Playlist-Stichprobe[5]

Da in genretheoretischer Hinsicht englischsprachige und deutschsprachige Popsongs tendenziell inkongruente Musikrichtungen versammeln und in methodischer Hinsicht auch die Resonanz auf YouTube sehr deutlich ausfällt (wie Tabelle 1 zeigt), erwies es sich als unangemessen, von den Listen der Beerdigungsinstitute als Einheiten auszugehen, vielmehr wurden die kommentierten Video-Clips nach englischsprachigen Popsongs, deutschsprachigen Popsongs und tendenziell klassischen[6] Songs unterteilt. Außerdem wurden Doppelungen, also Video-Clips, die in zwei oder mehreren Listen vorkamen, nur einmal eingerechnet. Tabelle 2 zeigt die Verteilungen gemäß dieser Rubriken.

Genre/Sprache	Anzahl	Aufrufe	Likes	Kommentare	Worte
Engl. Pop	26	3.999.112.736	24.074.947	939.956	6.672.438
Deut. Pop	45	433.685.739	1.983.190	93.690	3.384.648
Klassik	15	447.466.565	3.246.688	172.975	1.751.205
Gesamt	86	4.880.265.040	29.304.825	1.206.621	11.808.291

Tabelle 2: Allgemeine Kennzeichen der grob unterschiedenen Genres

Thematische Bandbreite der Stücke auf den Playlists

Betrachtet man in produktanalytischer Weise die Stücke auf den Listen, die Beerdigungsinstitute für Trauerfeiern vorschlagen, als Artefakte (Lueger/Froschauer 2018) oder Dokumente (Wolff 2000), so fehlt ihnen in der Mehrzahl der Fälle ein inhaltlicher Bezug des Textes zum Thema Tod. Es reicht aus, wenn die Musik die Stimmung des Traueranlasses in etwa trifft. Der Text hat eine untergeordnete Bedeutung; er darf die Stimmung nicht verderben. Zusammenfassend lassen sich die Stücke auf den Playlists folgendermaßen thematisch grob klassifizieren: a) Vage Metaphorik; b) Religion; c) Abschied; d) Tod.

5 Zu diesem Beitrag finden sich ergänzenden Materialien auf der Webseite des Verlages: https://www.beltz.de/978-3-7799-9001-7

6 Zu den klassischen Songs werden auch Stücke aus religiösen, kirchenmusikalischen Kontexten gezählt.

a) Es finden sich etliche Titel, bei denen ein thematischer Bezug zum Anlass kaum oder gar nicht zu bemerken ist. Es sind überdies einige fast schon als klassisch oder ikonisch zu bezeichnende Songs – bekannte Schnulzen, die den Kontext, aus dem sie stammten, weitgehend gesprengt haben und zu so etwas wie Evergreens geworden sind. Beispiele dafür wären u. a.: *Nights in White Satin* (Moody Blues, 1967), *Vincent* (Don McLean, 1971), *Forever Young* (Alphaville, 1984), *Wenn ein Mensch lebt* (Puhdys, 1973), *Can you Feel the Love Tonight* (Elton John, 1994) oder *The Rose* (Bette Midler, 1979) – ein Song, der übrigens auch für Hochzeiten vorgeschlagen wird. Wenn es ein gemeinsames Merkmal dieser ansonsten recht unterschiedlichen Songs gibt, so ist es das Gefühl einer überwältigenden Sehnsucht, das eher musikalisch evoziert wird. Als Text enthalten sie zahlreiche, oft vage anklingende Motive und ein breites Metaphernrepertoire. Solche Songs ermöglichen allgemeinere Reflexionen über das Leben, über Werden und Vergehen.
b) Eine Reihe weiterer Songs bewegt sich im Bedeutungsfeld der Religion. Sie erlauben religiöse Assoziationen, etwa bei *Sailing* (bekannt durch Rod Stewart, 1975) die Überfahrt in die andere Welt, bei *Somewhere over the Rainbow* (zuerst Judy Garland, 1939) den weiten Himmel oder bei *Let it be* (Beatles, 1970): »Mother Mary comes to me.« Auch von Engeln ist bisweilen die Rede, etwa bei *Angels* von Robbie Williams (1997). Einen ausdrücklicheren religiösen Bezug hat das in allen Listen genannte hymnische *Hallelujah* von Leonard Cohen (1984), das in verschiedenen Versionen angeboten wird. Die Ironie und der gemäßigte Sadomasochismus in den Zwischenstrophen scheinen hier nicht nur nicht zu stören, sondern das ›Lobet den Herren‹ in einem säkularen Kontext sogar erträglicher zu machen. Die religiöse Erbauung wird in einer Haltung beinahe verzweifelten Trotzes vorgetragen.
c) Dem traurigen Anlass nahe stehen ansonsten Lieder, die allgemein von Liebe oder *Abschied* handeln, auch wenn manche Zeilen dem Anlass vielleicht nicht ganz angemessen sind: »Wenn ich bliebe, wäre ich dir doch nur im Weg« (»If I should stay / I would only be in your way«), beginnt das viel genannte *I Will Always Love you*, das stets in der außerordentlich gefühlsbetonten Version von Whitney Houston (1992) vorgeschlagen wird. Weitere Titel aus diesem Themenbereich: das biedere *Time to say Goodbye* (Andrea Bocelli und Sarah Brightman, 1996); das etwas hysterische *Goodbye my Lover* (James Blunt, 2004), *My Heart Will go on* (Celine Dion, 1997) usw. Dass die Texte nicht immer passen, zeigt einmal mehr die Bedeutung der großen Gefühle, die oft mit großem Aufwand – vorzugsweise Chor und Orchester – zelebriert werden.
d) Direkt thematisiert wird der Tod kaum. Als Ausnahmen könnten vielleicht gelten: *Der Weg* von Herbert Grönemeyer (2002), *Candle in the Wind* von Elton John (1973, in der bekannteren, auf Lady Di zugeschnittenen Version

> 1997) und *Tears in Heaven* von Eric Clapton (1992). In allen drei Songs wird das Thema sehr diskret angesprochen, sodass schwer zu entscheiden ist, inwieweit die Verbindung mit dem Tod auf den Song und die darin enthaltenen Anspielungen zurückgeht oder auf die mediale Resonanz der Ereignisse, die in den Liedern bearbeitet werden. Das »Du fehlst« in Grönemeyers *Mensch* (2002) ist der einzige Verweis auf den Tod seiner Frau, der am Ende des Refrains zwar rhythmisch gut platziert ist (auch aufgrund der anschließenden kurzen Pause), aber der Rest des Songs besteht in der Reihung von Szenen, durch die das Gefühl für das Großartige des vergänglichen Menschseins vermittelt werden soll. Das Rührende an der Schnulze ist hier deutlich spürbar an dem unaufdringlich durchscheinenden Erlösungsschimmer: »weil er lacht, weil er lebt«.

Auf den Listen finden sich überdies noch eine Reihe von Titeln, die das Thema Beerdigung und Trauer direkt thematisieren. Sie sind in der Regel nicht so bekannt wie die bisher genannten Songs. Zu nennen wären beispielsweise: *Niemals geht man so ganz* (Trude Herr, 1987), *Hinterm Horizont* (»findest du die ewige Ruhe«; Andreas Gabalier, 2018), *Geboren um zu leben* (Unheilig, 2010), *Euch zum Geleit* (Schandmaul, 2014), *Die letzte Fahrt* (Santiano, 2015), *Das Leben ist schön* (»Kein Chor, der Halleluja singt«; Sarah Connor, 2015). Die Texte, die Musik, die Interpretation oder alles zusammen sprechen meist die besonderen Teile des Publikums an, die dem jeweiligen Genre nahestehen.

Von der Artefaktbeschreibung zur Rezeptionsanalyse

Rezipient*innen, hier die Hörer*innen von musikalischen und literarischen Äußerungen, nehmen die Bedeutung musikalischer Artefakte selektiv und begrenzt auf. Zudem sind Artefakte selbst häufig ambivalente symbolische Produkte. Deshalb stehen im Weiteren die Befunde der Rezeptionsanalyse im Mittelpunkt des Beitrags. Dabei leiten uns folgende Fragen an: Nehmen Musikrezipient*innen das Bewegende bzw. Rührende der Schnulze wahr? Nehmen sie das je Besondere wahr? Wie artikulieren sie diese Wahrnehmungen? Zur spezifischen empirischen Prüfung wurden Kommentare auf YouTube zu Musikvideos herangezogen, speziell solche, die auf den Playlists deutscher Beerdigungsinstitute ausgewählt wurden.

Der empirische Status einer solchen Untersuchung ist explorativer Art. Sie beginnt im *ersten Schritt* mit einer *quantitative*n (und durch computerlinguistische Mittel unterstützten) *Analyse*, die einer Vororientierung dient, um die vielfältigen Rezeptionsmöglichkeiten von populären Artefakten in der unübersichtlichen Welt des World Wide Web einzuordnen. Im *zweiten Schritt* sollen dann anhand von begründet *ausgewählten Fallbeispielen* Strukturmuster der Rezeption nachgezeichnet werden.

Da YouTube als Plattform sowie die dort vorfindlichen Musikvideos und deren Wahrnehmung (durch Klicks), Bewertung (durch Likes) und Rezeption (durch Kommentare) einen zwar nicht endlosen, aber nicht mehr vollständig beobachtbaren Korpus von Soundartefakten und öffentlichen Reaktionen darauf eröffnen, ist die quantitative Analyse ein Hilfsmittel, das einer begründeten Vorauswahl dient.

Emotionsdiktionäre als quantitativ bestimmbares Indiz der Rezeption

Wenn es bei Schnulzen um ›große‹ bzw. als besonders intensiv dargestellte Gefühle geht, dann ist als eine erste Suchstrategie die Untersuchung der Kommentare (als spontan artikulierte Rezeption) durch Emotionsdiktionäre naheliegend. Sie bestehen aus Listen von Emotionswörtern, deren quantitative Verbreitung in einem gegebenen Textkorpus gemessen (ausgezählt) werden. Heute gebräuchliche Emotionsdiktionäre beziehen sich auf sechs Emotionen, die Paul Ekman und Wallace Friesen (1975) zunächst am Gesichtsausdruck von Menschen identifiziert haben. Darauf aufbauend hat Ekman (1992) die Emotionen ›Angst‹, ›Ärger/Wut‹, ›Ekel‹, ›Freude‹, ›Trauer‹ und ›Überraschung‹ als universell postuliert. Saif M. Mohammad und Peter D. Turney (2013) haben im Anschluss an Ekman für das Englische (und später für eine Reihe weiterer Sprachen) einen Diktionär erstellt, mit dessen Hilfe der absolute und relative Auftritt von Wörtern, die den sechs Emotionen zugeordnet wurden, in beliebigen Texten gesucht werden kann. Im Anschluss daran haben Roman Klinger, Surayya Samat Suliya und Nils Reiter (2016) einen Emotionsdiktionär für die deutsche Sprache entwickelt.

In der Computerlinguistik verwendete Diktionäre beruhen meist auf einer ersten Sammlung von Wörtern, die zum Bedeutungsfeld der jeweiligen Emotion passen und werden in Form semi-automatisierter Suchvorgänge um Synonyme angereichert. Solche Listen werden dann in Experimenten mit Personen auf die reliable Zuordnung zu den Wortlisten getestet. Klinger/Samat Suliya/Reiter (2016: 3) geben für den deutschsprachigen Emotionsdiktionär die Übereinstimmungsquote der Rater-Zuordnung mit 85 % an. Wir verwenden hier den englischen Diktionär von Mohammad/Turney (2013) und den deutschen Diktionär von Klinger/Samat Suliya/Reiter (2016) auf recht einfache Weise. Wir haben zu Beginn die absoluten und relativen Häufigkeiten des Auftritts von Emotionswörtern in den Kommentar-Texten zu den Musik-Videos berechnet, die auf den Playlists von Beerdigungsinstituten vorkamen. Die Instituts-Playlists haben wir anhand der Top-Auswahl auf YouTube übernommen. Daran anschließend, wurde stets der Link zu dem YouTube-Video genutzt, der in der Playlist gesetzt wurde.

Spezielle quantitative Auswertungen

Im Weiteren konzentrieren wir uns auf zwei Quoten. Erstens mit dem relativen Anteil der in einem Kommentarkorpus vorkommenden Trauervokabeln an allen im Korpus vorkommenden Emotionswörtern, die *Sadness- oder Traurigkeits-Quote* der Kommentierungen zum Video also. Zweitens haben wir das Verhältnis der Anzahl der gefundenen Emotionswörter zur Gesamtzahl aller Wörter in den Kommentaren zu einem Videoclip berechnet. Wir werden das den *E-Score* nennen. Darauf aufbauend, konnten wir Stücke identifizieren, deren Kommentierungen durch einen relativ häufigen Gebrauch von Emotionswörtern auffallen, sowie Stücke, bei denen Traurigkeit ausdrückende Wörter relativ häufig vorkommen.

Schauen wir uns dazu zunächst die Verteilung der Emotionswortfelder auf die drei Genre-Rubriken an (Tabelle 3). Hier zeigen sich deutliche Unterschiede bei den Emotionen ›joy‹ und ›sadness‹ (was sicherlich damit zusammenhängt, dass dem deutschen Diktionär die Emotion ›Vertrauen‹ fehlt). Die Vokabeln zur Verachtung fallen mit ca. 10 % recht gering aus, obwohl sie im Diktionär die bei Weitem stärkste Wortgruppe ist. Interessant ist zudem, dass der deutsche Emotionsdiktionär mit einem Anteil von 2,3 % an der Gesamtwortzahl des Korpus sehr gering und demnach wenig sensitiv zu sein scheint.

	Anger	Disgust	Fear	Joy	Surprise	Sadness	Trust	E-Score
Klassisch	8,47	6,04	10,03	28,68	8,86	15,57	22,36	6,3
Engl. Pop	7,21	6,21	11,03	30,44	8,43	18,39	18,29	6,71
Deut. Pop	2,49	2,67	6,33	44,15	8,29	26,06	10,01[7]	2,33

Tabelle 3: Verteilung der Emotionswortfelder in Prozent

Es zeigen sich einige deutliche Unterschiede zwischen deutschen und englischen Popsongs. Die Differenzen zwischen englischen Popsongs und klassischen Stücken fallen geringer aus. Der wesentliche Unterschied liegt unseres Erachtens in Einflüssen der Sprache und der Konstruktion der Wortfelder begründet. Denn die Kommentare zu den klassischen Stücken sind weitgehend auf Englisch. Und hier fällt vor allem auf, dass bei klassischen Stücken mehr Vokabular des Vertrauens eingesetzt wird und bei den englischsprachigen Popsongs ›sadness‹ und ›joy‹ etwas höher liegen. Bei den englischsprachigen Kommentaren finden wir eine nur schwache (negative) Korrelation zwischen E-Score und Sadness-Quote (Pearsons Rho ≈ -.18), was bedeutet, dass der Anteil der Trauer ausdrückenden

7 Der deutschsprachige Diktionär untersucht als siebte Emotion ›Verachtung‹ und nicht ›Vertrauen‹.

Wörter in den Kommentaren zu einem Song tendenziell sinkt, wenn der Anteil an Emotionswörtern, gemessen an allen Wörtern aus den Kommentaren zum Song, steigt.

Der geringere E-Score der Kommentierungen deutscher Poptitel hängt mit dem geringeren Umfang des deutschen Emotionsdiktionärs zusammen. Während dieser nur 4.719 Wörter umfasst, beinhaltet der englischsprachige Diktionär 7.648 Wörter. Auffallend ist, dass bei den deutschsprachigen Kommentaren die Wortfelder für Freude (44 %) und Trauer (26 %) deutlich überwiegen. Dies hängt wahrscheinlich mit dem Umstand zusammen, dass die Quote für zusätzliche Verachtung ausdrückende Wörter mit 10 % relativ unbedeutend ist – verglichen mit dem englischsprachigen Vokabular für ›trust‹ (Vertrauen; 18 bzw. 22 %). Bei den deutschen Kommentaren korrelieren E-Score und Sadness-Quote positiv (Pearsons Rho ≈ .64). Das bedeutet: Wenn in den deutschsprachigen Kommentaren zu (deutschen) Songs der Anteil der Emotionswörter, gemessen an allen Wörtern der Kommentare, steigt, nimmt auch der Anteil der Trauervokabeln an den Emotionswörtern zu.

Veranschaulichen lässt sich diese Differenz im Zusammenhang ausschnitthaft an den beiden Tabellen 4 und 5.

Song	% Trauer	E-Score	RG Trauer	RG E-Score
Bela: *Für immer*	55,32	4,84	2	1
Schandmaul: *Euch zum Geleit*	41,64	3,15	4	2
Sarah Connor: *Das Leben ist schön*	40,78	3,14	5	3
[...]				
Herbert Grönemeyer: *Mensch*	19,35	1,39	27	37
Puhdys: *Wenn ein Mensch lebt*	6,06	1,35	37	38
Rammstein: *Stirb nicht vor mir*	12,12	0,49	34	39

Tabelle 4: Rangplätze für ›Trauer-Quote‹ und ›E-Score‹ (deutsche Songs)

Song	% Trauer	E-Score	RG Trauer	RG E-Score
Judy Collins: *Amazing Grace*	9,95	13,38	27	1
Eric Clapton: *Tears in Heaven*	17,96	9,49	14	2
Sarah McLachlan: *Angel*	23,98	9,34	5	3
[...]				
Enya: *Only Time*	22,55	4,85	10	24
Whitney Houston: *I Will Always Love you*	10,76	4,14	26	25
Celine Dion: *My Heart will go on*	22,71	3,77	9	26

Tabelle 5: Rangplätze für ›Trauer-Quote‹ und ›E-Score‹ (englische Songs)

Während bei den englischen Songs die Rangplätze bei der Trauer-Quote und dem E-Score nur selten nahe beieinander liegen, wie z. B. im Song *Angel* von Sarah McLachlan, weisen die deutschen Stücke nur geringe Differenzen der Rangplatzierungen auf.

Dennoch lässt sich folgende Heuristik ableiten: Als Indikator für Schnulzen kann gelten, dass die Kommentare zu Musikstücken einen erhöhten E-Score aufweisen, der mit einem gesteigerten Gebrauch von Trauervokabeln einhergeht. Wenn wir nun die Korrelation zwischen einer stärkeren quantitativen Repräsentation von Trauervokabeln und einer stärkeren Repräsentanz von Emotionswörtern überhaupt als analytisch interessant verfolgen wollen, dann bietet sich eine Kontrastierung von Stücken an, die dieses Merkmal erfüllen, mit den Stücken, die es nicht erfüllen.

Übergang zur Einzelfallanalyse – quantitative Charakteristika ausgewählter Beispiele

Bei den englischsprachigen Popsongs erfüllen drei Titel das Kriterium der genannten Korrelation eindeutig: a) Sarah McLachlan, *Angel* (1997); b) Jeff Buckley, *Halleluja* (1994) und c) Ed Sheeran, *Supermarket Flowers* (2017). Bei den deutschsprachigen erfüllen interessanterweise eine ganze Reihe von Songs dieses Kriterium (insgesamt 12), zudem thematisieren sie auch häufiger explizit den Tod. Wir wählen exemplarisch die Stücke *Angel* und *Nur zu Besuch* (Die Toten Hosen, 2002) aus (Tabelle 6). Anschließend werden wir uns noch mit einem Kontrastfall befassen – nämlich den Kommentaren zum Stück *Dieser Weg* von Xavier Naidoo (2005), das hinsichtlich des Trauervokabularanteils weit unter dem Durchschnitt liegt und zudem das Thema Tod nicht manifest behandelt, sondern vom Charakter des Lebens insgesamt handelt und zumindest quasi-religiöse bzw. esoterische Anklänge hat.

	Trauer	**Freude**	**Furcht**	**Ekel**	**Überraschung**	**Wut**	**Vertrauen**	**E-Score**
Sarah McLachlan: *Angel*	14,64 %	26,77 %	12,17 %	5,55 %	9,09 %	7,80 %	23,98 %	9,34 %
Tote Hosen: *Nur zu Besuch*	36,35 %	33,83 %	9,66 %	3,62 %	4,17 %	2,52 %	9,85 %	1,67 %
Xavier Naidoo: *Dieser Weg*	17,18 %	47,17 %	5,63 %	3,16 %	7,69 %	3,29 %	15,88 %	2,66 %

Tabelle 6: Vergleich dreier Songs

Zudem beschränken wir unsere Beschäftigung auf Nutzer*innen-Kommentare, die wiederum häufig kommentiert wurden, genauer gesagt, die circa 100 bis 200 Re-Kommentierungen ihres Kommentars aufweisen.

Qualitative Analyse

Auch die Untersuchung von Rezeptionsprozessen erliegt Begrenzungen. Es gehört zu den Eigenarten ästhetischen Erlebens, dass es nur teilweise bewusst ist und nicht abgefragt werden kann. Zudem steht den Kommentierenden ein je spezifisch begrenztes Vokabular zur Beschreibung ästhetischen Erlebens zur Verfügung. Das Problem der Beschreibung existiert zudem in den einschlägigen Kulturwissenschaften. Kommentare von Rezipierenden und Kommentare zu diesen Kommentaren haben allerdings im Vergleich zu anderen empirischen Quellen (etwa Befragungen) den Vorteil, dass sie aus eigenem Antrieb entstanden sind, also nur dann verfasst werden, wenn der Song bei den Betreffenden den Impuls auslöst, sich dazu zu äußern. Sie dokumentieren eine spontane Reaktion auf das ästhetische Geschehen, die sehr wahrscheinlich von dem Song nachhaltig beeinflusst wird, auch wenn dieser Einfluss nicht immer von vornherein erkennbar ist.

Tatsächlich erlaubt eine Durchsicht solcher Kommentare zwar keinen Aufschluss darüber, was genau an den jeweiligen Songs beeindruckt; sie zeigen aber deutliche Spuren von Faszination. Sie beziehen sich nur teilweise auf den (oft gar nicht eindeutigen) Inhalt. Deutlicher ist die Tendenz, sich dem Ton und der Stimmung der jeweiligen Songs mimetisch anzuähneln. Übernommen wird die Haltung. Sie ist schwer zu beschreiben und zu benennen, wird aber offenbar deutlich gespürt und sozusagen anprobiert.

Selbstverständlich ist das nicht durchgehend der Fall. In all diesen Sammlungen gibt es seltsame Beiträge, die zumindest für Außenstehende nicht durchschaubar sind und bisweilen den Eindruck erwecken, dass sich hier Menschen nur äußern, um sich zu äußern – teilweise offenbar, ohne den Text des Kommentars wirklich gelesen zu haben und ohne nachvollziehbaren Bezug auf den Song. Aber irgendwas muss die Schreibenden doch angesprochen haben, sonst hätten sie sich wohl kaum auf diese Seite verirrt.

Welchen Aufschluss können YouTube-Kommentare nun über die Art des Gebrauchs der Songs geben? Einige Beispiele mögen das verdeutlichen.

Beispiel 1: Angel

Das erste bezieht sich auf den Song *Angel* (1997), geschrieben und präsentiert von Sarah McLachlan. Sehen wir uns den Song zunächst in Form einer Artefaktbeschreibung an. McLachlan versucht sich selbst als Trauernde zu beschreiben und zu verstehen. Sie schildert unterschiedliche Gefühle, die Prozesse des Trauerns begleiten, um sich dann in die Vision aufzuschwingen, leer und schwerelos in den Armen eines Engels davongetragen zu werden, um so Trost zu finden. Der oder die Betrauerte erhält keinen Raum, stattdessen werden höhere Mächte angerufen.

Die Kommentare orientieren sich nicht zuletzt an diesem Angebot des trostspendenden Engels. Allerdings wird er in den Dienst genommen, um den Betrauerten doch noch Raum zu geben. Er steht für den verstorbenen Ehemann oder für die verstorbenen Eltern und fungiert jetzt als Schutzengel.

Während die Sängerin weitgehend im unpersönlichen ›man‹ (»you«) verharrt, finden sich in den quantitativ stark rekommentierten Kommentaren wiederum vor allem Geschichten über die eigenen Erfahrungen mit dem Tod Nahestehender und dem Umgang damit. Die gefühlvolle Melodie und die emotionale Interpretation provozieren offenbar vor allem Bekenntnisse zu Trauererlebnissen, wenn nicht gleich zur Bezeugung von ganz und gar verfahrenen Lebensgeschichten, die mit Erfahrungen von Todesfällen verbunden sind. Sehen wir uns fünf Kommentare zu McLachlan an, die über 100-mal rekommentiert wurden:

Kommentar 7055 (111 Re-Kommentare), 17.11.22, 10:43:05, 534 Likes
17 years ago I lost my husband due to a suicide. In 2006 was the saddest year of my life 🥺😢, my son has barely turned 4 yrs old on January 1st and my husband passed away 14 days later. My husband and I were separated and we had worked things out to come back together and start all over but in laws family didn't want for him to come back with me he was between a rock and a hard place without knowing what to decide so in his five senses he decided the wrong choice. For me it was very hard to deal with this situation all by myself and to raise & support my son who needs so much. Then in 2 weeks I started working everything was going fine and 2 months after they gave me laid off my car broke down, I started getting sick and I ended up with a very bad depression cause of my husband passing, I almost passed away luckily in the hospital they stabilize me and unfortunately I ended up in dialysis and now 16 years later I'm still going to dialysis 3 times a week my son already is 20 yrs old and in 2 months he'll be 21 yrs on January 1st. This song reminds me of my husband, my soul mate my best friend my lover the best father that my son ever had. Now he's my guardian angel 😇 watching and taking care of me and my son. He will always be the love of my life and I miss him so much 🥺😢.

Kommentar 5312 (127 Re-Kommentare), 22.09.18, 14:32:31, 1342 Likes
I lost my wife August of last year we were married for 33 years this song breaks my heart every time I hear it my angel for sure she was

Kommentar 4276 (135 Re-Kommentare), 14.10.16, 13:01:34, 984 Likes
This song makes my dad cry he said this song reminds him of me! Because I have so many heathy problems! I have three inoperable brain tumours and no alcohol liver disease! I'm still here and fighting everyday

Kommentar 5706 (142 Re-Kommentare), 07.10.19, 23:57:53, 1623 Likes
I miss my daddy...he was 40, and I was 8 when he passed. I am 10 now and still miss him. He will forever be held in my heart. I love you daddy! 💔

Kommentar 4704 (134 Re-Kommentare), 23.09.17 01:34:18, 1385 Likes
i lost my mom and my dad in a car accident and i dont have no brothers and no sisters im 29 years old and im barely get out from jail spend 8 years in i lost everything in this life but i listen to this song and i know my parents are watching me from up there i love them and i miss the so much..... God bless you all.

Scheinbar übersehen wird in den betrachteten Beispielen der Versuch der Sängerin, das Trauern zu ästhetisieren und zum melancholischen Genuss bereitzustellen. Auf Formulierungen wie »Oh this glorious sadness« wird nicht direkt eingegangen.

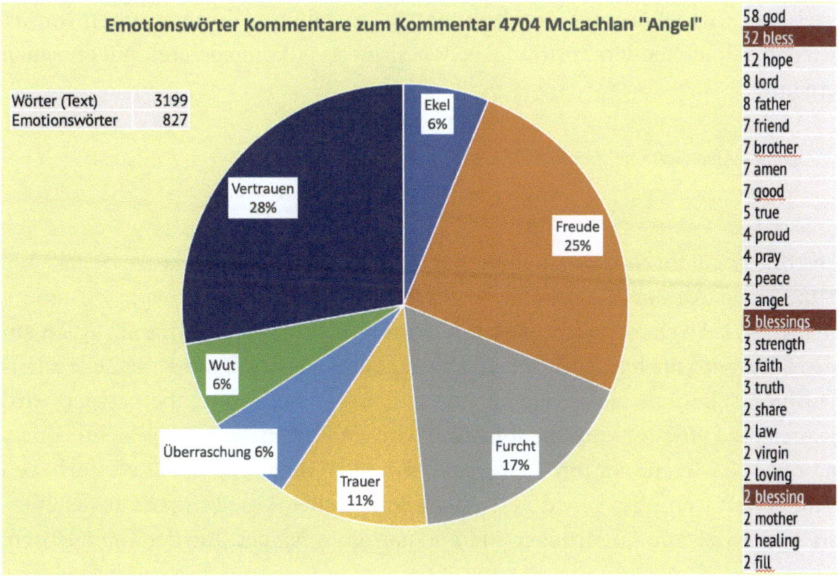

Abb. 1: Emotionswörter zu *Angel*

Eine indirekte Beziehung erschließt sich allerdings in der Häufung der ›Blessings‹, die in den Kommentaren zum Kommentar ausgedrückt werden. Das ›Herrliche‹ an der Traurigkeit wird somit von den Kommentator*innen religiös aufgefasst, als etwas Göttliches bzw. Himmlisches, was mit dem Titel *Angel* und dem Wunsch, von Engeln getragen zu werden, sehr wohl korrespondiert.

Der Tod wird hier mit einem genuin transzendenten – außerweltlichen – Erlösungswunsch verbunden, in der Imagination von Engeln in das himmlische Reich der Wiederauferstehung oder der Wiederauferstandenen hingetragen zu werden.

Beispiel 2: Nur zu Besuch

Nur zu Besuch von den Toten Hosen (2002; Andreas Frege [= Campino]; Andreas von Holst) geht völlig anders vor und wird auch anders rezipiert. Der Text erzählt eine einfache Geschichte über einen Friedhofsbesuch, betont sachlich und vor allem ganz innerweltlich, fast wie ein Protokolltext ohne große Worte, auffällige Metaphorik oder gar Verrätselungen. Die berichtende Stimme steht im Vordergrund, unaufdringlich begleitet von Gitarre, Bass, Klavier und Streichern. Überschritten wird die sachliche Atmosphäre nur durch einzelne kleine Wendungen – gleich zu Anfang; »fühl' ich mich grenzenlos« – und den Refrain, in dem der Sänger stimmlich auftrumpft und deutliches emotionales Engagement zeigt. Es macht die fortdauernde Anwesenheit der Verstorbenen sinnlich fassbar.

Dass dies verstanden worden ist, zeigt der Kommentar. Auch er ist betont sachlich, wird allerdings durch den auch in weiteren Kommentaren immer wieder auftauchenden hoffnungsvollen Hinweis auf ein späteres Wiedersehen ergänzt:

> *Dieses Lied habe ich bei der Beisetzung meines Sohnes gespielt. Irgendwann sind wir wieder zusammen.*

Die Kommentare zum Kommentar passen sich dem an. Es gibt kurze Beileidsbekundungen. Ähnliche Trauerfälle werden ebenso sachlich und knapp konstatiert, manchmal erweitert durch tröstende Hinweise zum Umgang damit. Auch auf den Song wird noch gelegentlich Bezug genommen – etwa, wenn die Zeile zitiert wird: »Post kommt auch heute noch in seinem Namen!«; öfter thematisiert wird jedoch die Differenz vom im Song und dem im Kommentar Dargestellten: dass nämlich Kinder nie vor ihren Eltern gehen sollten (der Song ist der verstorbenen Mutter von Campino gewidmet). Bisweilen erscheint die Mimesis etwas übertrieben. So ist eine Äußerung irritierend nah am sonstigen Ton der Toten Hosen:

> *Hey hab auch meinen Sohn beigesetzt er war 20 und wollte nicht mehr dieses Leben wünsche Dir viel Kraft für deine Lebenszeit*

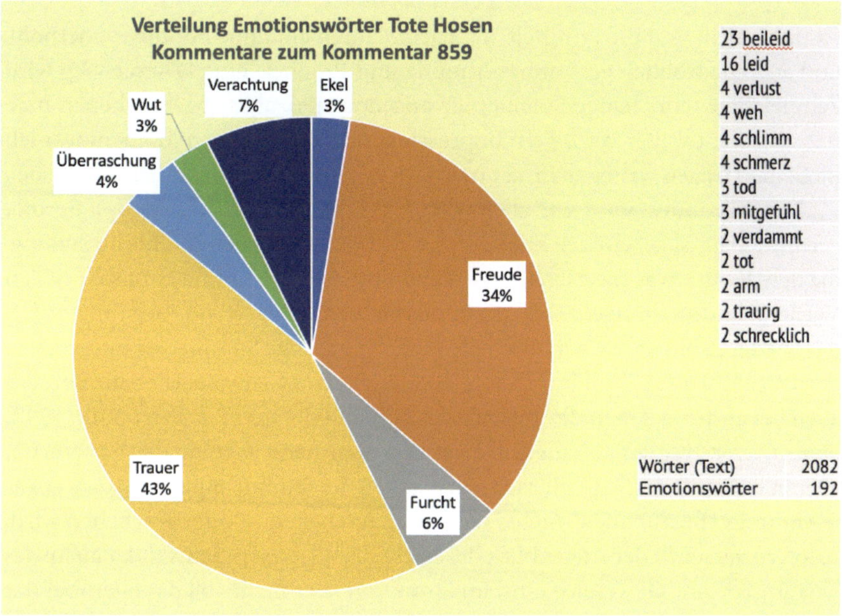

Abb. 2: Emotionswörter zu *Nur zu Besuch*

Beispiel 3 (Kontrastfall): Dieser Weg

Zuletzt wenden wir uns mit der Absicht der Kontrastierung dem Stück *Dieser Weg* von Xavier Naidoo (2005, geschrieben vom Interpreten und seinem Produzenten Philippe van Eecke) zu. Der Song befasst sich sehr allgemein mit dem Leben, dem Lebensweg, der »steinig und schwer« ist. Er versammelt etliche einschlägige Motive: Straße, Wind, Meer und Segel. Der Weg kann nur allein gegangen werden (»Nicht mit vielen wirst du dir einig sein«); es gibt andere, die »treten«, aber auch solche, die hilfreich sind. Der Song ist vielseitig verwendbar. Der Autor und Interpret will ihn für seinen Patensohn geschrieben haben, als Rat für seinen künftigen Lebensweg; während der Fußball-Weltmeisterschaft 2006 soll er in der Umkleidekabine der deutschen Nationalmannschaft der Motivation vor den Spielen gedient haben. Von Tod ist nicht die Rede, allenfalls von Abschied, aber auch das bleibt vage. »Das Lied, das du am letzten Abend sangst«, so eine der Zeilen, kann alles Mögliche bedeuten, auch das Ende eines Lebens. Der Text vermeidet jede eindeutige Aussage, die die Stimmung stören könnte und öffnet einen breiten Raum möglicher Assoziationen; aus ihm lassen sich fast beliebige Stichworte herauslösen. Eine Erzählung gibt es nicht. Es handelt sich eher um eine Aneinanderreihung von parabelhaften Versatzstücken aus situativen Eindrücken, die wieder fallen gelassen werden, Weisheiten und Weisungen bzw. Losungen, die jedoch keine konkrete (greifbar realistische) Geschichte ergeben. Selbst in Bezug auf eine mögliche Gesamtaussage erweisen sie sich semantisch als so ambivalent und unvermittelt, dass beim Hören am Ende nur die wiederholte und auch bedrohlich gestimmte Ahnung und Prophezeiung »Dieser Weg wird kein leichter sein« hängen bleibt. Die angedeuteten, aber abgebrochenen bzw. narrativ nicht weiter verfolgten Impressionen (z. B. »für einen Moment war ich nicht da«) tragen weiter zu dieser mystisch-mystifizierten Grundstimmung bei.

Die Stimmung wird vor allem durch die Musik oder besser: den Sound, vermittelt. Er ist gekennzeichnet durch eine fast durchgehende Chorbegleitung, die dem Song etwas Elegisches und Wehmütiges verleiht, ohne es zu sehr in den Vordergrund zu drängen. Der Rhythmus bietet dagegen etwas Aufmunterndes, das wieder gebrochen wird durch die etwas quengelige Stimme des Interpreten, die Mitgefühl und Einfühlsamkeit prätentiert. Dieses Gequengel der Stimme, das auch bei anderen Titeln des Interpreten auffällt (Corsten/Schubert 2019: 82 f.), ist in *Dieser Weg* schon einem Gewimmer sehr nahe. Gerade diese verzerrte, aber in hohen Tönen artikulierte Gedrücktheit der Stimme suggeriert, dass etwas Schlimmes (Belastendes, ›nichts Leichtes‹) geschehen ist oder geschehen wird. Insofern verstärkt der Augenblick des Nicht-Da-Gewesen-Seins (oder auch: des Unaufmerksam-Gewesen-Seins; im Sinne von ›war nicht voll da‹ oder ›bei der Sache‹) das Bedrohliche der Leichtfertigkeit.

Die Weissagung bzw. Prophezeiung »Dieser Weg wird kein leichter sein« ist somit eine gequengelte (Un-)Frohe Botschaft bzw. Weisung: ›Nimm das Leben nicht leicht‹, mit dem unausgesprochenen Zusatz: Dann kannst du die Belastungen des Lebens überstehen.

Der Song zählt also zu dem Themenbereich ›Unterwegs sein, ohne anzukommen‹ – denn soweit die Unbillen unterwegs überstanden werden können, kann man weiterhin unterwegs sein, ohne anzukommen. Und genau das lädt zu Geschichten wie der folgenden ein:

Damals hatte ich Angst mein Abi nicht zu schaffen, Mein Vater war verstorben, meine Mutter Analphabetin und sprach kaum Deutsch.
Ich hatte aufgegeben und dann dieses Lied gehört und es hat mir so unbeschreiblich viel Kraft geschenkt.
Heute studiere ich seit 5 Jahren und arbeite nebenbei, habe meinen Geschwistern geholfen auch das Abi zu schaffen und ein Studium zu beginnen.
Meine Mutter ist jetzt glücklich, bei meinem Vater.
Danke.

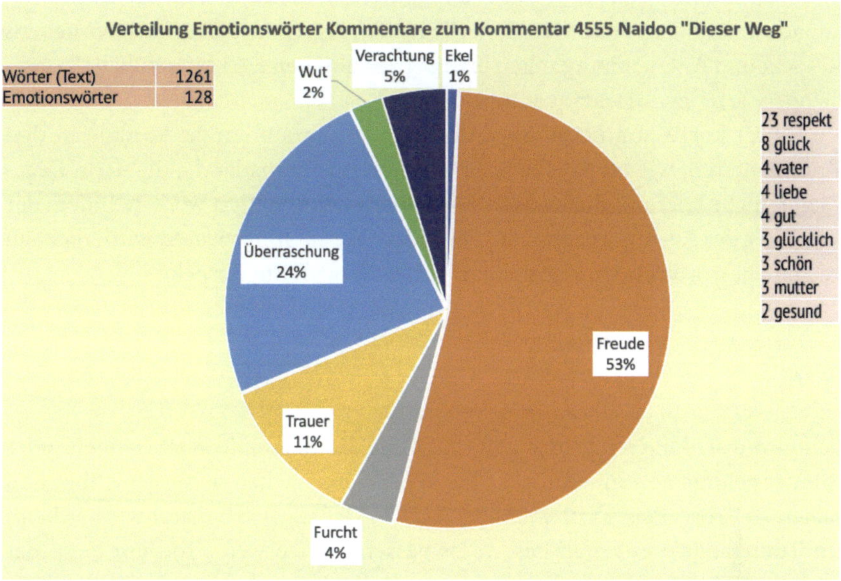

Abb. 3: Emotionswörter zu *Dieser Weg*

Auf den ersten Blick erscheint der Song als beliebiger Anlass für diesen Kommentar; es ist jedoch fraglich, ob die biografische Reflexion ohne ihn zustande gekommen wäre. Sie trifft die Stimmung des Stücks genau und nimmt sie zum Anlass über den eigenen Lebensweg zu reflektieren. Zudem passt die Art des biografischen Problems zur Suggestion des nicht leichten, eher steinigen Wegs, auf dem sich die im Song angesprochenen (angerufenen) Personen (Zuhörer*innen) befinden. Das Thema Tod bleibt dabei jedoch im Hintergrund und ist mehr ein Vehikel; es geht nicht um den verstorbenen Vater (und die verstorbene Mutter), sondern um die daraus erwachsende Belastung. Dies erscheint durchaus einer modernen Verdrängung des Todes zu entsprechen; der Akzent bleibt auf die Weiterbewegung der Protagonist*innen ausgerichtet.

Insofern verwandelt sich die Kommentatorin mit der Ausbreitung ihrer eigenen Leidensgeschichte der Atmosphäre des Lieds mimetisch an, und einige der Kommentare zum Kommentar scheinen das zumindest teilweise zu übernehmen. Der dritte beispielsweise zitiert gleich den Song: »Dieses Leben bietet so viel mehr.« Ansonsten beziehen sie sich aber vor allem auf die gleichermaßen traurige wie erfolgreiche Lebensgeschichte, bezeugen Respekt – wahrscheinlich eines der am häufigsten auftauchenden Wörter –, Mitleid oder Anerkennung. Diese stichpunktartig und eher oberflächlich und allgemein wirkenden Bezeugungen sind in ihrer Reaktion dennoch verständnisvoller und präziser auf den Gehalt der traurigen Geschichte bezogen, als die Kürze der Kommentare zunächst vermuten lässt. Gerade weil sie dem Aspekt des Überwundenhabens Respekt und Anerkennung zollen bzw. dem erfahrenen Leid Mitgefühl entgegenbringen, erzeugen sie adäquat Resonanz.

Damit korrespondieren auch die Reaktionen auf einige Ausfälle in den Kommentaren, wie etwa: »Gehe zurück in dein Heimatland«, die dann folgerichtig mehr oder minder ausführlich kritisch kommentiert werden, indem der Verfasser des Re-Kommentars insbesondere darauf hingewiesen wird, nicht zu verstehen, worum es im Kommentar gehe, nämlich um Respekt.

Fazit

Schnulzen artikulieren Sehnsucht. Indem sie diese Gefühle in eine – mehr oder minder gelungene – musikalische Form bringen, machen sie sie genießbar und bieten so Trost. Was sonst eher abgewertet oder sogar tabuisiert wird, scheint für Trauerangelegenheiten besonders passend. Auch wenn Tod nur eines der gängigen Themen dieser Schnulzen repräsentiert, so liegen die mit ihm verbundenen Gefühle doch sehr nah an Thematiken, die in gefühlvollen Songs sonst aufgerufen werden: Abschied, das Unausweichliche, Grenzerfahrungen und der radikalste aller Abschlüsse. Dass zu traurigen Anlässen eher Schnulzen, eher besinnliche und traurige Songs passen, ist kein überraschender Befund, der durch einen Blick auf die Vorschlagslisten von Beerdigungsinstituten bestätigt wird. Bemerkenswert ist eher, welche Songs ausgewählt werden und vor allem, was diese Songs in engagierten Hörer*innen auslösen können. Gefühle, die sonst verborgen gehalten werden, sogar vor sich selbst, können hier vielleicht nicht ausgelebt, aber zumindest zugelassen und in den Kommentaren und den Kommentaren dazu artikuliert werden.

Auch wenn Musikvideos – wie wir festgestellt haben – im Allgemeinen eher eine Thematisierung von Freude auslösen, in der Regel Freude über gelungene Musik, spielt bei Schnulzen zudem die Artikulation von Traurigkeit/Trauer eine gewisse Rolle. Beim genaueren Hinsehen zeigt sich, dass gerade die Kommentare, die durch andere User vielfach re-kommentiert werden, sehr oft kurze Geschichten über Schicksalsschläge (überwiegend Todesfälle nahestehender Personen) enthalten. Schnulzen lösen somit Formen egozentrierter Identifikation mit den Stimmungen aus, die in den Songs vermittelt werden.

Die qualitative Analyse kann dabei zeigen, dass in den mitgeteilten Geschichten und insbesondere in den Re-Kommentierungen die besonderen Akzente der in den Schnulzen inszenierten Stimmungen durchaus mimetisch aufgenommen werden und in der Art oder in den Haltungen der artikulierten Gefühle zum Ausdruck kommen: Im Fall von McLachlan Wünsche nach

Getragenheit und Getragenwerden, im Fall der Toten Hosen Erinnerung im Modus sachlicher Rückbesinnung und bei Naidoo der Respekt vor der gelungenen lebenspraktischen Überwindung von Widrigkeiten.

Fragt man nun danach, welche Relevanz diese Befunde für die Bestimmung des Verhältnisses zwischen Tod und Schnulze besitzen, dann ist die Varianz der hier gesehenen emotionalen Umgangsformen und deren Passungsverhältnisse zwischen Artefaktgestalt und Rezeptionsmuster interessant. Sarah McLachlan repräsentiert dabei die Form eines transzendenzanrufenden, quasi-religiösen Umgangs mit dem Tod, das Stück der Toten Hosen demgegenüber eine säkulare Weise, der Erinnerung an eine verstorbene Person einen Raum im Alltag der Lebenden zu geben und dafür Mitgefühl zu erhalten. Xavier Naidoo thematisiert den Tod nicht direkt; auch der Kommentar entfernt sich davon und verschiebt das Thema auf die Folgen für die Lebensbewältigung der Überlebenden. Die verstorbene Person und deren Leben spielen hier keine Rolle mehr.

Dass die Kommentare zu den Songs dabei ein praktisches Gespür der Rezipient*innen für die emotionale Charakteristik des Dargebotenen aufweisen, spricht für ein halbbewusst verfügbares soziales Wissen, an dem sich die User bei der Wahrnehmung und Beurteilung der Songs (und deren Kommentierung durch andere) orientieren.

Die Beschäftigung mit scheinbar so nebensächlichen Dingen wie Schnulzen auf YouTube deutet auf wissens- und thanatosoziologische Schätze hin, die in den Kultur- und Sozialwissenschaften bisher noch wenig gehoben wurden.

Literatur

Corsten, Michael (1993): *Das Ich und die Liebe*, Opladen.

Corsten, Michael (2014): »In this World of Trouble my Music Pulls me Through«, in: *Musik Forum* 4 (14), S. 59–60.

Corsten, Michael/Schubert, Volker (2019): »Bilden Schnulzen?«, in: *Zeitschrift für Kulturwissenschaften* 13 (2), S. 69–88.

Ekman, Paul (1992): »An Argument for Basic Emotions«, in: *Cognition and Emotion* 6 (3), S. 169–200.

Ekman, Paul/Friesen, Wallace (1975): *Unmasking the Face. A Guide to Recognizing Emotions from Facial Expressions*, Hoboken.

Feldmann, Klaus (2004): *Tod und Gesellschaft. Sozialwissenschaftliche Thanatologie im Überblick*, Wiesbaden.

Hornby, Nick (2003): *31 Songs*, Köln.

Klinger, Roman/Samat Suliya, Surayya/Reiter, Nils (2016): »Automatic Emotion Detection for Quantitative Literary Studies. A Case Study Based on Franz Kafka's ›Das Schloss‹ and ›Amerika‹«, in: *Digital Humanities Conference Krakau 2016*, https://dh2016.adho.org/abstracts/318 [30. September 2024].

Lueger, Manfred/Froschauer, Ulrike (2018): *Artefaktanalyse. Grundlagen und Verfahren*, Wiesbaden.

Mohammad, Saif M./Turney, Peter D. (2013): »Crowdsourcing a Word-Emotion Association Lexicon«, in: *Computational Intelligence* 29 (3), S. 436–465.

Stave, Joachim (1958): »Die Schnulze – sprachlich gesehen«, in: *Kontakte – Zeitschrift für musisches Leben in der Jugend* 4, S. 158–160.

Walter, Tony (2020): *Death in the Modern World*, London.

Wicke, Peter/Ziegenrücker, Wieland/Ziegenrücker, Kai-Erik (1997): *Handbuch der populären Musik. Geschichte – Stile – Praxis – Industrie*, Mainz.

Wolff, Stephan (2000): »Dokumenten- und Aktenanalyse«, in: Flick, Uwe/Kardorff, Ernst von/Steinke, Ines (Hg.): *Qualitative Forschung*, Reinbek, S. 502–513.

Vorbereitende Bemerkungen zu einer Soziologie der Grabschändung

Preliminary Remarks on a Sociology of Grave Desecration

Matthias Jung

Schändungen von Gräbern und Friedhöfen sind ein von den Kultur- und Sozialwissenschaften eigentümlich vernachlässigtes Phänomen. Der Beitrag, der sich als eine erste Annäherung an diesen komplexen Gegenstand versteht, diskutiert einleitend die Besonderheiten von Gräbern und darauf aufbauend die Gemeinsamkeiten von Grabschändungen mit und ihre Differenzen zu ähnlichen Handlungen. Sodann wird eine heuristische Typologie vorgestellt, die auf der Grundlage von Fallanalysen der Schadensbilder von Grabschändungen in der gegenwärtigen Gesellschaft gewonnen wurde und die auf der ersten Ebene der Unterscheidung drei Typen formuliert: Entehrung, unbefugte Manipulation und autotelischer Vandalismus. Diese Typen, die in einem komplexen Verhältnis wechselseitiger Implikation zueinander stehen, werden anhand von Beispielen erläutert.

Grab, Friedhof, Trauer, Grabschändung, Vandalismus

The desecration of graves and cemeteries is a phenomenon that has so far been neglected by cultural and social sciences. As a first approach to this complex issue, the paper first discusses the special features of graves and the similarities and differences between grave desecration and similar acts. It then presents a heuristic typology developed on the basis of case analyses of damage caused by acts of grave desecration in contemporary society. It comprises three types at the first level of differentiation: dishonour, unauthorised tampering, and autotelic vandalism. These types, which have a complex relationship of mutual implication with each other, are explained by means of examples.

Grave, cemetery, mourning, grave desecration, vandalism

Das Skandalon des Todes, die Dignität der Toten und die Schutzwürdigkeit der Gräber

Obgleich Grabschändungen ein Phänomen sind, dessen historische Tiefe bis in die Vorgeschichte zurückreicht, finden sie in den Kultur- und Sozialwissenschaften nur wenig Beachtung.[1] In Annäherung an diesen komplexen Gegenstand veranstaltete der Verfasser im Sommersemester 2023 am Institut für Soziologie der Goethe-Universität Frankfurt ein Forschungsseminar zu Erscheinungsformen von Grabschändungen in der gegenwärtigen Gesellschaft, auf dessen Ergebnissen die nachfolgenden Ausführungen beruhen.[2] Als Datengrundlage diente eine mittels Internetrecherchen erstellte Fallsammlung[3], bei der Auswertung wurden zunächst Fotografien geschändeter Gräber analysiert und dann ergänzend Zeitungsberichte sowie, soweit verfügbar, andere Kontextinformationen konsultiert. Dabei erwies es sich als instruktiv, die Gräber erst einmal daraufhin zu betrachten, welche Möglichkeiten der Manipulation sie aufgrund ihrer Anlage und Beschaffenheit von sich aus nahelegen, welche Gestaltungselemente sich für unbefugte Zugriffe gleichsam anbieten (und welche nicht), oder anders gesagt, worin ihre jeweilige *Affordanz* (vgl. Gibson 1979: 127 ff.; siehe ferner Jung 2018a) für grabschändende Handlungen besteht. Erst in einem zweiten Schritt wurde dann das tatsächliche Schadensbild untersucht und mit den hypothetisch konstruierten Szenarien verglichen, vor deren Hintergrund sich überhaupt erst das an den Taten Auffällige und Erklärungsbedürftige konturiert.[4]

In dem Kompositum ›Grabschändung‹ ist ›Schändung‹ der durch ›Grab‹ spezifizierte Wortbestandteil. ›Schändung‹ meint einen Vorgang, mit dem Schande über jemanden oder über etwas gebracht wird, seine Integrität mithin

1 Zu Grabschändungen siehe aus juristischer Perspektive Kretschmer 2001, aus archäologischer Kümmel 2009.

2 Anlass für das Seminar bildete die Mitwirkung des Verfassers in der von Marie-Luis Zahradnik geleiteten Arbeitsgruppe »Schändung von Grabmalen – Handlungsfelder der Präventions- und Bildungsarbeit« des Landespräventionsrats im Thüringer Ministerium für Inneres und Kommunales.

3 Diese Fallsammlung erhob keinen Anspruch auf Vollständigkeit und Repräsentativität, mit ihr sollte vielmehr das Spektrum grabschändender Handlungen in der Gegenwartsgesellschaft ausgelotet werden. Unberücksichtigt blieben daher die historisch vielfach bezeugten, mit ikonoklastischem Ingrimm verübten Zerstörungen beispielsweise von Heiligengräbern (siehe hierzu die in Parzinger 2021 diskutierten Beispiele). Zur Analyse ausgewählt wurden die Fälle nach dem Kriterium der Kontrastivität.

4 Dieses Vorgehen folgt den Interpretationsprinzipien der sozialwissenschaftlichen Methode der Objektiven Hermeneutik (siehe z. B. Oevermann et al. 1979; Oevermann 1983; ders. 2000), deren Anwendung auf materielle Kultur, insbesondere auf archäologische Objekte, ein Forschungsschwerpunkt des Verfassers ist (siehe z. B. Jung 2003a; ders. 2003b; ders. 2008; ders. 2018b; ders. 2023).

beschädigt wird. Ein Grab bezeichnet den Ort, an dem Verstorbene beigesetzt werden, wörtlich genommen eine Eintiefung in den Boden, aber auch oberirdische Anlagen wie Grüfte oder Kolumbarien (Urnenwände) werden als Gräber bezeichnet. Unterscheidet man analytisch zwischen einer kausal determinierten, einer systemisch regulierten und einer sinnstrukturierten Welt, so ist der Mensch physikalisch ein den Naturgesetzen unterworfenes Ding im Raum, biologisch als lebendiges, durch Austausch mit der Umwelt sich selbst erhaltendes System ein Leib und bezogen auf Sinnstrukturen ein soziales Wesen, eine Person als Träger einer Lebenspraxis sowie eine individuell-einmalige Persönlichkeit.[5] Diese Differenzierung ist für das Verständnis der Logik von Bestattungshandlungen hilfreich, denn mit dem Eintreten des Todes reduzieren sich die Weltbezüge: Tote werden plötzlich zu bloßen Objekten, noch dazu solchen, bei denen als ehemalige Organismen der Prozess der Dekomposition unmittelbar einsetzt, und das erzwingt eine Entscheidung darüber, wie mit den toten Körpern verfahren werden soll. Die Angehörigen der Toten und die Mitglieder der Gemeinschaften, denen sie angehörten, stehen vor der Aufgabe, sich im Sinne des Realitätsprinzips dem *factum brutum* des Todes zu stellen, was ein universelles, kulturübergreifendes soziales Handlungsproblem, eine pragmatische Universalie, darstellt. Dessen Bearbeitung kann, je nach den kulturspezifischen Todes- und Jenseitsvorstellungen, auf sehr unterschiedliche Weisen erfolgen. Die entsprechenden Rituale symbolisieren die mit dem Tod verbundene Transformation und stellen so auch Deutungsangebote für die Trauerbewältigung bereit.

Mit Sigmund Freud (1946) wird Trauer zumeist als das Abarbeiten einer objektlos gewordenen Bindung verstanden. Diese Bindung zu lösen, ist das Ziel der Trauer; gelingt es nicht, resultierten daraus Pathologien.[6] Man kann Trauer aber auch als einen Mechanismus interpretieren, mittels dessen die *Objektlosigkeit* der Bindung bearbeitet wird, die Bindung an die Persönlichkeiten der Verstorbenen aber erhalten bleibt. Sie muss sich insofern transformieren, als sie sich von dem Leib zu lösen hat. Diese Abstraktionsleistung kann durch Objekte erleichtert werden, welche die Toten repräsentieren, typischerweise solche, die mit ihnen zu Lebzeiten verbunden waren (wie Kleidungsbestandteile und Dinge,

5 Zur Unterscheidung dieser Seinsbereiche siehe ausführlich Jung 2022: 127.

6 So heißt es in »Trauer und Melancholie«: »Das Normale ist, daß der Respekt vor der Realität den Sieg behält. Doch kann ihr Auftrag nicht sofort erfüllt werden. Er wird nun im einzelnen unter großem Aufwand von Zeit und Besetzungsenergie durchgeführt und unterdes die Existenz des verlorenen Objekts psychisch fortgesetzt.« (Freud 1946: 430) Die psychische Fortsetzung des verlorenen Objekts besteh demnach nur so lange, bis die Objektbesetzung ›kleingearbeitet‹ ist, sie führt nicht zu der dauerhaften Ausbildung eines ›inneren Objekts‹, in dem die Bindung an das verlorene äußere Objekt gleichsam aufgehoben ist. Zur Bedeutung des inneren Objekts im Kontext von Trauerprozessen siehe Klein 1972.

die sie sammelten oder die ihnen wichtig waren).[7] Die Repräsentation ist in diesen Fällen über eine Kontiguität gestiftet und hat metonymischen Charakter; die Objekte sind im Wortsinne Reliquien, also von den Toten Zurückgelassenes. Materielle Repräsentationen der Persönlichkeiten der Verstorbenen sind auch ihre Gräber, hier ist die Kontiguität über den Leib vermittelt: Gräbern kommt eine besondere Dignität und Schutzwürdigkeit zu, weil sie die Körper der Toten als ihre ehemaligen Leiber bergen, die ihrerseits als Repräsentationen der Persönlichkeiten verstanden werden. Auf diese Weise werden Gräber zu materiellen Extensionen der Personalitäten der in ihnen Bestatteten, die anders als die vergänglichen Leiber dauerhaft sind und so Grabbesucher*innen die Persönlichkeiten der Toten vergegenwärtigen können.

Diese Überlegungen sind wichtig für das Verständnis grabschändender Handlungen: Ein Grab wird zu einem solchen nur durch den Totenbezug, und nur wegen dieses Bezuges ist eine physische Manipulation der Grabstätte auch dann eine Schändung, wenn der Körper bzw. seine Überreste selbst gar nicht Gegenstand der Manipulation sind. Das Grab partizipiert so an der Dignität der Personen der Toten, und wer sich an ihm vergreift, beschädigt damit auch diese. Zwischen Grab- und Friedhofsschändungen besteht ein Kontinuum: Letztere liegen vor, wenn nicht nur einige Gräber betroffen sind, sondern zahlreiche, oder auch dann, wenn neben Gräbern noch andere bauliche Elemente des Friedhofs wie z. B. Mauern, Tore, Brunnen oder die Trauerhalle in Mitleidenschaft gezogen werden.

Von vornherein abstrakter, da nicht über die Körper der Toten vermittelt, ist die Beziehung bei auf Personen rekurrierenden, an öffentlichen Orten aufgestellten Denkmälern, die ebenfalls die Persönlichkeit repräsentieren und zusätzlich an besondere Leistungen erinnern, weshalb auch Denkmalschändungen die konkret repräsentierten Personen betreffen. Typologisch zwischen Grabmälern und Denkmälern anzusiedeln sind

- Kenotaphe, also Scheingräber, die wie Grabmäler gestaltet und meist Teil von Familiengräbern sind. Sie verweisen auf Verstorbene, die, wie im Krieg gefallene Familienangehörige, nicht in diesen Gräbern beigesetzt werden konnten. Häufig, aber nicht notwendigerweise finden sich auf ihnen Hinweise wie »Im Gedenken an…« oder »In fremder Erde ruht…«.
- Denkmäler, die auf Friedhöfen situiert sind und an eine Kollektivität von Verstorbenen erinnern, beispielsweise die Kriegstoten einer Stadt oder einer Gemeinde. Sie sind gestaltet wie Denkmäler auf öffentlichen Straßen oder Plätzen, haben aber einen stärkeren Todesbezug.

7 Zu Objekten als Vergegenwärtigungen abwesender Anderer siehe Habermas 1999: 305 ff.

- Unfallkreuze, die den Ort markieren, an dem jemand tödlich verunglückte.[8] Diese Kreuze sind inoffizielle, von Privatleuten errichtete Gedenkzeichen, auch sie können zum Gegenstand von Schändungshandlungen werden.[9]

Entehrung – Manipulation – Vandalismus

Aufgrund der besonderen Konstellation von Toten und Gräbern ist eine Grabschändung eine Handlung, die aus zwei sich einander wechselseitig voraussetzenden Aspekten besteht: einerseits dem Aspekt der *Entehrung*, also der Schändung im engeren Sinne, der Herabwürdigung und Verächtlichmachung der Personen der Bestatteten, und andererseits dem der *unbefugten Manipulation* des Grabes. Das bedeutet: *Jede unbefugte Manipulation einer Grabstätte impliziert eine Entehrung, und umgekehrt wird jede Entehrung mittels einer unbefugten Manipulation vollzogen.*[10] Diese explizite Unterscheidung der Grabschändungshandlung in einen Aspekt der Entehrung und einen der Manipulation ist auch deshalb wichtig, weil sie nicht mit den juristischen Kategorisierungen deckungsgleich ist, obschon es im Strafgesetzbuch der Bundesrepublik zwei Straftatbestände gibt, die diesen Aspekten nahekommen. Das ist zum einen die »Störung der Totenruhe« (§ 168 StGB), welche die Strafwürdigkeit der unbefugten Manipulation von Grabstätten aus der Strafwürdigkeit der Manipulation der toten Körper ableitet, worin die Integralität von Toten und Gräbern sinnfällig zum Ausdruck

8 In der Abfolge Grab – Kenotaph/Unfallkreuz – Denkmal verschiebt sich die Kontiguität von physisch-konkreten Bezügen stärker zu geistig-abstrakten oder, mit anderen Worten, von einer Metonymie hin zu einer Metapher. Dies sind freilich analytische Unterscheidungen, denn in der Praxis wird eine metaphorische Beziehung häufig so behandelt, als ob es eine metonymische wäre (dazu Leach 1978). Auch innerhalb der physischen Kontiguität lassen sich Differenzierungen vornehmen – so unterscheiden beispielsweise Reliquientypologien nach dem Grad der Vermittlung mit dem toten Körper, also danach, ob Reliquien aus Körperteilen von Heiligen bestehen, aus Objekten, die sie zu Lebzeiten berührten, oder aus Objekten, die mit Körperteilreliquien Kontakt hatten (siehe Marks 2020: 144).

9 Christine Aka nennt in ihrer Studie zu Unfallkreuzen vor allem zwei Motive für deren Zerstörung. Im Falle eines fremdverschuldeten Unfalls bedeuten sie eine dauerhafte Schuldzuweisung, und »Zerstörungen gelten demnach nicht dem Kreuz, sondern dem symbolischen Konstrukt der Schuld« (Aka 2007: 119). Bei selbstverschuldeten Unfällen dagegen wird den Toten das Recht auf Andenken und den Hinterbliebenen das Recht auf die Unfallstelle als Trauerort durch die Zerstörung abgesprochen (vgl. ebd.: 120).

10 Befugt, Veränderungen an der Gestaltung von Grabstätten vorzunehmen, sind im Sinne der Friedhofsordnungen in der Regel ausschließlich die Nutzungsberechtigten, zumeist die Hinterbliebenen. Allen anderen ist es lediglich gestattet, temporär Zeichen des Gedenkens anzubringen, also etwa Blumen niederzulegen, aber keinesfalls irgendwelche dauerhaften Veränderungen vorzunehmen.

kommt,[11] und zum anderen die »gemeinschädliche Sachbeschädigung« (§ 304 StGB). Zwar gibt es eine Affinität der »Störung der Totenruhe« zur Entehrung und der »gemeinschädlichen Sachbeschädigung« zur unbefugten Manipulation, das dialektische Verhältnis der wechselseitigen Implikation beider Aspekte kann das Strafgesetzbuch aber nicht abbilden. Außerdem gilt das Entwenden von Grabschmuck nur als »einfacher Diebstahl« (§ 242 StGB), wenngleich auch bei einem solchen die Integralität der Grabstätte verletzt wird. Der Aspekt der Entehrung, Entweihung und Herabsetzung ist zumindest mitbeteiligt, ohne dass ihm strafrechtlich Rechnung getragen würde.[12]

›Entehrung‹ und ›unbefugte Manipulation‹ beschreiben die Enden eines breiten Spektrums, und auch an diesen Enden ist das Verhältnis der wechselseitigen Implikation nicht aufgehoben, auch wenn bei einem Diebstahl von Grabschmuck die Entehrung nur eine als solche nicht beabsichtigte Nebenfolge der mit dem Diebstahl verbundenen Manipulation ist, wie umgekehrt eine Entehrung zwingend einer instrumentellen Manipulation bedarf. Eine Entehrung muss nicht mit einem hohen materiellen Schaden einhergehen: Zwar werden bei Beschädigungen von Grabsteinen und Grabplatten schnell fünfstellige Schadenssummen erreicht, während aber das Entfernen von hinterlassenen Exkrementen – ein extremer Fall der Entehrung – keine dauerhaften Schäden und nur vergleichsweise geringe Kosten der Beseitigung verursacht. Ebenfalls wichtig ist die Unterscheidung zwischen dem *Gegenstand* und den *Adressaten* einer Grabschändung: Letztere können die Verstorbenen sein, aber auch ihre Angehörigen und Hinterbliebenen, die Gruppen oder Gemeinschaften, deren Mitglieder sie waren, oder schließlich auch die Öffentlichkeit – je nachdem, auf welchen Aspekt der Persönlichkeit der Toten die Schändungshandlungen Bezug nehmen.[13]

Exemplarisch für eine *Entehrung* kann eine gegen die Personen der Toten gerichtete, mit Farbe aufgetragene schriftliche Schmähung stehen. Die mit dem Farbauftrag verbundene Sachbeschädigung ist eine Nebenfolge, aber nicht das primäre Ziel der Handlung. Typisches Beispiel einer *unbefugten Manipulation* ist der Diebstahl von Metallapplikationen auf Grabstätten aus Gründen der

11 Im Strafgesetzbuch der DDR war die Störung der Totenruhe nicht ausdrücklich ausgewiesen, sie fiel unter »Rowdytum« (§ 215 StGB-DDR) und damit allgemein unter »Mißachtung der öffentlichen Ordnung oder der Regeln des sozialistischen Gemeinschaftslebens«.

12 Weitere Straftatbestände, unter die Grabschändungen subsumiert werden können, sind »Verunglimpfung des Andenkens Verstorbener« (§ 189 StGB) oder auch »Landfriedensbruch« (§ 125 StGB).

13 Besonders augenfällig wird das Auseinandertreten von Gegenstand und Adressat, wenn, wie es häufig auf jüdischen Friedhöfen geschieht, auf Gräbern Parolen mit Todeswünschen wie »Tod den Juden!« oder »Juda verrecke!« angebracht werden, die trivialerweise nicht die bereits Verstorbenen meinen können.

Bereicherung – die Entehrung ist nicht als solche intendiert, sie wird aber in Kauf genommen. Eine dritte, empirisch häufig vorkommende Variante der Grabschändung schließlich könnte man als *autotelischen Vandalismus* beschreiben. Ihm zuzurechnende Handlungen sind weder primär instrumentell noch primär entehrend motiviert, sondern sie haben keinen anderen Zweck als die Zerstörung und Verwüstung selbst.[14] Entehrung und Zerstörung sind in diesen Fällen Folgen des Ausagierens vandalistischer Impulse. Die Gegenstandswahl dieser zweckfreien Form des delinquenten Verhaltens ist vor allem situativ bedingt, d. h. Personen mit entsprechenden Dispositionen treffen mehr oder weniger ungeplant auf die zu beschädigenden Objekte, sie suchen diese nicht mit einem vorab gefassten Vorsatz gezielt auf.[15] Die Täterinnen und Täter müssten sich also in der Nähe des Friedhofs befinden oder dieser müsste auf ihrem Weg liegen. Aufgrund der Spontaneität sind sie in der Regel darauf angewiesen, die Taten mit den ihnen zur Verfügung stehenden Bordmitteln zu verüben, umgekehrt ist das Vorliegen eines autotelischen Vandalismus dann unwahrscheinlich, wenn zur Tatausübung Geräte (wie z. B. Sprühdosen oder Vorschlaghämmer) erforderlich waren.[16]

Zusammenfassend lassen sich somit auf einer ersten Ebene der Unterscheidung drei Typen von Grabschändungen formulieren:

- Bei Typ 1, *Entehrung*, ist eine Entweihung oder Herabsetzung der Zweck der Handlung, die als Mittel eine unbefugte Manipulation des Grabes impliziert.[17]

14 Die Spezifizierung ›autotelischer Vandalismus‹ ist, streng genommen, redundant, da die Zwecklosigkeit bereits Teil der Definition des Vandalismus ist. Dennoch gibt es nachgeordnete Differenzierungen vandalistischer Handlungen, bei denen diese durchaus mit Zwecken verbunden sein können, so etwa bei Mutproben Jugendlicher oder einem politisch motivierten Ikonoklasmus. Zur Unterscheidung von solchen Formen eines instrumentellen Vandalismus wird hier daher das Adjektiv ›autotelisch‹ verwendet. Im Übrigen bezeichnete der Begriff des Vandalismus ursprünglich den politisch motivierten – und insofern durchaus auf einen Zweck abzielenden – jakobinischen Zerstörungsfuror (vgl. Lorenz 2009: 14).

15 Typische Objekte eines situativen Vandalismus waren früher Telefonzellen, gegenwärtig sind es Baustellenabsperrungen, Außenspiegel und Radioantennen bei Automobilen, Bushaltestellen, öffentliche Bücherschränke oder herumstehende Elektroroller.

16 Auch sind für vandalistische Handlungen die Rahmenbedingungen auf Friedhöfen günstig, denn sie sind im Prinzip öffentlich zugänglich (wo nicht, kann man sich im Normalfall leicht Zutritt verschaffen), die Dichte an Besucher*innen und damit möglichen Zeug*innen ist gering, und die Handlungen lassen sich nachts verüben.

17 Im Unterschied zu einer auf die Auslöschung der Erinnerung an einen Verstorbenen abzielenden Zerstörung einer Grabstätte bedeutet eine Entehrung, dass die Erinnerung an ihn erhalten bleibt, da ansonsten auch die Erinnerung an die Entehrung getilgt würde. Charles W. Hedrick (2000: 89) bezeichnet in Anlehnung an Cicero diese Dialektik der *damnatio memoriae* als »remembering to forget« (siehe auch Ries 2001).

- Bei Typ 2, *Mittel zum Zweck*, ist der Zweck der Handlung ein anderer als eine Entehrung, dessen Erreichen jedoch als Mittel einer unbefugten Manipulation des Grabes bedarf, welche ihrerseits eine Entehrung impliziert.
- Bei Typ 3, dem *autotelischen Vandalismus*, ist die Handlung ein Selbstzweck, deren Ausführung sowohl eine unbefugte Grabmanipulation als auch eine Entehrung impliziert.

Diese drei Typen lassen sich auf Friedhofsschändungen übertragen. Auf einzelne Tote oder die Toten in ihrer Gesamtheit bezogene Schmähungen können auch auf Friedhofswänden oder der Trauerhalle aufgetragen werden; zahlreiche Elemente von Friedhofseinrichtungen – Rohre, Dachrinnen, Wasserhähne, Tore – bieten sich für Metalldiebstähle an,[18] und auch dem Vandalismus sind diese Einrichtungen preisgegeben.

Für ein Verständnis der Typen ist wesentlich, dass ihre Definitionen auf den objektiven Sinn von Schadensbildern bezogen sind und nicht auf subjektive Dispositionen der die Taten Ausführenden – nicht, weil sie nicht relevant wären, sondern aus einem methodischen Grund: Im Normalfall sind Täterinnen und Täter und damit ihre Motive nicht bekannt, und allenfalls vor dem Hintergrund einer Rekonstruktion der Bedeutungsstruktur des Schadensbildes können Täterprofile tentativ erschlossen werden. Mit anderen Worten: Nur vermittelt über die Rekonstruktion der Bedeutung dessen, was sie faktisch *getan* haben, sind begründete Spekulationen darüber möglich, was diejenigen, welche die Taten verübten, mit ihnen *intendiert* haben könnten.

Diese drei primären Typen von Grabschändungen lassen sich jeweils weiter differenzieren und spezifizieren. Zum Beispiel kann ein autotelischer Vandalismus mit der Aggression gegen die konkrete Person eines Verstorbenen oder gegen eine bestimmte Gruppe verbunden sein; auch kann eine Entehrungshandlung oder ein Diebstahl kontrolliert und selektiv erfolgen oder aber in der Tatausführung auf eine maximale Verwüstung abzielen, also einen vandalistischen »Überschuss« über das instrumentell Notwendige aufweisen. Zu bedenken ist in diesem Zusammenhang auch die Möglichkeit der absichtlichen Herbeiführung eines bestimmten Schadensbildes mit dem Ziel, den primären Charakter der Tat zu überdecken. Es ist daher die Tathandlung von der Tarnhandlung zu unterscheiden.[19]

---

18 Eine weitere instrumentell motivierte Handlung, welche die Würde des Friedhofs tangiert, ist das Entsorgen von Müll und Gartenabfällen auf diesem.

19 Zur Bedeutung der Tarnhandlung siehe Oevermann/Simm 1985: 205.

Fallbeispiele

Als Beispiel für konkret *personenbezogene Entehrungen* lassen sich die Manipulationen an dem Grab von Alfred Jodl anführen, der bei den Nürnberger Prozessen als Hauptkriegsverbrecher verurteilt und im Oktober 1946 hingerichtet wurde. Zwar handelt es sich dabei in mancherlei Hinsicht um einen Sonderfall, weil aber an dem Grabmal im Zeitverlauf unterschiedliche Handlungen durchgeführt wurden, lässt sich mit diesem einen Beispiel eine erhebliche Varianz erfassen, außerdem sind hier auch die Intentionen des Täters gut dokumentiert.[20] Die Manipulationen an dem Grabstein wurden von dem Künstler Wolfram Kastner vorgenommen, dessen erklärtes Anliegen die Tilgung von Jodls Namen ist. Das Grab befindet sich auf der Insel Frauenchiemsee, Jodls Grabstein hat die Form eines Kreuzes, in dessen unterem Drittel sein Name, sein Dienstgrad (Generaloberst) und seine Lebensdaten mit metallenen Buchstaben vermerkt sind. Darüber befindet sich, in den Stein graviert, der Umriss eines Tatzenkreuzes, das ihn als Militärangehörigen ausweist. Links und rechts des Grabkreuzes stehen, unmittelbar an dieses anschließend, zwei kleinere Grabsteine mit den Namen und Lebensdaten seiner ersten und seiner zweiten Frau. Eine Grabplatte trägt die entsprechenden Daten seines Bruders Ferdinand und von dessen Frau. Es liegt also ein Familiengrab vor, allerdings mit der Besonderheit, dass Jodl selbst dort gar nicht bestattet ist, sondern sein Leichnam, wie die der anderen im Oktober 1946 hingerichteten Hauptkriegsverbrecher, verbrannt und die Asche in einen Seitenarm der Isar gestreut wurde. Bezogen auf seine Person handelt es sich also um ein Kenotaph, ohne dass dies an der Grabanlage selbst markiert wäre. Ein von Kastner vor Gericht vorgebrachtes Argument besagte, ein Kenotaph sei ein Ehrengrab und mithin ein Ehrenmal und daher im Fall Jodl unangebracht. Diese einfache Gleichsetzung von Kenotaph und Ehrenmal ist unzutreffend: Zwar gibt es Kenotaphe, die zugleich Ehrenmäler sind, sie befinden sich aber in der Regel an öffentlichen Orten außerhalb von Friedhöfen und unterscheiden sich in ihrer Gestaltung von Grabmälern. Beides ist hier nicht der Fall. Das Kenotaph ist Bestandteil einer Grabstätte, deren Gestaltung allein den Nutzungsberechtigten obliegt, und kein öffentliches Denkmal.

An dem Grabmal nahm Kastner die folgenden, zuweilen euphemistisch als »Aktionen« oder »Interventionen« bezeichneten Manipulationen vor.[21] Zunächst befestigte er an dem Kreuz eine Kunststofftafel mit der Aufschrift: »Keine Ehre dem Kriegsverbrecher! Alfred Jodl wurde im Nürnberger Prozess 1946 als

20 Siehe die Beiträge in Donat 2022. In methodischer Hinsicht folgt daraus, dass man in diesem Fall die Hypothesen über die Bedeutung der Taten mit den Selbstaussagen des Täters vergleichen kann, ohne aber die Bedeutung aus diesen Aussagen zu deduzieren.

21 Die beschriebenen Manipulationen nahm Kastner in den Jahren 2015 und 2016 vor; zur detaillierten Chronologie der Ereignisse siehe Lieckfeld 2022.

Hauptkriegsverbrecher zum Tode verurteilt und hingerichtet.« »Ehre« bezieht sich auf die problematische Interpretation des Kenotaphs als Ehrenmal und des Grabkreuzes als »Ehrenkreuz«. Die Tafel verursachte keine Beschädigung, war aber doch eine unbefugte Manipulation. Zwar nimmt der Text nur auf die Person Jodls Bezug, das Grabkreuz ist aber nicht nur ihm zugeeignet, sondern integraler Bestandteil der gesamten Grabstätte; eine Manipulation desselben betrifft mithin auch die vier dort tatsächlich bestatteten Personen. Es ist also bei Familien- und Kollektivgräbern nicht möglich, gewissermaßen selektiv zu schänden. Auch wenn sich der Text der Tafel nur auf Jodl bezieht, betrifft das Anbringen derselben das gesamte Grabmal in seiner Integralität. Kurios war die Reaktion des zuständigen Bürgermeisters, auf dessen Anordnung über das Kreuz und die Tafel ein schwarzer Müllsack gestülpt wurde, was für sich genommen eine ambivalente Handlung darstellt, weil die Entehrung, die das Anbringen der Tafel bedeutet, damit nicht ungeschehen gemacht wird. Es handelt sich sozusagen um eine Entehrung zweiter Ordnung und damit eben auch eine Entehrung des Grabes – es ist also nicht so, dass die mit unterschiedlichen Intentionen durchgeführten Manipulationen sich gleichsam wegkürzen würden. Nach der Beseitigung der Tafel entfernte Kastner das ›J‹ in Jodls Nachnamen, wodurch sich das Wort »Odl« ergab, ein bayerischer Ausdruck für Jauche. Dieses Wortspiel kommt wohl dem »beschimpfendem Unfug« nach § 168 StGB nahe; auch hier gilt, dass das Grabmal in seiner Gesamtheit betroffen ist, auch wenn bloß ein Buchstabe aus Jodls Name entfernt wurde (was immerhin einen Diebstahl bedeutet). Nach der Wiederherstellung des ›J‹ wurden die Eingriffe massiver: Erneut wurde eine Tafel mit dem identischen Wortlaut wie bei der ersten angebracht, zusätzlich aber unterhalb dieser das Kreuz großflächig mit roter, Jodls Namen und Lebensdaten überdeckender Farbe überzogen.[22] Kurz nach der Entfernung von Farbe

---

22 Eine von der roten Farbe nahegelegte Assoziation ist die mit Blut, und tatsächlich sprach Kastner in einer weiteren Pressemitteilung von einer »Blutspur« (zit. nach Lieckfeld 2022: 30). Sie kann bildlich stehen für eine körperliche Versehrung, die man der Person, deren Grab geschändet wird, gern zugefügt hätte, aber auch, wie im vorliegenden Fall durch Aussagen Kastners bezeugt, für ein Blutvergießen, das dieser Person angelastet wird. Eine vergleichbare Aktion war die eines hessischen Landtagsabgeordneten der Grünen, Frank Schwalba-Hoth, der 1983 bei einem Empfang den US-General Paul S. Williams mit Blut bespritzte und dabei ausrief: »Blood for the bloody army!« Schwalba-Hoth, selbst Leutnant der Reserve, wurde daraufhin degradiert. Fehlen solche Kommentierungen der die Handlungen Ausführenden, ist die Deutung stark von den Rahmenbedingungen abhängig. Im hessischen Babenhausen wurde Anfang 2024 eine Gedenksäule, die an ein jüdisches Ritualbad erinnert, mit roter Farbe beschmiert (Körtge 2024) – das kann sowohl als antijüdische Aggression in dem Sinne verstanden werden, dass Juden symbolisch blutende Verletzungen zugefügt werden sollen, im Kontext der israelischen Militäroperation in Reaktion auf den Terrorangriff der Hamas vom 7. Oktober 2023 kann dies aber auch als Anklage intendiert gewesen sein, die Israel unnötiges Blutvergießen unterstellt.

und Tafel trug Kastner wieder rote Farbe auf den Namen Jodls auf, außerdem schrieb er, ebenfalls mit roter Farbe, auf den Querbalken des Grabkreuzes in großen Lettern »Kriegsverbrecher«. Insgesamt zeigt die Abfolge der Handlungen einen eskalativen Verlauf: von der Information (Tafel) über Verächtlichmachung (Entfernen des Buchstabens) bis zur Entweihung der Grabstätte (Beschmieren des Grabkreuzes mit Farbe; *Abb. 1*).[23] Mit diesen Etappen des zunehmenden Hervortretens des Entehrungsaspektes ging auch ein zunehmendes Ausmaß der Sachbeschädigung einher. Alle Handlungen sind dem Typ 1, Entehrung, zuzuordnen, auch wenn sich in ihnen das Verhältnis von Entehrung und unbefugter Manipulation jeweils unterschiedlich darstellt. Die hinter den Handlungen stehenden Motive sind, wie erwähnt, in diesem Fall bekannt, und auch den Aussagen Kastners zufolge ging es ihm primär um Entehrung: Die Jodl aus seiner Sicht ungerechtfertigt zuteil gewordenen Ehrenbezeugungen (siehe die Interpretation des Grabkreuzes als Ehrenmal) sollten getilgt werden, umgekehrt sollte berechtigte Schande über ihn als Kriegsverbrecher gebracht werden. Ungewöhnlich sind die rationale Planung und Durchführung der Taten sowie die öffentlichen Bekenntnisse zur Urheberschaft, was aber für die Typdefinition unwesentlich ist und in den Bereich nachgeordneter Differenzierungen innerhalb des Typs fällt.

Abb. 1: Kunstintervention am Kenotaph Jodl (Bund für Geistesfreiheit 2025)

Was den zweiten Typ, Mittel zum Zweck, angeht, bestehen die Fälle überwiegend in Buntmetalldiebstählen. Insbesondere auf älteren Gräbern finden sich zuweilen

23 Gegenwärtig werden Jodls Name und Lebensdaten von einer Steinplatte verdeckt, die unterhalb des Tatzenkreuzes angebracht ist und die Aufschrift »Familie Jodl« trägt.

größere Kreuze, Wandplatten, Engel-, Madonnen- und Jesusfiguren aus Metall, deren Diebstahl lukrativ sein kann. Bei moderneren Gräbern sind die Metallapplikationen – Buchstaben und Symbole, Grablichter, Vasen, Figuren – eher kleiner gehalten; hier muss man, um auf ein entsprechendes Metallgewicht zu kommen, zahlreiche Gräber schädigen. Es werden nicht nur Gräber beraubt, sondern auch Friedhofseinrichtungen und Dinge wie Rohre, Dachrinnen, Wasserhähne oder sogar ganze Tore gestohlen. Eine Sonderform ist der zuweilen im Auftrag durchgeführte Diebstahl von Kunstgegenständen, deren Wert den schieren Materialwert weit übersteigt. Als spektakuläres Beispiel hierfür kann die versuchte Entwendung der Bronzestatue genannt werden, die auf dem Grab des Jagdfliegers Max Immelmann in Dresden stand und deren Wert auf mindestens 50.000 Euro taxiert wird (Täger 2024). Neben Diebstahl kann es aber auch andere instrumentelle Motive für unbefugte Manipulationen geben, wie ein Vorgang zeigt, der sich unlängst auf dem Friedhof von Liederbach nahe Frankfurt zugetragen hat. An einem Kolumbarium wurden nachts zwei Urnengräber geöffnet und zu dem Zweck ausgeräumt, darin Diebesgut zu verstecken; die Urnen wurden von den Tätern in nahe gelegene Mülleimer geworfen (DPA 2023). Offensichtlich mussten sie sich schnell ihres Diebesguts entledigen und wählten dafür die Urnenschächte, hatten dann aber das Folgeproblem, auch die Urnen entsorgen zu müssen. Auch hier ist der extrem pietätlose Umgang mit den Urnen nicht primär Ausdruck einer Entehrungsabsicht, sondern Nebenfolge einer instrumentellen Handlung.

Auch für den dritten Typ, den *autotelischen Vandalismus*, sei ein aktuelles Beispiel angeführt: In einer Nacht im Oktober 2022 wurden auf dem Dorffriedhof von Groß Varchow (Mecklenburgische Seenplatte) 60 von insgesamt 90 Gräbern verwüstet (Presseportal 2022). Grabsteine wurden umgeworfen, Metallplatten und Inschriften abgerissen, Blumenschmuck zerstört. Der Schaden betrug insgesamt mehr als 50.000 Euro. Als Täterinnen ermittelte man zwei 14 Jahre alte weibliche Jugendliche aus einem anderen Bundesland, die mit einer Jugendgruppe in der Region untergebracht waren. Bezüglich des Motivs äußerte die zuständige Kriminalhauptkommissarin: »Es hatte sich wohl einfach so ergeben.« (Zit. nach Nehls 2022) Die situativ ausgelöste Tat richtete sich nicht gegen die konkreten Personen der Verstorbenen und auch nicht gegen die Hinterbliebenen, allenfalls eine allgemeine Wut auf die Dorfbevölkerung mag als Motiv mitbeteiligt gewesen sein. Es ist nicht zu erkennen, dass mit ihr ein Zweck jenseits der mit erheblicher physischer Gewalt verbundenen Tatausführung verfolgt worden wäre.

Wie sich im Zuge der Fallanalysen ergeben hat, ist wesentlich für eine Rekonstruktion der Bedeutung der Taten die Unterscheidung zwischen dem primären Typ einer Grabschändung und den mitbeteiligten Aspekten der jeweils anderen Typen. Das ist vor allem im Hinblick auf mögliche präventive

Maßnahmen wichtig, denn im Sinne der Prävention ist es entscheidend, zu wissen, welche Phänomene auf welcher Unterscheidungsebene angesiedelt sind, ob also z. B. eine Schändung von Gräbern auf jüdischen Friedhöfen primär antisemitisch motiviert ist oder ob bei Diebstählen oder vandalistischen Akten antisemitische Motive mitbeteiligt sind.

Besonderheiten bei Grabschändungen auf jüdischen Friedhöfen und methodische Grenzen der Analyse von Schadensbildern

Besonders häufig wurden und werden Grabschändungen auf jüdischen Friedhöfen begangen, und bei der Beschäftigung mit ihnen sind einige Spezifika als Rahmenbedingungen zu bedenken. Die Unauflösbarkeit der Grabstätten bedingt einen hohen Bestand an alten Gräbern, auf die meist nur noch ein Grabstein und manchmal eine Grabumfassung verweisen. Bepflanzungen und grabschmückende Applikationen sind dagegen selten (vgl. Walzer 2011: 36), auch weil das, was an den Grabmälern einer Beraubung lohnte, schon vor langer Zeit gestohlen wurde.[24] Daraus folgt, dass die objektiven Möglichkeiten für die Ausführung physischer Manipulationen von vornherein viel eingeschränkter sind als auf nichtjüdischen Friedhöfen. Sie reduzieren sich weitgehend auf ein Beschmieren der Grabsteine mit Symbolen und Parolen, eine Beschädigung sowie ein Umwerfen. Bei Beschmierungen dominieren Hakenkreuze und SS-Runen, grafisch einfach gestaltete Embleme von hoher Prägnanz, die nur aus geraden Linien bestehen und einfach und schnell aufzutragen sind. Das Anbringen dieser Symbole bedeutet eine Umwidmung oder Umrahmung der Bedeutung des Grabsteins und hat die Anmutung einer Triumphgeste, so als hätte der Nationalsozialismus schließlich doch noch gesiegt und die Deutungshoheit über die Geschichte errungen.

Diese Handlungen lassen sich eindeutig dem Typ 1 zuordnen, sie dienen in erster Linie der Entehrung und Herabsetzung. Unspezifischer, aber auch primär entehrend sind Beschädigungen der Grabsteine, die das Mitführen entsprechender Werkzeuge erfordern und sich meist gegen die Namen der Verstorbenen richten. Es könnte nun naheliegend erscheinen, Akte des Umstoßens von Grabsteinen ebenso eindeutig Typ 3, dem autotelischen Vandalismus, zuzurechnen. Dieser einfachen Subsumtion entgegen steht aber die Tatsache der

24 Gemäß der »Verordnung zur Erfassung von Schrott und Metallen auf jüdischen Friedhöfen« vom 24. November 1942 wurden die jüdischen Gemeinden gezwungen, »sämtliche auf jüdischen Friedhöfen bis dahin noch erhaltenen Grabeinfriedungen, Grabmäler und sonstigen Gegenstände aus Eisen oder anderen Metallen entschädigungslos abzuliefern« (Walzer 2011: 67).

aufgrund der Beschaffenheit der Gräber begrenzten Möglichkeiten physischer Manipulationen. Auch bei einem Umwerfen von Grabsteinen kann der Entehrungsaspekt führend gewesen sein, wegen der beschränkten Handlungsoptionen aber gleicht das aus dieser Tat resultierende Schadensbild dem des Vandalismus.[25] Es handelt sich also, technisch gesprochen, um Phänomene der *Äquifinalität* – unterschiedliche Handlungsmotivationen führen zu den gleichen Ausdrucksgestalten. Wie klar sich Manipulationen an Grabmälern einem der drei Typen zuordnen lassen, hängt folglich in hohem Maße von deren Beschaffenheit und Gestaltung und damit von der Varianz der objektiven Möglichkeiten für manipulierende Handlungen ab. Kaum aber ist es möglich, allein auf Grundlage der Schadensbilder Täterhandschriften und Tätertypen zu rekonstruieren. Hierzu sind Informationen über Täterinnen und Täter unerlässlich: Welche soziodemografischen Merkmale weisen sie auf? Handelt es sich um Einmal- oder Wiederholungstaten? Haben sie auch andere Straftaten begangen und wenn ja welche? Agieren sie allein oder in Gruppen? Haben sie die Friedhöfe gezielt aufgesucht, um Gräber zu schänden, oder sind die Taten spontan verübt worden? Wie äußern sie sich selbst über ihre Taten, was geben sie als Beweggründe an, wen haben sie als Adressaten der Taten intendiert?

Die Unkenntnis bezüglich der Täterprofile ist zugleich das größte Hindernis bei der Erarbeitung von Präventionskonzepten. Ohne Informationen über die Täterinnen und Täter beschränken sich die Präventionsmöglichkeiten auf Maßnahmen situationsbezogener sekundärer Prävention, d. h. auf Abschreckung und verstärkte Sicherung der Friedhöfe und Grabanlagen durch (Video-)Überwachung und Präsenz von Sicherheitspersonal. Damit freilich wird nur die Tatausführung gehemmt oder verhindert, ohne dass die zugrundeliegenden Dispositionen zu solchen Taten bearbeitet würden.

Literatur

Aka, Christine (2007): *Unfallkreuze. Trauerorte am Straßenrand*, Münster/New York/München/Berlin.

Bund für Geistesfreiheit München (2025): »Untätigkeitsklage erhoben: Ehrenmal für Kriegsverbrecher Alfred Jodl auf Fraueninsel entehrt Opfer!«, https://bfg-muenchen.de/node/3484 [2. März 2025].

Diamant, Adolf (2000): *Geschändete jüdische Friedhöfe in Deutschland 1945 bis 1999*, Potsdam.

Donat, Helmut (Hg.) (2022): *Der Fall Jodl. Kunst gegen Kriegsverbrecher*, Bremen.

25 Allerdings wurden nach Ausweis der vorhandenen Dokumentationen Grabsteine auf jüdischen Friedhöfen *entweder* beschmiert *oder* sie wurden umgeworfen, die Kombination beider Handlungen ist eher die Ausnahme (vgl. Diamant 2000: 22 ff.). Auffallend ist, dass bei den Taten in der Regel zahlreiche Grabmäler in Mitleidenschaft gezogen wurden, die Taten sich also nicht gezielt gegen einzelne Personen richteten.

Deutsche Presse-Agentur (DPA) (2023): »Urnengräber als Versteck für Diebesgut genutzt«, in: *Süddeutsche Zeitung*, 6. April, https://www.sueddeutsche.de/panorama/kriminalitaet-urnengraeber-als-versteck-fuer-diebesgut-genutzt-dpa.urn-newsml-dpa-com-20090101-230406-99-234431 [27. Dezember 2024].

Freud, Sigmund (1946): »Trauer und Melancholie«, in: ders., *Gesammelte Werke*, Bd. 10: *Werke aus den Jahren 1913–1917*, London, S. 427–446.

Gibson, James J. (1979): *The Ecological Approach to Visual Perception*, Boston.

Habermas, Tilmann (1999): *Geliebte Objekte. Symbole und Instrumente der Identitätsbildung*, Frankfurt am Main.

Hedrick, Charles W. (2000): *History and Silence. Purge and Rehabilitation in Late Antiquity*, Austin.

Jung, Matthias (2003a): »Bemerkungen zur Interpretation materieller Kultur aus der Perspektive der objektiven Hermeneutik«, in: Veit, Ulrich/Kienlin, Tobias L./Kümmel, Christoph/Schmidt, Sascha (Hg.): *Spuren und Botschaften. Interpretationen materieller Kultur*, Münster/New York/München/Berlin, S. 89–106.

Jung, Matthias (2003b): »Etische und emische Interpretationen eines Artefakts und ihr Verhältnis zu seiner objektiven Bedeutung am Beispiel eines Aschanti-Goldgewichts«, in: *Ethnographisch-Archäologische Zeitschrift* 44 (1), S. 73–83.

Jung, Matthias (2008): »Zur Überdeterminiertheit von Grabausstattungen. Eine Exemplifikation anhand des späthallstattzeitlichen Grabbefundes von Eberdingen-Hochdorf«, in: Kümmel, Christoph/Schweizer, Beat/Veit, Ulrich (Hg.): *Körperinszenierung – Objektsammlung – Monumentalisierung. Totenritual und Grabkult in frühen Gesellschaften. Archäologische Quellen in kulturwissenschaftlicher Perspektive*, Münster/New York/München/Berlin, S. 271–285.

Jung, Matthias (2018a): »Das objektepistemologische Potenzial des Affordanzkonzeptes James Gibsons und seine Bedeutung für ›Objektbiographien‹. Methodologische Anmerkungen und exemplarische Fallstudie«, in: Hilgert, Markus/Hofmann, Kerstin P./Simon, Henrike (Hg.): *Objektepistemologien. Zur Vermessung eines transdisziplinären Forschungsraums*, Berlin, S. 135–178.

Jung, Matthias (2018b): »Die Analyse materieller Kultur mit der Methode der Objektiven Hermeneutik«, in: Funcke, Dorett/Loer, Thomas (Hg.): *Vom Feld zum Fall zur Theorie. Auf dem Pfad der rekonstruktiven Sozialforschung*, Wiesbaden, S. 193–216.

Jung, Matthias (2022): »Struktur, Sequenz und Selektion. Über Praxis als Gegenstand der Prähistorischen Archäologie«, in: Kienlin, Tobias L./Bußmann, Richard (Hg.): *Sozialität – Materialität – Praxis*, Bonn, S. 125–149.

Jung, Matthias (2023): »Materielle Kultur (›Gebrauchsgegenstände‹)«, in: Franzmann, Andreas/Rychner, Marianne/Scheid, Claudia/Twardella, Johannes (Hg.): *Objektive Hermeneutik. Handbuch zur Methodik in ihren Anwendungsfeldern*, Opladen/Toronto, S. 261–275.

Klein, Melanie (1972): »Die Trauer und ihre Beziehung zu manisch-depressiven Zuständen«, in: dies.: *Das Seelenleben des Kleinkindes und andere Beiträge zur Psychoanalyse*, Reinbek, S. 74–100.

Körtge, Norman (2024): »Jüdische Gedenksäule in Babenhausen mit Farbe beschmiert«, in: *Offenbach-Post*, 20. Februar, https://www.op-online.de/region/babenhausen/juedische-gedenksaeule-in-babenhausen-mit-farbe-beschmiert-92843862.html [20. Februar 2024].

Kretschmer, Bernhard (2001): *Der Grab- und Leichenfrevel als strafwürdige Missetat*, Baden-Baden.

Kümmel, Christoph (2009): *Ur- und frühgeschichtlicher Grabraub. Archäologische Interpretation und kulturanthropologische Erklärung*, Münster/New York/München/Berlin.

Leach, Edmund (1978): *Kultur und Kommunikation. Zur Logik symbolischer Zusammenhänge*, Frankfurt am Main.

Lieckfeld, Claus-Peter (2022): »Zum Fall Jodl«, in: Donat, Helmut (Hg.): *Der Fall Jodl. Kunst gegen Kriegsverbrecher*, Bremen, S. 7–38.

Lorenz, Maren (2009): *Vandalismus als Alltagsphänomen*, Hamburg.

Marks, Matthias (2020): »Das Porträtfoto in der Trauerfeier – eine Reliquie? Bemerkungen über das dynamisch Wirksame im Zwischenreich der Bilder«, in: Klie, Thomas/Kühn, Jakob (Hg.): *Die Dinge, die bleiben. Reliquien im interdisziplinären Diskurs*, Bielefeld, S. 141–159.

Nehls, Ingmar (2022): »Friedhof in der Seenplatte verwüstet – das sagen die Verdächtigen«, in: *Nordkurier*, 4. November, https://www.nordkurier.de/regional/mueritz/friedhof-in-der-seenplatte-verwustet-das-sagen-die-verdachtigen-1401462 [20. Februar 2024].

Oevermann, Ulrich (1983): »Zur Sache. Die Bedeutung von Adornos methodologischem Selbstverständnis für die Begründung einer materialen soziologischen Strukturanalyse«, in: Friedeburg, Ludwig von/Habermas, Jürgen (Hg.): *Adorno-Konferenz 1983*, Frankfurt am Main, S. 234–289.

Oevermann, Ulrich (2000): »Die Methode der Fallrekonstruktion in der Grundlagenforschung sowie der klinischen und pädagogischen Praxis«, in: Kraimer, Klaus (Hg.): *Die Fallrekonstruktion. Sinnverstehen in der sozialwissenschaftlichen Forschung*, Frankfurt am Main, S. 58–156.

Oevermann, Ulrich/Simm, Andreas (1985): »Zum Problem der Perseveranz in Delikttyp und modus operandi. Spurentext-Auslegung, Tätertyp-Rekonstruktion und die Strukturlogik kriminalistischer Ermittlungspraxis. Zugleich eine Umformung der Perseveranzhypothese aus soziologisch-strukturanalytischer Sicht«, in: Oevermann, Ulrich/Schuster, Leo/Simm, Andreas: *Zum Problem der Perseveranz in Delikttyp und modus operandi*, Wiesbaden, S. 129–437.

Oevermann, Ulrich/Allert, Tilman/Konau, Elisabeth/Krambeck, Jürgen (1979): »Die Methodologie einer ›objektiven Hermeneutik‹ und ihre allgemeine forschungslogische Bedeutung in den Sozialwissenschaften«, in: Soeffner, Hans-Georg (Hg.): *Interpretative Verfahren in den Sozial- und Textwissenschaften*, Stuttgart, S. 352–434.

Parzinger, Hermann (2021): *Verdammt und vernichtet. Kulturzerstörungen vom Alten Orient bis zur Gegenwart*, München.

Presseportal (2022): »Pressemitteilung der Polizeiinspektion Neubrandenburg«, 21. Oktober, https://www.presseportal.de/blaulicht/pm/108770/5350633 [20. Februar 2024].

Ries, Gerhard (2001): »Damnatio memoriae. Die Vernichtung des Andenkens an Verstorbene in Politik und Strafrecht«, in: Herzog, Markwart (Hg.): *Totengedenken und Trauerkultur. Geschichte und Zukunft des Umgangs mit Verstorbenen*, Stuttgart/Berlin/Köln, S. 238–248.

Täger, Hannes (2024): »Das Grab- und Ehrenmal für Max Immelmann in Dresden-Tolkewitz«, in: *Blog Stadtmuseum Dresden*, 18. Juni, https://www.blog-stadtmuseum-dresden.de/immelmann/ [30. Dezember 2024].

Walzer, Tina (2011): »Jüdische Friedhöfe in Österreich und den europäischen Ländern. Grundstrukturen, Rahmenbedingungen, Zustandsbilder«, in: Theune, Claudia/Walzer, Tina (Hg.): *Jüdische Friedhöfe. Kultstätte, Erinnerungsort, Denkmal*, Wien/Köln/Weimar, S. 9–80.

Interviews mit Trauernden

Methodische Reflexionen eines sensiblen Settings der qualitativen Forschung

Interviews with Mourners

Methodical Reflections on a Sensitive Setting for Qualitative Research

Matthias Meitzler

Dieser Artikel behandelt einige Herausforderungen, die sich qualitativ Forschenden stellen, wenn sie Menschen nach ihren Trauererfahrungen befragen. Da hierfür kein lehrbuchartiges Gebrauchswissen zur Verfügung steht und Gesprächsverläufe mitsamt den (zumeist implizit bleibenden) Erwartungen der Befragten sehr unterschiedlich ausfallen können, ist eine fallsensible Offenheit gefragt, die u. a. ein situationsadäquates Abwägen zwischen Nähe und Distanz impliziert. Auch und gerade bei Interviews, die belastende bzw. traumatische Themen wie Trauer und Verlust zum Inhalt haben, müssen Wissenschaftler*innen nicht nur die Gefühlsäußerungen ihrer Gesprächspartner*innen, sondern auch eigene Empfindungen bewältigen. Die den qualitativen Forschungsprozess prägende Subjektivität bzw. Emotionalität der Forschenden ist indes keine eliminierbare Störgröße. Im Gegenteil verspricht sie – wenn sie in die Reflexion miteinbezogen wird – spannungsreiche Einsichten in das zu untersuchende Phänomen.

Qualitative Interviews, sensible Forschung, Vulnerabilität, Trauer, Emotionssoziologie

This article addresses several challenges qualitative researchers encounter when conducting interviews with people regarding their experiences of grief. In the absence of a codified approach to this type of work, and given the considerable variation in the course of conversations and the typically implicit expectations of interviewees, it is essential to adopt a case-sensitive approach characterised by openness. This includes, among other things, an appropriate balance between closeness and distance, depending on the situation. Especially in interviews dealing with distressing or traumatic topics such as grief and loss, researchers need to manage not only the emotional expressions of their respondents, but also their own feelings. The subjectivity and emotionality that characterise the qualitative research process are not distractions to be eliminated; on the contrary, when incorporated into reflection, they promise valuable insights into the phenomenon in question.

Qualitative interviews, sensitive research, vulnerability, grief, sociology of emotions

Dass die emotionale Reaktion[1] auf den irreversiblen Verlust einer/eines bedeutsamen Anderen bislang nur relativ selten in den empirischen Fokus der deutschsprachigen Soziologie gerückt ist (für den angelsächsischen Raum siehe hingegen u.a. Cook/Bosley 1995; Rosenblatt 1995; Rowling 1999; dies. 2009; Sque 2000), dürfte wohl nicht gerade daran liegen, dass hierzulande weniger getrauert wird. Tatsächlich werden Todesfälle im Familien- und Freundeskreis mit zunehmendem Alter wahrscheinlicher, weshalb korrespondierende Trauererlebnisse in kaum einer (fortgeschrittenen) Biografie fehlen. Anders als bei Studien, die sich für sogenannte »spezielle Populationen« interessieren (Trübner/Schmies 2022), also für Individuen und/oder Gruppen mit hochspezifischen bzw. selten auftretenden Merkmalen,[2] bräuchte man nach Personen, die schon mindestens einmal in ihrem Leben um eine*n Verstorbene*n getrauert haben, nicht allzu lange zu suchen; eine Zufallsstichprobe dürfte genügen.

Die Problematik liegt woanders. Denn über Verlusterfahrungen zu verfügen, ist eine Sache – offen darüber zu sprechen, eine andere. Die Erfolgsaussicht bei der Akquise von Studienteilnehmer*innen hängt folglich nicht allein von der faktischen Verbreitung eines zu untersuchenden Aspekts, sondern augenscheinlich noch von weiteren Faktoren ab. Ausschlaggebend ist hierbei u.a., welcher kulturellen Codierung (und daran anknüpfend: welchen Normen des Redens und Schweigens) der betreffende Forschungsgegenstand unterliegt. Gemeinhin ist der Tod eines geliebten Menschen ein markantes Lebensereignis, gleichermaßen Biografieeinschnitt wie Biografie*generator* (Winkel 2008). Im Unterschied zu anderen Kontexten (wie z.B. Modepräferenzen, Hobbys, Reiseziele, Berufserfahrungen etc.) gilt der Umgang mit der eigenen Trauer als intime Angelegenheit, deren Thematisierung sich nur schwer als spontaner Einstieg in eine Small Talk-Konversation eignet, sondern allenfalls dem engeren Umfeld (Familie, Freund*innen, Partner*innen) vorbehalten ist. Sich mit Menschen, die diesem nicht angehören, über trauerbezogene Gedanken, Erinnerungen und Empfindungen zu unterhalten, stellt im sozialen Alltag eine untypische Situation dar, die nur wenige Ausnahmen kennt.[3]

1 Im Dienste einer einfacheren Darstellbarkeit werden in diesem Artikel Begriffe wie Emotionen/emotional, Affekte/affektuell, Gefühle, Stimmungen u. dgl. synonym verwendet. Nähere Differenzierungen finden sich u.a. bei Scheve/Berg 2018 und Scheve/Slaby 2019: 43.

2 Dazu gehören etwa Menschen mit ungewöhnlichen sexuellen Präferenzen, Analphabet*innen, Obdachlose oder ›Superreiche‹. Die unangenehme (oder reizvolle?) Eigenschaft spezieller Populationen besteht häufig in ihrer schweren Erreichbarkeit und dem damit zusammenhängenden Mangel an empirisch gesicherten Erkenntnissen über ihre ›Mitglieder‹ (die sich nicht einmal als solche verstehen müssen).

3 Zu diesen Ausnahmen zählen etwa seelsorgerische bzw. therapeutische Settings oder entsprechend ausgerichtete, meist anonyme Kommunikationsplattformen im Inter-

Vor diesem kulturellen Hintergrund ist zunächst davon auszugehen, dass Wissenschaftler*innen auf der Suche nach auskunftsbereiten Trauernden nicht selten auf Zurückweisung stoßen werden. Die Gründe für die Sorge eines (zu) geringen Rücklaufs (welche von manchen Autor*innen im Vorfeld ihrer Studien geäußert wurde; z. B. Currie et al. 2016; vgl. ferner Reed/Towers 2023: 267) sind vielfältig. Sie reichen vom Unbehagen, einer weitgehend unbekannten Person private Dinge zu erzählen, über die Scham für bestimmte Gefühle oder Handlungen und die Angst vor Stigmatisierungen bis hin zu einem grundlegenden Widerstreben gegen die kognitive Rückkehr zu einem traumatischen Erlebnis und dem damit verbundenen Risiko emotionaler Belastungen. Ebenso könnte die wissenschaftliche Neugier als zudringliche ›Einmischung‹ Dritter und als störend für den eigenen Verlustverarbeitungsprozess wahrgenommen werden. Eine weitere Minderung der Teilnahmebereitschaft könnte aus zurückliegenden Gesprächssituationen resultieren, in denen Trauernde negative Resonanz erfuhren oder sich schlichtweg missverstanden fühlten.

Derartige, den Feldzugang betreffende Bedenken standen auch am Beginn einer Reihe von empirischen Forschungen im Kontext von Sterben, Tod und Trauer, die ich in den vergangenen Jahren in Zusammenarbeit mit Kolleg*innen durchgeführt habe und zu deren Methoden u. a. qualitative Interviews mit Trauernden gehörten. Im Einzelnen befassten sich die im Geiste qualitativer Sozialforschung angelegten Studien mit dem Wandel der zeitgenössischen Bestattungskultur (Benkel/Meitzler 2013; Meitzler 2022), mit der privaten Aneignung von Totenasche (Benkel/Meitzler/Preuß 2019; Meitzler 2020), der Bedeutung und Handhabung sogenannter ›Erinnerungsdiamanten‹ (Benkel/Klie/Meitzler 2019), der Pluralisierung von Trauer in modernen Gesellschaften (Benkel/Meitzler 2019) sowie mit Anwendungsszenarien des ›digitalen Weiterlebens‹ durch Künstliche Intelligenz (Meitzler 2024a; ders. 2024b; Meitzler et al. 2024). Das aus diesen Projekten gewonnene Datenmaterial beinhaltet mittlerweile neben mehr als 80.000 Fotografien (hauptsächlich von Begräbnisorten und anderen Memorialstätten) auch zahlreiche Protokolle ethnografischer Feldaufenthalte an unterschiedlichen für Sterben, Tod und Trauer relevanten Orten (Krankenhäuser, Hospize, Beerdigungsinstitute, Bestattungsmessen, Friedhöfe u. dgl.). Einen weiteren Schwerpunkt bilden ca. 200 narrative Interviews mit Personen, die zu einem Großteil über vergangene (und aktuelle) Trauererfahrungen berichten. Anstelle der andernorts nachzulesenden Projektergebnisse bieten die in diesem Rahmen gesammelten Erfahrungen und die den Forschungsprozess begleitenden Reflexionen die Basis

net. Innerhalb solcher Räume werden – wiederum in Anschluss an Heidemarie Winkel (2008) – Trauerbiografien bzw. Traueridentitäten konstruiert. Siehe auch Pearce 2019.

für den vorliegenden Beitrag. Der Fokus ist nachfolgend also auf die sozialen, method(olog)ischen, affektuellen und (forschungs-)ethischen Implikationen von Trauerndeninterviews gerichtet.[4]

Trauer in der qualitativen Forschungspraxis

Entgegen der anfänglichen Befürchtung, nicht genügend Kontaktpersonen zu finden, die bereit sind, sich zu ihrem Verlusterleben befragen zu lassen, war im weiteren Verlauf eine Vielzahl an Rückmeldungen zu verzeichnen. Angesichts dieser erfreulichen Entwicklung lässt sich darüber nachdenken, weshalb Trauernde entsprechenden Forschungsprojekten nicht nur mit Reserviertheit begegnen und sich schließlich für die Teilnahme entscheiden. Offenbar können die spezifischen Rahmenbedingungen eines wissenschaftlichen Interviews bei den Adressat*innen durchaus positiv konnotierte Vorstellungen hervorrufen und für sie einen Mehrwert bereithalten. Dazu gehört u. a., dass sie von einem/einer fremden Forscher*in, mit dem/der sie in der Regel weder eine gemeinsame Vergangenheit noch eine gemeinsame Zukunft teilen, eine gewisse Anonymität und Vertraulichkeit sowie ein aufrichtiges Interesse an ihrer persönlichen Geschichte erwarten können. Was das für die Motivation zur Mitwirkung, die daran geknüpften Erwartungen, die Interpretation der Interviewsituation, den Gesprächsverlauf und die Beziehungsdynamik der Beteiligten bedeutet, wird weiter unten vertieft.

Von Beginn an war ein besonderes Feingefühl gegenüber jenen Personen gefragt, an die das Forschungsanliegen herangetragen wurde. Unter der Annahme, dass die Vergegenwärtigung schmerzhafter Lebensereignisse wie des Verlustes geliebter Menschen mit einer erhöhten Vulnerabilität einhergeht (Borgstrom/Ellis 2021; Fisher 2012), erhalten diverse forschungsethische Grundprinzipien (Lipson 1994; Steeves et al. 2001) einen herausragenden Stellenwert (Hammersley/Traianou 2012). Dies betrifft bereits die initiale Kontaktaufnahme: Potenzielle Gesprächspartner*innen sollten nicht ›überfallen‹, unter Druck gesetzt und zu einer möglicherweise unüberlegten Entscheidung gedrängt werden. Zur Gewährleistung des *informierten Einverständnisses* (Meitzler 2024c) wurde zunächst in schriftlicher Form auf die Hintergründe der jeweiligen Studie, ihre Ziele, die eingesetzten Methoden sowie die Verwendungszwecke der erhobenen Informationen hingewiesen und unter der Zusicherung von Anonymität und Datenschutz um Teilnahme gebeten. Auf diese Weise wurde der notwendige Freiraum gewährt, um autonom entscheiden zu können, ob, wann

4 Ich knüpfe damit an vorherige Überlegungen an, die an anderer Stelle zu finden sind (Meitzler 2019).

und wie intensiv man sich mit dem vorgestellten Forschungsanliegen befassen möchte. Die Aufrufe wurden über unterschiedliche Kanäle (Social Media, E-Mail-Verteiler, Mitgliedszeitschriften thematisch einschlägiger Berufsverbände etc.) verbreitet. Personen, die an einer Mitwirkung interessiert waren, konnten sich über das präferierte Kommunikationsmittel (telefonisch oder schriftlich) melden, um etwaige Nachfragen bezüglich der Vorgehensweise und Erkenntnisinteressen der Studie zu klären bzw. einen Termin für das Interview zu vereinbaren.[5]

Mündliche Befragungen, die den Tod nahestehender Sozialpartner*innen zum Inhalt haben, stellen eine komplexe und anspruchsvolle Tätigkeit dar und sind für die am Gespräch Beteiligten häufig mit größeren Herausforderungen verbunden (Valentine 2007). Wer solche Interviews führt, dem verlangen sie ein gewisses Gespür für die jeweilige Situation ab: Wo verläuft etwa die Grenze zwischen legitimer Neugier und illegitimer Aufdringlichkeit? Welche Fragen sind den Interviewten zumutbar und welche könnten sie verletzten? Ist diesbezüglich per se von allem abzusehen, was potenziell schmerzhaft sein könnte? Oder hält unter Umständen auch und gerade das Unangenehme gewisse Chancen nicht nur aus Sicht der Forschenden bereit (vgl. Rosenblatt 1995: 143 ff.)?

Für die meisten Befragten bedeutet die Teilnahme an einem entsprechend fokussierten Interview, dass sie mit (mindestens) einem Einschnitt in ihrer Lebensgeschichte konfrontiert werden. Die daraus erwachsende Notwendigkeit, »to ›drag it all up again‹« (Sque 2000: 24) bringt es nicht selten mit sich, dass verschiedene durch den Verlust hervorgerufene Emotionen – neben Trauer sind dies beispielsweise Scham, Schuld, Wut oder gar Erleichterung – reaktualisiert werden (vgl. Butler/Copnell/Hall 2019: 225). Auch könnte die Aufforderung, betreffende Gefühle zu verbalisieren, mit gewissen Anstrengungen und Problematiken verbunden sein. Schließlich handelt es sich hierbei um Empfindungen, deren Intensität und Mehrdeutigkeit durch die zur Verfügung stehenden sprachlichen Ausdrucksmittel oft nur unzureichend übersetzt werden können.

Obgleich das Nachdenken darüber, »whether one is doing the right thing« (Rosenblatt 1995: 154), essenzieller Bestandteil von Forschung in einem derart sensiblen Bereich ist, sucht man nach zufriedenstellenden Antworten auf die Frage, wie man sich als Interviewende*r hierbei am besten verhält, in den

5 Auch im Hinblick auf den konkreten Erhebungsmodus wurde den Teilnehmenden größtmögliche Autonomie zugestanden. Falls sie den schriftlichen gegenüber dem mündlichen Weg bevorzugen sollten, wurde ihnen ein Fragebogen in elektronischer oder postalischer Form zugesandt. Weil dies in den bisherigen Forschungen jedoch insgesamt nur zweimal vorkam, liegt der Schwerpunkt der nachfolgenden Auseinandersetzungen auf den Gesprächs- und Beziehungsdynamiken der mündlichen Interviews. Vereinzelte Gespräche erfolgten face-to-face an einem zuvor vereinbarten Treffpunkt, die überwiegende Mehrheit wurde hingegen telefonisch bzw. per Video-Call geführt.

gängigen Methodenlehrbüchern vergeblich.[6] Das Fehlen allgemeingültiger Patentrezepte dürfte vor allem einer interindividuellen Variabilität geschuldet sein. So unterschiedlich Menschen mit ihrer Trauer umgehen, so unterschiedlich können ihre Erwartungen an das Interview sowie dessen Rollenstruktur ausfallen, und so sehr differieren schließlich auch die (im Voraus weder von den Interviewenden noch von den Interviewten vorhersehbaren) Gesprächs- und Beziehungsprozesse.[7] »[E]ach time an interviewer and an interviewee come together for the first time, it marks the beginning of a new relationship. The dynamic nature of qualitative interviews makes it impossible to predict with certainty what will transpire.« (Corbin/Morse 2003: 341) Manche der Befragten kommen mit mehr, andere mit weniger Worten aus. Manche schildern ihre Erlebnisse mit Inbrunst und ziehen die Zuhörer*innen in ihren Bann, bei anderen dominiert dagegen eher Zurückhaltung. Manche Erzählungen wurden bereits in früheren Interaktionssituationen erprobt und zu einer kohärenten Darstellung ›geschliffen‹, andere warteten bislang auf ihre Premiere. Einer solchen Heterogenität kann man jedenfalls nur schwer durch allgemein anwendbare Standards, wie sie in der Methodenliteratur beschrieben sind, gerecht werden. Weil die empirische Wirklichkeit bekanntlich komplexer ausfällt, als es rezeptartige Darstellungen einzufangen vermögen, braucht es neben den ohnehin unumgänglichen Methodenkenntnissen immer auch die (sich vor allem aus der praktischen Erfahrung speisende) Kompetenz, diese Methoden situativ anzupassen. Erfolgsversprechende Vorgehensweisen lassen sich daher nicht vorab bis ins kleinste Detail, sondern allenfalls in ihren Grundzügen planen.

Die thematisierten Umstände sprechen indes für die Wahl eines *narrativ* ausgerichteten Interviewstils. Zurückliegende biografische Erlebnisse und Entscheidungsprozesse können im Rahmen einer solchen »umfassenden und detaillierten Stegreiferzählung persönlicher Ereignisverwicklungen« (Schütze 1987: 49) in erforderlichem Umfang rekonstruiert, vergangene Handlungsverkettungen retrospektiv interpretiert und nachvollziehbar gemacht werden. Hierin besteht ein entscheidender Vorteil gegenüber standardisierten Verfahren (etwa einem Fragebogen mit vorgegebenen Antwortoptionen), welche grundsätzlich das Risiko bergen, den Eigenwert des Einzelfalls nicht angemessen berücksichtigen zu können. Wichtige Aspekte, die die individuelle Situation

6 Immerhin gibt es einzelne Aufsätze, deren Autor*innen von ihren Erfahrungen aus der Forschung mit Trauernden berichten und daraus einige methodische und ethische Empfehlungen ableiten (siehe z. B. Cowles 1988; Hynson et al. 2006; Kavanaugh/Ayres 1998; Parkes 1995; Rosenblatt 1995).

7 Von Bedeutung sind dabei nicht zuletzt einige soziodemografische Merkmale (z. B. Geschlecht, Lebensalter, Bildungsrad, religiöse Zugehörigkeit etc.), die sich bereits auf die Teilnahmebereitschaft auswirken können. Siehe dazu klassisch Stroebe/Stroebe 1989 sowie Meitzler 2019: 110 ff.

der Trauer sowie deren Verlauf kennzeichnen und für das Forschungsinteresse relevant sind, könnten bei einem starren Schema möglicherweise nicht abgedeckt sein und darum übersehen werden. Umgekehrt könnten Befragte den Eindruck erhalten, ggf. auch auf solche Punkte eingehen zu müssen, zu denen sie aus unterschiedlichen Gründen nichts sagen können oder wollen.

Weil sich Empathie nicht standardisieren lässt, ist auch ein sensibles ›Sich-Einlassen‹ auf die persönlichen Geschichten der Interviewten mit einem solchen Befragungsstil nur schwer möglich. Wenn sich Trauernde in ihrer Verletzlichkeit nicht hinreichend geschützt und in ihren emotionalen Grenzen zu wenig respektiert fühlen, kann dies den Beziehungsaufbau zwischen den Beteiligten beeinträchtigen und zudem forschungsethische Prämissen gefährden.

Ein Leitfaden, dessen Fragen lediglich zur groben Orientierung dienen, ist prinzipiell offen gegenüber nicht vorhergesehenen Inhalten, die ins Zentrum der Interaktion rücken können (Loosen 2016). Dies ermöglicht es Interviewenden, insbesondere bei solchen »sensitive topics« (Lee 1993) wie der Trauer um Verstorbene, spontan, bisweilen auch intuitiv auf die Gesprächsdynamik mit all ihren Wendungen, Themensprüngen etc. zu reagieren, um ein differenziertes Bild zu erhalten. Ohne dabei ihre Forschungsziele aus den Augen zu verlieren, können sie zugleich detaillierte Nachfragen zu bestimmten Aussagen stellen, ihre Gesprächspartner*innen dazu ermutigen, diesen oder jenen Punkt noch weiter zu vertiefen, und auf andere Aspekte eingehen, die den Befragten wichtig sind. Ebenso bietet sich ihnen die Möglichkeit der Partizipation an den vorgetragenen Narrationen und der Rücksichtnahme auf die emotionalen Bedürfnisse der Teilnehmenden.

Für die Tauglichkeit der gewonnenen Daten ist all das insofern relevant (Morse et al. 2002), als sich qualitative Forschung – zumal im themenbedingten Modus der *sensitive research*[8] – nicht lediglich im sachgerechten Sammeln und Auswerten von Informationen erschöpft, sondern vor allem auch den Aufbau von und die Arbeit an einer *sozialen Beziehung* beinhaltet (Reichertz 2015a). Um diese möglichst vertrauensvoll zu gestalten, bedarf es einer gewissen »ethic of empathy« (McCarthy/LaChenaye 2017) in Form einer »betont einfühlsame[n],

8 Es handelt sich um einen Überbegriff für sämtliche Forschung, die mit empfindlichen Themen (Brannen 1988; Lee 1993; Lee/Renzetti 1990) bzw. vulnerablen Personen befasst ist. Zu ihren Inhalten gehören beispielsweise intime oder traumatische Erfahrungen (wie im vorliegenden Fall: Trauer und Verlust), Machtungleichheiten, Diskriminierung, Gewalt, sexuelle Orientierung oder ethnische Zugehörigkeit. Um die Teilnehmenden vor möglichen negativen Folgen wie emotionalem Stress, sozialer Stigmatisierung oder auch rechtlichen Konsequenzen zu schützen, ist eine vertrauens- und respektvolle Forschungspraxis unabdingbar. Dabei spielen u. a. die permanente Reflexion der Position als Forschende*r sowie der Machtverhältnisse im Forschungsprozess eine Rolle (Dickson-Swift et al. 2007; Liamputtong 2007; dies. 2025).

entgegenkommende[n] und emotional beteiligte[n] Gesprächsführung [...]. Man hofft, dem Befragten auf diese Art seine Hemmungen zu nehmen und ihn zu reichhaltigeren und aufrichtigen Antworten anzuregen« (Bortz/Döring 2005: 239). Das damit angesprochene, in der Methodenliteratur häufig so bezeichnete *Herstellen von Rapport* endet demnach nicht in dem Moment, in dem sich eine Kontaktperson zur Teilnahme bereit erklärt, sondern ist auch im weiteren Verlauf von elementarer Bedeutung. Für den Interviewkontext heißt dies, eine möglichst angenehme und alltagsnahe Gesprächsatmosphäre zu schaffen, in der die Befragten frei und offen über ihre Erlebnisse und Einstellungen reden können (Hydén 2014), weil sie wissen, dass ihre Auskünfte auf Interesse stoßen und diskret behandelt werden. Ein in diesem Sinne flexibles Interviewdesign überlässt ihnen zugleich die Kontrolle über ihre eigenen Narrative, indem sie darüber bestimmen, an welchen Inhalten sie andere teilhaben lassen möchten – und was hingegen unausgesprochen bleiben soll.[9]

Der beschriebene narrative Ansatz ist zwar prinzipiell für verschiedene Anwendungsfelder geeignet und darum kein exklusives Kriterium der Trauerforschung; gerade letztere kann hiervon jedoch im besonderen Maße profitieren (Gilbert 2002), sofern es nicht lediglich um oberflächliche Erkenntnisse, sondern um tiefere Einzelfalleinsichten geht. Da Gespräche über Trauer oft von hoher Emotionalität und Intimität geprägt sind, können sämtliche Maßnahmen hilfreich sein, die das Vertrauen der Befragten stärken und ihnen zugleich die Möglichkeit geben, ihre Erlebnisse in der von ihnen präferierten Weise zu erzählen. Üblicherweise handelt es sich bei ihrer Trauer nicht um ein klar einzugrenzendes, auf ein Einzeldatum lokalisierbares Ereignis, sondern um einen vielschichtigen Prozess, der aus mehreren Episoden besteht, von unterschiedlichen Empfindungen begleitet wird und im Laufe der Zeit gewissen Veränderungen unterliegt. Diesem Prozess geht mit dem Tod bzw. dem Sterben der betrauerten Person wiederum eine bald kürzere, bald längere Geschichte voraus, die ihrerseits Einfluss auf die Art der Auseinandersetzung mit dem ›Nicht-mehr-da-Sein‹ dieses Menschen hat. Entsprechende Erlebnisse und deren Verläufe lassen sich darum in aller Regel nur schwer mit einem einzigen Satz

9 Auch und gerade das Nicht-explizit-Machen bestimmter Dinge und (vermeintlicher) Details im Zuge rhetorischer Vermeidungsstrategien kann aufschlussreiche Informationen über den Fall bereithalten – und prinzipiell Eingang in die spätere Dateninterpretation finden. Dessen ungeachtet wurden die Gesprächspartner*innen im vorliegenden Forschungskontext stets darauf hingewiesen, dass Fragen, die sie nicht beantworten möchten, prinzipiell übergangen werden können, ohne dass sie sich dafür erklären müssen. Gleichwohl gilt zu bedenken, dass die Besonderheiten des Interviewsettings gewisse Erzählzwänge forcieren und zu einem Thematisierungsdruck führen können. Möglicherweise ist dies auch ein Grund dafür, dass in den genannten Studien bislang noch niemand die Antwort auf eine bestimmte Frage verweigerte.

beschreiben und erklären, sondern machen ein gewisses ›Ausholen‹ erforderlich. Das Zurückliegende zu Narrationen zu formen und diese sich selbst und anderen vorzutragen, kann überdies bereits ein Weg sein, Trauer und Verlust zu verarbeiten. Indem die interviewende Person daran empathisch Anteil nimmt, kann sie dem/der Erzähler*in das Gefühl vermitteln, wertgeschätzt und mit seiner/ihrer Trauergeschichte ernstgenommen zu werden (Häußler 2019).

Im Sinne eines narrationsauslösenden Impulses wurden in den meisten Interviews die Befragten zum Einstieg darum gebeten, von ihren bisherigen Berührungen mit dem Thema Trauer zu erzählen. Statt mit einer zu eng gefassten Frage am Gesprächsbeginn bestimmte Erwartungen zu suggerieren, konnten die Teilnehmenden somit selbst entscheiden, an welcher Stelle sie ihre Geschichte beginnen lassen und in welcher Reihenfolge und Detailtiefe sie deren weiteren Verlauf entfalten. Zugleich wurde damit die Bereitschaft signalisiert, den Interviewten länger zuzuhören und die von ihnen gewählte Erzählform zu akzeptieren. Häufig ergaben sich hieraus facettenreiche Schilderungen, welche diverse Gelegenheiten für Anschlussfragen boten und die Weichen für den weiteren Interaktionsverlauf stellten.[10]

Normen und Tränen

Nicht übersehen werden darf jedoch, dass es sich bei qualitativen Interviews – im Gegensatz etwa zur Analyse materieller Artefakte (Lueger/Froschauer 2018) – um ein *reaktives Verfahren* handelt, Studienteilnehmer*innen also bereits durch die Untersuchung selbst sowie durch die Art und Weise ihrer Durchführung beeinflusst werden. Dies betrifft sowohl ihre Erwartungen an das Gespräch als auch ihr Verhalten *im* Gespräch. Damit hängt zusammen, dass die Erhebungssituation, mit Erving Goffman (2006: 100 ff.) gesprochen, auf der *Vorderbühne* des sozialen Lebens lokalisiert ist. Die Beteiligten dürften tendenziell daran interessiert sein, das Bild, das andere von ihnen haben (sollen), möglichst positiv zu gestalten. Ihnen ist bewusst, dass sie ihre Geschichten nicht allein für sich selbst

10 Da die Gespräche – bis auf eine Ausnahme, bei der ein Ehepaar über den Verlust ihres Sohnes sprach – als Einzelinterviews geführt wurden, beziehen sich die in diesem Artikel angestellten Überlegungen auf den idealtypischen Fall, in dem ein*e Interviewer*in eine trauernde Person befragt. Gegenüber den Einzelinterviews bringt das Sprechen in Gegenwart Dritter, etwa der Ehepartner*innen bzw. anderer Familienmitglieder, ganz eigene Dynamiken mit sich: »Family members say things during family research interviews that they have never said to each other before, even things they had no intention of saying. In the couple or family interview situation, people may confront their differences, identify their similarities, and co-construct for the first time stories or parts of stories concerning the loss and their grieving […].« (Rosenblatt 1995: 151)

referieren, sondern für ein auf den ersten Blick überschaubares Publikum (den/die Interviewende), das auf den zweiten Blick vielleicht gar nicht mehr so überschaubar ist (potenzielle Leser*innen der späteren Publikation). Dabei finden einige *Erzähltechniken* Anwendung (Überzeichnung, Ausblendung, Straffung, Selektion u. dgl.); vorgetragen wird, so könnte man annehmen, in erster Linie das, was mit dem eigenen Selbstbild bzw. mit den Vorstellungen von *sozialer Erwünschtheit* kompatibel ist. Das gilt umso mehr, wenn die behandelte Thematik stark normativ aufgeladen ist und ein hohes moralisches Empörungspotenzial birgt. Auch die Erzählungen im Rahmen von Trauerndeninterviews sind somit nicht lediglich Ausdruck des persönlich Erlebten, sondern stets von sozialen Normen, situativen Faktoren und (Erwartungs-)Erwartungen (mit-)geprägt. Die Äußerungen der Gesprächspartner*innen könnten beispielsweise an den von ihnen antizipierten gesellschaftlichen Vorstellungen eines angemessenen, gesunden bzw. gelungenen Trauerns orientiert sein – derweil Empfindungen, Handlungen oder Ansichten ausgeblendet werden, die dem widersprechen.

Obwohl das, was Studienteilnehmer*innen sagen, und das, was sie *meinen*, nicht prinzipiell deckungsgleich ist, sollte dies nicht als Aufforderung verstanden werden, ihnen per se zu misstrauen oder die Authentizität jedweder Narration infrage zu stellen. Was im Hinblick auf Trauer tatsächlich eine private Meinung darstellt und was im Dienste des Selbstschutzes und der Vermeidung (antizipierter) negativer sozialer Sanktionierung schlichtweg ›nur gesagt‹ wird, ist von außen ohnehin nicht zuverlässig zu ermitteln; dies weiß – wenn überhaupt – nur die betreffende Person selbst. Ebenso kann es durchaus vorkommen, dass sich Interviewpartner*innen im Laufe des Gesprächs stärker öffnen, als sie dies im Vorfeld beabsichtigt hatten – wodurch mithin auch schambesetzte Inhalte zur Sprache kommen. Doch weil Interviews immerzu in sozialen Kontexten stattfinden (und somit unter Einbeziehung spezifischer Normalitätserwartungen), lässt sich ein an sozialer Erwünschtheit ausgerichtetes Antwortverhalten weder ausschließen noch gänzlich verhindern. Auch und gerade wenn es um den Umgang mit Sterben, Tod und Trauer geht, erscheint es darum umso wichtiger, den reaktiven Charakter von Interviews und damit verbundene Verzerrungsquellen bei den späteren Datenanalysen zu berücksichtigen.

Wer Interviews mit Menschen führt, die vom Verlust naher Angehöriger erzählen, muss damit rechnen, dass diese Gespräche als »situated affective encounters« (Ayata et al. 2029) zum Teil sehr stimmungsvoll ausfallen und dass es zu Momenten kommen kann, in denen sowohl die interviewte als auch die interviewende Person in Verlegenheit geraten. Mit Blick auf die Emotionen von Forschenden ergeben sich in diesem Zusammenhang spannende Überlegungen, deren weitere Vertiefung lohnenswert erscheint: Wo verläuft etwa der Grat zwischen einer eher symbolischen und einer aufrichtigen affektuellen Anteilnahme? Gibt es so etwas wie eine unbemerkte, aber folgenreiche wissenschaftliche *Emotionssozialisation* – die sich vor allen in einer situationsspezifischen Emotions*arbeit* bzw. Emotions*regulation* äußert (Russell Hochschild 2006)? Oder ist die Beschäftigung mit dem fremden Leid schlichtweg eine Frage der Gewöhnung? Und was ist, wenn nicht nur die interviewte, sondern auch die interviewende Person in Tränen ausbricht?[11] Konterkarieren weinende Forscher*innen die Vorstellung von Professionalität und wäre damit eine eigentlich notwendige Distanz aufgehoben? Macht es einen Unterschied, ob ihre Tränen während der Datenerhebung in Anwesenheit der Teilnehmenden vergossen werden, erst bei der späteren Auswertung am Schreibtisch oder ausschließlich im außerwissenschaftlichen Privatleben?[12] Sind derartige Gefühlsausbrüche überhaupt zu vermeiden oder nicht vielmehr als eine für das Forschungsinteresse wichtige Erkenntnisquelle zu betrachten – weil sprichwörtlich weder Tränen noch die daraus ableitbaren Daten lügen (Gould 2015)? Ich werde auf diese Fragen im Kontext der Forscher*innensubjektivität noch näher eingehen.

Auch in manchen der von mir geführten Interviews kam es vor, dass Personen während ihrer Erzählung ins Stocken gerieten, um Fassung rangen oder für einen Augenblick weinen mussten. Auf die Frage, wie er den Fortgang seiner Trauer um die verstorbenen Eltern und seine heutige Beziehung zu ihnen beschreiben würde, antwortet ein Interviewpartner, zunächst nüchtern-analytisch, dann jedoch mehr und mehr mit den Tränen kämpfend:

11 Dass diesbezüglich unter Forschenden offenbar Uneinigkeit herrscht, zeigen Dickson-Swift et al. (2009: 65) in ihrer Studie zur Emotionsarbeit von australischen Forschenden im Gesundheitswesen. Es werden Wissenschaftler*innen zitiert, die von ihren emotionalen Reaktionen im Interviewkontext und diesbezüglichen Reflexionen berichten: »I cried pretty much the whole way through it because once she got upset it was impossible not to be upset you know.« »[E]ight out of ten people I interview cry and they cry sometimes uncontrollably, it's a very sad thing to talk about … and how can you, as a person not get caught up in those feelings of sadness.« »I become emotional, perhaps I cry but it's really not a bad thing – it tells me that I have connected. I have got to the essence of their story and they have told it so well that I can feel their pain.« Weitere Statements gehen in eine andere Richtung: »Sometimes I think I would be better at this if I was a robot, a robot that had no capacity to feel anything – that would probably make my life much easier.« »[A]nd all I'm doing is trying really hard to try and hold back the tears myself. I mean I burst into tears when I got out to the car – it was enormously distressing to watch this person in such distress when what you were seeing was enormous compassion struggling with deep ignorance and poor education and training and not knowing what to do with it.«

12 Hierzu noch ein Zitat aus der Studie von Dickson-Swift et al. (2009: 66), in dem eine Forscherin von ihrem Gefühlsleben berichtet, als sie von einem emotional aufwühlenden Interview nach Hause kam: »It's like you are allowed to ›feel‹ once the interview is over and you have the space to process your own feelings after the interview.«

»Ja, also das ganz starke Trauergefühl ist abgeklungen. Ungefähr, sagen wir mal, auch mit dem Ende der psychotherapeutischen Behandlung [...] ist diese ganz schlimme, krasse Trauer abgeklungen. Aber ich würde mich immer noch als einen Trauernden bezeichnen. [...] Ich hab' kein Foto von den Eltern in der Wohnung aufgehängt und ich guck' auch nicht die alten Fotos an. Ich kann das nicht, dann muss ich anfangen zu weinen, ich kann nicht anders. [*Weint und fährt in schluchzendem Ton fort:*] Ich hab' auch immer noch die Kleidung von der Mama hier in der Wohnung, zum Leidwesen meiner Freundin, die schimpft.« (Interview M40, 31:52)

Auf die sachliche Reflexion über den Verlauf der Trauer und die Wirkung der in Anspruch genommenen Psychotherapie folgt die Thematisierung eines Vermeidungsverhaltens (»Ich hab' kein Foto von den Eltern in der Wohnung aufgehängt und ich guck' auch nicht die alten Fotos an.«). Als dann noch die emotionalen Konsequenzen näher beschrieben werden, die mit der betreffenden Handlung (dem Anschauen der Bilder) verbunden wären (»dann muss ich anfangen zu weinen, ich kann nicht anders«), kommt es zu einem Gefühlsausbruch.

An einem weiteren Auszug aus einem anderen Interview wird ein ähnlicher Ablauf erkennbar: Nach der strukturierten Schilderung von Ereignisabfolgen wechselt die Erzählung auf die Ebene des schmerzhaften Erlebens in der Vergangenheit und Gegenwart. Dessen Verbalisierung führt zu einem tränenreichen Moment:

»I: Und können Sie generell sagen, was in diesem Dreivierteljahr passiert ist mit Ihrer Trauer?
IP: Also gut, die erste Woche war ich extrem suizidgefährdet. Dann hat mich meine Freundin gepackt und ist mit mir zum Hundezüchter gegangen und hat mir ein Welpen gezeigt und dann hab' ich gesagt: ›Okay, den hol ich mir.‹ Und dann ist zwei Wochen nach dem Tod meines Mannes dann hier ein junger Hund eingezogen, der mich also gezwungen hat, morgens früh aufzustehen und überhaupt hinter ihm herzulaufen [...]. Er hat mich in der schlimmsten Zeit meiner Trauer also ziemlich auf Trapp gehalten. Und ich war in psychotherapeutischer Behandlung, also ich hatte schon sehr viel Hilfe von außen. Der Schmerz ist immer noch da, ganz fürchterlich [*weint*]. Sorry... bin gleich wieder da... [*schluchzt im Hintergrund*].«
I: Überhaupt kein Problem!
[*3 Sekunden Stille*]
IP: Also, das Schlimmste ist einfach vorbei.« (Interview 4M, 24:41)

Die Narration wird nicht lediglich von Tränen begleitet, sondern auch von ihnen unterbrochen, was die befragte Person dazu bewegt, kurzeitig das Telefon wegzulegen (»Sorry... bin gleich wieder da«). Vonseiten des Interviewers wird daraufhin Verständnis signalisiert (»Überhaupt kein Problem!«) und den Emotionen

Raum gegeben, ohne die Situation zu dramatisieren oder zu banalisieren. In der darauffolgenden Stille nimmt er sich bewusst zurück, um der Interviewpartnerin genügend Zeit zu lassen, sich zu ›sortieren‹ und ihr einen selbstgewählten Wiedereinstieg in das Gespräch zu ermöglichen.

Gerade in solchen Situationen ist das bereits angesprochene Fingerspitzengefühl der Forschenden einmal mehr gefragt. So gilt es u. a. abzuwägen, ob ein entlastender Themenwechsel vollzogen werden oder ob man stattdessen versuchen sollte, die Situation auszuhalten – etwa indem man dem/der Anderen vermittelt, dass derartige Gefühlsäußerungen einen legitimen Platz haben und ihnen die hierfür notwendige Zeit zusteht. So könnte man etwa anbieten, das Interview für eine gewisse Dauer zu unterbrechen oder, wie in den oben referierten Situationen geschehen, man schweigt für einige Momente – und leistet damit womöglich mehr Unterstützung, als durch Worte zu erreichen wäre. In den allermeisten Fällen waren die Gefühlsausbrüche nur von kurzer Dauer und die Interviewpartner*innen konnten ohne meine aktive Gesprächslenkung mit ihrer Erzählung fortfahren.

Unabhängig davon wäre zu eruieren, inwieweit ein solcher emotionaler Augenblick bzw. die eigene Reaktion darauf den weiteren Interviewverlauf beeinflussen könnte. Ist etwa ein detailliertes Nachhaken mit Blick auf den Forschungsfokus prinzipiell zu unterlassen, weil es ansonsten zu weiteren (vermeidenswerten?) Situationen dieser Art kommen kann? Sind Tränen in diesem Interaktionssetting zwangsläufig ein Indikator für emotionale Belastung oder können sie – im Gegenteil – auch *befreiend* wirken und damit sogar einen positiven Effekt zeitigen? Und könnte sich gerade die gemeinsame Reflexion darüber als ein Schlüssel zur wissenschaftlichen Erkenntnis auf der einen und zur Selbsterkenntnis auf der anderen Seite erweisen?

Forschende, die mit der situationsadäquaten Anwendung qualitativer Methoden (noch dazu in sensiblen Themenfeldern; Owens 1996) wenig vertraut sind und kaum über Erfahrungen mit den beschriebenen Interviewkontexten verfügen, dürften sich diesbezüglich besonders herausgefordert fühlen (LaChenaye/McCarthy 2022). Wie sehr man dieser Herausforderung gewachsen ist und wie sehr man an ihr wächst, hat indes nicht nur mit den eigenen Charaktermerkmalen und Vorerfahrungen zu tun, sondern auch mit der Person des/der Interviewten und der Beziehung zu ihm/ihr. Wie sich diese Beziehung im Laufe des Gesprächs entwickelt und welche Affekte auf welche Weise geäußert werden, lässt sich im Voraus freilich schwer vorhersehen. Im Kontinuum von Nüchternheit und Ergriffenheit bieten die von mir geführten Interviews bemerkenswerte Variationen. Während einige der Befragten deutlich erkennen ließen, dass sie der Verlust weiterhin (mitunter auch nach Jahrzehnten) sehr stark beschäftigt, vermittelten andere den Eindruck eines relativ abgeklärten Umgangs.

Wenngleich Behutsamkeit bei der Gesprächsführung prinzipiell angebracht ist, wäre es wohl etwas übertrieben, bei seinen Interviewpartner*innen grundsätzlich von totaler Vulnerabilität auszugehen. Vielmehr wäre in Betracht zu ziehen, dass Menschen, die sich freiwillig melden, um über ihre Verlusterfahrungen interviewt zu werden, über eine gewisse Souveränität verfügen. In methodischer Hinsicht ist dies nicht unbedeutend, bedenkt man, dass eine übersensibilisierte Grundhaltung schnell paternalistische Züge annehmen kann, die sich wiederum auf die Interviewdynamik und somit auch auf die Datenqualität auswirken können. Auch verstanden sich nicht alle Teilnehmenden zum Zeitpunkt des Gesprächs als Trauernde, sondern vielmehr als Menschen mit Trauer- bzw. Verlusterfahrung – ein feiner, aber möglicherweise entscheidender Unterschied.[13] Allein aus dem beobachteten Verhalten einer Person lassen sich ohnehin nur vage Vermutungen über ihre affektuelle Betroffenheit und den Status ihrer Trauer ableiten. Wer während eines Interviews Tränen vergießt, trauert nicht automatisch mehr als andere, die das nicht tun.

Gesprächspartner*innen, die während des Interviews für einen kurzen oder längeren Moment von ihren Emotionen ergriffen wurden, gingen unterschiedlich mit dieser Situation um. Während einige von ihnen versuchten, möglichst unauffällig darüber hinwegzugehen, entschuldigten sich andere kurz (s. o.); wieder andere machten ihre Tränen selbst zum Thema, indem sie ihren Auslöser benannten, wie das nachfolgende Beispiel zeigt:

»I: Können Sie gerade nochmal sagen, wann ist das passiert mit Ihrem Mann?

---

13 Dabei gilt es u. a. zu beachten, dass sich die in den Interviews thematisierten Verluste zu ganz unterschiedlichen Zeitpunkten ereignet haben. Auch wenn sich nicht verbindlich bestimmen lässt, ›wie bald‹ nach einem Trauerfall wissenschaftliche Befragungen angemessen sind (vgl. Stroebe/Stroebe/Shut 2003: 239), ist es fraglos zu vermeiden, Menschen unmittelbar, also nur wenige Tage nach einem Verlust zu interviewen. Ohnehin bleibt fraglich, ob sich jemand in dieser Situation auf einen Aufruf zur Teilnahme an einer wissenschaftlichen Studie melden würde. Einige meiner Gesprächspartner*innen wiesen ausdrücklich darauf hin, dass sie erst jetzt für dieses Interview bereit seien und ein Jahr zuvor noch nicht über ihre Erlebnisse hätten sprechen können. Ein größerer Abstand bringt diesbezüglich nicht nur einen gewachsenen Erfahrungshorizont der Befragten mit sich, sondern gibt ihnen üblicherweise auch die Gelegenheit, sich im Vorfeld ausgiebig mit ihren trauerbezogenen Gedanken und Gefühlen zu beschäftigen, tiefere Einsichten sowie ein umfassenderes Verständnis ihrer Trauer zu gewinnen – und für sich zu klären, mit wem und in welchem Rahmen sie sich darüber unterhalten möchten. Grundsätzlich sind Interviewdaten nur Momentaufnahmen, die zu einem anderen Erhebungszeitpunkt bald kleinere, bald größere Abweichungen aufweisen würden. Dies gilt umso mehr, wenn es um den nicht-linearen und hochgradig dynamischen Prozess der Trauer geht: Bestimmte Gegebenheiten lösen zu unterschiedlichen Zeitunkten unterschiedliche Gefühle aus, die jeweils unterschiedlich bewertet und in unterschiedliche Narrative bzw. Narrationen eingefasst werden.

> IP: Im Februar 15. Das Thema ist schwierig, da flutscht mir die Stimme leicht weg und die Tränen kommen [*weint*]. Aber das ist einfach immer noch, also wenn ich drüber rede und letztendlich auch über das Erlebte [...] also dieses Unverständnis der Mitmenschen [*weint*], da erwischt mich das ein bisschen dann noch immer.« (Interview M31, 8:48)

Das Aufkommen von Tränen macht die überwältigende Trauer, den damit verbundenen, tief empfundene Verlustschmerz sowie weitere Gefühlsregungen bezüglich sozialer und emotionaler Herausforderungen (hier aufgrund des »Unverständnis[ses] der Mitmenschen«) in besonderer Weise spürbar. Bereits ohne näheres Wissen über den jeweiligen Einzelfall verdeutlicht sich, dass die befragte Person einen starken affektuellen Bezug zu dem behandelten Thema hat und es als sehr bedeutsam ansieht. In diesem Punkt mögen sich solche Gespräche von Interviews unterscheiden, in denen nicht das persönliche Erleben intimer Ereignisse im Vordergrund steht – etwa, wenn Expert*innen um ihre qualifizierte Einschätzung zu einem bestimmten (juristischen, politischen, wirtschaftlichen, wissenschaftlichen etc.) Sachverhalte gebeten werden. Mit Tränen ist in Interviews aber weder allein dann zu rechnen, wenn es um Verlusterlebnisse geht – auch anderes kann sich als emotional aufwühlend erweisen –, noch muss es sich dabei immerzu um schwere Schicksalsschläge handeln. Befragungen zu positiv konnotierten Themen (z. B. besondere Lebensleistungen, Triumphe, glückliche Wendungen) können ebenfalls Momente der Ergriffenheit bereithalten und zu bald mehr, bald weniger plötzlichen und überraschenden Tränenausbrüchen führen. Gerade bei biografisch-narrativen Interviews, in denen Menschen über längere Episoden aus ihrem Leben berichten (Rosenthal 1995), und deren Inhalte Interviewende im Vorfeld nicht en détail antizipieren können, kommen regelmäßig emotional aufgeladene Aspekte zur Sprache.

Im Hinblick auf mein Interviewmaterial sei außerdem hervorgehoben, dass neben Trauer und Tränen noch weitere Emotionen sichtbar wurden. Dazu gehört beispielsweise die wiederholte Bekundung von Liebe (gegenüber den Verstorbenen), aber auch Verärgerung und Wut (etwa auf Behörden, Dienstleister sowie bestimmte Familienmitglieder oder andere Personen aus dem sozialen Umfeld). Und nicht zuletzt finden sich bei aller Tragik auch zahlreiche humorvolle Äußerungen. Diese sind zwar mit unterschiedlicher Gewichtung auf die Interviews verteilt – insgesamt lässt sich aber festhalten, dass in den Gesprächen weitaus mehr gelacht als geweint wurde.

Die Interpretation der Interviewsituation

In welche Richtung ein Interview verläuft, wird maßgeblich davon bestimmt, wie die Beteiligten den Gesprächsrahmen deuten. Letzteres steht wiederum in einem engen Zusammenhang mit der ursprünglichen Motivation zur Mitwirkung an der Studie. Einige Teilnehmer*innen sprachen dieses Thema von sich aus an: Neben einem grundsätzlichen Interesse an wissenschaftlicher Forschung und der Aussicht, etwas ›Sinnvolles‹ und ›Gutes‹ tun zu können, wurde u. a. auf den Wunsch verwiesen, etwas zu verändern – etwa indem man ein besseres Verständnis von Trauer fördert bzw. dazu beiträgt, dass die Thematik eine größere gesellschaftliche Aufmerksamkeit erhält, oder indem die eigenen Erfahrungen und Perspektiven anderen Menschen, die sich in einer ähnlichen Situation befinden, helfen. Damit einhergehend wurde auffallend häufig darauf hingewiesen, dass man mit seiner Trauer mehr oder minder allein sei und nur selten die Möglichkeit erhalte, sich in dieser Angelegenheit anderen Menschen anzuvertrauen. Durch das Interview ergebe sich nun die Chance, in einem geschützten, vertrauens- und respektvollen Umfeld ›seine Geschichte‹ zu erzählen, mit ihr Gehör zu finden (Frank 2000) und dabei nicht auf die Reaktionen des Zuhörenden Rücksicht nehmen zu müssen.[14]

Obschon sich auf den ersten Blick gewisse Parallelen zu psychotherapeutischen Settings nicht leugnen lassen (offene, narrative Ausrichtung, gemeinsamer Beziehungsaufbau, Sprechen über mithin intime Inhalte, unterstützendes Zuhören durch eine geschulte Person, die für ihre Tätigkeit entlohnt wird, Gesprächsepisoden mit starken Affekten etc.), folgt das qualitative Interview in seiner Struktur und Zielsetzung anderen Prinzipien. Anstelle einer lösungsorientierten Intervention und der gezielten Bearbeitung von emotionalen, psychischen und/oder sozialen Konflikten steht hier die systematische Erfassung

14 Ein weiteres Motiv besteht darin, dass die Verstorbenen durch ihre Erwähnung in einer wissenschaftlichen Arbeit Anerkennung, vielleicht sogar einen gewissen ›postmortalen Ruhm‹ erhalten könnten. So bemerkt beispielsweise Jenny Hockey (2007: 443), dass durch die Verwendung realer Namen anstelle von Pseudonymen den Toten ein »memorial« gesetzt werden könnte, was wiederum einen positiven Einfluss auf das Engagement der Teilnehmenden habe. Vor diesem Hintergrund waren einige meiner Gesprächspartner*innen geradezu enttäuscht, als sie erfuhren, dass nicht nur ihre eigenen, sondern auch die Namen von sämtlichen erwähnten Personen aus forschungsethischen Gründen anonymisiert werden. Auch wenn manche die Nennung von Klarnamen ausdrücklich wünschten und darin eine Aufwertung ihrer Mitwirkung und einen Authentizitätsgewinn für die Forschungsergebnisse sahen, wurde diesem Anliegen nicht entsprochen. U.a. lässt sich nicht ausschließen, ob dieser Personenkreis seine Entscheidung zur Nicht-Anonymisierung zu einem späteren Zeitpunkt bereut. Ferner könnten hierdurch andere Menschen aus dem Zusammenhang der Erzählung heraus ebenfalls identifizierbar werden, ohne ihr Einverständnis gegeben zu haben.

und Analyse individueller Erfahrungen und Perspektiven im Vordergrund. Es geht also darum, ein tiefergehendes Verständnis für ein bestimmtes Phänomen zu entwickeln, (Forschungs-)Fragen zu beantworten und wissenschaftliche Erkenntnisse zu gewinnen. Überdies handelt es sich nicht um eine langfristige, in regelmäßigen Abständen stattfindende Zusammenarbeit, sondern für gewöhnlich um ein einmaliges Aufeinandertreffen von überschaubarer Dauer. Ob ein qualitatives Interview gelungen ist, bemisst sich darum weniger an der anschließenden Gefühlslage der Befragten – wenngleich negative Wirkungen schon unter forschungsethischen Gesichtspunkten schwerlich beabsichtigt sein dürften.

Die skizzierten Unterschiede zwischen dem therapeutischen und dem wissenschaftlichen Interview spiegeln sich auch in den Gesprächsführungsstilen und in den Rollen von Therapeut*innen und Forscher*innen: »Therapists become authority figures, responsible for life changes and improvement; they seek to enable affective experiencing, cognitive mastery, and behavioral regulation. Qualitative research interviewers are more equal partners in an intersubjective storytelling experience.« (Rossetto 2014: 483) Während Therapeut*innen also eine mehr aktive Rolle einnehmen und z. B. durch konkrete Lösungsvorschläge auf eine Verbesserung des emotionalen Wohlbefindens ihrer Gesprächspartner*innen hinwirken, ist für qualitativ Forschende eher das dialogische *Verstehen* ›auf Augenhöhe‹ zentral. Doch obwohl oder gerade weil sich letztere ihrer Rolle bewusst sind und somit keine therapeutischen Ambitionen hegen, drängt sich in der Praxis – hier also: im Gespräch mit Trauernden – die Frage nach einer angemessenen Balance von emotionaler Nähe und respektvoller Distanz auf. »This can be heightened in sensitive research because the researcher often feels the need for reciprocity or to give back to the participants they work with to ensure the participants feel they are cared for as human beings.« (Butler/Copnell/Hall 2019: 230; vgl. auch Johnson/Clarke 2003: 428 f.) Wie viel bzw. wie wenig Zurückhaltung gegenüber den Kommunikationsinhalten und Deutungsangeboten des/der Anderen braucht es, um nicht zu therapeutisch, seelsorgerisch oder gar freundschaftlich zu wirken – und wie viel Anteilnahme ist andererseits notwendig, um nicht zu emotionslos, gleichgültig oder desinteressiert zu erscheinen? Soll man die berichteten Erlebnisse zunächst bloß registrieren, um den Erzählfluss nicht zu unterbrechen und die weiteren Ausführungen des/der Befragten möglichst wenig zu beeinflussen? Oder könnte sich der/die Gesprächspartner*in ohne regelmäßiges inhaltliches bzw. emotionales Feedback ›allein gelassen‹ fühlen? Pauschale Lösungen sind auch hier nicht zu bekommen; vielmehr stehen Forschende abermals in der Verantwortung, über solche und andere Fragen aus der jeweiligen Situation heraus (und im Einklang mit ihrer konkreten Forschungsfrage) zu entscheiden. Deutlich wird hieran, dass die Wissenschaftler*innenrolle, konfrontiert man sie mit dem spezifischen

Bezugsrahmen der Trauer, eben doch nicht so klar ist, wie man vielleicht meinen möchte. Eine kritische Auseinandersetzung mit den an diese Rolle gerichteten, zum Teil disparaten Erwartungen erscheint darum umso wichtiger.

Auch wenn eine sozialwissenschaftliche Methodenausbildung allein nicht zum/zur Therapeut*in qualifiziert und qualitative Interviews, wie betont, eigenen Absichten folgen, lässt sich nicht ausschließen, dass es im Zuge des Gesprächs zu *therapeutischen Effekten* im Sinne von »informal, unorthodox, lay interventions« kommt (Honeycutt 1995, zit. nach Corbin/Morse 2003: 346; siehe allgemein u. a. Gale 1992; Milne/Lloyd 2009; Ortiz 2001; Shamai 2003; Skinner Cock/Bosley 1995). »The process of telling one's story in an interview setting contributes to an altered understanding of that story for the teller [...]. In effect, participation in research influences the narrative of the research participant.« (Gilbert 2002: 225) Bereits das Sprechen über den erlittenen Verlust kann, wie oben bemerkt, ein Bestandteil des Trauerprozesses sein und wie auch bei der verbalen/interaktiven Auseinandersetzung mit anderen sensiblen Themen (Elmir et al. 2011) eine mal geringere, mal stärkere kathartische Wirkung entfalten (Buckle/Dwyer/Jackson 2010).[15] Dazu zählen u. a. Reflexionsprozesse (Perera 2020), die nicht nur den Interview-, sondern auch den weiteren Trauerverlauf prägen können; die Möglichkeit, bestimmte Erinnerungsfragmente, die bislang nicht zusammenzupassen schienen, durch die geformte Narration zu sortieren, sie in eine lineare Reihenfolge zu bringen und dadurch im Nachhinein besser zu verstehen (Pennebaker/Seagal 1999; Sandberg/Tutenges/Copes 2015);[16] schließlich auch neu erschlossene Horizonte und (Selbst-)Erkenntnisse bis hin zu Re-Interpretationen des Verlustes und der Beziehung zu der verstorbenen Person. Es kann auch schlichtweg emotional erleichternd sein, sich in einem sicheren und unterstützenden Setting etwas ›von der Seele‹ zu reden (vgl. Butler/Copnell/Hall

15 Paul C. Rosenblatt wiederum schlägt, auf eine persönliche Mitteilung von J. W. Nadeau verweisend, vor, zwischen ›therapeutischen Erfahrungen‹ und ›Therapie‹ zu unterscheiden: »Some of my interviews [...] may provide therapeutic experiences, transformative or growth-producing moments, but none provides therapy in the sense of interaction focused on growth or healing.« (Rosenblatt 1995: 151)

16 Hierzu schreibt Magi Sque (2000: 26): »As they [the participants; M.M.] are part of the events, telling may illuminate many issues that help them to make sense of their past and present experiences. A new understanding may, in part, be responsible for some of the therapeutic benefit that can result from interviewing through narratives as participants are encouraged to give a full account, limiting the fracturing of experience as opposed to reducing the experience to a question and answer format. It is not often in everyday life that someone will spend an hour or more with another person focused on a topic in which only that other person is interested, being sensitive towards seeking to understand their viewpoint.«

2019: 228; Dyregrov et al. 2011a: 702; Loch/Rosenthal 2002: 223) bzw. etwas loszuwerden, das man vielleicht noch nie jemandem erzählt hat. Passend dazu resümierte eine von mir interviewte Person am Ende des Gesprächs:

> »Ich muss jetzt sagen, jetzt so im Nachhinein denk' ich mir, das Gespräch mit Ihnen, das war jetzt toll. Weil man da doch mal auch jemandem, der *wirklich* interessiert ist, weil die meisten Leute sind auch nicht wirklich interessiert, wenn man ihnen sowas erzählt. Die hören dann zwar zu und sagen: jaja. Aber bei Ihnen war das jetzt so, dass Sie sich wirklich dafür interessiert haben, für Gefühle, für Emotionen und den ganzen technischen Ablauf [der Bestattung; M.M.] auch. Ja, das hat mir jetzt doch, muss ich sagen, das fand ich jetzt prima!« (Interview M106, 62:31)

In diesem Zitat wird die Wertschätzung gegenüber einer Interviewsituation zum Ausdruck gebracht, welche es ermöglichte, frei und ungehemmt über persönliche Erlebnisse (»Gefühle, [...] Emotionen und den ganzen technischen Ablauf«) sprechen zu können, mit seiner Situation ernst genommen zu werden und auf authentisches Interesses zu stoßen (»dass Sie sich wirklich dafür interessiert haben«). Diese offenbar relativ seltene positive Erfahrung (»das war jetzt toll«) wird mit früheren Unterhaltungen kontrastiert, bei denen Interaktionspartner*innen verstärkt den Eindruck vermittelten, nur oberflächlich zuzuhören (»und sagen: jaja«), ohne sich für die Belange ihres Gegenübers wahrhaftig zu interessieren. Umso erleichterter zeigt sich die Person darüber, dass es auch anders laufen kann.

Angesichts dieses »transformative potential of telling one's story« (Bredal/Stefansen/Bjørnholt 2024: 291) greift es schlichtweg zu kurz, davon auszugehen, dass qualitative Untersuchungen zum Lebensende im Allgemeinen und Trauerndeninterviews im Besonderen für die Beforschten ausschließlich belastend sind. Auch würde es der Komplexität der Sache nicht gerecht, in den Gesprächen bloß die Übertragung von Informationen zu sehen, die die Interviewten den Interviewenden bereitstellen. Vielmehr liegt ein wechselseitiges Geben und Nehmen vor, bei dem die Teilnehmenden eine Stimme erhalten und die aus dem Interview gewonnenen Einsichten nicht lediglich der Forschung dienen: »An interview is an exchange. The participants sometime share intimate information, but the researcher gives something in return: a sense of presence or of being with the participant in the story.« (Corbin/Morse 2003: 342) Die freiwillige Mitwirkung an einer wissenschaftlichen Studie, für die man kein

Honorar erhält, aber Zeit investieren muss, ist jedenfalls nicht ausschließlich auf altruistische oder prinzipiell wissenschaftsaffine Beweggründe zurückzuführen (Reichertz 2012).[17]

Auch wenn alle Teilnehmenden im Vorfeld umfassend über die Ziele und Methoden der betreffenden Studie informiert werden und ihr diesbezügliches Einverständnis erteilen, lässt sich nicht ausschließen, dass manche von ihnen die Interviewsituation bzw. die Interviewer*innenrolle in einer anderen Weise interpretieren (wollen), als von den Forschenden beabsichtigt.[18] Andernfalls wären die Erwartungen, die Wissenschaftler*innen und ihre Gesprächspartner*innen an ein qualitatives Interview haben, stets identisch und die genauen Motive der jeweils anderen Seite vorhersehbar. Gleichwohl wäre es zu voreilig, würde man sämtlichen Teilnehmenden pauschales Interventionsinteresse unterstellen. So ließen nicht wenige der von mir interviewten Personen erkennen, dass sie zwischen einem wissenschaftlichen und einem therapeutischen Setting klar unterscheiden und keinesfalls in der Rolle hilfebedürftiger Klient*innen wahrgenommen werden wollen. Davon abgesehen, bedeutet nicht jeder Todesfall im persönlichen Umfeld für jede*n Hinterbliebene*n ein akutes, schwer zu bewältigendes Krisenerlebnis mit längerfristigen psychosozialen Folgen. Inwieweit Forschungsteilnehmende in den Interviews emotionale Entlastung suchen und sich die Befragung für sie als ›heilsame‹ Erfahrung herausstellt, hängt letztlich von ihren Erwartungen und ihrer (rückblickenden) Deutung des Geschehens ab (vgl. Birch/Miller 2000: 194). So betrachtet, mögen manche Interviews ihrem Charakter nach ›therapeutischer‹ sein als andere.

Forschendes Fühlen – Fühlendes Forschen

Als »Grenzsituation par excellence« (Berger/Luckmann 2004: 108) überschreitet der Tod aufgrund seiner Nicht-Erfahrbarkeit bzw. Nicht-Nachvollziehbarkeit die eigene Lebenswelt – gleichzeitig ist das Sterblichkeitswissen deren elementarer Bestandteil. Anders als bei solchen Themen, die aufgrund hochspezifischer Eigenheiten wenig oder gar keine Berührungspunkte zum persönlichen

17 Zu weiteren möglichen Vorzügen einer Forschungsteilnahme siehe u.a. Clark 2010; Dyregrov et al. 2011b; Hutchinson/Wilson/Wilson 1994; Meitzler 2017; Peel et al. 2006; Sque/Walker/Long-Sutehall 2014; Wolgemuth et al. 2015.

18 Gelegentlich bringen Teilnehmende ihr diesbezügliches Verständnis im Sinne einer »therapeutic misconception« (Appelbaum et al. 1987; in Übertragung auf Interviewstudien siehe McSherry 1995) explizit zum Ausdruck. So betonte eine Person während des telefonischen Vorgesprächs, wie wichtig es ihr sei, endlich mit jemandem über ihre Erlebnisse sprechen zu können – bislang habe sie nämlich, so verriet sie, keinen Termin bei einem Psychotherapeuten bekommen.

außerwissenschaftlichen Leben aufweisen, sind Thanatolog*innen von dem, was sie untersuchen, ihrerseits existenziell betroffen, indem sie auch fernab ihrer Forschung zuweilen mit dem Tod bzw. dem Sterbenmüssen konfrontiert werden (Hockey 2007). Weil sie in der Regel über Erfahrungen mit dem Verlust eines oder mehrerer für sie bedeutsamen Menschen verfügen, hätten Wissenschaftler*innen, die sich dem Phänomen der Trauer widmen, auf ihre Interviewfragen wohl selbst einiges zu antworten.[19] Trotz aller artifiziellen Befremdungsbemühungen und entgegen der Vorstellung einer *tabula rasa* gehen sie nicht ohne »Gepäckwissen« ins Feld (Benkel 2013: 86), also nicht ohne den Ballast früherer Prägungen. Zwar mag dieses Gepäck mal leichter und mal schwerer ausfallen, ablegen lässt es sich allerdings nicht; vielmehr erweist es sich als ein permanenter Begleiter während des gesamten Forschungsprozesses. Und vielleicht war es sogar gerade dieses Gepäckwissen, das sie ursprünglich in ›ihr‹ Feld geführt hat. Schließlich ist die Entscheidung für – oder auch ausdrücklich *gegen* – ein bestimmtes Thema nicht einfach dem Zufall oder allein den jeweils ausgeschriebenen Projektstellen geschuldet, sondern auch und insbesondere von »personal issues« abhängig (Kitson et al. 1996: 183). Manches Forschungsgebiet weckt Neugier und Begeisterung, anderes lässt einen mehr oder minder unberührt, während wieder anderes deutliche Abneigungen auslöst. Gerade im Hinblick auf den Komplex Sterben, Tod und Trauer ist nicht selten der Hinweis aus dem Kolleg*innenkreis zu vernehmen, dass man aufgrund persönlicher Ressentiments und der dort erwarteten Schicksale nicht in diesem Gebiet forschen könne, schon gar nicht empirisch.

Ebenso geht die Art und Weise, wie man sich als Forschende*r in diesem Feld verhält, welche Fragen man an die Beforschten, an sich selbst sowie an das erhobene Material richtet, nicht bloß auf die eigene akademische Sozialisation und damit verbundene theoretische bzw. methodische Kompetenzen zurück, sondern auch auf lebensweltliche Schnittpunkte mit der Thematik (Coenen/Meitzler 2021). Lässt sich aus Interviewer*innensicht somit das, was die befragten Personen mitteilen, nur vor dem Hintergrund der eigenen Einstellung zum Tod bzw. der subjektiven Trauererfahrungen verstehen? Zumindest ist nicht

19 Was es für jemanden bedeutet, ›betroffen‹ zu sein, wird für andere gerade dadurch nachvollziehbar(er), dass sie selbst schon einmal in einer vergleichbaren Situation gewesen sind – oder zumindest eine vage Vorstellung davon entwickeln können, »dass man jeden Moment selbst die Seite wechseln und vom Forscher zum Betroffenen [...] werden kann« (Aka 2007: 37). Ihr lebensweltliches Trauerwissen kann Interviewer*innen sicherlich dabei helfen, sich in die Lage ihrer Gesprächspartner*innen hineinzuversetzen. Und doch bietet die persönlich erlebte Verlustsituation lediglich die Grundlage für ein annäherndes, aber eben nicht vollständiges Verstehen – andernfalls wäre Trauer (in einem behavioristisch verkürzten Sinne) eine geradezu automatisierte, sich stets in derselben Weise wiederholende Reaktion auf einen konstanten äußeren Reiz.

zu leugnen, dass die in den Interviews vorgetragenen Erzählungen unterschiedliche affektuelle Reaktionen bei Forschenden auslösen können (Woodthorpe 2009). Einigem davon werden sie mit größerer Distanz begegnen, weil sie es relativ mühelos als ›unumgängliche Lebensrealität‹ verbuchen können, die sich mit dem persönlichen Normalitätskonzept deckt. Andere Inhalte mögen sie hingegen weitaus stärker bewegen (Lalor/Begley/Devane 2006). Ein Gefühl höchster Beklommenheit könnte sich etwa dann einstellen, wenn die Verlusterlebnisse der Gesprächspartner*innen als besonders tragisch wahrgenommen werden, sie grundlegende Ängste tangieren (z. B. dass ein geliebter Mensch oder man selbst schwer erkranken bzw. einen tödlichen Unfall haben könnte), vielleicht sogar eine Art ›schlechtes Gewissen‹ aufkommen lassen (weil man selbst bislang von derartigen Unglücken verschont blieb; vgl. Sque 2000: 32) – oder wenn sie auffallend an das eigene, bereits zur Realität gewordene (Trauer-)Schicksal erinnern (siehe auch Dickson-Swift et al. 2009: 65; ferner Visser 2017). Faktoren wie das Alter, die Lebenserfahrung, die aktuelle Lebenssituation sowie die bisherigen persönlichen Konfrontationen mit Krankheit, Sterben, Trauer und Verlust haben einen entscheidenden Einfluss darauf, wie Forschende auf das, was ihnen in diesem Kontext begegnet, reagieren. Wer bereits seit längerer Zeit mit entsprechenden Inhalten wissenschaftlich befasst ist, könnte wiederum andere Perspektiven und Deutungen entwickelt haben, als Noviz*innen, die zunächst nur vage Vorstellungen davon haben, was das Feld ›mit ihnen macht‹.

Zu der Berücksichtigung solcher subjektiven Komponenten passt die schon angedeutete Erfordernis, sich während des Interviews über das Fragenformulieren hinaus ›als Person‹ einzubringen und an der sozialen Beziehung zu den Teilnehmenden aktiv mitzuarbeiten, statt sich »hinter der Rolle des neutralen, bloß analysierenden Beobachters« zu verstecken (Hopf 1978: 107). Generell wird innerhalb der qualitativen Sozialforschung inzwischen kaum mehr bezweifelt, dass Wissenschaftler*innen nicht lediglich informationsverarbeitende Systeme sind (Scheirs/Nuytiens 2013), sondern (mit-)fühlende und reflektierende Lebewesen mit einem eigensinnigen »Reaktions- und Einstellungsvermögen« (Bortz/Döring 2006: 246). Diese ›Eigensinnigkeit‹ wirkt sich nicht nur darauf aus, wie Forschende Daten sammeln und interpretieren, sondern auch, welche Schlussfolgerungen sie ziehen (Evans et al. 2017; Kleinman 1991; Reichertz 2015b; vgl. ferner Pierburg 2024: 491 ff.) und welche blinden Flecken sie dabei aufweisen. Ihre Subjektivität und Emotionalität stehen in einem wechselseitigen Bedingungsverhältnis, indem die subjektive Position darüber entscheidet, welche Emotionen wann und wie intensiv auftreten, während letztere (mit-)bestimmen, wie ein konkreter Sachverhalt wahrgenommen wird. Es wäre schlichtweg naiv, so zu tun, als könnte man all dies von seinem wissenschaftlichen Zugang isolieren (vgl. Woodthorpe 2007: 9). Abgesehen davon, dass entsprechende Versuche zum Scheitern verurteilt wären, stellt sich nicht zuletzt die Frage, welcher Gewinn darin überhaupt läge (Pierburg et al. 2023).

Nun könnte man darüber diskutieren, inwieweit Forschende ihr Gepäckwissen während des Interviews nicht nur hintergründig ›mitschwingen‹ lassen, sondern auch explizit machen sollten. Dahinter verbirgt sich die Annahme, dass die Offenlegung persönlicher Trauererfahrungen und damit korrespondierender Einstellungs- und Erwartungssets ein besseres Verständnis des Untersuchungsgegenstandes sowie tiefere Einsichten in die Situation der Befragten ermöglicht. Sofern man von den Interviewpartner*innen nicht ohnehin danach befragt wird, verspricht dies vor allem für jene Gespräche, die nicht so recht in Gang kommen wollen oder zu sehr festgefahren erscheinen, neue Impulse. »[W]ith the hope of somehow creating a ›level playing field‹ for participants« (Dickson-Swift et al. 2009: 70) mag ein derartiges emotionales Angebot die vertrauensvolle Beziehung zu den Interviewten und damit ihre Offenheit weiter fördern.

Auf der anderen Seite geht mit einem zu starken Einbezug der Forscher*innenposition in mehrfacher Hinsicht ein Verzerrungsrisiko einher. So könnte die Projektion eigener Gefühle, Erfahrungen und Einstellungen die Äußerungen der Interviewpartner*innen derart stark überlagern, dass Forschende sie entweder als ähnlicher oder, umgekehrt, als unterschiedlicher im Verhältnis zur Selbstwahrnehmung interpretieren, als sie es in Wahrheit sind. Entsprechender Input der Interviewenden könnte ferner als normative Vergleichsfolie wirken und hierdurch das Auskunftsverhalten der Befragten im Hinblick auf Offenheit und Authentizität beeinträchtigen.[20] Ebenso könnte bei den Teilnehmenden der Eindruck entstehen, dass ihnen nicht die versprochene bzw. erhoffte Aufmerksamkeit zuteilwird und nicht sie, sondern die Forschenden selbst im Mittelpunkt des Interesses stehen (Finlay 2002). Um *Interviewer*inneneffekte* wie diese zu minimieren, gilt es, die eigenen Selbstoffenbarungen stets kritisch zu reflektieren, sie nur dort einzubringen, wo sie notwendig erscheinen und sie ansonsten so zu dosieren, dass die Perspektive der Interviewten nicht aus dem Fokus gerät.

---

20 Dies wird umso wahrscheinlicher, je eigenwilliger die von dem/der Interviewten vertretenen Ansichten ausfallen und je stärker sie sich von denen des/der Forschenden unterscheiden. Manche der Teilnehmenden sprachen bisweilen davon, dass diese oder jene ihrer Verhaltensweisen »krank« oder zumindest »nicht ganz normal« sei; anderen Erzählungen wurde ein kurzer Prolog wie »Ich weiß, das hört sich für Sie jetzt verrückt an…« vorausgeschickt. Weil Interviewer*innen darauf (normativ) nicht *nicht* reagieren können, geraten sie in eine ungünstige Position: Soll man derlei Selbststigmatisierungen relativieren, etwa indem man beteuert, ›schon öfter von solchen Dingen gehört‹, sie womöglich sogar selbst einmal getan oder empfunden zu haben? Oder ist in diesem Zusammenhang weniger tatsächlich mehr? Doch auch (oder gerade) wenn man dem Gesagten mit Schweigen begegnet bzw. schlichtweg zu einem anderen Thema übergeht, bleibt dieses kommunikative Manöver auf der anderen Seite nicht uninterpretiert.

Schon deshalb habe ich es so weit wie möglich vermieden, mein aus der eigenen Lebensgeschichte (d.h. nicht aus der akademischen Auseinandersetzung) gewonnenes Trauerwissen eigeninitiativ offen zu legen.

Wie bereits angeführt, können sich bestimmte Forschungssituationen nicht nur auf das Wohlbefinden der Beforschten auswirken, sondern auch auf das der Forschenden (Johnson/Clarke 2003). Die Trauer der anderen und weitere sensible Themen (z.B. Erkrankungen, Erfahrungen physischer Gewalt, Diskriminierung, Exklusion etc.) können dementsprechend negativ konnotierte Wahrnehmungen hervorrufen (wie Traurigkeit, Wut, Schuld, Angst, Ekel, Frustration, Niedergeschlagenheit) und die Wissenschaftler*innen in ihrer Verletzlichkeit treffen (Behar 1996). Dass sie neben den Gefühlsäußerungen der Interviewpartner*innen auch noch eigene Emotionen bewältigen müssen (Dickson-Swift et al. 2009), kann für Forschende zu bald kleineren und bald größeren Belastungen führen (Bahn/Weatherill 2013; Jackson/Backett-Milburn/Newall 2013). Das betrifft nicht nur den Moment der Datenerhebung, sondern sämtliche Phasen des Forschungsprozesses, etwa die Tanskription[21] und Auswertung[22] der Interviews und mitunter bereits die Rekrutierung der Teilnehmenden.[23] Um das damit einhergehende Schadensrisiko zu senken, haben einige Autor*innen Strategien der Selbstfürsorge und des Gefühlsmanagements empfohlen (z.B. Dunn 1991). Diese reichen von informeller Unterstützung durch Peer-Netzwerke über reflexive Tagebücher bis hin zu professioneller Supervision und Mentoring-Programmen (Dickson-Swift et al. 2008; Rager 2005; Valentine

21 Das erneute Durchleben des Interviews und seiner emotional belastenden Sequenzen während der Transkription schildern Ashleigh Butler, Beverley Copnell und Hellen Hall (2019: 231): »During transcription, the researcher is required to re-live each moment of the interview slowly, in order to extract as much of the data as possible and create an accurate written account of the events that occurred. The researcher may listen again as parents cry about the death of their child or hear of the terror they felt when told that their child may not survive. This can be an extremely emotional task, in which researchers are required to repeatedly share in the distress and pain caused to participants in their study.« Siehe auch Reed/Towers 2023: 268 ff.

22 Neben den Interviewenden werden dabei oftmals noch weitere Wissenschaftler*innen, die sich mit dem gewonnenen Material auseinandersetzen, emotional involviert. Dazu zählen beispielsweise Personen, die die Interviewaufnahmen transkribieren (Etherington 2007; Gregory/Russell/Phillips 1997), oder die Mitglieder einer Dateninterpretationsgruppe, denen die Transkripte zur detaillierten Analyse vorgelegt werden.

23 In ihrem Forschungstagebuch berichtet Laura Towers von ihren unangenehmen Gefühlen und Gedanken, nachdem sie Personen abweisen musste, die an ihrer Studie über den Verlust von Geschwistern teilnehmen wollten, jedoch bestimmte Kriterien der von ihr angestrebten Fallauswahl nicht erfüllten: »Ultimately you're not denying them the chance to take part in your research, you're denying them the opportunity to speak about their sibling in a free and open environment for as long as they want. You're denying them the opportunity to be the sole narrator of their experience. For some, you're denying them the chance to be a sibling again, if only for a couple of hours.« (Reed/Towers 2023: 267)

2007; Visser 2017). Hieran wird einmal mehr deutlich, dass forschungsethische Prinzipien – in diesem Fall: das der *Nichtschädigung* – auch auf die Forschenden selbst anzuwenden sind und angewendet werden (Emerald/Carpenter 2015).

Die Reduktion solcher Be- und Überlastungen ist jedoch nicht mit der Prävention sämtlicher emotionaler Äußerungen vonseiten der Wissenschaftler*innen gleichzusetzen. Zum einen ist nicht jede Emotion Ausdruck von Unwohlsein (Coenen/Meitzler 2025; Copp 2008; Davies/Spencer 2010; Kleinman/Copp 1995). Zum anderen kann selbst (oder gerade?) *negativen Gefühlen* – bei allen zu beachtenden Risiken – eine produktive Qualität im und für den Forschungsprozess zukommen (Brill/Stetten 2022). So hat sich in der qualitativ forschenden Scientific Community die Erkenntnis durchgesetzt, dass subjektiv gefärbte Reaktionen auf die im Feld erlangten Eindrücke keine »Quelle einer bedauerlichen Störung«, sondern eine »wichtige, ja sogar unverzichtbare Quelle relevanter, ergänzender verhaltenswissenschaftlicher Daten« (Devereux 1984: 52) sind und damit einen integralen Bestandteil der Forschungspraxis bilden (Ploder/Kühner/Langer 2024).[24] Da Wissenschaftler*innen, so gesehen, selbst Teilnehmende ihrer eigenen Untersuchung sind, gilt es, ihre Situierung in derselben zu reflektieren.

Implikationen für die sozialwissenschaftliche Emotionsforschung

Angeregt durch eigene Forschungserfahrungen, liegt der Schwerpunkt dieses Beitrags auf den Herausforderungen und Fragestellungen, die sich ergeben, wenn Trauer zum Thema qualitativer Interviewstudien wird. Dabei werden die wechselseitigen Beziehungen zwischen Wissenschaftler*innen, ihren Gesprächspartner*innen und den emotionalen Kontexten, die in der Forschungsinteraktion entstehen, beleuchtet. Wie zu zeigen versucht wurde, halten jedoch nicht nur die persönlichen Erlebnisse und Auffassungen von Trauernden, sondern auch darüber hinausgehende Reflexionen der Forscher*innenrolle

24 Melanie Pierburg (2024: 508) weist zurecht darauf hin, dass Wissenschaftler*innen nicht nur die besagten feldinduzierten Emotionen haben können, sondern auch solche, die nichts mit der eigentlichen Forschung zu tun haben (z. B. Verliebtheit oder Liebeskummer, Aufgeregtheit aufgrund eines privaten Termins, Ärger mit der Deutschen Bahn etc.). Weil sich entsprechende Empfindungen jedoch gleichsam auf die Wahrnehmung im Feld und die Interpretation der Daten auswirken könnte, wäre darüber nachzudenken, ob Emotionen in manchen Fällen nicht doch eher hinderlich als förderlich für die Qualität einer Studie sind. Forschende müssten ihre Emotionen folglich dahingehend reflektieren, inwieweit sie ein Effekt ihrer wissenschaftlichen Praxis sind oder nicht vielmehr auf ›externe‹ Ursachen zurückgehen und darum »nur bedingt analytische Relevanz besitzen« (ebd.).

wichtige Erkenntnispotenziale über die soziale Bedeutung von Emotionen im Allgemeinen und von Trauer im Besonderen bereit. Forschende sind dabei in vielschichtige Figurationen eingebettet, die ihre wissenschaftliche Herangehensweise beeinflussen.

Wenngleich ihre systematische Durchdringung nicht unbedingt zu den sozialwissenschaftlichen Kerninteressen gehören dürfte, bleibt der herausragende Stellenwert von Emotionen im menschlichen Zusammenleben unbestritten. Bereits der Umstand, dass sie maßgeblich an der Gestaltung sozialer Beziehungen beteiligt sind, auf soziale Ursachen zurückgehen und ihrerseits soziale Effekte hervorrufen (Scheve 2009), kann von keiner Disziplin, die sich mit Kulturen und Gesellschaften befasst, ignoriert werden (Schützeichel 2006). Für die wissenschaftliche Praxis sind Emotionen nicht erst dann relevant, wenn sie – wie im vorliegenden Fall – den Hauptgegenstand einer konkreten Untersuchung bilden (Flam/Kleres 2015). Als »eine spezifische Form sozialer Interaktion« (Lindner 1981: 51) ist qualitative Forschung stets auch mit affektuell aufgeladenen Momenten und Situationen verbunden (Copp 2008; Davies/Spencer 2010; Gilbert 2001; Holland 2007). Ihre mal mehr, mal weniger aufdringliche Präsenz in verschiedenen Phasen des Forschungsprozesses (Souti/Ruokonen-Engler 2025) – sei es bei der Themenfindung, der Formulierung von Forschungsfragen, der Wahl von theoretischen bzw. methodischen Zugängen, der Teilnehmendenakquise, der Erhebung und Auswertung von Datenmaterial, dem Austausch mit Fachkolleg*innen oder der Niederschrift der Ergebnisse – macht Emotionen zu einem wichtigen epistemologischen Werkzeug, das dabei hilft, die im Feld vorgefundenen Zusammenhänge in ihrer Tiefe zu analysieren und dadurch besser zu verstehen (Nutov 2017; ferner Illouz 2024). Zugleich können auf diese Weise sowohl methodische Designs zur Erfassung und Untersuchung von Emotionen als (Begleit-)Erscheinungen qualitativer Forschung entwickelt wie auch bestehende Emotionstheorien herausgefordert, erweitert bzw. modifiziert werden.

Trauer verkörpert dabei nicht lediglich ein singuläres, isoliertes Gefühl, sondern ein komplexes Konglomerat, das aus einer Vielzahl von Affekten besteht und in mannigfaltige Kontexte eingebettet ist (Jakoby 2012). In diesem Sinne kann die skizzierte sozialwissenschaftliche Betrachtung als Ausgangspunkt für weiterführende Arbeiten fungieren, die sich aus je eigener Perspektive mit Emotionen und deren sozialen Implikationen beschäftigen.

Literatur

Aka, Christine (2007): *Unfallkreuze. Trauerorte am Straßenrand*, Münster.

Appelbaum, Paul S./Roth, Loren H./Lidz, Charles W./Benson, Paul/Winslade, William (1987): »False Hopes and Best Data. Consent to Research and the Therapeutic Misconception«, in: *Hastings Center Report* 17 (2), S. 20–24.

Ayata, Bilgin/Harders, Cilja/Özkaya, Derya/Wahba, Dina (2019): »Interviews as Situated Affective Encounters. A Relational and Processual Approach for Empirical Research on Affect, Emotions and Politics«, in: Kahl, Antje (Hg.): *Analyzing Affective Societies*, Milton Park, S. 63–77.

Bahn, Susanne/Weatherill, Pamela (2013): »Qualitative Social Research. A Risky Business when it Comes to Collecting ›Sensitive‹ Data«, in: *Qualitative Research* 13 (1), S. 19–35.

Behar, Ruth (1996): *The Vulnerable Observer. Anthropology that Breaks your Heart*, Boston.

Benkel, Thorsten (2013): »Fremdes im Schatten der eigenen Kultur«, in: *Kriminologisches Journal* 45 (2), S. 85–102.

Benkel, Thorsten/Meitzler, Matthias (2013): *Sinnbilder und Abschiedsgesten. Soziale Elemente der Bestattungskultur*, Hamburg.

Benkel, Thorsten/Meitzler, Matthias (2019): »Trauerkultur in der Moderne«, in: Arbeitsgemeinschaft Friedhof und Denkmal (Hg.): *Raum für Trauer. Erkenntnisse und Herausforderungen*, Kassel, S. 8–21.

Benkel, Thorsten/Klie, Thomas/Meitzler, Matthias (2019): *Der Glanz des Lebens. Aschediamant und Erinnerungskörper*, Göttingen.

Benkel, Thorsten/Meitzler, Matthias/Preuß, Dirk (2019): *Autonomie der Trauer. Zur Ambivalenz des sozialen Wandels*, Baden-Baden.

Berger, Peter L./Luckmann, Thomas (2004): *Die gesellschaftliche Konstruktion der Wirklichkeit. Eine Theorie der Wissenssoziologie*, Frankfurt am Main.

Birch, Maxine/Miller, Tina (2000): »Inviting Intimacy. The Interview as Therapeutic Opportunity«, in: *International Journal of Social Research Methodology* 3 (3), S. 189–202.

Borgstrom, Erica/Ellis, Julie (2021): »Internalising ›Sensitivity‹. Vulnerability, Reflexivity and Death Research(ers)«, in: *International Journal of Social Research Methodology* 24 (5), S. 589–602.

Bortz, Jürgen/Döring, Nicola (2006): *Forschungsmethoden und Evaluation für Human- und Sozialwissenschaftler*, 4. Aufl., Heidelberg.

Brannen, Julia (1988): »The Study of Sensitive Subjects«, in: *Sociological Review* 36 (3), S. 552–563.

Bredal, Anja/Stefansen, Kari/Bjørnholt, Margunn (2024): »Why do People Participate in Research Interviews? Participant Orientations and Ethical Contracts in Interviews with Victims of Interpersonal Violence«, in: *Qualitative Research* 24 (2), S. 287–304.

Brill, Mila/Stetten, Moritz von (2022): »Zur Bedeutung negativer Emotionen für die qualitative Sozialforschung«, in: *Sozialer Sinn* 23 (1), S. 1–15.

Buckle, Jennifer L./Dwyer, Sonya C./Jackson, Marlene (2010): »Qualitative Bereavement Research. Incongruity between the Perspectives of Participants and Research Ethics Boards«, in: *International Journal of Social Research Methodology* 13 (2), S. 111–125.

Butler, Ashleigh E./Copnell, Beverley/Hall, Helen (2019): »Researching People who are Bereaved. Managing Risks to Participants and Researches«, in: *Nursing Ethics* 26 (1), S. 224–234.

Clark, Tom (2010): »On ›Being Researched‹. Why do People Engage with Qualitative Research?«, in: *Qualitative Research* 10 (4), S. 399–419.

Coenen, Ekkehard/Meitzler, Matthias (2021): »Forschen zum Lebensende. Überlegungen zu einer qualitativen Thanatosoziologie«, in: *Forum Qualitative Sozialforschung* 22 (2), Art. 2.

Coenen, Ekkehard/Meitzler, Matthias (2025): »Exploring Death, Dying, and Bereavement. Characteristics and Challenges of a Sensitive Field of Research«, in: Liamputtong, Pranee (Hg.): *Handbook of Sensitive Research in the Social Sciences*, Cheltenham (im Erscheinen).

Cook, Alicis S./Bosley, Geri (1995): »The Experience of Participating in Bereavement Research. Stressful or Therapeutic?«, in: *Death Studies* 19 (2), S. 157–170.

Copp, Martha A. (2008): »Emotions in Qualitative Research«, in: Given, Lisa A. (Hg.): *The Sage Encyclopedia of Qualitative Research Methods*, London, S. 249–252.

Corbin, Juliet/Morse, Janice M. (2003): »The Unstructured Interactive Interview. Issues of Reciprocity and Risks when Dealing with Sensitive Topics«, in: *Qualitative Inquiry* 9 (3), S. 335–354.

Cowles, Kathleen V. (1988): »Issues in Qualitative Research on Sensitive Topics«, in: *Western Journal of Nursing Research* 10 (2), S. 163–179.

Currie, Erin R./Roche, Cathy/Christian, Becky J./Bakitas, Marie A./Meneses, Karen M. (2016): »Recruiting Bereaved Parents for Research after Infant Death in the Neonatal Intensive Care Unit«, in: *Applied Nursing Research* 32, S. 281–285.

Davies, James/Spencer, Dimitrina (Hg.) (2010): *Emotions in the Field. The Psychology and Anthropology of Fieldwork Experience*, Stanford.

Devereux, Georges (1984): *Angst und Methode in den Verhaltenswissenschaften*, Frankfurt am Main.

Dickson-Swift, Virginia A./James, Erica L./Kippen, Sandra/Liamputtong, Pranee (2007): »Doing Sensitive Research. What Challenges do Qualitative Research Face?«, in: *Qualitative Research* 7 (3), S. 327–353.

Dickson-Swift, Virginia/James, Erica L./Kippen, Sandra/Liamputtong, Pranee (2008): »Risk to Researchers in Qualitative Research on Sensitive Topics. Issues and Strategies«, in: *Qualitative Health Research* 18 (1), S. 133–144.

Dickson-Swift, Virginia/James, Erica L./Kippen, Sandra/Liamputtong, Pranee (2009): »Researching Sensitive Topics. Qualitative Research as Emotion Work«, in: *Qualitative Research* 9 (1), S. 61–79.

Dunn, Linda L. (1991): »Research Alert! Qualitative Research may be Hazardous to your Health!«, in: *Qualitative Health Research* 1 (3), S. 388–392.

Dyregrov, Kari M./Dieserud, Gudrun/Hjelmeland, Heidi M./Straiton, Melanie/Rasmussen, Mette L./Knizek, Birthe L./Leenaars, Antoon A. (2011a): »Meaning-Making through Psychological, Autopsy Interviews. The Value of Participating in Qualitative Research for those Bereaved by Suicide«, in: *Death Studies* 35 (8), S. 685–710.

Dyregrov, Kari M./Dieserud, Gudrun/Hjelmeland, Heidi M./Straiton, Melanie/Rasmussen, Mette L./Knizek, Birthe L./Leenaars, Antoon A. (2011b): »Motivation for Research Participation Among People Bereaved by Suicide«, in: *Omega – Journal of Death and Dying* 62 (2), S. 149–168.

Elmir, Rakime/Jackson, Debra/Schmied, Virginia/Wilkes, Lesley (2011): »Interviewing People about Potentially Sensitive Topics«, in: *Nurse Researcher* 19 (1), S. 12–16.

Emerald, Elke/Carpenter, Lorelei (2015): »Vulnerability and Emotions in Research. Risks, Dilemmas, and Doubts«, in: *Qualitative Inquiry* 21 (8), S. 741–750.

Etherington, Kim (2007): »Working with Traumatic Stories. From Transcriber to Witness«, in: *International Journal of Social Research Methodology* 10 (2), S. 85–97.

Evans, Ruth/McCarthy, Jane R./Bowlby, Sophie/Wouango, Joséphine/Kébé, Fatou (2017): »Producing Emotionally Sensed Knowledge? Reflexivity and Emotions in Researching Responses to Death«, in: *International Journal of Social Research Methodology* 20 (6), S. 585–598.

Finlay, Linda (2002): »›Outing‹ the Researcher. The Provenance, Process, and Practice of Reflexivity«, in: *Qualitative Health Research* 12 (4), S. 531–545.

Fisher, Pamela (2012): »Ethics in Qualitative Research. ›Vulnerability‹, Citizenship and Human Rights«, in: *Ethics and Social Welfare* 6 (1), S. 2–17.

Flam, Helena/Kleres, Jochen (Hg.) (2015): *Methods of Exploring Emotions*, London/New York.

Frank, Arthur W. (2000): »The Standpoint of the Storyteller«, in: *Qualitative Health Research* 10 (3), S. 354–365.

Gale, Jerry (1992): »When Research Interviews are More Therapeutic than Therapy Interviews«, in: *Qualitative Report* 1 (4), S. 1–4.

Gilbert, Kathleen R. (Hg.) (2001): *The Emotional Nature of Qualitative Research*, London.

Gilbert, Kathleen R. (2002): »Taking a Narrative Approach to Grief Research. Finding Meaning in Stories«, in: *Death Studies* 26 (3), S. 223–239.

Goffman, Erving (2006): *Wir alle spielen Theater. Die Selbstdarstellung im Alltag*, München.

Gould, Deborah (2015): »When your Data Make you cry«, in: Flam, Helena/Kleres, Jochen (Hg.): *Methods of Exploring Emotions*, London/New York, S. 163–171.

Gregory, David/Russell, Cynthia K./Phillips, Linda R. (1997): »Beyond Textual Perfection. Transcribers as Vulnerable Persons«, in: *Qualitative Health Research* 7 (2), S. 294–300.

Hammersley, Martyn/Traianou, Anna (2012): *Ethics in Qualitative Research. Controversies and Contexts*, London.

Häußler, Michael (2019): *Trauerfallgeschichten. Anmerkungen zu Trauer und Bestattung*, Darmstadt.

Hockey, Jenny (2007): »Closing in on Death? Reflections on Research and Researchers in the Field of Death and Dying«, in: *Health Sociology Review* 16 (5), S. 436–446.

Holland, Janet (2007): »Emotions and Research«, in: *International Journal of Social Research Methodology* 10 (3), S. 195–209.

Honeycutt, James M. (1995): »The Oral History Interview and Reports of Imagined Interactions«, in: *Journal of Family Psychotherapy* 6 (4), S. 63–69.

Hopf, Christel (1978): »Die Pseudo-Exploration. Überlegungen zur Technik qualitativer Interviews in der Sozialforschung«, in: *Zeitschrift für Soziologie* 7 (2), S. 97–115.

Hutchinson, Sally A./Wilson, Margaret E./Wilson, Holly S. (1994): »Benefits of Participating in Research Interviews«, in: *Image Journal of Nursing Scholarship* 26 (2), S. 161–164.

Hydén, Margareta (2014): »The Teller-Focused Interview. Interviewing as a Relational Practice«, in: *Qualitative Social Work* 13 (6), S. 795–812.

Hynson, Jenny/Aroni, Rosalie/Bauld, Carlene/Sawyer, Susan M. (2006): »Research with Bereaved Parents. A Question of how not why«, in: *Palliative Medicine* 20 (8), S. 805–811.

Illouz, Eva (2024): *Explosive Moderne*, Berlin.

Jackson, Sharon/Backett-Milburn, Kathryn/Newall, Elinor (2013): »Researching Distressing Topics. Emotional Reflexivity and Emotional Labor in the Secondary Analysis of Children and Young People's Narratives of Abuse«, in: *Sage Open* 3 (2), S. 1–12.

Jakoby, Nina (2012): »Trauer als Forschungsgegenstand der Emotionssoziologie«, in: Schnabel, Annette/Schützeichel, Rainer (Hg.): *Emotionen, Sozialstruktur und Moderne*, Wiesbaden, S. 407–424.

Johnson, Barbara/Clarke, Jill M. (2003): »Collecting Sensitive Data. The Impact on Researchers«, in: *Qualitative Health Research* 13 (3), S. 421–434.

Kavanaugh, Karen/Ayres, Lioness (1998): »›Not as bad as it could have been.‹ Assessing and Mitigating Harm During Research Interviews on Sensitive Topics«, in: *Research in Nursing and Health* 21 (1), S. 91–97.

Kitson, Gay C./Clark, Richard D./Rushforth, Norman B./Brinich, Paul M./Sudak, Howard S./Zyzanski, Stephen J. (1996): »Research on Difficult Family Topics. Helping new and Experienced Researchers Cope with Research on Loss«, in: *Family Relations* 45 (2), S. 183–188.

Kleinman, Sherryl (1991): »Fieldworkers' Feelings. What we Felt, who we are, how we Analyze«, in: Shaffir, William B./Stebbins, Robert A. (Hg.): *Experiencing Fieldwork. An Inside View of Qualitative Research*, Newbury Park, S. 184–195.

Kleinman, Sheryl/Copp, Martha A. (Hg.) (1995): *Emotions and Fieldwork*, Newbury Park.

LaChenaye, Jenna M./McCarthy, Shannon (2022): »The Intersection of Counseling Microskills and Qualitative Interviewing and Reporting in the Study of Sensitive Topics«, in: *American Journal of Evaluation* 43 (2), S. 255–268.

Lalor, Joan G./Begley, Cecily M./Devane, Declan (2006): »Exploring Painful Experiences. Impact of Emotional Narratives on Members of a Qualitative Research Team«, in: *Journal of Advanced Nursing* 56 (6), S. 607–616.

Lee, Raymond M. (1993): *Doing Research on Sensitive Topics*, London.

Lee, Raymond M./Renzetti, Claire M. (1990): »The Problems of Researching Sensitive Topics«, in: *American Behavioral Scientist* 33 (5), S. 510–528.

Liamputtong, Pranee (2007): *Researching the Vulnerable. A Guide to Sensitive Research Methods*, London.

Liamputtong, Pranee (Hg.) (2025): *Handbook of Sensitive Research in the Social Sciences*, Cheltenham.

Lindner, Rolf (1981): »Die Angst des Forschers vor dem Feld«, in: *Zeitschrift für Volkskunde* 77 (1), S. 51–66.

Lipson, Juliene G. (1994): »Ethical Issues in Ethnography«, in: Morse, Janice M. (Hg.): *Critical Issues in Qualitative Research Methods*, Thousand Oaks, S. 333–355.

Loch, Ulrike/Rosenthal, Gabriele (2002): »Das narrative Interview«, in: Schaeffer, Doris/Müller-Mundt, Gabriele (Hg.): *Qualitative Gesundheits- und Pflegeforschung. Programmbereich Gesundheit*, Bern, S. 221–232.

Loosen, Wiebke (2016): »Das Leitfadeninterview – eine unterschätzte Methode«, in: Averbeck-Lietz, Stefanie/Meyen, Michael (Hg.): *Handbuch nicht standardisierte Methoden in der Kommunikationswissenschaft*, Wiesbaden, S. 139–155.

Lueger, Manfred/Froschauer, Ulrike (2018): *Artefaktanalyse. Grundlagen und Verfahren*, Wiesbaden.

McCarthy, Shannon/LaChenaye, Jenna M. (2017): »Adopting an Ethic of Empathy. Introducing Counseling Best Practices as Qualitative Best Practice«, in: *Journal of Qualitative and Ethnographic Research* 11 (3), S. 188–198.

McSherry, Bernadette (1995): »Research Involving Interviews with Individuals who Have Experienced Traumatic Events. Some Guidelines«, in: *Psychiatry, Psychology and Law* 2 (2), S. 155–164.

Meitzler, Matthias (2017): »Forschen bei privaten Unternehmen. Herausforderungen und Potenziale des Feldeinstiegs«, in: Reichertz, Jo/Meitzler, Matthias/Plewnia, Caroline: *Wissenssoziologische Medienwirkungsforschung. Zur Mediatisierung des forensischen Feldes*, Weinheim/Basel, S. 148–161.

Meitzler, Matthias (2019): »Keine Angst vor echten Tränen. Die Erforschung von Trauer als methodologische Herausforderung«, in: Benkel, Thorsten/Meitzler, Matthias/Preuß, Dirk: *Autonomie der Trauer. Zur Ambivalenz des sozialen Wandels*, Baden-Baden, S. 75–125.

Meitzler, Matthias (2020): »›Ich will jetzt Mutters Asche!‹ Aushandlung, Aneignung und Autonomie am Beispiel kontroverser Gegenständlichkeit«, in: Klie, Thomas/Kühn, Jakob (Hg.): *Die Dinge, die bleiben. Reliquien im interdisziplinären Diskurs*, Bielefeld, S. 175–197.

Meitzler, Matthias (2022): »Die Verschiedenen. Sepulkrales Totengedenken in der individualisierten Gesellschaft«, in: Benkel, Thorsten/Dimbath, Oliver/Meitzler, Matthias (Hg.): *Sterblichkeit und Erinnerung*, Baden-Baden, S. 101–138.

Meitzler, Matthias (2024a): »Diskurse des Digital Afterlife. Empirische Forschungsergebnisse«, in: Ammicht Quinn, Regina/Geissler, Ines/Heesen, Jessica/Hennig, Martin/Kunz, Thomas/Meitzler, Matthias/Waldmann, Ulrich: *Ethik, Recht und Sicherheit des digitalen Weiterlebens. Forschungsergebnisse und Gestaltungsvorschläge zum Umgang mit Avataren und Chatbots von Verstorbenen*, Tübingen/Darmstadt, S. 32–49, https://www.sit.fraunhofer.de/de/edilife-studie/ [30. Dezember 2024].

Meitzler, Matthias (2024b): »Einordnungen und Erkenntnisse für den Trauerkontext«, in: Ammicht Quinn, Regina/Geissler, Ines/Heesen, Jessica/Hennig, Martin/Kunz, Thomas/Meitzler, Matthias/Waldmann, Ulrich: *Ethik, Recht und Sicherheit des digitalen Weiterlebens. Forschungsergebnisse und Gestaltungsvorschläge zum Umgang mit Avataren und Chatbots von Verstorbenen*, Tübingen/Darmstadt, S. 56–62, https://www.sit.fraunhofer.de/de/edilife-studie/ [30. Dezember 2024].

Meitzler, Matthias (2024c): »Einverständnis, informiertes«, in: Benkel, Thorsten/Bührmann, Andrea D./Klimke, Daniela/Lautmann, Rüdiger/Stäheli, Urs/Weischer, Christoph/Wienold, Hanns (Hg.): *Lexikon zur Soziologie*, 7. Aufl., Wiesbaden, S. 291.

Meitzler, Matthias (2024d): »Darf ich das zeigen? Visuelle Leichenpräsenz als Irritationsquelle«, in: Benkel, Thorsten/Coenen, Ekkehard/Meitzler, Matthias/Sitter, Miriam (Hg.): *Lebensende. Einblicke in die Gesellschaft*, Baden-Baden, S. 201–250.

Meitzler, Matthias/Heesen, Jessica/Hennig, Martin/Ammicht Quinn, Regina (2024): »Digital Afterlife and the Future of Collective Memory«, in: *Memory Studies Review* 1 (1), S. 1–18.

Milne, Margo J./Lloyd, Cathy E. (2009): »Keeping the Personal Costs Down. Minimising Distress when Researching Sensitive Issues«, in: Earle, Sarah/Komaromy, Carol/Bartholomew, Caroline (Hg.): *Death and Dying*, Thousand Oaks, S. 221–229.

Morse, Janice M./Barrett, Michael/Mayan, Maria/Olson, Kari L./Spiers, Jude (2002): »Verification Strategies for Establishing Reliability and Validity in Qualitative Research«, in: *International Journal of Qualitative Methods* 1 (2), S. 13–22.

Nutov, Liora (2017): »Researcher Emotions as Data, a Tool and a Factor in Professional Development«, in: *Qualitative Report* 22 (12), S. 3260–3267.

Ortiz, Steven M. (2001): »How Interviewing Wives Became Therapy for Wives of Professional Athletes. Learning from a Serendipitous Experience«, in: *Qualitative Inquiry* 7 (2), S. 192–220.

Owens, David (1996): »Men, Emotions and the Research Process. The Role of Interviews in Sensitive Areas«, in: Carter, Keith/Delamount, Sara (Hg.): *Qualitative Research. The Emotional Dimension*, Aldershot, S. 56–65.

Parkes, Colin M. (1995): »Guidelines for Conducting Ethical Bereavement Research«, in: *Death Studies* 19 (2), S. 171–181.

Pearce, Caroline (2019): *The Public and the Private Management of Grief. Recovering Normal*, Cham.

Peel, Elizabeth/Parry, Odette/Douglas, Margaret/Lawton, Julia (2006): »›It's no Skin off my Nose.‹ Why People Take Part in Qualitative Research«, in: *Qualitative Health Research* 16 (10), S. 1335–1349.

Pennebaker, James W./Seagal, Janel D. (1999): »Forming a Story. The Health Benefits of Narrative«, in: *Journal of Clinical Psychology* 55 (10), S. 1243–1254.

Perera, Kaushalya (2020): »The Interview as an Opportunity for Participant Reflexivity«, in: *Qualitative Research* 20 (2), S. 143–159.

Pierburg, Melanie (2024): »›Entschuldige, warum machst Du Dir Notizen?‹ Verletzbarkeiten in der Feldforschung«, in: *Psychologie und Gesellschaftskritik* 48 (1), S. 491–511.

Pierburg, Melanie/Benkel, Thorsten/Coenen, Ekkehard/Meitzler, Matthias/Sitter, Miriam (2023): »Autoethnografie in Todesnähe. Soziologische Arbeit an und mit herausfordernden Identifikationsprozessen«, in: *Forum Qualitative Sozialforschung* 24 (2), Art. 7.

Ploder, Andrea/Kühner, Angela/Langer, Phil C. (2024): »Es ist professionell, Gefühle zu haben. Plädoyer für einen stark reflexiven Umgang mit Affekten und Emotionen in der qualitativen Forschungspraxis«, in: *Psychologie und Gesellschaftskritik* 48 (2), S. 541–565.

Rager, Kathleen B. (2005): »Self-Care and the Qualitative Researcher. When Collecting Data can Break your Heart«, in: *Educational Researcher* 34 (4), S. 23–27.

Reed, Kate/Towers, Laura (2023): »Almost Confessional. Managing Emotions When Research Breaks your Heart«, in: *Sociological Research Online* 28 (1), S. 261–278.

Reichertz, Jo (2012): »›Das ist ein Geben und Nehmen.‹ Mit einem privaten Newsmacher unterwegs. Methodische Probleme bei der Analyse von Feldaufenthalten und erste Überlegungen zum Zusammenspiel von Videojournalisten und Polizisten/Feuerwehrleuten«, in: Bidlo, Oliver/Englert, Carina J./Reichertz, Jo: *Tat-Ort Medien. Die Medien als Akteure und unterhaltsame Aktivierer*, Wiesbaden, S. 7–31.

Reichertz, Jo (2015a): »Beziehungsaufbau ist der Schlüssel – nicht nur beim Feldeinstieg«, in: Poferl, Angelika/Reichertz, Jo (Hg.): *Wege ins Feld. Methodologische Aspekte des Feldzugangs*, Essen, S. 12–29.

Reichertz, Jo (2015b): »Die Bedeutung der Subjektivität in der Forschung«, in: *Forum Qualitative Sozialforschung* 16 (3), Art. 33.

Rosenblatt, Paul C. (1995): »Ethics of Qualitative Interviewing with Grieving Families«, in: *Death Studies* 19 (2), S. 139–155.

Rosenthal, Gabriele (1995): *Erlebte und erzählte Lebensgeschichte. Gestalt und Struktur biographischer Selbstbeschreibungen*, Frankfurt am Main/New York.

Rossetto, Kelly R. (2014): »Qualitative Research Interviews. Assessing the Therapeutic Value and Challenges«, in: *Journal of Social and Personal Relationships* 31 (4), S. 482–489.

Rowling, Louise (1999): »Being in, Being out, Being with. Affect and the Role of the Qualitative Researcher in Loss and Grief Research«, in: *Mortality* 4 (2), S. 167–181.

Rowling, Louise (2009): »The Role of Qualitative Researcher in Loss and Grief Research«, in: Earle, Sarah/Komaromy, Carol/Bartholomew, Caroline (Hg.): *Death and Dying*, Thousand Oaks, S. 230–236.

Russell Hochschild, Arlie (2006): *Das gekaufte Herz. Zur Kommerzialisierung der Gefühle*, Frankfurt am Main/New York.

Sandberg, Sveinung/Tutenges, Sébastien/Copes, Heith (2015): »Stories of Violence. A Narrative Criminological Study of Ambiguity«, in: *British Journal of Criminology* 55 (6), S. 1168–1186.

Scheirs, Veerle/Nuytiens, An (2013): »Ethnography and Emotions. The Myth of the Cold and Objective Scientist«, in: Beyens, Kristel/Christiaens, Jenneke/Claes, Bart/De Ridder, Steven/Tournel, Hanne/Tubex, Hilde (Hg.): *The Pains of Doing Criminological Research*, Brüssel, S. 141–160.

Scheve, Christian von (2009): *Emotionen und soziale Strukturen. Die affektiven Grundlagen sozialer Ordnung*, Frankfurt am Main.

Scheve, Christian von/Berg, Anna L. (2018): »Affekt als analytische Kategorie«, in: Pfaller, Larissa/Wiesse, Basil (Hg.): *Stimmungen und Atmosphären. Zur Affektivität des Sozialen*, Wiesbaden, S. 27–51.

Scheve, Christian von/Slaby, Jan (2019): »Emotion, Emotion Concept«, in: dies. (Hg.): *Affective Societies. Key Concepts*, London, S. 42–51.

Schütze, Fritz (1987): *Das narrative Interview in Interaktionsfeldstudien*, Hagen.

Schützeichel, Rainer (Hg.) (2006): *Emotionen und Sozialtheorie. Disziplinäre Ansätze*, Frankfurt am Main/New York.

Shamai, Michal (2003): »Therapeutic Effects of Qualitative Research. Reconstructing the Experience of Treatment as a By-Product of Qualitative Evaluation«, in: *Social Service Review* 77 (3), S. 455–467.

Siouti, Irini/Ruokonen-Engler, Minna K. (2025): »Emotions in the Qualitative Research Process«, in: *Forum Qualitative Sozialforschung* 26 (1), Art. 15.

Skinner Cook, Alicia/Bosley, Geri (1995): »The Experience of Participating in Bereavement Research. Stressful or Therapeutic?«, in: *Death Studies* 19 (2), S. 157–170.

Steeves, Richard/Kahn, David/Ropka, Mary E./Wise, Carl (2001): »Ethical Considerations in Research with Bereaved Families«, in: *Family and Community Health* 23 (4), S. 75–83.

Stroebe, Margaret/Stroebe, Wolfgang (1989): »Who Participates in Bereavement Research? A Review and Empirical Study«, in: *Omega – Journal of Death and Dying* 20 (1), S. 1–29.

Stroebe, Margaret/Stroebe, Wolfgang/Schut, Henk (2003): »Bereavement Research. Methodological Issues and Ethical Concerns«, in: *Palliative Medicine* 17 (3), S. 235–240.

Sque, Magi (2000): »Researching the Bereaved. An Investigator's Experience«, in: *Nursing Ethics* 7 (1), S. 23–34.

Sque, Magi/Walker, Wendy/Long-Sutehall, Tracy (2014): »Research with Bereaved Families. A Framework for Ethical Decision-Making«, in: *Nursing Ethics* 21 (8), S. 946–955.

Trübner, Miriam/Schmies, Tobias (2022): »Befragung von speziellen Populationen«, in: Baur, Nina/Blasius, Jörg (Hg.): *Handbuch der empirischen Sozialforschung*, 3. Aufl., Wiesbaden, S. 1231–1245.

Valentine, Christine (2007): »Methodological Reflections. Attending and Tending to the Role of the Researcher in the Construction of Bereavement Narratives«, in: *Qualitative Social Work* 6 (2), S. 159–176.

Visser, Renske C. (2017): »›Doing Death.‹ Reflecting on the Researcher's Subjectivity and Emotions«, in: *Death Studies* 41 (1), S. 6–13.

Winkel, Heidemarie (2008): »Trauer als Biographiegenerator«, in: *Forum Qualitative Sozialforschung* 9 (1), Art. 50.

Wolgemuth, Jennifer R./Erdil-Moody, Zeynep/Opsal, Tara/Cross, Jennifer E./Kaanta, Tanya/Dickmann, Ellyn M./Colomer, Soria (2015): »Participants' Experiences of the Qualitative Interview. Considering the Importance of Research Paradigms«, in: *Qualitative Research* 15 (10), S. 351–372.

Woodthorpe, Kate (2007): »My Life after Death. Connecting the Field, the Findings and the Feelings«, in: *Anthropology Matters Journal* 9 (1), S. 1–11.

Woodthorpe, Kate (2009): »Reflecting on Death. The Emotionality of the Research Encounter«, in: *Mortality* 14 (1), S. 70–86.

Exploring the Activity of the Dying Human Brain

EEG, a new Experimental System, and the Search for Disconnected Consciousness

Untersuchungen zur Aktivität des sterbenden menschlichen Gehirns

EEG, ein neues Experimentalsystem und die Suche nach dem losgelösten Bewusstsein

Paula Muhr

Near-death experiences (NDEs), reported by individuals who nearly died but survived, are vivid conscious experiences occurring in near-death states, such as cardiac arrest, when the brain is expected to cease functioning. This paper examines recent developments in neuroimaging research aimed at characterising neural activity in the dying human brain to identify neural correlates of consciousness and NDEs. By combining historical epistemology and media studies, I situate this research within its historical context that I trace to the mid-20th-century technological changes in identifying NDEs and determining death. I then analyse several pioneering studies that utilised clinical EEG recordings from deceased patients to investigate if neural activity in the dying human brain indicates conscious processing. Drawing on Hans-Jörg Rheinberger, I argue that these studies have established a new experimental system capable of formulating new questions and generating novel empirical findings about its object of inquiry. Finally, using Ludwig Jäger's concept of transcriptivity, I discuss why the complex patterns of synchronised brain activity in dying individuals identified by these studies elude clear interpretation and stabilisation as neural markers of disconnected consciousnesses and NDEs. Apart from tracing how this emerging neuroimaging research introduces epistemic shifts in the medical investigation of neural underpinnings of NDEs, this paper also contributes to broader discussions in the philosophy of science about the processes of knowledge production within exploratory experimental research. It does so by drawing attention to how such processes are configured in an emerging experimental system that is not yet capable of articulating its object of inquiry and by discussing why such a system can, despite its limitations, be regarded as epistemically productive.

EEG, near-death experiences, disconnected consciousness, neural correlates, functional brain connectivity

Nahtod-Erfahrungen (NTE), von denen Menschen berichten, die fast gestorben sind, die aber überlebt haben, sind klare, bewusste Erfahrungen, die bei Zuständen wie einem Herzstillstand auftreten, in welchen das Gehirn vermutlich nicht mehr funktionsfähig ist. In diesem Beitrag werden jüngste Entwicklungen in der Neuroimaging-Forschung untersucht, die darauf abzielen, die neuronalen Aktivitäten im sterbenden menschlichen Gehirn zu charakterisieren und neuronale Korrelate des Bewusstseins und der NTE zu finden. Indem ich historische Erkenntnistheorie und Medienwissenschaft miteinander verbinde, rekonstruiere ich den historischen Kontext dieser Forschung bis zu den technologischen Veränderungen bei der Identifizierung von NTE und der Todesfeststellung in der Mitte des 20. Jahrhunderts. Ferner analysiere ich einige bahnbrechende Studien, die klinische EEG-Aufzeichnungen von verstorbenen Patienten nutzen, um zu untersuchen, ob die Hirnaktivität bei Sterbenden auf bewusste Prozesse hinweist. In Anlehnung an Hans-Jörg Rheinberger argumentiere ich, dass diese Studien ein experimentelles System etabliert haben, das in der Lage ist, neue Fragen zu formulieren und neue empirische Befunde über seinen Untersuchungsgegenstand zu generieren. Schließlich erörtere ich anhand von Ludwig Jägers Konzept der Transkriptivität, warum sich die komplexen Muster synchronisierter Hirnaktivität bei Sterbenden, die diese Studien identifiziert haben, einer eindeutigen Interpretation und Stabilisierung als neuronale Marker von Bewusstsein und NTE bislang entzogen haben. Dieser Beitrag zeigt nicht nur auf, wie diese aufkommende Neuroimaging-Forschung epistemische Veränderungen in der medizinischen Untersuchung neuronaler Grundlagen von NTEs einleitet, sondern trägt auch zu einer breiteren Diskussion in der Wissenschaftsphilosophie über die Prozesse der Wissensproduktion in der explorativen experimentellen Forschung bei. Dies geschieht, indem die Aufmerksamkeit darauf gelenkt wird, wie solche Prozesse in einem entstehenden experimentellen System konfiguriert sind, das noch nicht in der Lage ist, seine Untersuchungsgegenstände zu artikulieren, und indem diskutiert wird, warum ein solches System trotz seiner Einschränkungen als epistemisch produktiv betrachtet werden kann.

EEG, Nahtoderfahrungen, losgelöstes Bewusstsein, neuronale Korrelate, funktionelle Hirnkonnektivität

Introduction

This paper examines recent developments in the emerging neuroimaging research that utilises electroencephalography (EEG) to investigate the temporal dynamics of neural activity in the human brain during the process of dying.[1]

1 An initial version of this paper was presented at the conference »The Circle of Life. Birth, Dying, and the Liminality of Life since the Nineteenth Century« organised by Michael Zok and Florian Greiner at the German Historical Institute Warsaw in September 2022. I thank the organisers and participants of this conference for their productive feedback. Special thanks go to Thorsten Benkel for our ongoing exchange on the topics of death determination and NDEs and to Torsten Wüstenberg for conversations about the epistemic and technical aspects of EEG and neuroimaging. I am also grateful to Jochen Gläser and members of the Social Studies of Science and Technology research group at the Technical University Berlin for precise discussions on processes of experimental

EEG is a neurophysiological method that allows noninvasive measurements of spontaneous fluctuations in cortical brain activity at the millisecond level, thus facilitating the exploration of rapid neural dynamics.[2] Noninvasive EEG measurements are performed by placing a configuration of electrodes on a subject's scalp to register electrical changes resulting from brain activity.[3] The temporal changes in the intensity of the recorded signals are visualised as waveform graphs (*fig. 2*). Traditionally, in both clinical and research contexts, EEG was interpreted qualitatively based on the visual inspection of the recorded signals with limited possibilities of quantitative analyses of the signal's amplitudes and rhythms.[4] Today, particularly in research contexts, digitally recorded EEG signals are submitted to increasingly complex computer-based statistical analyses, enabling the exploration and visualisation of data aspects that are not accessible through mere visual inspection of the recordings (Hari/Puce 2023; Michel/Murray 2012).

In this paper, I combine perspectives from historical epistemology and media studies to analyse how the authors of two pioneering studies, Vicente et al. (2022) and Xu et al. (2023), used clinical EEG recordings from deceased patients to generate new empirical findings on the activity of the dying human brain. I further examine how these researchers attributed tentative medical meanings to their neuroimaging findings by aiming to relate these findings to the presence of conscious processing in the human brain during the liminal stages of dying. Additionally, a precursor study by Matory et al. (2021), which posed a slightly different research question and arrived at less clear-cut empirical findings, will also be discussed.

My goal here is twofold. First, by drawing on and expanding the historian of science Hans-Jörg Rheinberger's (1997) concept of the *experimental system*, I will argue that these three EEG studies have jointly established a new epistemic space of experimentation whose object of empirical enquiry is the existence of

---

knowledge generation. Finally, I thank the two anonymous reviewers for their constructive comments.

2 For a cultural and scientific history of EEG, which Hans Berger (1938) developed in the 1920s, see Borck 2018. A detailed technical introduction to EEG is provided in Hari/Puce 2023. For an explanation of physical and physiological bases that underpin a highly mediated EEG measurement,s see Nunez/Srinivasan 2006.

3 Invasive versions of EEG, which are often used for monitoring and management of epilepsy, require surgery to open the skull and place the electrodes »on the surface or in the substance of the brain« (Shah/Mittal 2014: 89) and will not be discussed here.

4 Most commonly, since the 1930s and 1940s, such analyses have focused on dividing the EEG signals into five historically defined frequency bands, or rhythms, which had been »given different names from the Greek alphabet: delta (0.5-4 Hz), theta (4-8 Hz), alpha (8-13 Hz), beta (13-30 Hz), and gamma (30-100 Hz)« (Shlobin et al. 2023: 3). These frequency bands continue to be used today, however, »light variations occur between labs as to what constitutes the precise upper and lower limits« of each band (Hari/Puce 2023: 46).

neural correlates of consciousness in the dying human brain. Second, using the media theorist Ludwig Jäger's (2010) concept of *transcriptivity*, I will explore why the complex patterns of highly synchronised brain activity found in dying individuals have so far eluded an unequivocal interpretation and stabilisation as possible neural correlates of consciousness – or more specifically, near-death experiences (NDEs). In short, I contend that while the three studies discussed here have established a new epistemic space for exploratory investigation of synchronised activity of the dying human brain as a potential indication of conscious processing, these studies have not yet succeeded in empirically characterising their elusive object of enquiry.[5]

Apart from tracing how this emerging exploratory neuroimaging research introduces an epistemic shift in the medical investigation of neural correlates of NDEs, my case study has further implications. At a broader level, it also contributes to the current discussion in the philosophy of science about the processes of knowledge production within exploratory experimental research, especially those areas that involve data-intensive practices (Feest 2011; Leonelli 2019; Rheinberger 2011, 2022, 2023). So far, the discussion has largely focused on »the processes through which phenomena are singled out within experimental research« (Leonelli 2019: 21) or, in other words, how scientific claims about an object of enquiry are successfully identified and stabilised through practices of producing, processing, and modelling empirical data (see also Feest 2011). My paper extends this discussion by paying attention to how the processes of exploratory knowledge production are configured in an emerging experimental system that, while able to generate surprising empirical results, has not yet become capable of articulating its target of investigation. I also discuss why, its limitations notwithstanding, such an experimental system can be regarded as epistemically productive.

With the above goals in mind, the paper is structured as follows. The first section provides the historical context for the three EEG studies, examining the changing practices of identifying NDEs and determining death, and the roles that technological advancements, including EEG, have played in such changes. Next, I introduce the theoretical framework that combines perspectives from historical epistemology and media studies and will underpin my analysis. The third section offers a close reading of the three EEG studies, arguing that they constitute an emerging experimental system tailored to the empirical exploration

5 I refer to exploratory research as defined by philosopher of science Friedrich Steinle. According to Steinle (1997: 70), exploratory experimentation is »driven by the elementary desire to obtain empirical regularities and to find concepts and classifications by means of which those regularities can be formulated. It typically takes place in those periods of scientific development in which – for whatever reasons – no well-formed theory or even no conceptual framework is available or regarded as reliable.«

of complex and highly synchronised activity of the dying human brain. Following this analysis, I then delineate the media-specific operations through which the studies' authors have attributed tentative medical meanings to their empirical findings by aiming to relate them to conscious processing and NDEs. In doing so, I highlight the epistemic limitations of this semantic process that, as I show, lead to the current interpretational ambiguity of the studies' empirical findings. I conclude by discussing how, despite the interpretational ambiguities, the emerging neuroimaging research into the synchronised activity of the dying human brain already complicates our understanding of NDEs and the liminal stages of dying.

Near-Death Experiences and the Historical Changes in Determining Death

One of the fundamental questions currently evading medical science is what happens at the neurophysiological level in the human brain during dying and whether some phases of the transition from life to death entail conscious experiences. This question, which is central to the EEG studies discussed here, is not new. Throughout history, there has been a long-standing fascination with the phenomenon that has only been explicitly referred to as near-death experiences since the mid-1970s. NDEs designate prototypical conscious perceptual experiences reported by people who came close to dying yet survived (Parnia et al. 2001).[6] By definition, NDEs occur in individuals who are outwardly unresponsive and unconscious, which is why they have been labelled as episodes of »disconnected consciousness« (Martial et al. 2020a: 175). Paradoxically, although NDEs transpire in »near death states«, such as cardiac arrest, »where brain processes are severely diminished« (ibid.: 180), survivors describe these experiences as perceptually highly lucid and tend to retain vivid memories of them. Common features include seeing a bright light, entering a tunnel, feeling separated from one's body, meeting deceased relatives, experiencing intense joy, and having memory flashbacks (Greyson 1983; Martial et al. 2017, 2020b).

Such experiences have been sporadically reported over centuries and across cultures (Athappilly/Greyson/Stevenson 2006; Belanti/Perera/Jagadheesan 2008; Sluijs 2009). However, the number of NDEs has grown considerably since the resuscitation techniques were systematically introduced in the mid-20th century,

6 NDEs have been reported in diverse circumstances, such as »cardiac arrest in myocardial infarction (clinical death), shock in postpartum loss of blood or in perioperative complications, septic or anaphylactic shock, electrocution, coma resulting from traumatic brain damage, intracerebral haemorrhage or cerebral infarction, attempted suicide, near-drowning or asphyxia, and apnoea« (Lommel et al. 2001: 2039).

allowing many individuals who would otherwise have died to be revived.[7] The increase in their clinical frequency has, in turn, led to an intensifying scientific investigation of NDEs since the 1980s (Martial et al. 2020b). Early research focused on developing self-report scales for identifying NDEs (Greyson 1983; Martial et al. 2020b), estimating their clinical incidence, and determining common phenomenological features based on survivors' accounts (Martial et al. 2017; Parnia et al. 2001). Methodologically, this research has primarily relied on retrospectively collecting survivors' self-reports through interviews and questionnaires. More recently, researchers have begun to investigate »the exact state of consciousness and the neural correlates associated« with NDEs (Martial et al. 2020a: 173).[8] As we will see later, this shift in research focus has entailed the implementation of neuroimaging techniques and the establishment of new experimental arrangements.

Apart from the increase of NDEs, the technological advancements in resuscitation and life-support techniques have also, at a more general level, led to profound changes in the medical definition and clinical determination of death (President's Commission 1981).[9] Until the mid-20th century, death was defined by the cardiopulmonary criteria, which comprised cessation of blood circulation caused by a cardiac arrest and loss of spontaneous breathing. Accordingly, death was determined by observable signs such as pulselessness, absence of breathing, unconsciousness, and unresponsiveness. However, cardiopulmonary resuscitation – which includes interventions such as electric shocks, manual or mechanical chest compressions, and medication (Lott et al. 2021) – has made cardiac arrests reversible in some cases. Relatedly, through the use of life support systems – such as mechanical ventilation – breathing and blood flow can be restarted and artificially maintained even in patients who, due to irreparable brain damage, will remain in a coma indefinitely.

Another significant development that further blurred the medical boundaries between life and death was the advent of organ transplantations in the 1950s and 1960s. As it has been pertinently noted, »the importance customarily accorded to a person's beating heart in differentiating the living from the dead is

7 Across different studies, the incidence of NDEs ranges from 10 % to 23 % in survivors of cardiac arrest (Greyson 2003; Schwaninger et al. 2002) and is estimated to be at around 15 % in intensive care unit patients of various aetiologies (Rousseau et al. 2023).

8 Alternative interpretations of NDEs that »have ranged from regarding them as either confusional hallucinations or fabrication, to confirmation of the existence of life after death« (Parnia et al. 2001: 150) will not be discussed here. In this paper, NDEs are regarded as genuine neurophysiological phenomena whose neural basis currently remains unknown.

9 For a pertinent discussion of the ethical aspects of these technologically-driven changes, see Boer/Hoek 2020.

challenged when a ›dead‹ person's heart can beat in the chest of a ›living‹ person whose own heart has not merely stopped but has been removed from his or her body« (President's Commission 1981: 4). Under these novel circumstances, determining the moment of death gained new urgency, both concerning when to harvest organs viable for transplantation and when to discontinue life support in intensive care settings (ibid.: 23 ff.).

In response to these technologically-driven changes, the Ad Hoc Committee of the Harvard Medical School (1968) published what has become known as the Harvard criteria of death, which introduced a seminal shift towards a brain-centred definition of death. The Committee aimed to establish criteria for determining death that took into account the permanent loss of brain function and were applicable to individuals whose hearts continued to beat. The criteria included unreceptiveness and unresponsiveness, absence of movements and breathing, no reflexes, and, as a confirmatory test, a flat EEG indicating a lack of discernible electrical activity in the brain cortex.

Since then, the concept of brain death as distinct from circulatory death has been further specified to refer to the irreversible cessation of all brain functions, including the brainstem, and adopted worldwide. However, the exact definitions, criteria, and clinical procedures for determining brain death vary globally (Wahlster et al. 2015). In some European countries, a flat EEG is mandatory, while in the USA and most European countries, it is merely an auxiliary test (Citerio et al. 2014). Moreover, the World Brain Death Project, a 2020 international consensus statement that aimed to provide guidance for establishing more consistent criteria and procedures for determining brain death, has advised against routinely using EEG as an ancillary test because it does not provide information about the function of the brainstem (Greer et al. 2020).

While EEG nowadays plays a supportive role of an arguably diminishing significance in the clinical determination of death, its use has surged in two other areas. First, EEG has become a key brain monitoring tool in intensive care settings for critically ill patients with acute brain injuries (Alkhachroum et al. 2022; Perera et al. 2021). In such settings, continuous EEG, typically performed alongside electrocardiography (ECG), is used for detecting nonconvulsive seizures as well as for aiding prognostication of recovery and assessment of consciousness in unresponsive patients.[10] In the clinical context, EEG recordings are typically made using the international 10-20 system of electrodes placement (Klem et al. 1999) (*fig. 1*). This system, where the distance between adjacent electrode is determined based on the anatomical landmarks of the skull, enables a standardised

10 »ECG is one of the most widely used tools for noninvasive diagnosis of cardiovascular diseases and for basic research of the heart« that records the electrical activity of the heart using electrodes placed on the skin (Li et al. 2015b: 124).

placement of electrodes to provide what is considered as adequate coverage of all cortical areas. Most commonly, a 21-electrode placement is used for continuous EEG recording in intensive care settings (cf. Alkhachroum et al. 2022: 1453).[11]

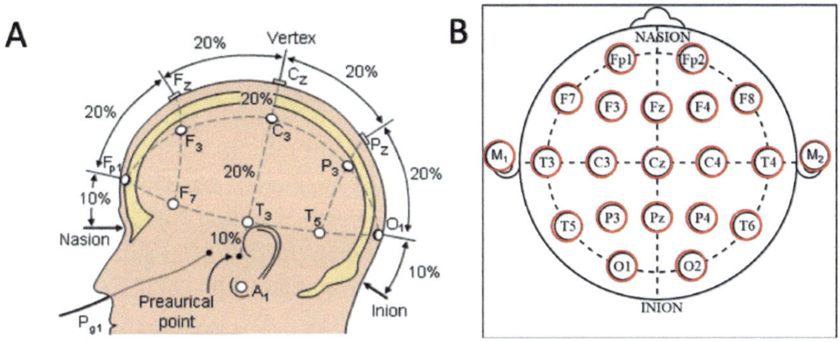

Fig. 1: Standard 10-20 EEG placement (Shlobin et al. 2023: 5)

Additionally, over the past two decades, EEG has increasingly been deployed in the emerging research on the neurophysiological underpinnings of NDEs and the dying process. One strand of EEG-based research into the neural correlates of NDEs has utilised animal models, such as rats, whose deaths were induced under controlled laboratory conditions (Borjigin et al. 2013; Lee et al. 2017; Li et al. 2015a; Zhang et al. 2019). Another strand of this research has involved using EEG to explore neural activity in human subjects during the recall of NDEs induced through hypnosis in laboratory settings (Martial et al. 2019; Palmieri et al. 2014). So far, both research strands have struggled with limitations. Animal studies have reported intriguing findings of a temporary increase in highly co-ordinated activity in their dying animals, which may be indicative of conscious processing (Borjigin et al. 2013; Zhang et al. 2019). Yet, translating these findings to humans has remained challenging (cf. Matory et al. 2021: 858). Conversely, the limitation of the second research strand, which has used human participants, is that recalling NDEs is not equivalent to experiencing NDEs during the actual process of dying (cf. Vicente et al. 2022: 2).

11 The 10-20 system was introduced in the 1950s. Its name reflects the fact that the electrode positions »are separated by 10 % and 20 % distances on lines running between cranial landmarks known as the nasion and inion and the preauricular points close to each ear« (Hari/Puce 2023: 66). While it remains dominant in clinical contexts, with setups ranging from 16 to 32 channels, alternative 10-10 and 10-5 systems that allow a much denser placement of electrodes resulting in 128- and 256-channel EEG recordings are more dominant in basic research (cf. ibid.: 39, 66).

Until recently, the deployment of EEG for clinical monitoring in intensive care, on the one hand, and the exploration of neural correlates of NDEs and dying in research settings, on the other hand, remained separate.[12] However, this has begun to change with the three studies published between 2021 and 2023 (Matory et al. 2021; Vicente et al. 2022; Xu et al. 2023). The authors of these studies used EEG recordings from critically ill patients who had died in intensive care settings while undergoing standard EEG monitoring, retrospectively submitting these clinical recordings to quantitative analyses to search for electrocerebral signatures of consciousness in the dying human brain. In what follows, I will first argue that these three studies have established a new experimental system (Rheinberger 1997: 27) designed to generate surprising empirical findings about unknown neurocognitive processes transpiring in the dying human brain, after which I will discuss why these findings remain semantically ambiguous.

Theoretical Framework

Through his work in historical epistemology, Hans-Jörg Rheinberger (1997: 14) developed the concept of experimental systems as a heuristic tool for exploring the dynamics of »scientific experience-in-the-making« in empirical sciences, particularly in the life sciences. Rather than merely considering the content of scientific theories, historical epistemology, as practised by Rheinberger, focuses on exposing the historical and material conditions under which scientific knowledge is generated, stabilised, and transformed within the context of experimentation. To enable such analysis, Rheinberger takes as his starting point experimental systems, which he defines as the »smallest integral working units of research«. On this view, an experimental system is a complex, context-specific arrangement of instruments, practices, techniques, and materials, which is designed for formulating »the questions that the experimenters themselves are not yet able clearly to ask« (ibid.: 28) about the object of their enquiry.

Operationally, Rheinberger distinguishes between two functionally different yet mutually intertwined components of an experimental system. The first component is what Rheinberger calls epistemic things. These designate entities

12 My analysis disregards several studies that reported end-of-life electroencephalographic surges in palliative patients using readouts from neuromonitoring devices, such as Bispectral Index (BIS) monitors (Auyong et al. 2010; Chawla et al. 2009; Chawla et al. 2017). Such devices use »2 to 4 [EEG] channels that are placed on the patient's forehead« and, after receiving EEG signals from these areas, automatically convert them into a single »numeric value from 0 to 100«. While these readouts »provide an assessment about the patient's degree of sedation«, they cannot be utilised »for detailed spatiotemporal analysis of brain neurophysiology« (Shlobin et al. 2023: 3).

or processes that are not yet understood and are, therefore, the focal points of scientific enquiry. They are inherently uncertain, undefined, and characterised by an »irreducible vagueness« (ibid.). Importantly, according to Rheinberger, epistemic things »are not simply hidden things to be brought to light through sophisticated manipulation« (ibid.). Instead, these entities are reified through the mediation of the experimental system that engenders them in the form of traceable configurations. In other words, no epistemic things are independent of the experimental systems that underpin their articulation.

The second component of an experimental system is what Rheinberger interchangeably refers to as technical objects or experimental conditions. Unlike epistemic objects, experimental conditions are characterised by certain stability and precision,[13] which, in turn, enables them to »›contain‹ the scientific objects in the double sense of the expression: they embed them, and through that very embracement, they restrict and constrain them« (ibid.: 29). Simply put, the technical conditions both enable and limit the kinds of research question that can be asked within a particular experimental system. This, however, does not mean that an experimental system is a passive setup that merely confirms existing knowledge. On the contrary, it is the dynamic interaction between the epistemic thing and the technical object that enables an experimental system to produce differences, which, in turn, create »an open frame« for generating new insights, unexpected results, and epistemic surprises (ibid.: 31).

However, Rheinberger's analytical framework, as he himself points out in his later work, bears the imprint of its historicity since he developed it through his study of the history of protein biosynthesis research from the 1940s to the 1960s. Hence, while his general concept of the experimental system remains productive for analysing knowledge production in present-day data-intensive research, such as the EEG studies to which we will turn shortly, other aspects of Rheinberger's analytical framework require updating. Specifically, his description of how experimental systems produce scientific novelties remains informed by the logic of analogue setups.

For Rheinberger, the core of an experiment involves the physical intervention in the material entity or process under investigation using the technical objects selected for this purpose. This intervention results in what Rheinberger (2023: 13) calls *traces* and designates as »the primary manifestation of an epistemic thing«. As the initial material output of an experimental intervention, traces are impermanent and volatile. Rheinberger further foregrounds their

13 Rheinberger (1997: 29) pertinently emphasises that this difference is purely functional, as once »sufficiently stabilized«, epistemic things can be deployed as technical objects within another experimental system. Relatedly, technical objects can become destabilised, thus turning into epistemic things.

indexicality – i.e., material continuity with the target of the investigation – and their »asemic« nature – i.e., their lack of meaning (ibid.). Due to their impermanence and asemic nature, traces must undergo a series of transformations within the experimental setup. During this process, traces are first translated into data. This not only makes them durable and transportable but also invests them with meaning, resulting in the disappearance of the »asemic kernel of the trace« (Rheinberger 2011: 343).[14] Next, the thus obtained data are submitted to further transformations with the aim of creating and visualising data patterns. Through yet another series of transformations, data patterns are then gradually condensed into models,[15] thus finally leading to the articulation of epistemic things.

Rheinberger's description of the processes of knowledge generation through the mediation of an experimental system suggests a clear-cut epistemic hierarchy. For him, experimental systems are first and foremost trace-generating arrangements, and it is in »the expansive *eigenspace* of the [material] trial« that the emergence of unexpected events occurs (Rheinberger 2023: 14). Admittedly, Rheinberger (2011: 341) acknowledges that the subsequent transformations that facilitate the translations of traces via data into data patterns and models, and which he jointly designates as the *space of representation*, »are not linear and monotonous, but go along with qualitative shifts«. Yet, in his interpretation, the transformations in the space of representation fulfil a more passive, auxiliary function, primarily serving to condense and synthesise the experimental traces, thus articulating and stabilising the epistemic surprises that had already been engendered by the initial traces.

From this perspective, it is perhaps unsurprising that Rheinberger has remained largely sceptical about the potential of data-driven science to generate new knowledge through the processing of already existing datasets that have often been mobilised from heterogeneous contexts and have not necessarily been explicitly produced for research purposes. He concedes that in contemporary life sciences, data »have become a resource, rather than a result« of experimental intervention (Rheinberger 2011: 346). However, he implies that computer-based analyses of pooled datasets, while capable of bringing to light novel data patterns,

---

14 For a pertinent critique of Rheinberger's differentiation between traces as products of scientific enquiry and data as results of additional manipulations of the initial traces, see Leonelli 2015: 815 ff. Leonelli posits a relational definition of data, arguing that what objects count as data is neither grounded in their innate properties nor in their place of production within the experimental system but in the scientific uses for which they are deployed within a particular enquiry. My analysis in this paper is aligned with Leonelli's relational understanding of data.

15 For Rheinberger (2023: 25), models are »data clusters or data textures in data space« that »allow us to focus synoptically on a multiplicity of data, and thus create the illusion of being able to *see* the whole«.

are no longer explicitly oriented towards engendering novel epistemic objects. If we are to follow Rheinberger, the reason for the limited epistemic efficacy of such computer-based analyses is that they bypass the trace-generating phase of an experiment, to which he attributes the emergence of unprecedented events.[16]

Contrary to Rheinberger's reservations, I will argue that the three studies to whose discussion we will turn shortly have indeed managed to establish a new experimental system, although they mobilised EEG data that had been produced in a clinical and not a research context. Hence, in this system, the experimental intervention did not take place in the material space of the phenomenon of interest, which in this case are the neurocognitive processes transpiring in the human brain during the transition to death. Instead, as we will see, the experimental intervention occurred in the data space of clinical EEG recordings, where the operations of digital data processing performed the function of a technical object. But I will show that the dynamic arrangements developed by the studies' authors, which consisted of clinical EEG data, software-based analyses, and the concept of functional brain connectivity, were indeed geared towards generating unexpected events by probing the unknown neural correlates of consciousness in the dying human brain. Therefore, I will contend that these still evolving arrangements operate as an experimental system designed to enable »unprecedented excesses that cannot be anticipated but appear only in the making« (Rheinberger 1997: 107).

Finally, there is another aspect of Rheinberger's conceptual framework that requires expanding for the purpose of our analysis. While he defines experimental systems as »places where strategies of material significations are generated« (ibid.: 37) through progressive disambiguation of asemic traces via data into data patterns and models, Rheinberger's conceptual framework does not provide analytical tools for examining the underlying operations entailed in this process.[17] However, since I am interested in exploring why Vicente et al. and Xu et al. were unable to attribute unequivocal meanings to the experimentally obtained findings of complex brain activity in the dying human brain and thus establish these findings as reliable indicators of conscious processing, understanding the details

16 It is worth noting that, according to Rheinberger (2022: 519), the »data space is much more malleable than the space of traces, and working in the space of data does not meet with the kind of resistances that the materiality of the experimental process imposes on the experimenter«. For aligned analyses that regard data-driven experimentation in the life sciences as merely generating correlational patterns without producing genuinely new knowledge, see Borck 2022 and Meunier 2022.

17 By contrast, Rheinberger (2023: 66ff.) offers a detailed analysis of various operations underpinning the physical interventions in the material under investigation, which lead to the generations of experimental traces.

of how the disambiguation process was performed in these studies is of crucial importance. To enable such analysis, I will adopt a media studies perspective by using Ludwig Jäger's concept of *transcriptivity*.[18]

Jäger (2010: 51) defines transcriptivity as the fundamental operational logic of all sign systems through which meaning is ascribed and transformed dynamically. He argues that when a sign's meaning is problematic or not yet established, its new meaning must be constituted processually. This is achieved through transcriptive operations that enable the production of semantic effects by forging targeted references among different signs. Jäger distinguishes between two types of transcriptive operations. Intramedial operations interconnect signs within the same medium, e.g., comparing images to images. Intermedial operations link signs across different media, e.g., relating images to theoretical concepts (cf. Jäger 2010: 49 f.).

Jäger's framework highlights two aspects of meaning attribution that are important for our analysis. First, in this framework, meaning is understood to be a temporary and intrinsically unstable effect generated through relations established among different media systems under context-specific discursive conditions. Hence, the validity of the semantic effects thus created can always be destabilised by positing alternative interpretations that establish a different set of intramedial and intermedial references. Second, uncovering how a particular attribution of meaning within a specific context was enacted – and why it might have failed – requires reconstructing the underlying intramedial and

18 Feest (2011) and Leonelli (2019) have developed general accounts of how scientific claims about phenomena of interest are experimentally stabilised through empirical activities of producing, processing, and interpreting data. Yet, both accounts address primarily experimental practices where data are produced for research purposes, leading to a »tight intertwinement between activities of data acquisition and data manipulation« (Leonelli 2019: 7). More importantly, neither account explicitly considers experimental arrangements that, despite their inability to stabilise the phenomena of interest, can nevertheless be epistemically productive, as I will here. Overall, my analysis in this paper is broadly aligned with Feest's (2011: 71) argument that »claims about phenomena require for their stabilisation and validation assumptions about other phenomena and about the ways in which they are causally and systematically related«. But what is of interest here are the concrete details of how such epistemic processes were performed in our EEG-based case studies under media-specific conditions and why they failed to result in stabilisation. Addressing such details necessitates a media studies perspective. Moreover, it should be noted that there is growing scholarly interest in how scientists, especially in data-centric domains, mobilise data beyond their initial sites of production and intended epistemic purposes by putting them to novel uses (Leonelli/Tempini 2020). However, the focus has been mainly on the movements of scientific data across different research contexts (ibid.). Far less attention has been given to practices of transposing into a research context data initially collected in a non-research context (see, e.g., Aleixos-Borrás/López 2024; Ankeny 2020; Leonelli 2024; Temperini 2020) – as seen in the three EEG studies that used recordings originating from intensive care settings.

intermedial procedures. These two aspects will inform my analysis of why the experimental findings of complex patterns of activity in the dying human brain have so far remained semantically ambiguous, leading to the current inability of the new experimental system to articulate its epistemic object. But first, let us now examine how the experimental system that produced these surprising novel empirical findings about the activity of the dying human brain has been established by Matory et al. (2021), Vicente et al. (2022) and Xu et al. (2023).

The Emergence of a New Experimental System

While the primary aim of this section is to delineate the novelty of the research approach pioneered by the three EEG studies in our focus, it is essential to begin by discussing how the authors of these studies drew on and expanded preceding research when developing their approach. As mentioned earlier, several studies published in the 2010s deployed continuous EEG to investigate »the neurophysiological state of the brain immediately following cardiac arrest« (Borjigin et al. 2013: 1443; see also Lee et al. 2017; Li et al. 2015a; Zhang et al. 2019) in rats whose death was induced under controlled laboratory conditions. By using healthy animal models, these studies aimed to explore whether the oxygen-deprived dying brain, contrary to expectations of hypoactivity,[19] might indeed be capable of generating conscious states, as suggested by reports of NDEs in humans. Given the established phenomenological features of NDEs, the authors argued that such experiences would likely be associated with patterns of neural activity similar to those identified in healthy humans during different conscious states.

It is important to note that in basic research, the ongoing neuroscientific pursuit to identify the neural correlates of consciousness – defined as the »minimal set of neural events that is jointly sufficient for a conscious state« – has proven elusive (Seth/Bayne 2022). Yet, in recent years, a clinically motivated search for neural markers of consciousness in unresponsive individuals has increasingly adopted »the framework of brain dynamics as a cornerstone of human consciousness« (Demertzi et al. 2019: 1). No single marker has yet been validated as reliable. Nevertheless, several algorithmically computed quantitative features of EEG, such as the signal complexity and, in particular, diverse measures of functional connectivity have gained prominence in the research context as potential indicators of conscious states (Sitt et al. 2014; Bayne/Seth/Massimini 2020).

19 Cardiac arrest inevitably leads to loss of arterial pulse and, in turn, to the cessation of cerebral blood flow. »The classic view regarded electrocardiogram (ECG) activity as the key component to determine death and considered brain function to cease with blood flow cessation, which is reflected in a flat-lined EEG.« (Shlobin et al. 2023: 7)

The different measures have in common that they are not accessible through visual inspection of EEG data but that their generation requires complex data processing using specialised neuroimaging software. In this research, major emphasis has been placed on multiple measures of functional connectivity that provide information about the levels of coordination and integration of neural activity across spatially distant brain regions, especially in what is referred to as the resting-state approach. Resting-state denotes experimental conditions when subjects are not exposed to external stimuli or engaged in goal-oriented action, but their brains nevertheless exhibit synchronised spontaneous fluctuations in intrinsic activity (Demertzi et al. 2019).[20] Functional connectivity is thereby »defined as statistical dependencies among remote neurophysiological events« (Friston 2011: 14) and is measured by quantifying temporal correlations or coherence of activity from anatomically separated brain regions.

Different measures of functional connectivity were initially deployed in the EEG studies that investigated the neurophysiology of dying and NDEs in animal models (Borjigin et al. 2013; Lee et al. 2017), yielding results that suggested surprisingly complex patterns of neural activity following cardiac death. Using a combination of various data analysis methods, these studies identified short-term surges of neural activity and connectivity in the dying mammalian brain post-cardiac arrest, which they posited as potential indicators of covert consciousness. However, what is of particular interest here is how, when applied to EEG recordings of patients who had died in intensive care settings, these analytical methods opened a new techno-epistemic space for investigating the neurophysiology of dying and NDEs in humans. To trace this process, we will now turn to the three studies that, as I will argue, have jointly opened this space. In the following, each study will be discussed in the chronological order of their publication.

The Precursor Study

Strictly speaking, unlike Vicente et al. (2022) and Xu et al. (2023), Matory et al. (2021) did not explicitly set out to explore the neural underpinnings of NDEs. Instead, their primary aim was to characterise the EEG changes occurring around the time of cardiac death to determine how brain activity correlates with the cessation of heart function and cerebral blood flow during dying. However, because Matory et al. (2021: 854) thus sought to probe the possibility of preserved consciousness in the dying human brain, this study is treated here as a direct precursor to the other two studies that explicitly aimed to link their findings to

20 For details regarding the concept of functional connectivity, see Friston 2011. Regarding the discovery that the human brain at rest exhibits complex patterns of highly synchronised fluctuations in intrinsic activity across spatially distant regions, see Biswal et al. 1995.

NDEs as specific conscious experiences. Moreover, as I will show, Matory et al. established a novel experimental arrangement that has subsequently become »increasingly better defined« (Rheinberger 1997: 30) in the two subsequent studies in our focus.

The novelty of the arrangement in the study was twofold. First, Matory et al. introduced the assumption that clinical EEG and concurrent ECG recordings of patients who had died in intensive care settings contain potentially salient information about the neurophysiological activity of the brain during dying and the possible presence of conscious processing. Based on this assumption, such clinical recordings – which had initially been produced solely »for the [non-research] purposes of detecting seizures and ischemia« (Matory et al. 2021: 854) – could be transposed into a research context and used as experimental data. Crucially, through this assumption, Matory et al. opened a new possibility for data-driven exploration of the neurophysiology of dying in humans focused on identifying electrocerebral signatures of consciousness. They did so by effectively circumventing the fact that this research field cannot generate its experimental data through direct, targeted intervention on human subjects, as it would be ethically unjustifiable to place a patient on EEG and monitor their dying process solely for research purposes.

Second, Matory et al. decided to submit the thus transposed clinical EEG data to quantitative analyses previously used in animal studies of NDEs. Their aim thereby was to »deconstruct electrocerebral activity in ways that provide insight into the coordination of functions across the whole cortex« during dying (ibid.: 853). In effect, to speak with Rheinberger, with this decision, they selected the technical object that, as we will see, determined the possibilities of their intervention on the data. Since the details of this intervention matter to our discussion, I will briefly summarise them here.

To structure their intervention on the clinical EEG data from 19 patients who had died from cardiac arrest between February 2009 and January 2019 at the intensive care unit of Columbia University Irving Medical Center, Matory et al. first defined three physiological events of interest in their cohort. These events were: the cessation of the pump function of the heart as indicated by the last recorded heartbeat; the cessation of cerebral blood flow; and electrocerebral silence.[21] For each patient and for each of the events separately, they isolated a segment of the continuous EEG recording from 5 min before to 5 min after the

21 Cessation of blood flow was estimated by heart rate and blood pressure thresholds, whereas cerebral silence was defined as the point when EEG amplitude permanently dropped below 2 μV (cf. Matory et al. 2021: 854).

event of interest, disregarding the remainder of the recordings. Each of the thus obtained fifty-seven 10-min EEG segments was divided into 20 intervals of 30 seconds, which were submitted to quantitative data analyses.

From a broad range of possible data analyses (Harri/Puce 2023), Matory et al. chose to perform the following three. First, they used the classical method of spectral power analysis to quantify energy changes over time in the global EEG signal and in its frequency components (delta, theta, alpha, beta and gamma).[22] Second, they applied coherence analysis that measures functional connectivity based on the similarity of signals from different pairs of EEG electrodes. The similarity was estimated by computing the phase synchrony between signals at a particular frequency (Zhang et al. 2023). The underlying assumption of coherence analysis is that brain areas with synchronised signals are functionally connected. Third, Matory et al. performed a relatively novel analysis called permutation entropy (Bandt/Pompe 2002), which assesses EEG signal complexity in the time domain.[23] These three specific analyses were chosen because of their previous use in clinical research as potential measures for identifying covert consciousness in unresponsive patients (Sitt et al. 2014).

Matory et al. computed the three selected measures for 20 intervals derived from 10-minute EEG segments surrounding each of the three key physiological events in each patient. For each event separately, they assessed changes in these measures over time by comparing their values across pairs of epochs »occurring 5 min apart, with one epoch before and one epoch after an event« (Matory et al. 2021: 855). Importantly, this means that Matory et al. assessed dynamic changes in neural activity during dying through parallel analyses that each focused on a single key event. However, they thus neglected to explore if dynamic changes in neural activity during dying might have been influenced by interactions among these three mutually related physiological events, whose temporal sequence varied considerably across patients in their sample. Consequently, not just their choice of data analyses but also their decisions on how to define the intervals of interest in the continuous EEG recordings and how to compare the obtained quantitative measures determined the limits of possible discoveries that Matory et al. could make through their algorithmic intervention on the clinical EEG data.

Contrary to EEG studies of NDEs in animal models, Matory et al. (ibid.: 858) found decreases in full-spectrum EEG power and coherence following estimated circulatory cessation, which suggested attenuated neural activity post-cardiac arrest in their cohort. Admittedly, their additional finding of increases in

22 »Spectral power is a measure of the energy carried by a signal and defined as the squared EEG amplitude in a discrete frequency range.« (Matory et al. 2021: 855)

23 Matory et al. (2021: 858) worked under the assumption that »permutation entropy is theoretically proportional to the amount of information communicated by a signal«.

permutation entropy after circulatory cessation might have been taken as a tentative indication of consciousness changes. However, on its own, the latter finding was judged to be too ambiguous to »allow any conclusion on the possibility of awareness following cardiac death« (ibid.: 856).

Despite their inconclusive empirical findings on the neural activity of the dying human brain, the epistemic significance of the Matory et al. study should not be dismissed. As delineated above, this study pioneered a new experimental arrangement, which was soon to be reshaped and expanded by two subsequent studies that explicitly focused on exploring neural indicators of consciousness in the dying human brain and their relation to NDEs.

Generating Surprising Results

An EEG study that garnered significant attention in medical circles and the general public because it succeeded in obtaining patterns of surprisingly complex brain activity in a dying human brain was conducted by Vicente et al. (2022).[24] Like Matory et al., instead of generating their data through a targeted experimental intervention on patients, Vicente et al. also utilised existing data from an acute clinical setting. Specifically, they transposed into a research context and analysed the last 15 minutes of the continuous EEG and concurrent ECG recordings from an 87-year-old man who had shortly before died from cardiac arrest in the emergency department. Having suffered a brain injury after a fall, the patient underwent surgery while in a coma and was being monitored for repeated epileptic seizures before his status deteriorated and he passed away. In what follows, I will examine how the operations underpinning the algorithmic intervention on the clinical EEG data in the Vicente et al. study differed from those in Matory et al. 2021. My analysis will primarily focus on showing how these differences led to further expanding the scope of the novel techno-epistemic space that the precursory study had opened.

Similarly to the previous study, Vicente et al. also submitted the patient's EEG recording to multiple mutually complementary analyses, each of which was aimed at investigating a different aspect of the patient's neural activity as a potential indication of conscious processing. They, too, performed spectral power analysis and coherence analysis, the latter of which, as mentioned earlier, serves as a measure of functional connectivity. However, Vicente et al. chose to deploy an additional connectivity analysis method known as cross-frequency coupling (CFC) (Canolty et al. 2006). Unlike coherence analysis, which assesses the level of coordination of neural activities from different regions within a single frequency, CFC calculates the synchronisation across brain regions of neural

24 See e.g. Davis 2022 and Greyson/Lommel/Fenwick 2022. For an article in the general press on the Xu et al. study, see Blasdel 2024.

activities occurring at diverse frequencies. More specifically, Vicente et al. (2022: 3) implemented phase-amplitude coupling (PAC), a type of CFC measure that quantifies how much the amplitude of a signal at one frequency band is modulated by the phase of another band. By combining the three analysis methods, two of which were aimed at measuring different aspects of functional connectivity, Vicente et al. subtly yet significantly shifted the techno-epistemic arrangement established by the previous study. This combination of methods shaped their algorithmic intervention on the deceased patient's EEG recording by directing the focus towards uncovering functional connectivity patterns.

Another epistemically significant decision guiding their algorithmic intervention pertained to how Vicente et al. defined the intervals of interest in the EEG recording to which they limited their tripartite analysis. From a 900-second continuous EEG recording, they isolated only four mutually discontinuous segments of interest, each 30 seconds in duration. Importantly, to define these segments, they relied on the combined interpretation of what they deemed as salient features of EEG and ECG data. These intervals were: the interictal interval (II), representing the time between the end of the patient's epileptic seizure and suppression of left-sided brain activity; the left hemispheric suppression (LS) interval, occurring after the left hemisphere's activity suppression; the bilateral suppression (BS) interval, representing the time between the suppression of bilateral hemispheric activity and cardiac arrest; and the post-cardiac arrest (Post-CA) interval, which was at the midpoint between cardiac arrest and the end of the EEG recording (ibid.: 7) (*fig. 2*). Notably, each interval focused on a specific physiological and neurological event, with these events organised sequentially into a timeline that represented the highly individualised temporal dynamics of the dying process in this particular patient. By structuring the salient intervals in a way that integrated different physiological and neurological events into a single timeline – rather than analysing them separately, as Matory et al. did – Vicente et al. were able to compare how the EEG features computed through their tripartite analysis changed across these different events. Hence, I argue that this integrative structuring of intervals played a crucial role in expanding the techno-epistemic space of data analysis, allowing Vicente et al. to explore aspects of EEG recording that had not been accessible to the authors of the previous study.

Thus organised, the algorithmic interventions that Vicente et al. performed on the data enabled them to generate intriguing empirical findings on the dynamic changes in brain activity during the process of dying. To begin with, the analyses revealed that while delta, beta, alpha, and gamma power decreased after cardiac arrest, there was a significant relative increase in relative gamma power compared to the interictal interval (ibid.: 7). Additionally, PAC analysis disclosed a strong modulation of gamma frequency by lower-frequency alpha and theta bands that continued even after cardiac arrest, thus indicating an increase in functional connectivity following the cessation of cerebral blood flow.

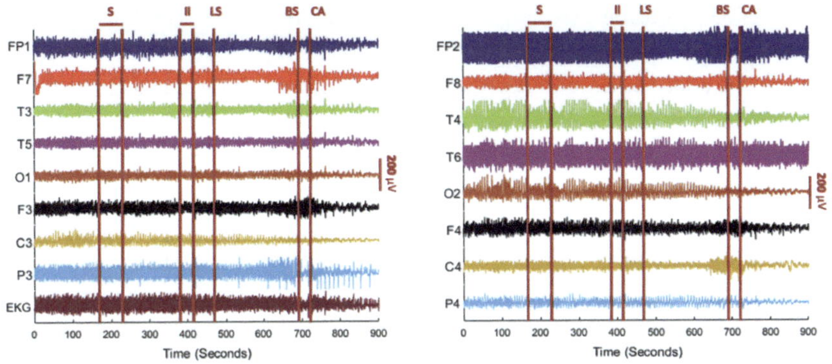

Fig. 2: Global EEG output from the 10-20 system with concurrent EKG signal over a 900-second period encompassing a seizure (S), suppression of left cerebral hemisphere activity (LS), suppression of bilateral cerebral hemisphere activity (BS), and cardiac arrest (CA). Left panel indicates the left-brain hemisphere, right panel indicates the right brain hemisphere (Vicente et al. 2022: 4)

Taken together, these findings suggested that »an intricate interplay between low- and high-frequency bands occurs after gradual cessation of cerebral activity and lasts into the period when cerebral blood flow is ceased (post cardiac arrest)« (ibid.: 8). The authors further speculated that the latter finding could be tentatively interpreted as an indication of NDEs, a point that we will discuss in the subsequent section. For now, however, let us examine how a more recent study by Xu et al. (2023) further complexified the »tinkered arrangements« (Rheinberger 1997: 312) that dynamically combine clinical EEG recordings of patients who died in intensive care and algorithmic data analyses while aiming to discover neural correlates of consciousness in the dying human brain.

While Vicente et al. (2022) succeeded in generating novel empirical findings on the complex patterns of brain activity in the dying human brain, their study was a single-case analysis, which significantly limited the potential generalisability of their findings. Aiming to surpass such a limitation, Xu et al. (2023) analysed EEG and ECG recordings from four comatose patients who had died in the intensive care unit of the University of Michigan since 2014. In each case, the death ensued following the withdrawal of life support. Although each patient's data were analysed separately, this approach allowed Xu et al. to assess how their findings varied across individuals with different clinical histories. But what is of particular interest to our current discussion is that, compared to the previous studies, Xu et al. introduced two significant innovations in how they algorithmically intervened in the data.

First, before performing any analysis, Xu et al. defined in each patient's continuous EEG recording a sequence of intervals that formed the timeline of salient physiological and neurological events during the dying process. Like Vicente et al., they also analysed parallel changes in each patient's EEG and ECG recordings to define these intervals. However, as detailed above, Vicente et al. isolated only four intervals of equal duration, which were separated by large gaps in between, thus excluding multiple segments of their patient's EEG recordings from the analysis. Xu et al. took a different approach. They performed their algorithmic analyses on the segment of each patient's EEG recording that covered the entire period from the ventilator removal to the last recorded heartbeat. For the purpose of their analysis, Xu et al. divided each thus-defined segment into a sequence of adjacent intervals with no gaps between them. Crucially, the number and duration of the intervals varied from patient to patient, reflecting the individual dynamics of their dying process. Moreover, each interval's defining physiological features also differed among patients, except for the first two intervals, which were comparable across all patients. The first interval represented the baseline period, where the patients were still on life support, whereas the second interval covered the time from ventilator removal until the acute EEG suppression that was observed in all patients. Overall, this new approach to defining the temporal units for the subsequent EEG data analysis had two significant advantages. It was adaptable to each patient's unique clinical circumstances and idiosyncratic process of dying. It also enabled a more fine-grained analysis of the temporal dynamic of dying across a larger number of contiguous intervals. In the Xu et al. study, the number of intervals across the four patients varied between eight and eleven (*fig. 3*).

Second, compared to the previous studies, Xu et al. further diversified the data analysis stage by incorporating additional methods. Apart from the three already familiar analyses (power spectrum, CFC focused on phase-frequency coupling, and coherence analysis), Xu et al. (2023: 6) also deployed a method called transfer entropy, which assesses what is referred to as directed connectivity. As discussed earlier, functional connectivity measures, such as CFC and coherence, indicate how much different brain regions are functionally linked based on the synchronisation of their activity over time. However, these measures do not specify the direction of information flow between the co-active regions. By contrast, directed connectivity methods focus on computing the directional influences between regions, indicating which region is the source and which is the target of neural interaction (Bastos/Schoffelen 2016). Notably, through this methodological expansion, Xu et al. further reinforced the epistemic significance of various connectivity measures as technical tools that frame the exploration of the neurocognitive underpinnings of the dying process in the human brain.

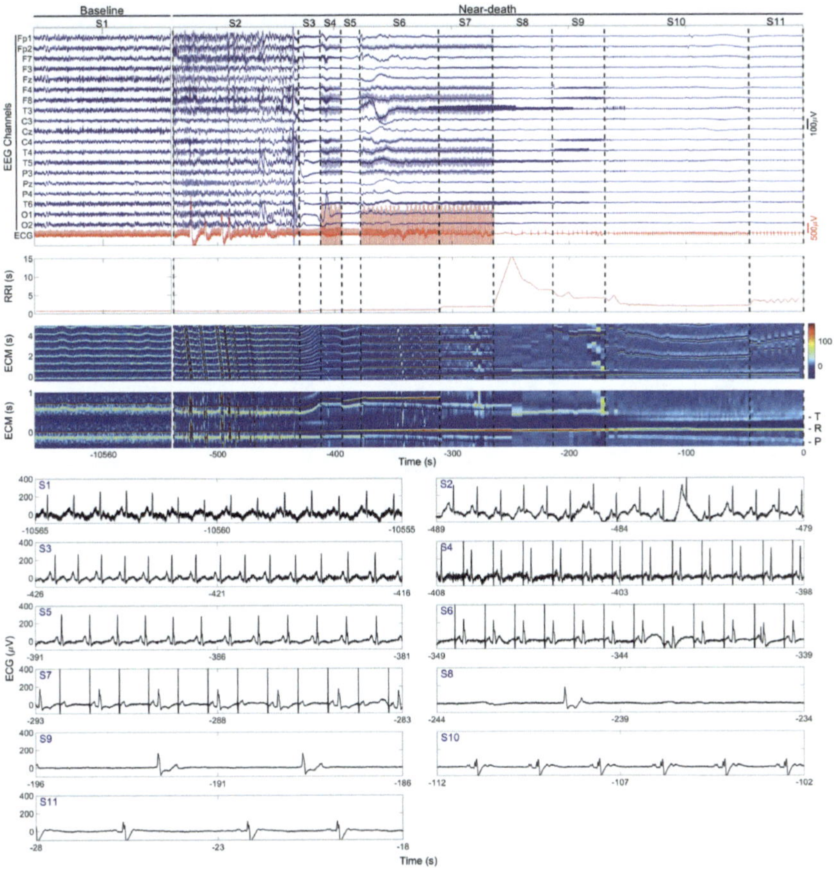

Fig. 3: The near-death intervals in patient 1, EEG and ECG recordings (Xu et al. 2023: Supporting Information Appendix)

Moreover, Xu et al. extended their algorithmic intervention on the EEG data in yet another way. While Matory et al. and Vicente et al. only analysed the temporal dynamics of brain activity in the liminal phases of dying, Xu et al. additionally explored the spatial distribution of temporal changes across different brain regions. Thus, they performed separate connectivity analyses to investigate local, cross-regional, and long-range neural interactions. Even more significantly, their analyses focused in particular on exploring the dynamic changes in the temporo-parietal-occipital (TPO) junction, a cortical zone that has been shown to play a key role in »visuospatial processing in normal human brain« (Xu et al. 2023: 1). This focus was grounded in the hypothesis that a dying human brain might retain the capacity to generate internal visual perception, as suggested by the rich visual content of reported NDEs. The introduction of these hypothesis-driven data analyses and the integrated search for both spatial and temporal dynamics of functional connections enabled Xu et al. (ibid.: 9) to frame their investigation of »covert consciousness during cardiac arrest« in considerably more complex techno-epistemic terms than the two previous EEG studies. Consequently, Xu et al. obtained novel findings of surprisingly complex patterns of neural activity in two of their four deceased patients (*fig. 4*). The findings included a »surge of gamma connectivity [that] was both local, within the temporo-parieto-occipital (TPO) junctions, and global between the TPO zones and the contralateral prefrontal areas« (ibid.: 1). These findings suggested that, in some cases, the dying human brain may indeed be highly active although, as we will discuss in the following section, they still fell short of attaining the status of decisive evidence of disconnected consciousness.[25]

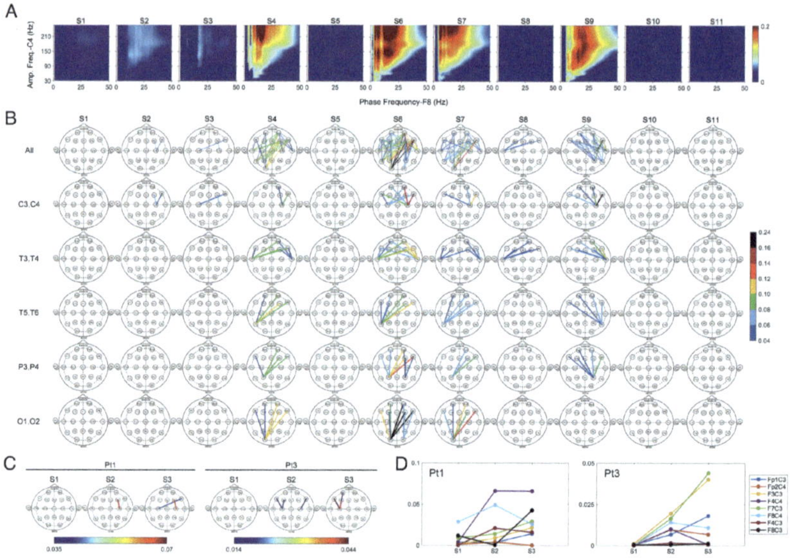

Fig. 4: Spatial and temporal dynamics of PAC surges in patient 1 (Xu et al. 2023: 4)

25 Based on the additional analyses of heart rate variability in their four patients during the process of dying, Xu et al. (2023: 8) hypothesised that »the elevated cortical activation at near-death may depend on the functioning autonomic nervous system«, which was not the case with the two patients in whom their analyses failed to detect a surge of coordinated neural activity following the withdrawal of life support.

In sum, this section has shown that, although they did not produce their own data through controlled experimental interventions on patients but instead used EEG and ECG recordings that had been generated for non-research purposes in clinical settings, the authors of the three studies discussed here have indeed managed to establish a genuine new experimental system. Admittedly, under such circumstances, the experimental intervention in each study was limited to algorithmic data analyses. However, as I have demonstrated above, the function of these algorithmic interventions was not merely to passively condense and synthesise the existing data but to actively reconfigure and thus cogenerate features of clinical data that would have remained inaccessible without the mediation of these algorithmic interventions.[26] Hence, the interventions that included deciding which and how many data analyses to combine and which segments of EEG data to submit to these analyses served as a *technical object* as they were instrumental in performatively enacting the key function of any experimental system: the capacity to generate epistemically novel and surprising results. But most importantly of all, the three studies' »tinkered arrangements« (Rheinberger 1997: 32) between clinical EEG and ECG data, the concept of functional connectivity, and the increasingly complex combinations of algorithmic data analyses were explicitly oriented towards producing new empirical insights into a vaguely defined epistemic thing – the synchronised neural activity of the dying brain as the potential indicator of preserved consciousness during this liminal period.

Transcribing the Medical Meanings

So far, we have discussed how Vicente et al. (2022) and Xu et al. (2023) succeeded in generating novel empirical findings of highly synchronised brain activity in some of the patients who had died in intensive care settings by applying a combination of targeted and increasingly complex quantitative data analyses to clinical EEG recordings. In the remainder of this paper, we will examine why these patterns of neural activity remained semantically ambiguous, preventing the researchers from conclusively declaring them as evidence of disconnected consciousness in the dying brain, or more specifically, NDEs. To unpack the reasons behind the empirical findings' currently persisting semantic ambiguity, we need to trace the media-specific operations – a process Jäger (2010) has termed

26 Importantly, I by no means intend to imply that algorithmic analyses of EEG data provide transparent windows onto the actual activity of the human brain or even that such analyses enable unmediated access to the data features that they measure. However, a discussion of how such data analyses mediate the production of data patterns and features is beyond this paper. For an analysis of the methodological and interpretational pitfalls of some of the connectivity analysis methods, see Bastos/Shoffelen 2016.

transcription – through which the researchers aimed to establish the meaning of their neuroimaging findings by referencing established knowledge in the fields of medicine and neuroscience.

A major interpretational hurdle that both Vicente et al. (2022) and Xu et al. (2023) faced, and one that is shared by broader neuroscientific research into the presence of consciousness in unresponsive individuals (Bayne/Seth/Massimini 2019), is the lack of introspective reports from the subjects under study. Or, as Xu et al. (2023: 6) pointedly noted, they could not determine if the complex neural activity »detected in our patients was correlated with having a subjective experience [of NDEs], as none survived the cardiac arrest«. Even more importantly, the interpretation of their findings was further constrained by the aforementioned fact that the broader neuroscientific search for reliable indicators of consciousness has so far proven elusive. Faced with these interpretational limitations, Vicente et al. and Xu et al. reverted to semantically transcribing their findings by relating them to select findings of previous EEG studies on healthy human subjects and animal models.

To initiate their transcriptive process, Vicente et al. first foregrounded the similarity between the finding of the enhanced relative gamma power in their patient following cardiac arrest and the findings from laboratory studies of NDEs in animal models, which had also identified comparable post-cardiac surges in gamma activity (Borjigin et al. 2013). This similarity suggested the robustness of Vicente et al.'s finding, despite its novelty in relation to human subjects. However, the authors' central transcriptive gesture entailed highlighting those aspects of their findings that diverged from animal models, as such differences potentially reflected insights specific to humans. For this reason, Vicente et al. focused on the results of connectivity analyses that measured cross-frequency coupling. These showed that, in contrast to animal models, gamma bands in their patient were modulated »by alpha waves, [and] to a lesser degree by the theta rhythms« (ibid.). In the next step of their semantic transcription, the researchers attempted to attribute a more specific medical meaning to this particular finding. They did so by comparing it to another neuroimaging study's similar findings of cross-frequency coupling between alpha and gamma waves in healthy human subjects during cognitive processing and memory recall (Klimesch 2012). Drawing on this similarity, Vicente et al. (2022: 9) tentatively suggested that this particular connectivity pattern »could support a last ›recall of life‹ that may take place in the near-death state« and thus represent an indication of preserved conscious processing. Fittingly, they then turned to hedging this suggestion by acknowledging its speculative nature.

Xu et al. (2023) employed a similar interpretational strategy but developed a more elaborate network of transcriptive relations. At the centre of their transcriptive efforts were their multiple findings of complex intensified gamma-range activity and connectivity within and relative to the TPO zone. In the neuroimaging literature, this zone is regarded to be »where the best current anatomical candidates for full and content-specific neural correlates of consciousness in the human brain are located« (Koch et al. 2016: 308). Hence, Xu et al. (2023: 6) particularly highlighted the significance of their finding of »the long-range, global, and interhemispheric communications in gamma oscillations between the TPO zones and the prefrontal areas« in the dying brain. Xu et al.'s transcription of these findings as potential correlates of consciousness involved relating them to both animal and human studies that associated similar long-range connectivity patterns with multiple higher-order cognitive functions, such as learning, information integration, and perception (Bland/Mattigley/Sale 2020; Cho et al. 2020). Furthermore, Xu et al. emphasised the similarity of some of the connectivity patterns identified by their analyses with the findings of another study that used a different neuroimaging technology to investigate the neural correlates of out-of-body experience in neurological patients (Blondiaux/Heydrich/Blanke 2021). Drawing on this similarity, Xu et al. (2023: 8) suggested that their data »provide a potential EEG signature« of out-of-body experience, a phenomenon which is »a commonly reported component of NDE«.

Notably, the transcriptive process in both studies was not limited to establishing references that related their neuroimaging findings to conscious processing but also included the consideration of diverging interpretations. In this vein, Vicente et al. (2022: 9) listed several alternative transcriptions that could challenge their tentative interpretation of their empirical findings as potential neural correlates of consciousness during dying. For example, they noted that the increased synchronisation of neural activity in their dying patient could have been caused by »partial deafferentation or trauma-induced epilepsy« or anticonvulsant medication that their patient had been administered (ibid.). Xu et al. went a step further and performed several additional transcriptive operations to actively counter two potential points of critique of their transcriptive efforts to connect their findings to NDEs and conscious processing. First, they addressed the possibility that the clinical EEG data they used in their study might have been contaminated by the dying individuals' muscular activity, which has been shown to sometimes mimic gamma frequencies (Whitham et al. 2007). With this aim in mind, Xu et al. conducted additional analyses to identify and remove such artefacts from their data. As their findings remained largely unchanged by this intervention, they argued that »the surge of PAC and functional connectivity within the posterior hot zone in the dying patients is most likely not the result« of artefact contamination (Xu et al. 2023: 9). Second, they explicitly examined whether the complex surge in gamma power and connectivity in two of their patients, both of whom had histories of epileptic seizures, might have been driven by epileptiform brain activity. Although they found no sign of such activity after visually inspecting the EEG data, Xu et al. (ibid.: 8) acknowledged that they »cannot entirely exclude that seizures were generated in small/deep cortical areas not detected by our scalp EEG electrodes«.

Overall, we have seen that when attributing medical meanings to their empirical findings, both Vicente et al. and Xu et al. forged targeted semantic relations that linked their empirical findings to findings of previous neuroimaging research into the neural basis of consciousness in humans and the neurophysiology of dying in animal models. Through these carefully crafted intramedial and intermedial references, the studies' authors aimed to stabilise the interpretation of their findings of complex, highly synchronised activity in the dying human brain as empirical evidence of disconnected consciousness and, more specifically, NDEs. However, the authors of both studies had to concede that they could not dismiss an alternative transcription of their findings as »a sign of a pathological process unique to the dying stage and unrelated to conscious processing« (ibid.: 9; see also Vicente et al. 2022: 9). As such, their surprising findings of increased gamma activity and connectivity during the transition to death remained semantically ambiguous. While these findings suggest a possible presence of consciousness in some dying individuals, they fail to provide conclusive evidence for it.

However, I argue that the inability to stabilise their epistemic thing does not disqualify these studies from being designated as a novel experimental system. According to Rheinberger (1997: 32), the primary function of an experimental system is not necessarily to provide answers but rather to continually generate new questions about the vaguely defined entity at the centre of its technical interventions. As I have shown, it is by developing increasingly complex combinations of data analyses informed by the concept of functional connectivity, which are then applied to clinical EEG recordings of deceased patients, that the studies' authors have introduced new ways of posing empirical questions about the presence of consciousness in the dying human brain. It is the novelty of being able to empirically ask such questions that represents a significant epistemic shift, even in the absence of unambiguous answers.

Conclusion

This paper has examined the emerging neuroimaging research that seeks to characterise the temporal dynamics of neural activity in the human brain during dying and thus identify potential indications of disconnected consciousness. I began my analysis by tracing the historical context of this research to technological changes in medicine since the mid-20th century, which have not only led to an increase in subjective reports of NDEs – defined as phenomena of disconnected consciousness – but also provoked a redefinition of death. I then conducted a close reading of three EEG studies. Drawing on and extending Rheinberger's work on scientific experimentation, I argued that the pioneering studies by Vicente et al. (2022), Xu et al. (2023), and their precursor, Matory et al. (2021), have established a new experimental system although they did not produce their data but instead performed complex algorithmic analyses on clinical EEG recordings of patients who had died in intensive care settings.

I have supported my argument by showing that the data analyses employed in these studies – which were increasingly informed by the concept of functional brain connectivity – were not aimed at merely condensing and synthesising pre-existing data but at exploring features of EEG recordings that would have otherwise remained inaccessible. The targeted data analyses, which in these studies functioned as what Rheinberger calls technical objects, enabled the researchers to algorithmically intervene in the data, thus posing new questions about their epistemic thing: the potential presence of disconnected consciousness in the human brain in the liminal period of dying, when the brain is expected to be hypoactive.

My analysis further delineated how the increasingly complex interventions in the data space that each new study introduced led to the generation of surprising empirical findings. By reconstructing the media-specific operations that underpinned the medical interpretation of the studies' neuroimaging findings, I highlighted why these findings remained semantically ambiguous, failing to stabilise the epistemic thing. While the findings suggest that some patients' brains exhibited unexpected neural synchronisation during dying – which contradicts the standard view of brain hypoactivity at the threshold of death –, these findings could not be transcriptively established as evidence of conscious processing and the existence of NDEs.

In conclusion, I suggest that the current inability of this new experimental system to stabilise its findings of complex patterns of synchronised activity in the dying human brain as reliable markers of disconnected consciousness does not stem from this system's inherent methodological deficiencies. Instead, it is a consequence of the still-limited knowledge of the detailed pathophysiological processes involved in dying and the lack of agreed-upon »theories about the biological and physical basis of consciousness« (Seth/Bayne 2022: 439). As long as these broader frameworks are fragmentary, any new experimentally generated data patterns that indicate complex neural activity in the dying human brain will necessarily remain semantically ambiguous as potential markers of preserved consciousness. Nevertheless, this interpretive ambiguity does not diminish the epistemic value of exploratory empirical studies into the neurophysiology of dying and NDEs. Instead, it underscores that a new experimental system's role in driving the exploratory research forward may be to generate increasingly refined empirical means of formulating new questions about its object of research, even if these questions remain without unambiguously interpretable answers in the foreseeable future. In short, the epistemic shift introduced by this emerging experimental system lies in its potential of posing progressively complex empirical questions through ongoing development of novel arrangements of clinical data and complex data analyses informed by the concept of functional connectivity, thus subverting the existing assumptions about the hypoactivity of the dying human brain.

Finally, the newly won ability to ask empirical questions about the neural underpinning of NDEs and the possible persistence of consciousness minutes after our hearts have stopped beating has wide-ranging socio-cultural and ethical implications. This research significantly contributes to further blurring the boundary between life and death, which, as discussed earlier, had already been destabilised through the introduction of resuscitation and organ transplantation (Benkel 2024). It also raises the possibility that our current practices of death determination – which, in turn, inform decisions on when to withdraw life support and when to harvest organs for donations – may need to be revised in the future to take into account the potential presence of disconnected consciousness in some individuals in the final stages of dying. But even if this emerging research ultimately remains detached from clinical translations, the empirical questions it raises about the neurocognitive phenomena that transpire in the human brain during the transition between life and death – and its initial, still semantically ambiguous findings – have yet another significant implication. They suggest that, with continued technological advancements, demarcating life from death during the process of dying may become increasingly challenging both in medical and philosophical terms.

References

Ad Hoc Committee of the Harvard Medical School (1968): »Report of the Ad Hoc Committee of the Harvard Medical School to Examine the Definition of Brain Death«, in: *Journal of the American Medical Association (JAMA)* 205 (6), S. 337–340.

Ankeny, Rachel A. (2020): »Tracing Data Journeys Through Medical Case Reports. Conceptualizing Case Reports Not as ›Anecdotes‹ but Productive Epistemic Constructs, or Why Zebras Can Be Useful«, in: Leonelli, Sabina/Tempini, Niccolò (Hg.): *Data Journeys in the Sciences*, Cham, S. 59–76.

Aleixos-Borrás, Inma/López José J. (2024): »A Hermeneutic Dialogical Understanding of Data Reuse Across Different Access Regimes«, in: *Science as Culture*, https://www.tandfonline.com/doi/full/10.1080/09505431.2024.2375218 [28. Dezember 2024].

Alkhachroum, Ayham/Appavu, Brian/Egawa, Satoshi/Foreman, Brandon/Gaspard, Nicolas/Gilmore, Emily J./Hirsch, Lawrence J./Kurtz, Pedro et al. (2022): »Electroencephalogram in the Intensive Care Unit. A Focused Look at Acute Brain Injury«, in: *Intensive Care Medicine* 48 (10), S. 1443–1462.

Athappilly, Geena K./Greyson, Bruce/Stevenson, Ian (2006): »Do Prevailing Societal Models Influence Reports of Near-Death Experiences?«, in: *Journal of Nervous and Mental Disease* 194 (3), S. 218–222.

Auyong, David B./Klein, Stephen M./Gan, Tong J./Roche, Anthony M./Olson, DaiWai/Habib, Ashraf S. (2010): »Processed Electroencephalogram During Donation After Cardiac Death«, in: *Anesthesia and Analgesia* 110 (5), S. 1428–1432.

Bandt, Christoph/Pompe, Bernd (2002): »Permutation Entropy. A Natural Complexity Measure for Time Series«, in: *Physical Review Letters* 88 (17), Art. 174102.

Bastos, André M./Schoffelen, Jan-Mathijs (2016): »A Tutorial Review of Functional Connectivity Analysis Methods and their Interpretational Pitfalls«, in: *Frontiers in Systems Neuroscience* 9, Art. 175.

Bayne, Tim/Seth, Anil K./Massimini, Marcello (2020): »Are There Islands of Awareness?«, in: *Trends in Neuroscience* 43 (1), S. 6–16.

Belanti, John/Perera, Mahendra/Jagadheesan, Karuppiah (2008): »Phenomenology of Near-Death Experiences. A Cross-Cultural Perspective«, in: *Transcultural Psychiatry* 45 (1), S. 121–133.

Benkel, Thorsten (2024): »Some Thoughts on Liminal States as Irritations of Knowledge«, in: Greiner, Florian/Zok, Michael (Hg.): *The Circle of Life. Birth, Dying and the Liminality of Life in Modern Times*, Baden-Baden, S. 123–143.

Berger, Hans (1938): *Das Elektrenkephalogramm des Menschen*, Halle.

Biswal, Bharat/Yetkin, Zerrin F./Haughton, Victor M./Hyde, James S. (1995): »Functional Connectivity in the Motor Cortex of Resting Human Brain Using Echo-Planar MRI«, in: *Magnetic Resonance in Medicine* 34 (4), S. 537–541.

Bland, Nicholas S./Mattingley, Jason B./Sale, Martin V. (2020): »Gamma Coherence Mediates Interhemispheric Integration During Multiple Object Tracking«, in: *Journal of Neurophysiology* 123 (5), S. 1630–1644.

Blasdel, Alex (2024): »The New Science of Death. There's Something Happening in the Brain That Makes No Sense«, in: *The Guardian*, 2. April, https://www.theguardian.com/society/2024/apr/02/new-science-of-death-brain-activity-consciousness-near-death-experience [10. Dezember 2024].

Blondiaux, Eva/Heydrich, Lukas/Blanke, Olaf (2021): »Common and Distinct Brain Networks of Autoscopic Phenomena«, in: *NeuroImage: Clinical* 30, Art. 102612.

Boer, Bas de/Hoek, Jonne (2020): »The Advance of Technoscience and the Problem of Death Determination« in: *Techné. Research in Philosophy and Technology* 24 (3), S. 306–331.

Borck, Cornelius (2018): *Brainwaves. A Cultural History of Electroencephalography*, London.

Borck, Cornelius (2022): »Tactile Vision, Epistemic Things and Data Visualization«, in: *Berichte zur Wissenschaftsgeschichte* 45 (3), S. 415–427.

Borjigin, Jimo/Lee, UnCheol/Liu, Tiecheng/Pal, Dinesh/Huff, Sean/Klarr, Daniel/Sloboda, Jennifer/Hernandez, Jason et al. (2013): »Surge of Neurophysiological Coherence and Connectivity in the Dying Brain«, in: *Proceedings of the National Academy of Sciences* 110 (35), S. 14432–14437.

Canolty, R. T./Edwards, E./Dalal, S. S./Soltani, M./Nagarajan, S. S./Kirsch, H. E./Berger, M. S./Barbaro, N. M. et al. (2006): »High Gamma Power is Phase-Locked to Theta Oscillations in Human Neocortex«, in: *Science* 313 (5793), S. 1626–1628.

Chawla, Lakhmir S./Akst, Seth/Junker, Christopher/Jacobs, Barbara/Seneff, Michael G. (2009): »Surges of Electroencephalogram Activity at the Time of Death. A Case Series«, in: *Journal of Palliative Medicine* 12 (12), S. 1095–1100.

Chawla, Lakhmir S./Terek, Megan/Junker, Christopher/Akst, Seth/Yoon, Bona/Brasha-Mitchell, Ermira/Seneff, Michael G. (2017): »Characterization of End-of-Life Electroencephalographic Surges in Critically Ill Patients«, in: *Death Studies* 41 (6), S. 385–392.

Cho, Kathleen K./Davidson, Thomas J./Bouvier, Guy/Marshall, Jesse D./Schnitzer, Mark J./Sohal, Vikaas S. (2020): »Cross-Hemispheric Gamma Synchrony Between Prefrontal Parvalbumin Interneurons Supports Behavioral Adaptation During Rule Shift Learning«, in: *Nature Neuroscience* 23 (7), S. 892–902.

Citerio, Giuseppe/Crippa, Ilaria A./Bronco, Alfio/Vargiolu, Alessia/Smith, Martin (2014): »Variability in Brain Death Determination in Europe: Looking for a Solution«, in: *Neurocritical Care* 21 (3), S. 376–382

Davis, Nicola (2022): »Does Life Flash Before your Eyes? Brain Scan of Dying Man Suggests it's Possible«, in: *The Guardian*, 23. Februar, https://www.theguardian.com/science/2022/feb/23/does-life-flash-before-your-eyes-brain-scan-of-dying-man-suggests-its-possible [10. Dezember 2024].

Demertzi, A./Tagliazucchi, E./Dehaene, S./Deco, G./Barttfeld, P./Raimondo, F./Martial, C./Fernández-Espejo, D. et al. (2019): »Human Consciousness Is Supported by Dynamic Complex Patterns of Brain Signal Coordination« in: *Science Advances* 5 (2), Art. 7603.

Feest, Uljana (2011): »What Exactly Is Stabilized When Phenomena Are Stabilized?«, in: *Synthese* 182, S. 57–71.

Friston, Karl J. (2011): »Functional and Effective Connectivity. A Review«, in: *Brain Connectivity* 1 (1), S. 13–36.

Greer, David M./Shemie, Sam D./Lewis, Ariane/Torrance, Sylvia/Varelas, Panayiotis/Goldenberg, Fernando D./Bernat, James L./Souter, Michael et al. (2020): »Determination of Brain Death/Death by Neurologic Criteria. The World Brain Death Project« in: *Journal of the American Medical Association (JAMA)* 324 (11), S. 1078–1097.

Greyson, Bruce (1983): »The Near-Death Experience Scale. Construction, Reliability, and Validity«, in: *Journal of Nervous and Mental Disease* 171 (6), S. 369–375.

Greyson, Bruce (2003): »Incidence and Correlates of Near-Death Experiences in a Cardiac Care Unit«, in: *General Hospital Psychiatry* 25 (4), S. 269–276.

Greyson, Bruce/Lommel, Pim van/Fenwick, Peter (2022): »Enhanced Interplay of Neuronal Coherence and Coupling in the Dying Human Brain«, in: *Frontiers in Aging Neuroscience* 14, Art. 899491.

Hari, Riitta/Puce, Aina (2023): *MEG-EEG Primer*, 2. Aufl., New York.

Jäger, Ludwig (2010): »Transcriptivity Matters. On the Logic of Intra- and Intermedial References in Aesthetic Discourse« in: ders./Linz, Erika/Schneider, Irmela (Hg.): *Media, Culture, and Mediality. New Insights into the Current State of Research*, Bielefeld, S. 49–76.

Klem, George H./Lüders, Hans O./Jasper, Herbert H./Elger, Christian E. (2001): »The Ten-Twenty Electrode System of the International Federation«, in: Deuschl, Gunther/Eisen, Andrew (Hg.): *Recommendation for the Practice of Clinical Neuropysiology. Guidelines of the International Federal of Clinical Neurophysiology*, Amsterdam, S. 3–6.

Klimesch, Wolfgang (2012): »Alpha-Band Oscillations, Attention, and Controlled Access to Stored Information«, in: *Trends in Cognitive Sciences* 16 (12), S. 606–617.

Koch, Christof/Massimini, Marcello/Boly, Melanie/Tononi, Giulio (2016): »Neural Correlates of Consciousness. Progress and Problems«, in: *Nature Reviews Neuroscience* 17 (5), S. 307–321.

Lee, Donald E./Lee, Lauren G./Siu, Danny/Bazrafkan, Afsheen K./Farahabadi, Maryam H./Dinh, Tin J./Orellana, Josue/Xiong, Wei et al. (2017): »Neural Correlates of Consciousness at Near-Electrocerebral Silence in an Asphyxial Cardiac Arrest Model«, in: *Brain Connectivity* 7 (3), S. 172–181.

Leonelli, Sabina (2015): »What Counts as Scientific Data? A Relational Framework«, in: *Philosophy of Science* 82 (5), S. 810–821.

Leonelli, Sabina (2019): »What Distinguishes Data from Models?«, in: *European Journal for Philosophy of Science* 9, Art. 22.

Leonelli, Sabina (2024): »Is Data Science Transforming Biomedical Research? Evidence, Expertise, and Experiments in COVID-19 Science«, in: *Philosophy of Science* 91 (5), S. 1338–1348.

Leonelli, Sabina/Tempini, Niccolò (Hg.) (2020): *Data Journeys in the Sciences*, Cham.

Li, Duan/Mabrouk, Omar S./Liu, Tiecheng/Tian, Fangyun/Xu, Gang/Rengifo, Santiago/Choi, Sarah J./Mathur, Abhay et al. (2015a): »Asphyxia-Activated Corticocardiac Signaling Accelerates Onset of Cardiac Arrest«, in: *Proceedings of the National Academy of Sciences* 112 (16), S. 2073–2082.

Li, Duan/Tian, Fangyun/Rengifo, Santiago/Xu, Gang/Wang, Michael M./Borjigin, Jimo (2015b): »Electrocardiomatrix. A New Method for Beat-by-Beat Visualization and Inspection of Cardiac Signals«, in: *Journal of Integrative Cardiology* 1 (5), S. 124–128.

Lommel, Pirn van/Wees, Ruud van/Meyers, Vincent/Elfferich, Ingrid (2001): »Near-Death Experience in Survivors of Cardiac Arrest. A Prospective Study in the Netherlands«, in: *Lancet* 358 (9298), S. 2039–2045.

Lott, Carsten/Truhlář, Anatolij/Alfonzo, Annette/Barelli, Alessandro/González-Salvado, Violeta/Hinkelbein, Jochen/Nolan, Jerry P./Paal, Peter et al. (2021): »European Resuscitation Council Guidelines 2021. Cardiac Arrest in Special Circumstances«, in: *Resuscitation* 48 (161), S. 152–219.

Martial, Charlotte/Cassol, Héléna/Antonopoulos, Georgios/Charlier, Thomas/Heros, Julien/Donneau, Anne-Françoise/Charland-Verville, Vanessa/Laureys, Steven (2017): »Temporality of Features in Near-Death Experience Narratives« in: *Frontiers in Human Neuroscience* 11, Art. 311.

Martial, Charlotte/Mensen, Armand/Charland-Verville, Vanessa/Vanhaudenhuyse, Audrey/Rentmeister, Daniel/Bahri, Mohamed A./Cassol, Héléna/Englebert, Jérôme et al. (2019): »Neurophenomenology of Near-Death Experience Memory in Hypnotic Recall. A Within-Subject EEG Study«, in: *Scientific Reports* 9 (1), Art. 14047.

Martial, Charlotte/Cassol, Héléna/Laureys, Steven/Gosseries, Olivia (2020a): »Near-Death Experience as a Probe to Explore (Disconnected) Consciousness«, in: *Trends in Cognitive Sciences* 24 (3), S. 173–183.

Martial, Charlotte/Simon, Jessica/Puttaert, Ninon/Gosseries, Olivia/Charland-Verville, Vanessa/Nyssen, Anne-Sophie/Greyson, Bruce/Laureys, Steven/Cassol, Héléna (2020b): »The Near-Death Experience Content (NDE-C) Scale. Development and Psychometric Validation«, in: *Consciousness and Cognition* 86, Art. 103049.

Matory, Adu L./Alkhachroum, Ayham/Chiu, Wei-Ting/Eliseyev, Andrey/Doyle, Kevin/Rohaut, Benjamin/Egbebike, Jennifer A./Velazquez, Angela G. et al. (2021): »Electrocerebral Signature of Cardiac Death«, in: *Neurocritical Care* 35 (3), S. 853–861.

Meunier, Robert (2022): »Approaches in Post-Experimental Science. The Case of Precision Medicine«, in: *Berichte zur Wissenschaftsgeschichte* 45 (3), S. 373–383.

Michel, Christoph M./Murray, Micah M. (2012): »Towards the Utilization of EEG As a Brain Imaging Tool«, in: *NeuroImage* 61 (2), S. 371–385.

Nunez, Paul L./Srinivasan, Ramesh (2006): *Electric Fields of the Brain. The Neurophysics of EEG*, 2. Aufl., New York.

Palmieri, Arianna/Calvo, Vincenzo/Kleinbub, Johann R./Meconi, Federica/Marangoni, Matteo/Barilaro, Paolo/Broggio, Alice/Sambin, Marco/Sessa, Paola (2014): »›Reality‹ of Near-Death-Experience Memories. Evidence from a Psychodynamic and Electrophysiological Integrated Study«, in: *Frontiers in Human Neuroscience* 8, Art. 429.

Parnia, Sam/Waller, D. G./Yeates, R./Fenwick, P. (2001): »A Qualitative and Quantitative Study of the Incidence, Features and Aetiology of Near Death Experiences in Cardiac Arrest Survivors«, in: *Resuscitation* 29 (48), S. 149–156.

Perera, Kevin/Khan, Sundus/Singh, Shaily/Kromm, Julie/Wang, Meng/Sajobi, Tolulope/Jetté, Nathalie/Wiebe, Samuel/Josephson, Colin B. (2021): »EEG Patterns and Outcomes After Hypoxic Brain Injury. A Systematic Review and Meta-analysis«, in: *Neurocritical Care* 36 (1), S. 292–301.

President's Commission for the Study of Ethical Problems in Medicine and Biomedical and Behavioral Research (1981): *Defining Death. Medical, Legal and Ethical Issues in the Determination of Death*, Washington.

Rheinberger, Hans-Jörg (1997): *Toward a History of Epistemic Things. Synthesizing Proteins in the Test Tube*, Stanford.

Rheinberger, Hans-Jörg (2011): »Infra-Experimentality. From Traces to Data, from Data to Patterning Facts«, in: *History of Science* 49 (3), S. 337–348.

Rheinberger, Hans-Jörg (2022): »Postscriptum«, in: *Berichte zur Wissenschaftsgeschichte* 45 (3), S. 517–523.

Rheinberger, Hans-Jörg (2023): *Split and Splice. A Phenomenology of Experimentation*, Chicago.

Rousseau, Anne-Françoise/Dams, Laurence/Massart, Quentin/Choquer, Laila/Cassol, Héléna/Laureys, Steven/Misset, Benoit/Dardenne, Nadia et al. (2023): »Incidence of Near-Death Experiences in Patients Surviving a Prolonged Critical Illness and Their Long-Term Impact. A Prospective Observational Study«, in: *Critical Care* 27, Art. 76.

Schwaninger, Janet/Eisenberg, Paul E./Schechtman, Kenneth B./Weiss, Alan (2002): »A Prospective Analysis of Near-Death Experiences in Cardiac Arrest Patients«, in: *Journal of Near-Death Studies* 20 (4), S. 215–232.

Seth, Anil K./Bayne, Tim (2022): »Theories of Consciousness«, in: *Nature Reviews Neuroscience* 23, S. 439–452.

Shah, Aashit K/Mittal, Sandeep (2014): »Invasive Electroencephalography Monitoring. Indications and Presurgical Planning«, in: *Annals of Indian Academy of Neurology* 17, S. 89–94.

Shlobin, Nathan A./Aru, Jaan/Vicente, Raul/Zemmar, Ajmal (2023): »What Happens in the Brain When We Die? Deciphering the Neurophysiology of the Final Moments in Life«, in: *Frontiers in Aging Neuroscience* 15, Art. 1143848.

Sitt, Jacobo D./King, Jean-Remi/Karoui, Imen El/Rohaut, Benjamin/Faugeras, Frederic/Gramfort, Alexandre/Cohen, Laurent/Sigman, Mariano et al. (2014): »Large Scale Screening of Neural Signatures of Consciousness in Patients in a Vegetative or Minimally Conscious State«, in: *Brain* 137 (8), S. 2258–2270.

Sluijs, Marinus van der (2009): »Three Ancient Reports of Near-Death Experiences. Bremmer Revisited«, in: *Journal for Near-Death Studies* 27 (4), S. 223–253.

Steinle, Friedrich (1997): »Entering New Fields. Exploratory Uses of Experimentation«, in: *Philosophy of Science* 64 (Supplement), S. 65–74.

Tempini, Niccolò (2020): »The Reuse of Digital Computer Data. Transformation, Recombination and Generation of Data Mixes in Big Data Science«, in: Leonelli, Sabina/Tempini, Niccolò (Hg.): *Data Journeys in the Sciences*, Cham, S. 239–263.

Vicente, Raul/Rizzuto, Michael/Sarica, Can/Yamamoto, Kazuaki/Sadr, Mohammed/Khajuria, Tarun/Fatehi, Mostafa/Moien-Afshari, Farzad et al. (2022): »Enhanced Interplay of Neuronal Coherence and Coupling in the Dying Human Brain«, in: *Frontiers in Aging Neuroscience* 14, Art. 813531.

Wahlster, Sarah/Wijdicks, Eelco F./Patel, Pratik V./Greer, David M./Hemphill, J. C./Carone, Marco/Mateen, Farrah J. (2015): »Brain Death Declaration. Practices and Perceptions Worldwide, in: *Neurology* 84 (18), S. 1870–1879.

Whitham, Emma M./Pope, Kenneth J./Fitzgibbon, Sean P./Lewis, Trent/Clark, C. R./Loveless, Stephen/Broberg, Marita/Wallace, Angus et al. (2007): »Scalp Electrical Recording During Paralysis. Quantitative Evidence that EEG Frequencies above 20Hz are Contaminated by EMG«, in: *Clinical Neurophysiology* 118 (8), S. 1877–1888.

Xu, Gang/Mihaylova, Temenuzhka/Li, Duan/Tian, Fangyun/Farrehi, Peter M./Parent, Jack M./Mashour, George A./Wang, Michael M./Borjigin, Jimo (2023): »Surge of Neurophysiological Coupling and Connectivity of Gamma Oscillations in the Dying Human Brain«, in: *Proceedings of the National Academy of Sciences* 120 (19), Art. e2216268120.

Zhang, Yujiao/Li, Zhenyi/Zhang, Jing/Zhao, Zongya/Zhang, Hongxing/Vreugdenhil, Martin/Lu, Chengbiao (2019): »Near-Death High-Frequency Hyper-Synchronization in the Rat Hippocampus«, in: *Frontiers in Neuroscience* 13, Art. 800.

Zhang, Hao/Zhou, Qing-Qi/Chen, He/Hu, Xiao-Qing/Li, Wei-Guang/Bai, Yang Bai/Han Jun-Xia/Wang, Yao et al. (2023): »The Applied Principles of EEG Analysis Methods in Neuroscience and Clinical Neurology«, in: *Military Medical Research* 10 (1), Art. 67.

Nach dem Menschen?

Die Frage nach dem Tod im Transhumanismus und die Grenzen sozialer Bezugnahme

After the Human?

The Question of Death in Transhumanism and the Limits of Social Reference

Carsten Ohlrogge

Der Beitrag wirft die Frage auf, welche sozialen Konsequenzen sich aus einem bestimmten Verständnis des Todes im Transhumanismus ergeben. Hierzu werden die historischen Wurzeln und anthropologischen Grundannahmen des Transhumanismus herausgearbeitet, wodurch der Mensch als defizitäres biologisches Wesen erscheint, das sich selbst, einschließlich der Grenze des Todes, technologisch überwinden müsse. Schließlich reflektiert der Beitrag die These, dass der Tod als existenzielles Faktum eine konstitutive Kraft für elementare Formen sozialer Bezugnahme besitzt.

Transhumanismus, Mensch, Sozialität, Grenze, Existenz

The article raises the question of the social consequences of a certain understanding of death in transhumanism. Therefore, the historical roots and basic anthropological assumptions of transhumanism are elaborated, according to which the human being appears as a deficient biological being that must overcome itself technologically, including the boundary of death. Finally, the article reflects on the thesis that death as an existential fact has a constitutive power for elementary forms of social reference.

Transhumanism, Human, Sociality, Limitation, Existence

»Es ist uns ja sogar lästig, Mensch zu sein – ein Mensch mit wirklichem,
eigenem Fleisch und Blut; wir schämen uns dessen,
halten es für eine Schmach und trachten lieber danach,
irgendwelche phänomenalen Allgemeinmenschen zu sein. […]
Bald werden wir so weit sein, dass wir von einer Idee erzeugt werden.«
Fjodor Dostojewski, *Aufzeichnungen aus dem Kellerloch*

Einleitung

Im Jahr 2023 galt ein Exponat des australischen Künstlers Shaun Gladwell auf der Kunstausstellung *Melbourne Now* einer Extended-Reality-Anwendung, die das Erleben des eigenen Todes ermöglichen sollte. Die Simulation des Todeseintritts unter dem Titel »Passing Electrical Storms« (Klatt 2023) sollte den Besucher*innen das eigene Ableben vom Herzstillstand bis zum Hirntod auf einem virtuellen Sterbebett erlebbar nahebringen. Durch ein holografisches Bild ihres eigenen Körpers im Davongleiten unmittelbar nach Todeseintritt, das über eine zusätzliche Virtual-Reality-Brille erzeugt wurde, sollte den Teilnehmer*innen ein möglichst realitätsnaher Eindruck vor Augen geführt werden. Ideengebend für die Kunstinstallation seien laut Gladwell Ergebnisse aus der medizinischen Forschung gewesen, denen zufolge eine verstärkte Hirnaktivität kurz vor und insbesondere nach dem Eintreten des Todes aufgezeichnet werden konnte. Die vorsichtige Interpretation der Ergebnisse lautete, dass eine solche Hirnaktivität dem Träumen ähnlich sei und die Sterbenden gewissermaßen an sich selbst vorbeiziehen würden (Klatt 2022). Die Anwendung sollte die Transzendenzerfahrung des eigenen Lebens und der eigenen Person zum Zeitpunkt des Todes virtuell abbilden. Für viele Teilnehmende war das Erlebnis verstörend. Einer von ihnen äußerte sich wie folgt:

> »I can see how people would say it causes anxiety and panic. It definitely borderlines that – they do put your finger on a heart rate monitor and then tell you to raise your hand if you've had enough and want to quit. What happens is you're laying down, the bed vibrates, you flatline. The doctors come over the top of you. You can see yourself in the goggles and they try to revive you – it doesn't work. Then you float up out past them into space and it keeps going.« (Shaw 2023)

Die Kunstinstallation scheint sinnbildlich für die elementare und sich durch die Kulturgeschichte ziehende Frage zu sein, wie es ist, zu sterben. Sie gehört zum umfassenden Unbehagen am Tod in der Neuzeit (vgl. Ariès 1995: 160 ff.).

Über den Tod technologisch zu verfügen, wie es die Kunstinstallation als Versuch demonstriert, leitet als Vision auch eine sich im 21. Jahrhundert ausbreitende, philosophische Diskursströmung unter dem Namen ›Transhumanismus‹ an. Dieser verfolgt das Ziel, den Menschen aufgrund seiner zahlreichen biologischen Begrenzungen als Lebensform technologisch zu überwinden. Der Tod als absolute menschliche Grenze wird dabei als das größte zu lösende Problem betrachtet (siehe für eine ausführliche Darstellung: Krüger 2019). Die kleine Szene der Melbourner Kunstinstallation und der Hinweis auf das Grundanliegen des Transhumanismus lassen vermuten, dass die technologische Durchdringung des Todes und dessen potenzielle Überwindung in diesem Diskursraum zusammenlaufen: Der Tod soll nicht nur in Reichweite der Erfahrung gebracht, sondern als Begrenzung überwunden werden.

Gleichzeitig erstaunt dieses Anliegen auf den ersten Blick. Denn wenn schon die simulierte Erfahrung des eigenen Todes für eine Beunruhigung bei den Teilnehmenden des Experiments sorgte, wie kann dann ein Gedanke an die Überwindung des Todes beruhigend und erstrebenswert sein? Und in der Tat charakterisieren die Vorstellungen eines ewigen Lebens ein Hauptanliegen des Transhumanismus. Der US-amerikanische Unternehmer Bryan Johnson verfolgt beispielsweise schon seit längerem das Ziel, nicht mehr sterblich sein zu müssen. Mit seinem Projekt ›Blueprint‹ hat Johnson ein umfassendes und sich stetig aktualisierendes Mess- und Überwachungsprotokoll seiner biologischen Daten initiiert, das online öffentlich zugänglich ist. Durch ein vielseitiges Trainings- und Medikationsprogramm sei Johnson laut eigener Aussage in der Lage, langsamer zu altern (Gollmer 2024). Auch Nick Bostrom, einer der geistigen Leitfiguren des Transhumanismus, denkt in eine ähnliche Richtung wie Johnson, wenn er die körperliche und geistige Leistungssteigerung mit dem Ziel der Lebensverlängerung als programmatisch für den Transhumanismus betrachtet (Bostrom 2008). Hinter einem solchen transhumanistischen Anliegen verbirgt sich ein bestimmtes Verständnis des Todes, womit der Transhumanismus Teil einer Kulturgeschichte des Todes ist, die diesen als Widersacher des Lebens begreift. Dies hat auch gesellschaftspolitische Folgen: Es lassen sich Verbindungen von Transhumanismus und Überlegungen im Anschluss an die Eugenik des 20. Jahrhunderts finden, die im Zusammenhang mit einflussreichen Persönlichkeiten des Silicon Valley stehen (Gebru/Torres 2024). Dadurch besteht die Gefahr einer »autoritären Technokratie« (Duran 2024). Zudem folgt daraus, dass eine Analyse des Todesverständnisses im Transhumanismus einer kritischen Einordnung bedarf.

Neben diesen ethischen Implikationen partizipiert der Transhumanismus an einer bestimmten Selbstauffassung des Menschen, die sich in immer leistungsfähigeren technologischen Formen ausdrückt. Aus dem transhumanistischen Anliegen gehen bereits realisierte, aber auch zum Teil noch zukunftsanvisierte Eingriffe in das menschliche und soziale Leben hervor, die dieser Beitrag nachfolgend diskutieren möchte. Das damit ausgelöste soziologische Erkenntnisinteresse, das vor dem Hintergrund zunehmender Verflechtungen von Mensch und Maschine sowie der umgreifenden Digitalisierung der Lebenswelt unter dem Gesichtspunkt der Überschreitung menschlicher Begrenzungen bis hin zum Tod heraufzieht, folgt dabei der Frage, welche sozialen Konsequenzen sich im transhumanistisch vertretenen Verständnis erkennen lassen.

Den Ausgangspunkt einer hier angestrebten soziologischen Betrachtung bildet der normative Bezugspunkt des Transhumanismus, demzufolge die menschliche Lebensform als prinzipiell defizitär erachtet wird. Dadurch formt sich einerseits ein spezifisches, zunächst historisch gewachsenes und mithin technologisch inspiriertes Menschenbild, das den Menschen letztlich selbst als objektiven Punkt innerhalb eines bestimmten Stadiums der biologischen Entwicklung insgesamt auffasst (vgl. Helmus 2020: 97 ff.). Andererseits greift das transhumanistische Ansinnen in das Verständnis und die sozialen Praktiken der Lebensführung ein, was durch die Konjunktur eines Optimierungsdenkens ebenso wie durch sich ausbreitende Formen virtueller Repräsentationsbestrebungen bis über den Tod hinaus sichtbar wird. Wenngleich der Transhumanismus eine zwar noch nischenförmige, aber zugleich wachsende und mit immer wirkmächtigeren Technologien assoziierte Diskursströmung ist, möchte der Beitrag aufzeigen, dass weitreichende soziale Dynamiken im Sinne einer potenziellen Veränderung elementarer sozialer Bezugsformen im Transhumanismus speziell in der Frage nach dem Tod Ausdruck finden. Hier greift schließlich die im Beitrag vertretene These, dass der Tod nicht nur ein biologisches Datum darstellt, sondern ebenso existenzielle Relevanz in der sozialen Bezugnahme besitzt, wodurch er als zu bestimmende Grenze eine besondere Bedeutung erhält. Es geht somit einerseits um eine bestimmte, kulturell und sozial unterschiedlich ausgeprägte Bedeutung des Todes (vgl. Planert 2023: 8 f.), zugleich aber auch um ein existenzielles Faktum des Todes als Bedingung der Möglichkeit sozialer Bezugnahme.

Um die notwendige Tiefe der Reflexion über die hier aufgerufene Frage zu erreichen, gliedert sich der Beitrag in drei Teile: Zunächst stehen historische Verflechtungen von Wissenschafts-, Technik- und Kulturgeschichte mit bestimmten Vorstellungen des Todes im Fokus, um sie als Vorstufen zum Transhumanismus zu identifizieren und diesen dadurch als Teil einer breiteren Auffassung des Todes in der Moderne zu begreifen. Anschließend wird der Transhumanismus hinsichtlich eines technologisch geformten Menschenbildes und seiner normativen Implikationen beschrieben, um daraus die Positionen abzuleiten, die sich für die technologische Abschaffung menschlicher Begrenzungen einschließlich des Todes aussprechen. Ein auf diese Weise sichtbar werdendes Menschenbild spiegelt sich auch in sozialen Praktiken und virtuellen Repräsentationsbestrebungen wider, weshalb der Beitrag abschließend die sozialen Konsequenzen des Transhumanismus anhand der Frage nach den Grenzen sozialer Bezugnahme reflektiert.

Historische Wurzeln des Transhumanismus

Für den Kulturhistoriker Egon Friedell stellt das Jahr 1348 in westlichen Gesellschaften einen Wendepunkt hinsichtlich der Bedeutung des Todes dar; er spricht sogar von der »Geburtsstunde der Neuzeit« (Friedell 1976: 96). Durch den Einfall der Pest in Europa wurde der Tod irdisch und die Schwelle zwischen Diesseits und Jenseits, die er bis hierhin im Weltbild und im sozialen Leben markierte, verschwand an vielen Stellen. Das Leben wurde ganz und gar als Spanne zwischen Geburt und Tod begriffen, als einzige und »letzte Gelegenheit« (Gronemeyer 2012), wobei der Tod nun eine absolute Grenze bildete. Durch die »Unheimlichkeit [der Pest; C. O.], ihr entsetztes Ausmaß, ihre Rätselhaftigkeit, ihr unaufhaltsames, stetiges Vordringen, dem die Schreckenskunde immer schon vorauseilt, ihr Verebben und Wiederaufflammen hat [sich] mindestens eines grundlegend geändert: das Gesicht des Todes.« (ebd.: 9) Der Tod schlug mit so ungeheurer Kraft in das soziale Leben ein, dass er als ein radikal Anderes auftrat und die soziale Ordnung derart suspendierte, dass ihm »weder Rituale noch Haltungen noch Glauben gewachsen [waren]« (ebd.: 10). »Das physische Faktum [des Todes] ist an die Stelle des Jüngsten Gerichts getreten« (ebd.). »Der Glaube an ein ewiges Leben [verlor] sich, der Tod aber [nahm] kein Ende.« (Vladimir Jankélévitch, nach Ariès 1995: 166)

Die Pest wütete in Europa noch bis in das 18. Jahrhundert hinein. Ein verändertes Todesbild in vielen Teilen des kulturellen Selbstverständnisses in Europa war die Folge. Francesco Petrarca erklärte den Tod zum »lebensverneinenden Prinzip, das die Würde des Menschen bedroht« (nach Gronemeyer 2012: 14 f.), wodurch er vom »heilsgeschichtlichen Ereignis« zum »endgültigen Ende« (ebd.: 15) wurde. Es ist der Begriff der ›Vergänglichkeit‹, der das veränderte Todesverständnis durch die Pesterfahrungen des Mittelalters nachhaltig charakterisierte (vgl. Huizinga 1975: 190). Das Heraustreten aus der heilsgeschichtlichen Ordnung bedeutete, fortan den eigenen Lebensentwurf gegen die Vergänglichkeit aufzubauen. Der Mensch wurde selbst zum zentralen Akteur seines Lebens. Die Wahrheit und Beruhigung über dieses Leben ließen sich in der Neuzeit vor allem durch den Komplex von Wissenschaft und Technik realisieren. Es war nicht mehr das gottgegebene, sondern das szientistische Wahrheitsverständnis, das dem Leben umso mehr Halt geben sollte, je mehr Schwierigkeiten überwunden werden konnten (vgl. Blumenberg 2015a: 46). Die diesem Wahrheitsverständnis innewohnende Zentralstellung des Menschen fand einen ihrer Ursprünge im Humanismus der Neuzeit, der aus einem tiefen Unbehagen des Menschen resultierte, »kein eigenes und ihm angeborenes Bild, dagegen viele von außen kommende und vom Zufall bestimmte Möglichkeiten« (Mirandola 2023: 17), sich selbst in der Welt zu verorten. Mit diesen Gedanken legte Giovanni Pico della Mirandola nicht nur einen Grundstein für den Humanismus der

Renaissance, sondern ebenso für anthropologische Vorstellungen der Neuzeit, die sich zu einem großen Teil über die Jahrhunderte bis hin zu den negativen Philosophischen Anthropologien des 20. Jahrhunderts (Anders 2002; Gehlen 2016) fortgeschrieben haben. Aus ihnen ist ein Bild des Menschen hervorgegangen, das seine biologischen Begrenzungen problematisierend im Zentrum versammelt.

In umfassender Weise hat Hans Blumenberg die historische Genese eines genuin technisch verfassten Menschenbildes nachgezeichnet, das durch die wissenschaftsgetriebene Suche nach der Wahrheit über die Stellung des Menschen in der Natur technisch hervorgebracht wird und den Menschen mit der Notwendigkeit belegt, sich selbst erst zu erschaffen (vgl. Blumenberg 2015a: 49). Er, der Mensch, erzeugt seine Existenz selbst, da er von Natur aus wesenlos ist; er »ist nichts anderes als das, wozu er sich macht« (Sartre 2016: 150). Die Aufgabe, sich selbst ins Bild und Zentrum des eigenen Wirkens zu setzen, prägte die moderne Selbstauffassung des Menschen derart, dass er sich immer tiefer in das Paradoxon einer ›zweiten Natur‹ verwickelte (vgl. Blumenberg 2015a: 50). Diese ›zweite Natur‹ ging aus einer spezifischen »Seinsproblematik« (Blumenberg 2015b: 18) hervor. Im Verhältnis zur ›ersten Natur‹, die in sich ruhte und sich selbst in ihrem eigenen Fortgang genügte, erschien der Mensch defizitär als Verstoßener aus diesem scheinbar vollkommenen Zusammenhang. Die Technik diente nach Blumenberg als Mittel der Naturwissenschaft, die ihre entfesselten Kräfte aus den Orientierungsbedürfnissen des aus der göttlichen Ordnung vertriebenen Menschen der Neuzeit gewinnen und entfalten konnte (vgl. Blumenberg 2015a: 21 ff.). Es ist kein Zufall, dass sich technische Begriffe als Metaphern für die Naturerkenntnis und zugleich auch für eine solche Beschreibung des Menschen durchsetzten und diesen vor allem als funktionalen Körper vorstellten (vgl. Jank 2014: 15 ff.). »Technik [wurde zum] Wesen dieses Wissens« (Horkheimer/Adorno 2022: 10) über die Natur und den Menschen. Die Technik fügte sich in dem Maße in die menschliche Entwicklung ein, dass sie es ermöglichte, »die Erfindung von unendlich vielen nützlichen Kunstgriffen zu wünschen, Krankheiten zu vermeiden und vielleicht auch den Tod zu besiegen« (Canguilhem 2006: 8).

In der Aufklärung und der Entstehung der Anthropologie als philosophische Disziplin im 18. Jahrhundert verfestigte sich ein defizitäres Bild des Menschen weiter. Die selbst schon technisch aufgefasste und für die Erkenntnis der neuzeitlichen Wissenschaften instrumentalisierte Natur wirkte auf die menschliche Selbstauffassung zurück. Die Aufklärungsphilosophie potenzierte das Bedürfnis nach der Behauptung gegen die äußere und innere Natur des Menschen. »Der Mensch ist durch seine Vernunft bestimmt, [...] sich durch Kunst und Wissenschaften zu kultivieren, zu zivilisieren und zu moralisieren, wie groß auch sein tierischer Hang sein mag«, es ist ihm bestimmt, »im Kampf mit den

Hindernissen, die ihm von der Rohigkeit seiner Natur anhängen, sich der Menschheit würdig zu machen«, so Immanuel Kant (1968: 678, nach Herrmann 2005: 62).

Die in der Neuzeit durch die Ablösung heilsgeschichtlicher Weltauffassungen entstandenen Möglichkeiten zur »unabschließbaren anthropologischen Selbstüberschreitung« (Herrmann 2005: 63) führten dazu, dass Technik zur maßgebenden Instanz menschlicher Selbstbeschreibung geworden ist. Die miteinander einhergehenden Entwicklungen von Technik-, Wissenschafts- und Kulturgeschichte zogen es somit nach sich, den Menschen selbst immer stärker technisch aufzufassen, ihn auf diese Weise in die ontologische Kluft zwischen Subjekt und Objekt einzulassen und damit eine fortlaufende Bewegung der Selbstbehauptung und Selbstüberwindung anzustoßen. Es ist genau dieser Zusammenhang, der das anthropologische Fundament bildet, das den Transhumanismus auszeichnet (Krüger 2024). Die Konsequenz, die transhumanistische Positionen aus einem auf diese Weise historisch gewachsenen Verständnis des menschlichen Lebens ziehen, ist das Ansinnen, den Menschen als Menschen in seinem ganzen Wesen technologisch zu verbessern und sogar zu überwinden. Der Mensch hinterlässt sich selbst und bringt sich ›als‹ Mensch zum Verschwinden (vgl. Karimi 2024: 55). In diesem Zusammenhang dient ein berühmtes Nietzsche-Zitat immer wieder als philosophiegeschichtliche Stütze des Transhumanismus (Liggieri 2015; Sorgner 2017): Der Mensch »ist ein Seil, geknüpft zwischen Tier und Übermensch. Eine Brücke über einem Abgrund. […] Was groß ist am Menschen, das ist, dass er eine Brücke und kein Zweck ist: was geliebt werden kann am Menschen, das ist, dass er ein Übergang und ein Untergang ist« (Nietzsche 1982: 281).

Damit hat das technische Wissen ›über sich‹ und die Technik als Vorbild ›für sich‹ den Menschen letztlich selbst für überflüssig erklärt und zu einer paradoxen Entwicklung geführt. Er ist provisorisch, ein Wesen im Übergangsstadium, das sich letztlich selbst technologisch aufhebt. Die lange Geschichte der Prothetik als anthropologische Konstante gipfelt schließlich in der transhumanistisch vertretenen, prothetischen Vorstellung des Menschen als Ganzes (Müller 2014). Die letzte und gleichzeitig absolute Begrenzung des menschlichen Lebens, die einem vollkommen prothetischen oder gar artifiziellen Dasein entgegenläuft, ist der sich in der Neuzeit in veränderter Weise aufdrängende Tod. In einer mehrhundertjährigen Inkubationszeit ist er zum technologisch scheinbar greifbaren, obersten Widersacher des Lebens, zur tiefsten Triebkraft des Menschen gegen sich selbst geworden. Die hier kursorisch angedeuteten geschichtlichen Linien geben einen Hinweis auf einen möglichen, weit zurückreichenden und tief in der westlichen Kulturgeschichte liegenden Zusammenhang zwischen einer anthropologischen Vorstellung über die menschlichen Begrenzungen – allen voran den Tod –, und den technologischen Assoziationen, die damit verbunden sind. Deren Ziel ist es, den Tod in Reichweite einer Verfügung zu bringen. Der in transhumanistischen Positionen auftauchende Zusammenhang zwischen einem technisch geprägten Menschenbild, sogar einem utopischen Bild eines Nach- oder Übermenschen, und den menschlichen Begrenzungen wird im nächsten Abschnitt genauer herausgearbeitet.

Das technologisch informierte Menschenbild des Transhumanismus

Der Transhumanismus ist keine konsistente Strömung. Vielmehr lässt er sich als eine eklektische philosophische Diskursformation begreifen, die mithilfe technologischer Möglichkeiten die Überwindung des Menschen in seiner bisherigen Lebensform anstrebt (vgl. Watzka/Herzberg 2020: 1 ff.). Auf eine mögliche Genese eines dieses Ziel begründenden Menschenbildes ist im vorherigen Abschnitt bereits hingewiesen worden. Anders als die Forderungen kritisch-posthumanistischer Positionen im Gefolge des Poststrukturalismus und dem Denken der Postmoderne, eine Zentralstellung des Menschen als sinnkonstituierendes Subjekt und Zentrum der Welt zu überwinden, steht im Transhumanismus der Mensch als solcher und in seinem ganzen Wesen in Frage. Terminologisch in der deutschen Sprache etwas verwirrend, gipfelt der Transhumanismus in einer extremen Ausprägung wiederum im ›Technologischen Posthumanismus‹ (vgl. Loh 2018: 92 ff.). Diese Denkrichtung begreift ihr Ziel in der Herstellung eines den bisherigen Menschen transzendierenden und nach ihm heraufziehenden ›posthumanen Wesens‹ (vgl. ebd.: 11, 58; More 2013: 4). Wenngleich sich die Diskurslandschaft um den Transhumanismus inzwischen ausdifferenziert hat, lassen sich alle Diskursstränge auf ein gemeinsames Ziel hin deuten: Der Mensch soll zu einer höheren Existenzform aufsteigen bzw. von einer höheren Existenzform abgelöst werden. Damit wird er nicht, wie in Michel Foucaults emphatischer posthumanistischer Verkündigung vom Tod des Menschen, verstanden als »Verenden eines metaphysischen Großbegriffs« (Hagner/Hörl 2008: 9) verabschiedet. Stattdessen ist Transhumanist*innen daran gelegen, das Gattungswesen Mensch in seiner bisherigen Lebensform und biologischen Beschaffenheit zu verlassen. Von Vorstellungen, die entweder noch Menschliches enthalten oder auf ein vollständig nachmenschliches Leben abzielen, laufen alle transhumanistischen Bemühungen letztlich auf eine absolute Grenze zu: den menschlichen Tod. In ihrer Gradualität und Radikalität bleiben einige transhumanistische Positionen noch am Menschen selbst, indem sie dessen Verbesserung und die Überwindung seiner Begrenzungen im Sinn haben (›schwacher Transhumanismus‹; vgl. Helmus 2020: 38 ff.). Andere wiederum sehen den Menschen in seinen Begrenzungen erst dann hinreichend überwunden, wenn eine neue – technologische – Gattung entstanden ist, die ihm in seiner defizitären Beschaffenheit nicht mehr gleicht (›starker Transhumanismus‹; vgl. ebd.: 85 ff.).

Dieser Beitrag konzentriert sich auf Lebensverlängerung und Unsterblichkeit – und damit auf zentrale Gedanken des Transhumanismus. Beim genaueren Blick in diesbezügliche Vorstellungen stellt sich heraus, dass Altern als Krankheit begriffen und der Tod als eine »Obszönität« (Loh 2018: 42) angesehen wird. Der erste Schritt des transhumanistischen Anliegens ist daher die Ausdehnung der Lebenszeit, um dem biologischen Verfall entgegenzuwirken. Durch den Zeitgewinn könnten dann in einem zweiten Schritt alle weiteren anthropologischen Beschränkungen behoben werden. Schließlich wäre damit der quasi-teleologische Fortschritt in der Entwicklung des Menschen erreicht, alle Begrenzungen technologisch erfolgreich überwunden zu haben (vgl. ebd.: 42 ff.). Dies könnte dann in der Vorstellung des Mind-Uploadings münden, der radikalsten Idee des Transhumanismus. Damit ist das Ziel einer vollständigen technologischen Ersetzung des biologischen Körpers gemeint, die aber vor allem der Intelligenz und einem dem Computer nachempfundenen Gehirn Priorität zuweist (vgl. Kurzweil 2005: 199).

> »Der Vorteil, den Transhumanisten einem digitalen Dasein zusprechen, liegt in der materiellen Unabhängigkeit und der Universalität der Computersprache, was zur Folge hat, dass keine Abhängigkeit von einem Computermodell bestehe. [...] Außerdem wird das *mind* von seinem biologischen, einengenden Substrat befreit und kann sich dem Raum der Unmöglichkeiten zuwenden, wie z. B. [...] Kopien von sich [...] erstellen.« (Helmus 2020: 55; Herv. i. O.)

Die hier rekonstruierten Grundgedanken des Transhumanismus werfen die Frage auf, welches Menschenbild den transhumanistisch formulierten Zielen zugrunde liegt. Den Menschen ausschließlich biologisch als Gattungswesen aufzufassen und damit an klassische Linien der Anthropologie anzuknüpfen, bringt die Position näher, evolutionär ein postbiologisches Wesen vorzustellen, das sich vollständig technologisch instituiert (Moravec 1990). Damit einhergehend, reproduziert sich zudem ein Dualismus von Körper und Geist, denn der Körper, verstanden als bloßer Träger des Geistes, ist beliebig austauschbar und wird selbst nicht als lebendig mitbedacht. Der cartesische Dualismus kommt in den modernen Neurowissenschaften erneut zum Vorschein und perpetuiert an vielen Stellen die Annahme eines materialistischen Menschenbildes. Dies zeigt sich nicht zuletzt in der Vorstellung des Mind-Uploadings (vgl. Fuchs 2020: 12; Helmus 2020: 104 ff.). Demgemäß übergehen etwa transhumanistische Unsterblichkeitsvorstellungen eine lebendige Einheit von Körper und Geist in der Leiblichkeit des Menschen und reproduzieren somit implizit in abermals religiöser

Konnotation die Vorstellung einer unsterblichen Seele (vgl. Krüger 2024: 199 ff.). Eine solche Seele besteht, neurowissenschaftlich gesehen, aus physiologischen Prozessen und, aus der technologischen Entwicklungsperspektive betrachtet, aus Informationen (vgl. Fuchs 2020: 102 ff.).

Gleichwohl leistet der Transhumanismus keine Übersetzung menschlicher Qualitäten in materialistische Begriffe, sondern schließt implizit an das weiter oben nachgezeichnete Menschenbild der neuzeitlichen Naturwissenschaften im Register einer technischen Auffassung des Menschen als vollkommen biologisch-materialistisch zu beschreibendes Wesen an. Den Menschen als Maschine aufzufassen, wie es zahlreiche historische Linien nahelegen (siehe hierzu Canguilhem 2018; vgl. ferner Tamborini 2024: 17 ff.), findet im anthropologischen Fundament des Transhumanismus große Resonanz. Frank Tipler vertritt eine solche Sichtweise in seinem Buch *The Physics of Immortality* wie folgt: »I therefore regard a human being as nothing but a particular type of machine, the human brain as nothing but an information processing device, the human soul as nothing but a program being run on a computer called the brain.« (Tipler 1994: XI, nach Krüger 2024: 201) Solche und ähnliche Vorstellungen über den Menschen zeichnen den Kern des Transhumanismus aus. Im 21. Jahrhundert ermöglichen es die technologischen Bedingungen der Digitalisierung und Künstlichen Intelligenz, neue Formen der ›Verbesserung‹ und Transzendenz des Menschen hervorzubringen. Die Konsequenzen einer solchen Sichtweise kommen abschließend im nachfolgenden Abschnitt zur Sprache.

Konsequenzen für das soziale Leben

In einem instruktiven Text zur Frage nach dem Verhältnis von Tod, Leben und Unsterblichkeit mit dem Titel »Metaphysik des Todes« beschreibt Georg Simmel (2001), dass das Leben nur durch seine Begrenzungen eine Form erhält. Lebendige Organismen sind nicht nur äußerlich durch den Raum, in dem sie existieren, begrenzt, sondern auch von innen her durch eine Begrenzung ihrer eigenen Zeitlichkeit. Die Begrenztheit des Lebens durch den Tod wirkt auf jeden seiner Inhalte und Augenblicke vor. Auf die Frage, warum das Leben auf den Tod hin angelegt ist, gibt Simmel die Antwort, dass wir das »Leben, das wir dazu verbrauchen, uns dem Tode zu nähern, dazu verbrauchen, ihn zu fliehen« (ebd.: 84). Die vom Tod ausgehenden bedeutungsstiftenden Prägungen des Lebens sind keine substanziellen Eigenschaften, sondern ein Apriori jeder Erfahrung. »Lebten wir ewig, so würde das Leben voraussichtlich mit seinen Werten und Inhalten undifferenziert verschmolzen bleiben.« (Ebd.: 86) Durch die Begrenztheit des Lebens wird es als etwas Zufälliges, Vergängliches, Wertvolles erfahren, das auch hätte anders verlaufen können. Die Endlichkeit des

Lebens ermöglicht erst ein Streben, sich selbst an der Begrenzung der eigenen Möglichkeiten zu gewinnen. Durch den Tod löst sich das Leben von sich selbst und bringt Bedeutung hervor. Die Unsterblichkeit hat Simmel zufolge den Sinn, die beruhigende Lösung des eigenen Selbst von der Zufälligkeit seiner Existenz in Gänze zu vollziehen. Dieses Selbst würde dann aber wieder ganz in die Indifferenz eines unendlichen Lebens eingehen, das der Möglichkeit zur Herausbildung einer eigenen Lebensweise beraubt wäre. Der Tod wäre somit nicht das Ende des Lebens, sondern der Individualität (vgl. ebd.: 89).

Diese von Simmel angesprochene Individualität, die Einmaligkeit des Menschen als Person, meint nicht etwa nur einen besonderen Fall des allgemeinen Gattungswesens Mensch, wie es die anthropologischen Fundamente des Transhumanismus nahelegen. Sie ist vielmehr existenziell zu verstehen: Alle Menschen sind sterblich, aber jeder Mensch stirbt seinen eigenen Tod. Diese universale Singularität der Sterblichkeit wohnt auf je eigene Weise jedem Menschen als ein tiefster Punkt seiner Individualität und Einmaligkeit als Person inne. Der Tod ist letztlich im Prozess der Sterblichkeit der ständige Zeuge des Lebens und erweist sich deshalb als Bedingung der Möglichkeit einer ›primären Sozialität‹ im Sinne der mikrosozialen Bezugnahme (vgl. Simmel 2016: 47 ff.). Mit Blick auf den wiederaufkommenden Dualismus zwischen Körper und Geist im Transhumanismus, insbesondere mit kritischem Bezug zum Mind-Uploading, kann mit der Leibphänomenologie nach Maurice Merleau-Ponty (1986: 185) von einer »Zwischenleiblichkeit« als der primären Form sozialer Bezugnahme gesprochen werden, die von dualistischen Positionen unterminiert bzw. ausgeblendet wird.

Es wird offenbar, dass der Transhumanismus eine biologisch-materialistische Haltung gegenüber dem Leben einschließlich seiner Grenze, dem Tod, vertritt. Der Transhumanismus ist anthropologisch auf das Gattungswesen Mensch ausgerichtet, nicht auf den einzelnen Menschen mit je seiner eigenen Sterblichkeit, die für ihn in einem einzigartigen Horizont der Bedeutung aufgeht. Die elementare Weise, als Mensch zu existieren, erschöpft sich nicht im biologischen Phänomen des Lebens. Der Mensch ist nicht vorhanden, sondern er existiert als Person im Vollzug seiner Bezugnahmen (vgl. Heidegger 2006: 48). Dieses Argument ist deshalb relevant, da der Tod selbst auch kein rein biologisches Datum ist: »Der Tod ist kein Ereignis des Lebens. Denn den Tod erlebt man nicht.« (Wittgenstein 2022: 100) Das Verhältnis des Menschen zu seinem Tod ist wesentlich ein zeitliches. Wenn jedoch der Tod kein selbst erlebbares Ereignis des Lebens ist, ist er auch innerhalb dieses Lebens nicht als Datum aufzufinden. Er ist unverfügbar. Gladwells Experiment über die Simulation des eigenen Todes könnte auch deshalb verstörend auf die Teilnehmenden gewirkt haben, weil das Unverfügbare des Todes zu seinen tiefsten Bedeutungen gehört. Seine Grenze und die von ihm ausgehende Kraft konstituieren das Leben schlechthin.

Dieses Leben verläuft entlang einer erlebten Zeit als Vergehen. Zur biologisch-materialistischen Auffassung des Menschen vom Leben bis zum Tod muss also auch die Vorstellung der Zeit als verfügbare Einheit hinzugezählt werden. Doch die physikalische Zeit, innerhalb derer die Naturwissenschaften ihre Phänomene begreifen, ist nicht die existenzielle Zeitlichkeit der menschlichen und mithin sozialen Erfahrung. Diese Zeitlichkeit ist unverfügbar, da sie das Geschehen selbst ist. Sie ist irreversibel und nicht in eine technologische Abbildung überführbar. »Was also ist die Zeit? Wenn niemand mich danach fragt, weiß ich es; wenn ich es jemandem auf seine Frage hin erklären will, weiß ich es nicht.« (Augustinus 2018: 587) Die Zeit als selbst nicht feststellbare Einheit aufzufassen, wie Augustinus veranschaulicht, die jeder Betrachtung durch Reflexion – sei es von innen oder außen – entgeht, bedeutet, dass der Mensch als einmalige Person nicht technologisch aufzufinden ist. Die Möglichkeiten zur bedeutungsvollen Erfahrung sind erst durch die Endlichkeit und damit die Begrenztheit des eigenen Lebens gegeben. Den Tod muss jeder Mensch jeweilig auf sich selbst nehmen. Er wird zur je eigenen Aufgabe, denn die Sterblichkeit lässt sich nicht delegieren. Die Erfahrung des Todes gilt nie dem eigenen Tod, sondern dem Tod des/der Anderen. Damit liegt eine konstitutive soziale Kraft in einer solchen Erfahrung, das Vergehen anderer als Erinnerung an die eigene Begrenztheit zu erfahren. Dem/der Anderen die Sterblichkeit nicht abnehmen zu können, nicht einmal seine/ihre Erfahrungen des eigenen Vergehens erfahren zu können, erweist sich als *differencia specifica* einer sozialen Bezugnahme auf elementarer Ebene. Die Erfahrung der eigenen Zeit ist an die Zeit des/der Anderen gebunden (vgl. Levinas 2003: 51). Im gesellschaftlichen Verhältnis zum Tod und überhaupt zu den dadurch erfahrenen Begrenzungen des Menschen drückt sich daher auf besondere Weise die Sozialität in ihren ursprünglichen Formen aus.

Vor diesem Hintergrund erscheinen Phänomene mit virtuellen Repräsentationsansprüchen wie das ›Digital Afterlife‹ (Savin-Baden/Mason-Robbie 2020) als sehr bedeutsam für grundlegende Aspekte des sozialen Lebens. Hier liegt eine tiefe Spur des Transhumanismus und der dahinterliegenden historischen Betrachtung des Menschen als in seiner Selbstdeutung technisch erscheinendes und dem Tod entrinnendes Wesen. Was bedeutet es, eine verstorbene Person quasi-lebendig in der virtuellen Interaktion präsent zu halten? Ist damit überhaupt noch eine Form reziproker Bezugnahme gegeben? Was sagt eine solche posthumane Existenzweise über den Umgang mit Tod und Sterben auf gesellschaftlicher Ebene aus, bedenkt man beispielsweise Formen der Trauer (Krueger/Osler 2022)?

Der Unsterblichkeitsgedanke im Transhumanismus (Krüger 2019) hat ebenfalls soziale Konsequenzen: Über die Grenze der Andersheit des/der Anderen im Angesicht der Vergänglichkeit und Unmöglichkeit der Erfahrung des eigenen Todes verbunden zu bleiben, ginge als Möglichkeit verloren, wenn die menschliche Existenz endlos wäre oder der Mensch technologisch verlassen würde.

> »Der Tod – und auch die Anspielung auf ihn – macht die Menschen wertvoll und anrührend. Das Bewegende an ihnen ist ihr gespenstischer Zustand; jede Handlung, die sie ausführen, kann ihre letzte sein; es gibt kein Gesicht, das nicht bald zerfließen wird, wie das Gesicht in einem Traum. Alles hat bei den Sterblichen den Wert des Unwiederbringlichen und des Gefährdeten. Bei den Unsterblichen hingegen sind jede Handlung und jeder Gedanke das Echo von anderen, die ihr in der Vergangenheit ohne ersichtlichen Beginn vorangingen, oder zuverlässige Verheißung anderer, die sie in der Zukunft bis zum Taumel wiederholen werden. Es gibt kein Ding, das nicht gleichsam verloren wäre zwischen unermüdlichen Spiegeln. Nichts kann nur ein einziges Mal geschehen, nichts ist auf kostbare Weise gebrechlich.« (Borges 1992: 24)

Der Tod eines Menschen »ist niemals nur die mechanische Anwendung eines allgemeingültigen Gesetzes auf einen Einzelfall [...], da jedes Schicksal auf seine Weise einzigartig und unvergleichlich ist« (Jankélévitch 2017: 19). Ein Begriff des Todes, wie ihn auch der Transhumanismus technologisch übernimmt, zerrinnt an der Unergründlichkeit seines Ereignisses, das nicht mehr im Leben geschieht, sondern es beendet. Das technologisch beförderte Projekt der Unsterblichkeit verfehlt den Menschen seinem existenziellen und sozialen Sinn nach und überwindet ihn nicht etwa. Diese Konklusion schließt den Gedanken der Unsterblichkeit jedoch nicht vollkommen aus. Sie bedeutet nur, dass sich das Bild des Menschen und elementare Formen sozialer Bezugnahme transformieren würden, sobald Möglichkeiten der Lebensverlängerung und Unsterblichkeit weiter realisiert würden. Unsterblichkeit würde nicht mehr menschliches Leben, gar ein ›ewiges Menschsein‹ bedeuten, sondern läge überhaupt nicht mehr beim Menschen in der bisher gekannten Weise. Endlichkeit lässt sich nur im Gegensatz zu Unendlichkeit und Sterblichkeit nur im Gegensatz zur Unsterblichkeit denken. Der Mensch hat demnach immer ein Verhältnis zu dem, was über die Endlichkeit hinausgeht (vgl. Denker 2014: 63). Ob der Transhumanismus diese Verhältnismäßigkeiten unterminieren wird, bleibt indes offen.

Nach der Darstellung historischer Wurzeln des Transhumanismus, seines Grundanliegens und der Sensibilisierung für die sozialen Konsequenzen eines auf technologische Verfügung angelegten Verständnisses des Todes im Transhumanismus lässt sich zusammenfassend herausstellen, dass dieser den Menschen anthropologisch und biologisch als Gattungswesen begreift, wodurch er ihn in der Einmaligkeit der Person, in der sich das Verhältnis zum Tod existenziell wie sozial und nicht als immanentes Datum des Lebens zeigt, verkennt. An seinem Verhältnis zum Tod, verbunden mit dem Ziel, diesen technologisch überwinden zu wollen, lässt sich erkennen, dass der Transhumanismus den Menschen in seiner für das soziale Leben konstitutiven Sterblichkeit nicht in den Blick nimmt. Die Überwindung des Todes als biologisches Datum würde aus einer hier eingeschlagenen Blickrichtung heraus bedeuten, das Leben zu verlassen, was ein Ende des bisher gekannten Menschen und der elementaren Formen seiner sozialen Bezugnahme bedeuten würde.

Literatur

Anders, Günther (2002): *Die Antiquiertheit des Menschen*, München.

Ariès, Philippe (1995): *Geschichte des Todes*, München.

Augustinus (2018): *Confessiones. Bekenntnisse*, Stuttgart.

Blumenberg, Hans (2015a): »Das Verhältnis von Natur und Technik als philosophisches Problem«, in: ders., *Schriften zur Technik*, Frankfurt am Main, S. 17–30.

Blumenberg, Hans (2015b): »Technik und Wahrheit«, in: ders., *Schriften zur Technik*, Frankfurt am Main, S. 42–51.

Borges, Jorge L. (1992): *Das Aleph. Erzählungen 1944–1952*, Frankfurt am Main.

Bostrom, Nick (2008): »Why I Want to be a Posthuman When I Grow up«, in: Gordijn, Bert/Chadwick, Ruth (Hg.): *Medical Enhancement and Posthumanity*, Dordrecht, S. 107–137.

Canguilhem, Georges (2006): »Descartes und die Technik«, in: Schmidgen, Henning (Hg.): *Wissenschaft, Technik, Leben. Beiträge zur historischen Epistemologie*, Berlin, S. 7–23.

Canguilhem, Georges (2018): »Maschine und Organismus«, in: ders., *Die Erkenntnis des Lebens*, 2. Aufl., Berlin, S. 183–233.

Denker, Alfred (2014): »Heimat, Technik und Gelassenheit auf Heideggers Denkweg. Eine Spurensuche«, in: Heidegger, Martin: *Gelassenheit. Heideggers Meßkirchner Rede von 1955*, Freiburg, S. 41–71.

Duran, Gil (2024): »The Tech Plutocrats Dreaming of a Right-Wing San Francisco«, in: *New Republic*, 12. Februar, https://newrepublic.com/article/178675/garry-tan-tech-san-francisco [19. November 2024].

Friedell, Egon (1976): *Kulturgeschichte der Neuzeit. Die Krisis der europäischen Seele von der schwarzen Pest bis zum ersten Weltkrieg*, München.

Fuchs, Thomas (2020): *Verteidigung des Menschen. Grundfragen einer verkörperten Anthropologie*, Frankfurt am Main.

Gebru, Timnit/Torres, Émile (2024): »The TESCREAL Bundle. Eugenics and the Promise of Utopia Through Artificial General Intelligence«, in: *First Monday* 29 (4), Art. 4.

Gehlen, Arnold (2016): *Der Mensch. Seine Natur und seine Stellung in der Welt*, Frankfurt am Main.

Gollmer, Philipp (2024): »›Wir wissen schlicht nicht, wie lange wir leben können.‹ Der Millionär Bryan Johnson will beweisen, dass der Mensch nicht sterben muss«, in: *Neue Zürcher Zeitung*, 10. Februar, https://www.nzz.ch/wissenschaft/millionaer-bryan-johnson-will-beweisen-dass-der-mensch-nicht-sterben-muss-ld.1803643 [19. November 2024].

Gronemeyer, Marianne (2012): *Das Leben als letzte Gelegenheit. Sicherheitsbedürfnisse und Zeitknappheit*, 4. Aufl., Darmstadt.

Hagner, Michael/Hörl, Erich (2008): »Überlegungen zur kybernetischen Transformation des Humanen«, in: dies. (Hg.): *Die Transformation des Humanen. Beiträge zur Kulturgeschichte der Kybernetik*, Frankfurt am Main, S. 7–38.

Heidegger, Martin (2006): *Sein und Zeit*, 19. Aufl., Tübingen.

Helmus, Caroline (2020): *Transhumanismus – der neue (Unter-)Gang des Menschen? Das Menschenbild des Transhumanismus und seine Herausforderung für die Theologische Anthropologie*, Regensburg.

Herrmann, Britta (2005): »Der posthumane Augenblick«, in: Lohmann, Margaret/Keppler, Sven (Hg.): *MenschenLeben. Zwischen Geschöpf und Produkt*, Münster, S. 62–86.

Horkheimer, Max/Adorno, Theodor W. (2022): *Dialektik der Aufklärung. Philosophische Fragmente*, Frankfurt am Main.

Huizinga, Johan (1975): *Herbst des Mittelalters. Studien über Lebens- und Geistesformen des 14. und 15. Jahrhunderts in Frankreich und in den Niederlanden*, Stuttgart.

Jank, Marlen (2014): *Der homme machine des 21. Jahrhunderts. Von lebendigen Maschinen im 18. Jahrhundert zur humanoiden Robotik der Gegenwart*, München.

Jankélévitch, Vladimir (2017): *Der Tod*, Frankfurt am Main.

Kant, Immanuel (1968): »Anthropologie in pragmatischer Hinsicht«, in: ders., *Werkausgabe*, Bd. 12, Frankfurt am Main, S. 395–690.

Karimi, Ahmad M. (2024): *Gott 2.0. Grundfragen einer KI der Religion*, Stuttgart.

Klatt, Robert (2022): »Erstmals Gehirnaktivität Sekunden vor und nach dem Tod aufgezeichnet«, in: *Forschung und Wissen*, 24. Februar, https://www.forschung-und-wissen.de/nachrichten/medizin/erstmals-gehirnaktivitaet-sekunden-vor-und-nach-dem-tod-aufgezeichnet-13375940 [19. November 2024].

Klatt, Robert (2023): »VR-Brille lässt Menschen den eigenen Tod erleben«, in: *Forschung und Wissen*, 6. April, https://www.forschung-und-wissen.de/nachrichten/medizin/vr-brille-laesst-menschen-den-eigenen-tod-erleben-13377245 [19. November 2024].

Krueger, Joel/Osler, Lucy (2022): »Communing with the Dead Online. Chatbots, Grief, and Continuing Bonds«, in: *Journal of Consciousness Studies* 29 (9/10), S. 222–252.

Krüger, Oliver (2019): *Virtualität und Unsterblichkeit. Gott, Evolution und die Singularität im Post- und Transhumanismus*, Freiburg.

Krüger, Oliver (2024): »›Tod, wo ist dein Stachel?‹ Unsterblichkeitsutopien des Post- und Transhumanismus«, in: Bormann, Franz-Josef (Hg.): *Tod und Sterben. Anthropologische Grundlagen, kulturelle Deutungsmuster und aktuelle Herausforderungen*, Berlin, S. 195–211.

Kurzweil, Ray (2005): *The Singularity is Near. When Humans Transcend Biology*, New York.

Levinas, Emmanuel (2003): *Die Zeit und der Andere*, Hamburg.

Liggieri, Kevin (2015): »›Der Mensch ist etwas, das überwunden werden soll.‹ Nietzsches Übermensch im Diskurs des Transhumanismus«, in: Baedke, Jan/Brandt, Christina/Lessing, Hans-Ulrich (Hg.): *Anthropologie 2.0? Neuere Ansätze einer philosophischen Anthropologie im Zeitalter der Biowissenschaften*, Münster, S. 135–155.

Loh, Janina (2018): *Trans- und Posthumanismus zur Einführung*, Hamburg.

Merleau-Ponty, Maurice (1986): *Das Sichtbare und das Unsichtbare*, München.

Mirandola, Picco della (2023): *De Hominis Dignitate. Über die Würde des Menschen*, Stuttgart.

Moravec, Hans (1990): *Mind Children. The Future of Robot and Human Intelligence*, Cambridge.

More, Max (2013): »The Philosophy of Transhumanism«, in: ders./Vita-More, Natasha (Hg.): *The Transhumanist Reader*, Hoboken, S. 3–18.

Müller, Oliver (2014): »Prothesengötter. Zur technischen Optimierung von Menschen«, in: Liebert, Wolf-Andreas/Neuhaus, Stefan/Paulus, Dietrich/Schaffers, Uta (Hg.): *Künstliche Menschen. Transgressionen zwischen Körper, Kultur und Technik*, Würzburg, S. 69–81.

Nietzsche, Friedrich (1982): »Also sprach Zarathustra«, in: ders., *Werke in drei Bänden*, Bd. 2, München, S. 275–563.

Planert, Ute (2023): »Todesarten. Zum Umgang mit dem Tod in Kultur und Geschichte«, in: dies. (Hg.): *Todesarten. Sterben in Kultur und Geschichte*, Köln, S. 7–21.

Sartre, Jean-Paul (2016): *Der Existenzialismus ist ein Humanismus*, Hamburg.

Savin-Baden, Maggi/Mason-Robbie, Victoria (2020): *Digital Afterlife. Death Matters in a Digital Age*, London.

Shaw, Neil (2023): »New Machine Lets you Experience what it is Like to die«, in: *Coventry Telegraph*, 29. März, https://www.coventrytelegraph.net/new-machine-lets-you-experience-26582637 [19. November 2024].

Simmel, Georg (2001): »Metaphysik des Todes«, in: ders., *Gesamtausgabe*, Bd. 12: *Aufsätze und Abhandlungen 1909–1918 I*, Frankfurt am Main, S. 81–97.

Simmel, Georg (2016): *Soziologie. Untersuchungen über die Formen der Vergesellschaftung*, Frankfurt am Main.

Sorgner, Stefan L. (2017): »Nietzsche, the Overhuman, and Transhumanism«, in: ders./Tuncel, Yunus (Hg.): *Nietzsche and Transhumanism. Precursor or Enemy?*, Newcastle, S. 14–27.

Tamborini, Marco (2024): *Biorobotik zur Einführung*, Hamburg.

Tipler, Frank (1994): *The Physics of Immortality. Modern Cosmology, God and the Resurrection of the Dead*, New York.

Watzka, Heinrich/Herzberg, Stephan (2020): Einleitung zu: dies. (Hg.): *Transhumanismus. Über die Grenzen menschlicher Selbstverbesserung*, Berlin, S. 1–29.

Wittgenstein, Ludwig (2022): *Tractatus Logico-Philosophicus. Logisch-philosophische Abhandlung*, Stuttgart.

They are (not) gone

Why it is Necessary to Recognise the Dead in the (Post) Colonial Re-Reading of Recognition Theory

Sie sind (nicht) fort

Warum es notwendig ist, die Toten in der (post)kolonialen Neubewertung der Anerkennungstheorie zu berücksichtigen

Gabriele Fischer und Nina Rabuza

Recent theories of recognition refer to living and acting subjects. They generally do not offer reflections on the meaning of violent death. In this article, our aim is to widen the perspective of recognition theory on death by referring to Theodor W. Adorno and Judith Butler. Without burial, mourning and grieving, there is a lack of recognition beyond death. In the light of Adorno's thinking on the relations between death, society, and subjectivation, we discuss how commemoration in the First World War was used as a tool to deny or grant recognition to colonised soldiers. Using Butler's notion of grievability, we analyse how the struggles for recognition of the Herero resistance aim to shift the frames of subjectivation. We use these historical references to illustrate our theoretical reflections.

Recognition theory, remembering, Adorno, grievability, colonial history

Die soziologische Anerkennungstheorie bezieht sich auf lebendige und handelnde Subjekte und eröffnet zumeist keinen Blick auf die Bedeutung des gewaltsamen Todes für Anerkennungsverhältnisse. Dieser Beitrag zielt darauf ab, die Perspektive der Anerkennungstheorie im Hinblick auf den Tod zu weiten. In Auseinandersetzung mit Theodor W. Adornos und Judith Butlers Überlegungen zum Verhältnis von Tod und Gesellschaft diskutiert der Artikel Tod und Trauer: Ausgehend von Adornos Überlegungen zum Verhältnis von Tod, Gesellschaft und Subjektbildung wird diskutiert, wie das Kriegergedenken im Ersten Weltkrieg genutzt wurde, um Soldaten aus Kolonialtruppen Anerkennung zu gewähren oder zu verweigern. Mit Butlers Begriff der Betrauerbarkeit analysiert der Beitrag, wie die Kämpfe um Anerkennung darauf zielen, die Rahmen der Subjektbildung zu verschieben. Die Bezüge zu kolonialer Vergangenheit dienen als Beispiele für die theoretische Argumentation.

Anerkennungstheorie, Erinnern, Adorno, Betrauerbarkeit, Kolonialgeschichte

Introduction

From 1894 until 1915, the region of today's Namibia was a German colony called German South West Africa.[1] A postcard published during that time shows five ›white‹[2] men dressed in workers' uniforms. They are standing in an area surrounded by an approximately two-meter-high wooden fence which is constructed in such a way that nobody can see in from the outside. On the top of the fence, barbed wire reinforces the separation between the inside and the outside. To avoid misunderstandings: the five men on the postcard are not prisoners. On the contrary, they represent the so-called German ›Schutztruppe‹, which was the military presence of the German Reich in the colony of German South West Africa. One of the soldiers is putting a skull in a wooden box while the other four men are watching him and smoking cigarettes. On the back of the postcard is written »Shipment of Herero skulls intended for German universities and museums« (Stoecker 2013: 448). The long row of skulls displayed in the background gives an idea of how many boxes these soldiers are going to ship.

There is no indication of when the postcard was printed but it is very likely that it shows a situation in the concentration camps on Shark Island, where inhuman living conditions killed thousands of Herero and Nama between 1904 and 1908. Researchers in Germany, mostly anthropologists, physicians and biologists, used the bodies of the dead to study ›racial differences‹. They sent demands to the colonies concerning how many bodies they needed, and the colonial troops responded correspondingly. In the period from 1904 to 1908, Africans, mostly Herero and Nama murdered by the ›Schutztruppe‹, were used for research purposes in Germany (ibid.: 447). The concentration camps on Shark Island were an integral part of the extermination policy of the ›Schutztruppe‹ against the Herero and Nama, in response to their anti-colonial resistance. The consequences of this genocide committed by German soldiers are still felt today.

In addition to the racist intentions of the German researchers, the practice of ›ordering bodies‹ is an objectivation of the dead who are treated like commodities. The picturing of skulls on a postcard, which could be sent to relatives and friends in Germany, shows how the legitimacy of these practices was not questioned within German society.

Even today, when museums and research institutions are faced with restitution demands from Herero and Nama, the skulls are often referred to as objects in a collection. But they are in a specific sense subjects and should be treated as

1 We would like to thank Eva Bahl, Jacky Mercey and Katharina Ruhland for their very helpful and constructive feedback on previous versions of this text. We also thank the reviewers for their inspiring remarks and Ruth Schubert for a helpful final proofreading.

2 We highlight the notions ›black‹ and ›white‹ in order to express the social construction of racial differences.

such, as Thomas Schnalke, director of the Museum of Medical History of the Charité Berlin, has stated (cf. Terkessidis 2019: 51). This is thus an example of the relation between recognition of death and recognition of the subject, which needs to be analysed and discussed theoretically.

The postcard shows the use of mortal remains as objects for science, but also as a means of colonial rule in a racist discourse. The skulls were used to prove racial theories and thus legitimise colonialism. The postcard depicts skulls and bones, but it does not say who died, or why. It does not show what effects the death and its objectivation had on the families and friends of the dead. Even though the human beings that have been objectified in death died more than 100 years ago, restitution of the skulls is vital to the Herero and Nama community to this day. Herero and Nama are fighting for posthumous recognition of these destroyed lives as social subjects.

This example shows that death means more than the end of the physical existence of an individual. The death of someone who belonged to a community changes its social structures. By the practice of mourning, the social structure has to be re-ordered (cf. Sörries 2012: 68). The living have to make sure that the dead pass the threshold that divides the world of the living from the world of the dead. The dead are, in a specific sense, still subjects that need to be recognised and addressed as such. In the colonial context, violent death, failure to recognise death, denial of an opportunity to bury the dead and thus allow a process of mourning, hurts these societies to this day.

Violent rule not only decides who lives and who dies, but also determines death and the dead. In this way, death becomes a question of power that contradicts Michel Foucault's idea of modern death as the absolute boundary to sovereigns' power (cf. Foucault 1977: 159 ff.) It is not only about the question of who lives and who dies, but also of who dies in which way and what happens to the mortal remains. By not allowing people to mourn and bury their dead, the sovereign maltreats the bereaved, their need to mourn, and the symbolic order of the society. Even death itself is violated. The dead subject is not fully integrated into the symbolic order of death, and thus cannot be properly remembered.

We could claim that disrespect of death implies destruction of the subject. In this respect, recognition goes beyond life. Our aim is to open up perspectives on recognition of what we call the destruction of the symbolic order of death. We want to widen the understanding of recognition by theoretically framing the connection between death, subject, society and recognition.

Axel Honneth's theory of recognition is limited when it comes to the recognition of death. In his book *The Struggle for Recognition*, Honneth is interested in the formation of living and acting subjects and the structure of conflict in a society. Recognition is thus limited to living subjects and their »physical identity« (Honneth 1994: 6). Honneth's notion of recognition does not offer a framework for analysing what it means to disrespect death by violent rule. For him, the process of subjectivation remains untouched by history, violence and power. He does not consider the possibility of total destruction of the subject by force.

In this article, we want to address these aspects in connection with historical constellations of colonialism and post-colonial struggles for recognition, and discuss them using a theoretical framework that goes beyond the recognition theory of Honneth (1994; Fraser/Honneth 2003). We, the authors, are both scholars informed in postcolonial studies, though not experts in that field. We see a gap in recognition theory that might be caused by its Eurocentric and ahistorical perspectives.

We refer to theoretical thinking focusing on death and mourning as elaborated by Theodor W. Adorno and Judith Butler, two philosophers who have worked on death and society. Firstly, we will discuss the limits of Honneth's notion of recognition when considering death. Secondly, by closely examining Adorno's text »Abdeckerei«, we present an analysis of the meaning of death that highlights the interactions between history, society and subjectivity that produce the image of death. We discuss Adorno's idea of individual death in the light of the mass dying during the First World War, and ask how soldiers belonging to French and British colonial troops are commemorated, and how commemorating dead soldiers became a sign of colonial power. Thirdly, we introduce Butler's notions of grievability and recognisability and discuss the example of the commemoration on the Waterberg.

We are aware that, for different reasons, neither Adorno nor Butler are post-colonial theorists. Adorno in particular hardly considers colonialism in his work. Nevertheless, we believe that his basic thoughts on the meaning of death are relevant for developing a theoretical approach to linking death and recognition.

Honneth's concept of recognition and its limits regarding death

As stated above, the rituals of mourning and burial are social practices recognising death. Living subjects bid farewell to those who have passed away. Signs of remembrance, like graves, altars, pictures of the deceased, or stories, integrate death into time and space. Through these memory practices, dead subjects are transformed into subjects of remembrance. Practices that recognise subjects beyond death imply the aspect of time, since they are recognised as subjects beyond their lifetime, potentially until eternity.

The intersubjectivity of recognition continues to be relevant posthumously, since even though dead subjects do not act themselves, they become acting subjects through mourning rituals, especially dialogues with them at their graves or with their pictures. Talking to them, imagining their responses or their support, can be important for the self-esteem and self-respect of living subjects, which is, according to Honneth, a result of recognition. And practices of mourning and interacting with dead subjects can be interpreted as a way of recognising death, as well as the dead.

As seen in the example given at the beginning, rituals of mourning and burial were often denied to colonised people by colonial violence, the dead bodies instead being treated as commodities and objects of ›white‹ scientific interests. Denying the recognition of dead subjects is equivalent to a destruction of the subject beyond death. However, as we will show, practices of mourning continued to exist as a social need and as an act of resistance.

Although Honneth is one of the main writers in the field of theoretical concepts of recognition, he does not refer to the recognition of death. He conceptualises three stages of intersubjective recognition: love, having rights, and social esteem. According to him, these three stages of recognition are required to develop the status of an autonomous subject and a non-violated self. Analogous to these three stages of recognition, he conceptualises three stages of disrespect: rape, loss of rights, and abasement. In both cases, recognition as well as disrespect, Honneth's theory focuses on personal identity and integrity. According to Honneth, their violation, caused by a lack of recognition, initiates social conflicts and leads to social change. Although Honneth developed his thinking after colonialism and after Nazism in Europe, he only refers to a concept of the bourgeois subject that is able and entitled to act, react and fight for recognition. The fact that in colonialism, recognised subjects in Honneth's sense destroyed colonised subjects by colonising their societies and depriving them of their status as subjects, is not itself part of Honneth's theoretical framework. This simultaneousness of normative orders of recognition in Europe, and the destruction of subjects within these normative orders during colonialism, as well as during Nazism, raises questions about theoretical concepts of recognition. In the historical context of colonialism, as we have argued above, not recognising the death of individuals was a crucial aspect of not recognising the colonised subjects as subjects. There is therefore a theoretical gap in understanding recognition, which becomes even more obvious with a postcolonial perspective.

In order to fill the gap, we need to find theoretical approaches which connect subjectivity, death, society and history. We start with Adorno, who discusses death, and the way societies deal with it, as part of an ideological framework of modern capitalist societies.

The Metaphysics of Death and the remembrance of First War soldiers

Adorno, like Honneth, follows a Hegelian approach to the formation of the subject. Both thinkers see subject formation as a process in which the subject gains experiences in the social world and thus develops a specific form of being. In Honneth's model, this ideal process of subjectivation leads, via various stages of recognition, to an autonomous subject. Adorno, on the other hand, places history, society and suffering at the core of his theory, and thus opens up a perspective on the violent and irrational aspects of the becoming of a subject and the real historical developments that are contradictory to the ideal process of subject formation. Death is not excluded from his thoughts here, but is considered to be a central aspect of understanding life.

»Abdeckerei«

Under the heading »Abdeckerei«[3] (Adorno 2020: 246 ff.), Adorno analyses death's relation to history and subject formation. Adorno does not discuss the biological process of dying, but rather the metaphysical category of death, or, in other words, a philosophical or religious account of dying that proclaims the existence of an entity »death« that seems to lie beyond history. Adorno criticises the idea that we can know anything about metaphysical entities like death. For him, knowledge starts with experience. We may observe dying, but we do not have any experience of an entity that is called death. He understands the categories of metaphysics as an ideology that covers up the structure of society. At the same time, analysing the categories of metaphysics may reveal the truth about society: »Metaphysical categories are not merely an ideology concealing the social system; at the same time, they express its nature, the truth about it, and in their changes are precipitated those in its most central experiences.« (Ibid.: 246)

As a Marxian thinker, Adorno reads the metaphysical categories as belonging to the ideological superstructure of society. His aim is not only to reveal their ideological function, but also to analyse them as phenomena that are rooted in experiences the subject gains in society. Following Georg Wilhelm Friedrich Hegel's notion of experience, Adorno understands experience as a dialectical process of gaining knowledge between the subject and the object. In Hegel's phenomenology of spirit, this process ends with the identification of subject and object in the absolute knowledge of the rational reality. Adorno rejects this

3 The word *Abdeckerei* in German means a facility for disposing of old and unwanted animals, especially horses that are not able to work anymore. Adorno's book *Minima Moralia* was originally published in 1951. The English translation by E. F. N. Jephcott translates »Abdeckerei« as »knackery«, a term that seems to be uncommon today.

idea of rational reality. For him, history has shown that the world is not rational, following the needs of humankind, but a totality that seems unchangeable to the subjects and under which the subject suffers. The subject therefore does not experience and evolve in contact with rational reality, but suffers under the real structures of society. These experiences are both individual and collective. Of course, only individual human beings have experiences. But every individual experience is mediated by the collective ways we perceive and express the world we are living in.

Adorno classifies experience as »central« (ibid.: 246). It is not entirely clear what central means in this context. It might refer to experiences that everyone has in his or her lifetime, like the experiences of being born, growing up, ageing, dying, and the experience of losing others. Central experience might also describe specific experiences that belong to an epoch's Zeitgeist and thus allude to the change of experience in history, like the new experience of acceleration in the 19th century. Death, the main aspect of this article, might be both: central in the sense that it belongs to every human's life, but experienced differently in modernity.

In 19th Century Europe, religious beliefs about death were challenged by a secular and scientific view on death and dying. For Adorno, this new image of death is caused by the changing economic structure of capitalist societies and their specific form of subjectivity, the autonomous individual:

> »Its [death's] dignity used to resemble that of the individual. His autonomy, economic in origin, culminated in the conception of his absoluteness once the theological hope of immortality, that had empirically relativized it, began to pale. To this corresponds the emphatic image of death in which the individual, the basis of all bourgeois behavior and thinking, was entirely wiped out. Death was the absolute price for the absolute value. Now it shares the ruin of the socially defunct individual.« (Ibid.)

The absolute autonomy of the bourgeois individual seems to cut off any bonds to the afterlife, as they would diminish its self-determination. This results in an image of death as the absolute end of the individual. Adorno's thoughts on subjectivity and death correspond to changes in burial practices. In the 19th century, the bourgeois class erected enormous grave monuments in huge park cemeteries. They remembered the male individual and his achievements in life. Not the afterlife and hope for salvation, but the individual's life and success became the center of commemoration, and thus corresponded to the formation of the individual in capitalism.

Adorno's critique of metaphysics takes a dialectical turn when he analyses the way of dying and the destruction of death in the 20th century. Death stripped of any metaphysics turns into a dreadful nightmare that is both symptom and cause of destroyed life. While Adorno sees the autonomous, bourgeois individual as the model of subjectivity in the 19th century, he thinks about the alienated and isolated individual of modern mass society as the role model for his critique of subjectivation and death in the 20th century. Death now follows the ideology of a capitalist society in which one unit of human capital can be exchanged for another (ibid.: 247). The dead body, the material substrate of death, which was part of a ritual process, became the dirty remnant that had to be taken care of in a clean and efficient manner. The Nazi concentration camps as death factories are the model of this thought, and the title »Abdeckerei«, points to this – in the early 20th century, human corpses are reduced to carcasses that must be disposed of.

Adorno shows that the way we die, bury the dead, mourn, and remember (or forget) the deceased reveals not only how we treat death in our society, but also how we live. The metaphysics of death is not separate from the living subjects, but offers us an insight into our understanding of subjectivity and life. He develops his thoughts on death with reference to the capitalist societies of Europe and North America of the 19th and 20th centuries, where the autonomous individual as a historical form of subjectivation rises and declines. Perhaps more importantly, Adorno formulates these thoughts after the end of World War II. It is one of his early attempts to understand the Nazi politics of death and the murder of the European Jews. In contrast to his later writings, in which he focuses on Antisemitism as the main reason for Auschwitz, he sees the terror and the murder in the concentration camps, and the rise of fascist mass movements, as being directly connected to the logics of capitalist exploitation. Though his thoughts may not explain the singularity of Auschwitz, Adorno alludes to the ideological aspects of the metaphysics of death. Following Adorno, we can ask which power structures lie behind burial practices and historical concepts of death, and how they are linked to society. Secondly, with his historical account of the individual and their death, we can analyse the status of subjects in death and burial practices in the colonial context, even though Adorno himself did not consider colonialism. As we will see in our example of the First World War, remembering the dead is used to deny individualisation to the colonised or to include them in the imperial narrative.

Death and war commemoration

The remembrance of dead soldiers of the First World War in France, Britain and Germany is a two-sided phenomenon. On the one hand, it can be seen as the peak of individual war commemoration: soldiers were remembered by name, they received, if possible, an individual grave, and the families of the fallen were informed by the state administration (cf. Laqueur 2018: 462). This treatment of dead soldiers was a phenomenon that stretched back to the 19th century and led to the landscape of war memorials we find along the frontlines of World War I.

On the other hand, these huge war cemeteries became mass ornaments in which the individual disappears (cf. Rabuza 2023: 117). Following Adorno's analysis, they are expressions of both the individualisation of death and the replaceability of the soldier in the mass dying on the battlegrounds and in the trenches.

During the mass dying in World War I, identifying and burying the dead became a central government task in France, Germany and Britain that required a huge bureaucracy (cf. Laqueur 2018: 461). This effort had no direct military reason, but rather an ideological purpose – to give families at home and other soldiers the possibility to mourn (ibid.: 462 f.). The ideology of heroic death in the field had already been questioned by pictures and experiences of the soldiers that returned home. However, every dead soldier was recognised and honored by the state. What does this recognition of the death of a citizen look like for the soldiers from the periphery of the French and British empires?

Both the British and the French used soldiers and laborers from their African colonies in their troops before the First World War. In the racist view of the colonial rulers, ›black‹ soldiers were seen as outstanding fighters. They were imagined as physically strong and obedient. The enrollment of ›black‹ soldiers was conceptualised as a contribution to the empire's interest. Using the examples of France and Britain, Suryakanthie Chetty and Ruth Ginio (2015) show how the relatively new concept of individual war commemoration was applied as a tool of colonial propaganda in two different ways: whereas the British excluded ›black‹ soldiers from the new egalitarian tendencies of British war commemoration, the French included them.

Chetty and Ginio describe how the Imperial War Grave Commission in the East African British Colonies differentiated between the graves of ›white‹ soldiers and those of ›black‹ soldiers. ›White‹ soldiers were, if possible, identified and buried individually, as in Europe. The mortal remains of ›black‹ soldiers and laborers were not treated in the same way but were buried in mass graves. Chetty and Ginio quote colonial officers who wanted the mortal remains of ›black‹ African soldiers »to revert to nature as speedily as possible« (ibid.).

By denying them a proper burial and leaving their corpses to rot like carcasses, ›black‹ soldiers are not recognised as individuals and equals but subjugated under the racist gaze that links them to nature and denies them the status of individual human beings. As Stuart Hall has shown, practices of producing the »Other« in the history of modern imperial rule also served to stabilise the identity of the imperial subject (Hall 1994: 178). Following Hall, we can interpret the different burial practices as attempts to establish the status of ›white‹ soldiers as individuals who must be commemorated, and as reinforcing the racist difference between ›white‹ and ›black‹ soldiers. Thomas Laqueur (2018: 471) shows that class differences were levelled in remembrance policies during the Great War to establish an egalitarian cult of the fallen soldier. It seems that, at the same time, racist differences were highlighted.

While the British colonial troops served mainly in Africa, more than 500.000 French colonial soldiers fought in the trenches on the Western Front in Europe. The dead soldiers were usually buried and remembered in the same way as the ›white‹ soldiers were, so that graves of colonial soldiers can be found in French military cemeteries from both the First and the Second World Wars. Doubtless there were, and still are, cases of forgotten and neglected gravesites or mass graves, but overall, French war commemoration propagated the idea of republicanism: anyone who lost their life for the Empire should be remembered.

In colonial propaganda, fighting and dying for France was presented as proof of being or becoming a French citizen with full civil rights and duties. In the case of Senegal, fighting in the war was linked to the possibility of gaining rights, as Joe Lunn has shown in a pioneering study on Senegalese soldiers (cf. Lunn 1999: 65 f.). In France, these colonial soldiers are represented in the figure of the ›tirailleur sénégalais‹. This figure represents not only soldiers from Senegal, but soldiers from all over French West Africa (cf. Fell/Wardleworth 2016: 320) who fought in both World Wars. It honors the contribution made to the French empire by soldiers from the colonies, as well as reproducing the racist picture of the childlike, obedient and physically strong soldier.

The way French colonial soldiers are remembered has changed in France and in the colonies over the last 100 years. Especially in the 1960s, in the age of decolonisation, they were seen in France as victims of colonial rule rather than as heroes, whereas in Senegal, they were perceived as a symbol of colonial rule (ibid.: 326). During the First World War centenary in 2014–2018, public interest in the colonial troops revived. They were often conceptualised as forgotten heroes that should be represented in French society and integrate them in the French nation (ibid.: 329 f.). Thus, recognition of the dead in this case mainly meant recognising them as part of France and reestablishing the memory of the French empire. The ambiguous attitudes towards colonial soldiers in public debates in Senegal, for example, where they were not only seen as heroes, but also as traitors (Ginio 2006: 143 f.), are concealed in this public memory.

The French and the British examples show us two different ways of legitimising colonial rule through remembrance policies. In the British example, denying burial reiterates the racist picture of the colonised as ›the others‹. By regarding the corpses of ›black‹ soldiers as something to be returned to nature in mass graves, they are not recognised as subjects to be remembered. Following Hall, this practice not only debases ›black‹ soldiers, but also served as a leveler on class differences in the British society.

In France, the dead soldiers from the colonies are remembered within the colonial framework, and used to strengthen the French idea of the *Grande Nation*. They are integrated into the nation by concealing ambiguous attitudes towards France, as the case of the Senegalese soldiers underlines.

Coming back to Adorno, the ideological metaphysics of death helps to legitimise colonial rule in two ways: by integrating the fallen colonised soldiers into the empire, as the French example shows, or by reiterating a racist view of colonised soldiers as ›the others‹. We can conclude that the way colonial soldiers are remembered in the former colonial centers reflects the connection between death and the status of the subject that was attributed to the specific dead soldiers.

A critical recognition of the death of human beings who lost their lives serving in colonial armies would make visible their suffering and pain, the historical circumstances of their death, their experiences of violence in colonialism, and would offer a way to represent and remember them as acting individuals. It seems obvious that death is also crucial for the recognition of living subjects. To fully understand this, we have to ask which social conditions and which power relations lead to differences in recognising death, or even to a complete disrespect of the death of individuals.

Judith Butler: Grievability of life

In order to discuss these questions, we refer to Judith Butler who connects death and recognition. Like Honneth and Adorno, Butler is also a Hegelian thinker focusing on subject and society. Their focus, however, lies on the powerful processes that produce subjects and subject positions.

Recognisability, grievability and precarity of life

With regard to recognition, Butler calls for its precondition, introducing the theoretical figure of recognisability which they conceptualises as »general conditions that prepare or shape subjects for recognition« (Butler 2009: 5). Recognisability does not refer to personhood or personal identity, as Honneth frames it, but describes normative and social conditions (frames) which make the act of recognition possible. In the essay »Precarious Life, Grievable Life«, Butler connects this figure of recognisability with life, death and grief, and draws attention to the frames through which »we apprehend or, indeed, fail to apprehend the lives of others as lost or injured (lose-able or injurable)« (ibid.: 19). Butler does not conceptualise life as ontologically given but connects it to recognisability, and thus to the powerful mechanisms of normative frames. These widen and limit the conditions which lead to more or less recognition. Butler does not refer to recognition as result, but focuses on the social conditions which produce and allow a hierarchy of recognition.

Butler differentiates between ›living‹ and ›life‹. Life in their thinking is produced by the normative frames of recognisability, so life has to conform to certain conceptions of what life is, in order to become recognisable, whereas living has not yet passed the normative frames of recognisability (ibid.: 7). Only when living is recognisable as life does the death of this life matter, it is seen as grievable and finally is grieved for. So Butler connects the recognition of death to the conditions under which life has been treated as recognisable. Death in Butler's notion can not only be understood as the loss of a human being. There are differences in how death matters to society. These differences can be understood as a continuity of powerful symbolic hierarchies of recognisability beyond death.

As a second important point, Butler understands life itself as precarious, because we all have to die. This means that our life always depends on others who protect us, or who do not threaten our lives. The exposure to precariousness is not equally distributed, but connected to social and political conditions that endanger some lives more than others. Thus, even though Butler sees precariousness as a »feature of all life« (ibid.: 25), different conditions lead to different exposures to precariousness. Butler objects to this »differential allocation of precariousness and grievability« (ibid.: 22) and calls these different ways of being exposed to precariousness »precarity« (ibid.: 25 f.). These can be economic and social conditions or lack of protection. Precarity also implies – and this is important for the question we are discussing in this article – an ambivalent reference to the nation-state. The nation-state claims as one of its responsibilities the protection of its citizens. At the same time, the nation-state is an institution that produces precarity and endangers life. Hence »to be protected from violence by the nation-state is to be exposed to the violence wielded by the nation-state (ibid.: 26).

Since Butler is interested in social processes, they does not refer only to precariousness, recognition and grief, but also to the social and political conditions that produce differences in the allocation of these figures which are precarity, recognisability and grievability. As we can see, Butler connects life and death to frames of power: normative power that produces recognisability and grievability, and political power that produces precarity.

Butler develops those thoughts by referring to war, namely the war of the US against Iraq after 9/11. They asks how we can understand that life is destroyed in order to protect life, and argues that the lack of grievability of lives in Iraq by the US-Americans leads to the production of different grievabilities in the US or in Europe, for example regarding immigrants from Muslim countries.

Although Butler does not refer explicitly to colonialism, their thoughts can be transferred, but must be adapted to the specific historical constellation of colonialism.

The example given at the beginning shows that grievability of the dead in the camps on Shark Island was explicitly denied, since their skulls were objectivised as commodities and shipped for scientific purposes to German research institutes. They were killed by the German ›Schutztruppe‹, to whom their lives did not matter at all, so they were not recognisable as life in the sense meant by Butler. During colonialism, as Park (2015) shows, it was an instrument of suppression to actively deny acts and practices of mourning and grief to colonised people. Thus, we have to discuss not only the »differential allocation of grievability« as conceived by Butler, but also the denial of grievability as an instrument of oppression and destruction of the subject. Denying grievability means denying the recognition of death, since the lost life is not framed as recognisable. As shown by the demands of the Herero and Nama for restitution of the skulls taken from Shark Island by the Germans, and their struggle for recognition of this colonial extermination policy as genocide by the German government, the posthumous recognition of death seems to be a core issue in postcolonial struggles. We argue that these demands are related to a posthumous desire for restitution of grievability of the lost lives and, at the same time, for framing these lives as recognisable.

The fact that these demands are articulated imply that grievability has survived with those Herero and Nama who were not killed and who transferred the memory of the lost lives to their descendants. From a postcolonial perspective, we suggest analysing how the denial of grievability is used as an instrument of political oppression and destruction. And we wish to show that struggles for the grievability of murdered ancestors are, in a postcolonial context, also struggles for recognisability of the dead subjects, as well as of their descendants who are still alive. We will illustrate these thoughts with a historical example that precedes the camp on Shark Island: the massacre at Waterberg. This example is different from the one discussed above with reference to Adorno. As shown above, colonised people were called, or forced, to fight for France or the UK as imperial states, but their deaths as soldiers fighting for the colonisers were not adequately recognised. By contrast, the battle of Waterberg was fought by the German ›Schutztruppe‹ against Herero resistance fighters, so there are two frames of grievability, depending on the perspective – German or Herero. Furthermore, a transfer of grievability from the colonial to the postcolonial context can be observed. The demands of the Herero have become more audible and an important part of the discourse. This example shows the power relations that are implicit in the differences in social grief and their relation to shifts in recognisability.

Grievability and the Waterberg massacre in German South West Africa

During the battle of Waterberg, the anti-colonial resistance of the Herero against the German ›Schutztruppe‹ was broken. Herero soldiers escaped into the desert and German troops cut off their way back to their water sources. The leader of the ›Schutztruppe‹, Lothar von Trotha, gave the order to completely exterminate the Herero. Many of them died of thirst in the desert, thousands of others were captured and taken to the camp on Shark Island where they died of hunger and hard work. Some of them managed to reach the region of today's Botswana, which was then a British colony (cf. Melber 2013: 474). Larissa Förster (2010) has published in-depth research on remembrance and mourning practices regarding the soldiers involved in the battle at Waterberg. We mainly refer to her research in developing our argument.

In 1908, immediately after the end of the Herero wars, the first individual graves for German soldiers were inaugurated at Waterberg. As we can see, the above-mentioned individual remembering of soldiers was also established for the colonial troops in the colonies themselves. To this day these graves serve as a reference point for narratives of colonial heroism handed down over generations by German settlers and German institutions such as the *Volksbund deutscher Kriegsgräberfürsorge*.[4] The graves are shown during touristic tours for German visitors in Namibia, where they ›learn‹ about German colonial history (cf. ibid.: 88 ff.). In spite of having participated in the mass murder of the Herero, these soldiers are still framed as recognisable, since they are seen as German soldiers. The German settlers who impart their knowledge on these tours tend to use the names and biographies of these soldiers in order to make history more »human« as one of them stated (ibid.: 97). The Herero soldiers are not mentioned at all in this context.

The Herero victims have not, however, disappeared. As Förster shows, the Herero memorise the war at Waterberg as a traumatic historical event because so many people died during their escape, and there was no time to bury them and mark their graves. The Herero groups were split up, some of them going into exile in Botswana, while others were detained in camps (ibid.: 132 f.). Nevertheless, recent generations know about the history and the biographies of the murdered Herero. Förster points out that oral history is crucial for the Herero. Events and people are remembered through (hi)stories told by oral historians, or through songs that tell the stories and are sung during collective events (ibid.: 118 ff.). During a field trip to the Waterberg battleground that Förster made with a Herero oral historian, she learned the names of Herero soldiers together with the places where they were killed. Graves do not exist to this day (ibid.: 141 ff.).

4 This is an organisation charged by the government of the Federal Republic of Germany with recording, maintaining and caring for the graves of German soldiers.

The stories and songs of the Herero groups tell not only of suffering and death, but also of resistance and anti-colonial heroism (ibid.: 125 ff.). This underlines the agency and self-empowerment of the Herero groups during colonial rule. Although the German colonisers did not remember the Herero soldiers at all, the lives of the dead Herero soldiers were framed as recognisable and grievable by the Herero themselves. And the Herero found ways to remember them and to mourn.

With regard to grievability within colonial settings, we have to ask who frames whose life as recognisable and grievable, and we have to ask about the relation between different grievabilities in one setting. Referring only to the denial of grievability by German soldiers would reproduce the colonial perspective of imperial power and objectivation of the colonised subjects. Focusing on the narratives of the colonised subjects emphasises the fact that the death of their relatives and ancestors mattered and still matters to them. This means that the colonial attempt to destroy the subject by denying grievability failed, and practices of grief and mourning can be interpreted as acts of resistance against desubjectivation.

Förster shows that public commemoration of the battles during the Herero wars was started in 1923 by both German settlers and Herero groups. German settlers and former soldiers initiated a commemoration event at the graveyard for German soldiers close to the Waterberg plateau. Since then, colonial narratives of heroism are reproduced at these events every year. German-language newspapers always covered the events, and representatives from Germany took part. Even though the German Reich was no longer in control of the country after 1915, the commemoration event still represented the German Reich as if it were (ibid.: 189 f.). To this day, and this seems even stranger, German institutions such as the Volksbund deutscher Kriegsgräberfürsorge, German scouts, German tourists and German revisionists take part.

In 1923 the Herero started a commemoration event which they called Maherero Day. This event takes place in Okahandja, not far from Waterberg, where the former Herero leader and anticolonial resistance fighter Samuel Maherero was buried shortly after he died in exile in Botswana in 1923. His body was transferred to Okahandja. For many Herero, his grave is still an important place to remember the Herero fighters who died during the war at Waterberg (cf. Melber 2013: 478). Thus, in addition to the above-mentioned oral history, public remembrance is also important to the Herero and – as we will show – it is important for the shift of the postcolonial discourse regarding normative frames of grievability and the visibility of the Herero perspective.

Until the 1960s, these events took place separately. In 1964, on the occasion of the 60th anniversary of the battle of Waterberg, the leader of the Herero Chiefs Council, Clemens Kapuuo, criticised the organisers of the German Waterberg commemoration for not mentioning the extermination policy of Lothar von Trotha. He demanded an end to these events because they continued to remind the Herero that they were not free and independent. At that time, the region was governed by the South African Union (cf. Förster 2010: 205). The ›Alte Kameraden‹ former German soldiers, denied that von Trotha had an extermination policy, and insisted on holding their event. They argued that Germans did not criticise Maherero Day, and so they, the Germans, would not accept critique in return. Kapuuo responded by saying that the organisers »treat Non-whites with disrespect« (ibid.: 205) and claimed that the Herero wanted to leave the past behind them and focus on the future, which, however, was not possible »if some people try to remind us of the bad past« (ibid.). With this, he was referring not only to the extermination policy of von Trotha and the German ›Schutztruppe‹, but also to the silence with which it was treated during the commemoration event. Kapuuo's intervention can be interpreted as a first step toward a struggle for grievability – he demanded nothing less than recognition of the violent death of Herero people during the German colonial period which the ›Alte Kameraden‹ rejected. In the following years, the Herero criticised the event more and more, until it was seen as revisionist, even in German discourses.

Postcolonial struggles for grievability

What does all this mean with regard to the struggle for grievability? In postcolonial settings, former colonised subjects not only fight for the recognition of their dead ancestors, but also have a desire to change the frames of recognisability of life and grievability of the former coloniser. The struggle for grievability aims at the posthumous recognition of the dead as subjects, which implies a fundamental change in historical narratives, as well as in commemoration practices in the former colonies and in the former colonising countries. The current demand for restitution of mortal remains are strongly connected to the concept of grievability. These mortal remains belong to persons who never had the status of a recognised subject in life or in death. It is not possible to posthumously compensate or undo this rejection of recognition. If they are returned, these mortal remains will be connected to individual lives which were destroyed. These lives will then be seen as grievable.

Postcolonial struggles are thus struggles not only for recognition of the dead and of colonial suffering, but also for a fundamental change in the normative frames of recognisability and grievability in the societies of former colonisers, or even on a global level. They refer not only to the subjects who were killed during colonialism, but also to their descendants who are still fighting to redefine post-colonial frames of recognisability.

Closing remarks

In this article we have shown the necessity of incorporating death into recognition theory. Theoretical concepts like those of Axel Honneth refer only to living subjects, so that the refusal to recognise death or the disrespect shown by denying opportunities for mourning cannot be taken into account. Furthermore, destruction of the subject by force, as happened in colonial times, is not part of the theoretical framework on recognition. We started with Theodor W. Adorno and the relation between death and society. He underlines the social importance of death in modern societies and the beginning of practices of individual mourning as one aspect of individuality. According to Adorno, how a society treats death reflects *its state of mind*. Adorno's analysis does not, however, include colonialism. Referring to his thoughts on death and memory practices, we have shown the ambivalences in the commemoration of soldiers who came from the colonies. Whether they are remembered in the cult of the fallen or excluded from it, both ways of remembering serve to legitimise colonial rule, even after the end of colonialism.

The social production of dealing with death, which leads to differences in mourning and commemoration practices, raises the question of how we can imagine a theoretical frame to discuss recognition of death from postcolonial perspectives. Using the concept of recognisability and grievability elaborated by Judith Butler, we have shown that denying grief and mourning was used as an important instrument of oppression by the colonisers. And recent postcolonial struggles are a fight for recognition and dignity.

With reference to these historical examples, we argue that death needs to be included in recognition theory in order to understand the full implications of the relationship between life, death and power.

References

Adorno, Theodor W. (2020): *Minima Moralia. Reflection from Damaged Life*, London/New York.

Butler, Judith (2009): »Precarious Life, Grievable Life«, in: id., *Frames of War*, London/New York, S. 1–33.

Chetty, Suryakanthie/Ginio, Ruth (2015): »Commemoration, Cult of the Fallen (Africa)«, in: *1914–1918-online. International Encyclopedia of the First World War*, https://encyclopedia.1914-1918-online.net/article/commemoration_cult_of_the_fallen_africa [24. Juni 2024].

Fell, Alison/Wardleworth, Nina (2016): »The Colour of War Memory. Cultural Representation of Tirailleurs Sénégalais«, in: *Journal of War and Culture Studies* 9 (4), S. 319–334.

Förster, Larissa (2010): *Postkoloniale Erinnerungslandschaften. Wie Deutsche und Herero in Namibia des Kriegs von 1904 gedenken*, Frankfurt am Main.

Foucault, Michel (1977): *Sexualität und Wahrheit*, Bd. 1: *Der Wille zum Wissen*, Frankfurt am Main.

Fraser, Nancy/Honneth, Axel (2003): *Umverteilung oder Anerkennung? Eine politisch-philosophische Debatte*, Frankfurt am Main.

Ginio, Ruth (2006): »African Colonial Soldiers between Memory and Forgetfulness. The Case of Post-Colonial Senegal«, in: *Outre-Mers* 94 (350/351), S. 141–155.

Hall, Stuart (1994): »Der Westen und der Rest. Diskurs und Macht«, in: ders., *Rassismus und kulturelle Identität*, Hamburg, S. 137–178.

Honneth, Axel (1994): *Kampf um Anerkennung. Zur moralischen Grammatik sozialer Konflikte*, Frankfurt am Main.

Laqueur, Thomas (2018): *The Work of the Dead. A Cultural History of Mortal Remains*, Princeton/Oxford.

Lunn, John (1999): *Memoirs of the Maelstrom. A Senegalese Oral History of the First World War*, Portsmouth.

Melber, Hennig (2013): »Der Waterberg«, in Zimmerer, Jürgen (Hg.): *Kein Platz an der Sonne. Erinnerungsorte der deutschen Kolonialgeschichte*, Frankfurt am Main, S. 473–486.

Park, Augustine (2015): »Settler Colonialism and the Politics of Grief. Theorising a Decolonising Transitional Justice for Indian Residential Schools«, in: *Human Rights Review* 16 (3), S. 273–293.

Rabuza, Nina (2023): *Verräumlichte Erinnerung. Die Grenzen der Darstellung nationalsozialistischer Gewalt am Modell der KZ-Gedenkstätte Dachau*, Frankfurt am Main.

Sörries, Reiner (2012): *Herzliches Beileid. Eine Kulturgeschichte der Trauer*, Darmstadt.

Stoecker, Helmut (2013): »Knochen im Depot. Namibische Schädel in anthropologischen Sammlungen aus der Kolonialzeit«, in: Zimmerer, Jürgen (Hg.): *Kein Platz an der Sonne. Erinnerungsorte der deutschen Kolonialgeschichte*, Frankfurt am Main, S. 442–457.

Terkessidis, Mark (2019): *Wessen Erinnerung zählt? Koloniale Vergangenheit und Rassismus heute*, Hamburg.

Tod und Trauer in Marburg im Spiegel spätmittelalterlicher und frühneuzeitlicher Grabinschriften aus der Elisabethkirche

Death and Bereavement in Marburg as Reflected in Late Medieval and Early Modern Epitaphs from St Elisabeth's Church

Julia Noll

Im Laufe der Jahrhunderte war die Marburger Elisabethkirche nicht nur Wallfahrtsort, sondern auch Grablege. Davon zeugen die noch erhaltenen imposanten Grabdenkmäler der Mitglieder der hessischen Landgrafenfamilie, aber auch zahlreiche nur kopial überlieferte Grabplatten. Ihre Inschriften berichten anschaulich vom Leben der Bestatteten, aber auch von ihrem Ende und der Trauer der Hinterbliebenen. Die wissenschaftliche Auswertung der Grabinschriften der Marburger Elisabethkirche fördert zahlreiche zum Teil tragische Schicksale zu Tage und gewährt gleichzeitig einzigartige Einblicke in den Umgang mit Sterben, Tod und Trauer in einer spätmittelalterlichen und frühneuzeitlichen Stadt.

Inschriften, Epigraphik, Trauer, Grabdenkmäler, Elisabethkirche Marburg

Over the centuries, St Elisabeth's Church in Marburg has been a place of pilgrimage as well as a burial ground. This is evidenced by the impressive tomb monuments of members of the Hessian landgrave family that have survived, as well as many tomb slabs that have only survived as copies. The inscriptions contain information about the lives and deaths of the people buried there, as well as the grief of their relatives. The analysis of these inscriptions reveals tragic fates and gives an insight into how dying, death and bereavement were dealt with in a medieval and early modern city.

Inscriptions, epigraphy, grief, funerary monuments, St. Elizabeth's Church Marburg

Die Marburger Elisabethkirche als Bestattungsort

Die Marburger Elisabethkirche (*Abb. 1*) ist vor allem bekannt durch die heilige Elisabeth von Thüringen (1207–1231). Errichtet ab 1235 über ihrem Grab, entwickelte sich das Gotteshaus bald zu einem Anziehungspunkt für Pilger aus allen Teilen des Heiligen Römischen Reiches. Doch die Elisabethkirche war über die Jahrhunderte nicht nur Wallfahrtsort, sondern auch Grablege (vgl. Lemberg 2010: 19).

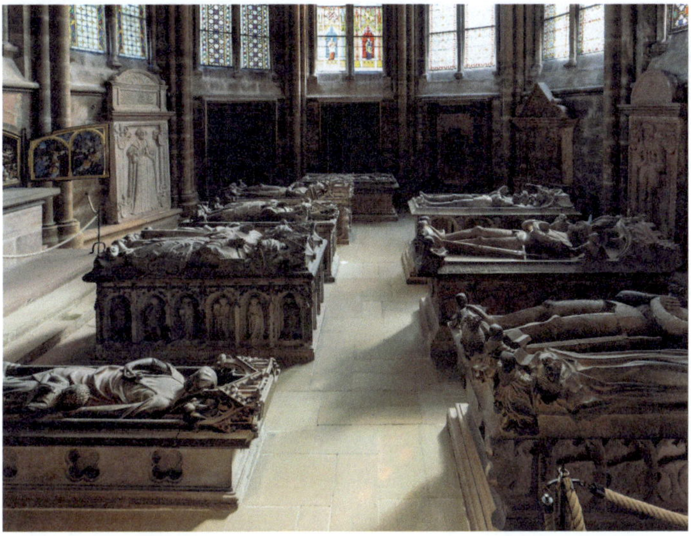

Abb. 1: Blick in die Südkonche (Landgrafenchor) der Elisabethkirche (Akademie der Wissenschaften und der Literatur, Mainz; Astrid Garth)

Zunächst wurde sie vornehmlich von den Landgrafen und -gräfinnen von Hessen als Bestattungsort genutzt. Davon zeugen beispielsweise die imposanten Hochgräber Heinrichs I. und Ludwigs I., die mit eingelegten Messingelementen geschmückte Grabplatte der Anna von Katzenelnbogen oder das prachtvolle Alabastergrabmal Wilhelms II. Seit dem späten 16. Jahrhundert diente die Kirche dann den Landkomturen der Deutschordensballei Hessen als Bestattungsort (vgl. Laupichler 2022: 90). Etwa zeitgleich entschieden sich auch einige Marburger Bürger, landgräfliche Amtsträger und Adlige der Umgebung für ein Begräbnis in der Elisabethkirche. Während einige Grabdenkmäler erhalten blieben, ging ein Großteil von ihnen im Laufe der Zeit verloren. Ihr Aussehen und ihre Inschriften sind aber dank der Aufzeichnungen einiger interessierter Schreiber und Zeichner überliefert.

Eine in diesem Kontext relevante Quelle ist die Handschrift ›Epitaphia Marburgensia, quae extant in Basilica Lutheranorum et in coemiterio eiusdem‹. Sie wurde um 1716 von einem namentlich nicht bekannten Schreiber verfasst und wird heute in der Landesbibliothek Kassel aufbewahrt. Obgleich der Titel etwas anderes vermuten lässt, behandelt der Text nicht nur Grabinschriften aus der Lutherischen Pfarrkirche und deren Friedhof, sondern bezieht auch andere Gotteshäuser und Friedhöfe Marburgs mit ein, wie die Elisabethkirche (vgl. Stölzel 1938: 4).

Eine weitere Quelle entstand im Zuge der großen Restaurierung der Elisabethkirche 1854–1861 unter dem Architekten Friedrich Lange. Nach einem Unwetter im Sommer 1847 war die Ketzerbach über die Ufer getreten und hatte große Teile der Elisabethkirche überschwemmt. Die dabei entstandenen Schäden sollten im Rahmen einer Restaurierung beseitigt werden (vgl. Küch 1903: 151; Dolff-Bonekämper 1981: 158). 1856 beauftragte Lange seinen Schüler und Mitarbeiter C. Seibert mit einer Bestandsaufnahme aller in der Elisabethkirche befindlichen Grabdenkmäler. Seibert machte sich umgehend an die Arbeit und fertigte innerhalb von nur fünf Wochen eine umfangreiche Sammlung von Zeichnungen an, inklusive einer Wiedergabe der vorhandenen Inschriften und Wappen. Nachdem Langes Restaurierung beendet war, kamen Seiberts Zeichnungen auf unbekanntem Wege in das Landeskirchliche Archiv Kassel, wo sie mit der Zeit in Vergessenheit gerieten. Erst kürzlich wurde die Forschung auf sie aufmerksam und begann mit der Auswertung. Da viele Grabplatten im 19. Jahrhundert aus der Elisabethkirche entfernt wurden und danach verloren gingen, sind Seiberts Aufzeichnungen in vielen Fällen die einzige Quelle, die Hinweise auf Aussehen und Inschriften der Grabdenkmäler liefert.[1]

Die Grabinschriften der Elisabethkirche beschränkten sich nicht auf eine bloße Namens- und Todestagsnennung, sondern beinhalteten vielfach aufwendige Grabgedichte in elaboriertem Latein und besonders bildhafter Sprache. Sie gewähren einzigartige Einblicke in zahlreiche Schicksale und sind daher eine wertvolle Quelle, um mehr über den Umgang mit Tod und Trauer im spätmittelalterlichen und frühneuzeitlichen Marburg zu erfahren.

Die Todesumstände der Verstorbenen

Oft sind Krankheiten der Grund für das frühe Dahinscheiden. Zu nennen wären Cholera, Diphtherie, Lepra, Malaria, Masern, Pocken, Ruhr oder Typhus (vgl. Ohler 1990: 21). Besonders verheerend war die Pest, der beispielsweise

1 Einige Grabinschriften werden auch von dem Theologen, Dichter und Philologen Nathan Chyträus (†1598) wiedergegeben. Sein 1594 erschienenes Buch *Variorum in Europa itinerum Deliciae* enthält insgesamt 20 Marburger Grabinschriften, darunter fünf aus der Elisabethkirche (vgl. Chyträus 1594: 830 ff.). Der Sammlung und Edition der Inschriften der Elisabethkirche widmet sich aktuell die Mainzer Arbeitsstelle des Forschungsprojekts *Die Deutschen Inschriften*. Ein Inschriftenband, der alle mittelalterlichen und frühneuzeitlichen Inschriften der Kirche berücksichtigt – sowohl die noch vorhandenen als auch die heute verlorenen – wird demnächst erscheinen (Noll/Dickhaut 2025).

die Marburgerin Elisabetha Ebersbach zum Opfer fiel. Sie war die Tochter des Marburger Gastwirts Justus Ebersbach und heiratete am 10. Oktober 1563 den aus Wetter stammenden Theologieprofessor Wigand Orth (vgl. Stahr 1954: 125; ders. 1959: 113). 1566 steckte sie sich mit der Pest an und starb am 27. Februar. Bei ihrer Bestattung in der Elisabethkirche erhielt sie eine Grabplatte, die jedoch nicht erhalten geblieben ist (vgl. Saur 1594: 70; Stahr 1959: 113; Seibert 1856: Nr. 62). Das Jahr 1566 war nicht nur in Marburg ein Pestjahr, sondern auch in anderen Teilen Hessens und des Reichs.

Aus dem Inschriftenbestand der Elisabethkirche kann ein weiteres Pestjahr abgelesen werden, nämlich 1635. Für dieses Jahr sind ungewöhnlich viele Grabplatten und damit Sterbefälle überliefert. Zunächst starb am 5. Juni Konradin Dieterich, der Sohn des Theologen und Pfarrers Konrad Dieterich, im Alter von nur 19 Jahren. Er war 1633 zum Studium nach Marburg gekommen (vgl. Dietrich 2017: 26). Vor allem im Spätsommer und Herbst 1635 häuften sich dann die Todesfälle. Eine von ihnen war Helena Katharina von Alvensleben, die Tochter des Magdeburgischen Hof- und Landrats Gebhard XXII. von Alvensleben und Ehefrau des Hessen-Darmstädtischen Rats Hans Ludwig von Seebach, die am 6. September im Alter von 44 Jahren starb (vgl. Wohlbrück 1829: 28, 30). Noch im selben Monat, am 27. September, starb Jakob Jungmann, Doktor des Rechts, fürstlicher Rat sowie hessischer Vizekanzler und Kanzler in Marburg. Nur wenige Tage später, am 3. Oktober, verschied seine Ehefrau, Katharina Nuspicker. Es ist nachgewiesen, dass Katharina an der Pest starb (vgl. Stahr 1957a: 103; ders. 1959: 85). Möglicherweise war ihr Ehemann der Krankheit ebenfalls zum Opfer gefallen, obgleich er nach Ausweis seiner Leichenpredigt einem Steinleiden erlag (vgl. Rabe 1930: 80). In den Grabinschriften der beiden finden die Umstände ihres Todes keine Erwähnung (vgl. Epitaphia Marburgensia 1716: 553, 554; Seibert 1856: Nr. 77).

Anders ist dies im Fall der Anna Sibylla Klos. Sie starb am 4. Oktober 1635 und damit kurz nach Katharina Nuspicker. Anna Sibylla war die Schwester von Konrad Klos, einem Deutschordensritter in Marburg und seit 1631 Landkomtur der Ballei Hessen. Er war es auch, der das Grabdenkmal für seine Schwester in Auftrag gab und dessen Aufstellung in der Elisabethkirche veranlasste. Dafür sprechen die große Ähnlichkeit zwischen Anna Sibyllas Grabmal und dem Epitaph, das Konrad Klos für sich selbst anfertigen ließ. Auf beiden war die Devise der Familie Klos (»Wan mein Gott will, So ist mein Ziel«) zu finden, und da Konrad und Anna Sibylla Geschwister waren, sind auch die dargestellten Wappen, eine vierfache Ahnenprobe, identisch. Leider ist die Inschrift von Anna Sibyllas Epitaph (*Abb. 2*) nur kopial überliefert (vgl. Epitaphia Marburgensia 1716: 515; Seibert 1856: Nr. 17).

Abb. 2: Zeichnung des Grabdenkmals der Anna Sibylla Klos (Landeskirchliches Archiv Kassel)

Das in vier elegischen Distichen abgefasste lateinische Grabgedicht berichtet ausführlich von Anna Sibyllas Leidensweg und Sterben. Im Sommer 1635 bat Konrad Klos den Landgrafen Friedrich I. von Hessen-Homburg, in dessen Diensten Anna Sibylla als Hofmeisterin und Erzieherin der fürstlichen Kinder stand, dass seine Schwester ihn in Marburg besuchen dürfe. Der Landgraf gestattete es, und Anna Sibylla machte sich auf den Weg. Bei einem Zwischenhalt in der Deutschordenskommende Schiffenberg bei Gießen begann sie sich krank zu fühlen, setzte ihre Reise aber trotzdem fort. Drei Tage später war sie tot (vgl. Rabe von Pappenheim 1894: 235; Rabe 1930: 79). Sowohl Sterbezeitpunkt als auch Krankheitsverlauf geben Anlass dazu, sie als Opfer der 1635 in Marburg grassierenden Pest zu sehen. Explizit benannt wird die Krankheit in der Inschrift jedoch nicht. Es sei an dieser Stelle aber auch darauf hingewiesen, dass Vorsicht geboten ist, wenn in Inschriften als Todesursache ›pestis‹ vermerkt wird, denn der Begriff wurde im Mittelalter nicht nur zur Bezeichnung des Schwarzen Todes verwendet, sondern auch für andere Infektionskrankheiten (vgl. Ohler 1990: 21).

Anna Sibyllas Bruder Konrad veranlasste ihre Beisetzung auf dem Friedhof südlich der Elisabethkirche. Ihre Grabinschrift ist besonders ergreifend, weil sie die Verstorbene selbst zu Wort kommen lässt. Mit Sätzen wie »laeta peto bennam Schifburgi sentio morbum / tertia abhinc tradit lux mea membra neci« (»Frohgemut bestieg ich den Reisewagen, in Schiffenberg verspürte ich eine Erkrankung, der dritte Tag danach übergab meine Glieder dem Tod«), werden ihre letzten Tage geschildert. Das Grabdenkmal ist Ausdruck der Trauer über den plötzlichen und unerwarteten Tod einer nahen Verwandten. Beide Geschwister waren unverheiratet geblieben und fühlten sich aufgrund dieses ähnlichen Lebenswegs vermutlich besonders verbunden. Nicht zufällig hebt die Grabinschrift diesen Umstand am Ende noch einmal hervor, denn dort heißt es: »virgo ubi virgineo flore triumpho meo« (»Dort triumphiere ich als Jungfrau in meiner jungfräulichen Blüte«).

Konrads eigene Grabinschrift fiel weniger bewegend aus. Er starb einige Jahre später am 6. September 1638 infolge eines Fiebers und wurde in der Vierung der Elisabethkirche bestattet (vgl. Laupichler 2022: 90). Die Grabinschrift auf seinem heute noch erhaltenen Epitaph erwähnt seine Stellung als Deutschordensritter und Landkomtur der Ballei Hessen und betont seine adelige Abkunft durch Devise und vierfache Ahnenprobe (*Abb. 3*).

Konrad Klos hatte sein Grabmal selbst in Auftrag gegeben, denn von seinen Brüdern war in den späten 1630er Jahren keiner mehr am Leben, der sich, wie er im Fall der Anna Sibylla, um sein Andenken hätte kümmern können. Erbe war ein Sohn seines Bruders Günther mit Namen Konrad (vgl. Rabe von Pappenheim 1894: 234 f.).

Nur selten können die Todesumstände mithilfe der Grabinschriften rekonstruiert werden. In der Regel wurden sie nur festgehalten, wenn es sich um außergewöhnliche oder besonders tragische Schicksale handelte (vgl. Zajic 2004: 284 f.). Ein weiteres Beispiel dieser Art ist die Grabinschrift des Bernhard Ohr. Der aus Freckenhorst in Westfalen stammende Mann war zum Studium nach Marburg gekommen und schloss dieses als Doktor des Rechts ab. Außerdem war er als Hofgerichtsadvokat und Prokurator tätig (vgl. Stahr 1959: 98). Er starb am 7. November 1617 in Marburg im Alter von 39 Jahren, nach Ausweis seiner Grabinschrift »phtisi correptus«, von der Schwindsucht dahingerafft (vgl. Seibert 1856: Nr. 88).

Abb. 3: Epitaph des Konrad Klos (Akademie der Wissenschaften und der Literatur, Mainz; Astrid Garth)

Im Fall einer anderen Krankheit schweigt die Grabinschrift wieder. Mordian Otto von Canstein, der 1611 geborene Sohn von Philipp Ludwig von Canstein und dessen Ehefrau Margarethe von Münchhausen, immatrikulierte sich 1629 an der Marburger Universität, starb aber noch im selben Jahr an der Ruhr (vgl. Falckenhainer 1888: 1, 16). Seine Grabinschrift suggeriert mit Ausdrücken wie »in Christo seelig entschlaffen« ein friedliches Ende mit natürlicher Todesursache, doch die Berechnung seines Alters offenbart, dass er nur 18 Jahre alt wurde (Epitaphia Marburgensia 1716: 545).

Ein weiterer Grund für ein vorzeitiges Dahinscheiden waren Komplikationen bei der Geburt von Kindern. In der Elisabethkirche befand sich das Grabdenkmal für die Adlige Ursula von Remchingen. Neben der üblichen Grabinschrift mit Sterbevermerk und Angaben zur Person ist in ihrem Fall ein von dem in Marburg tätigen Dichter und Poesieprofessor Petrus Paganus verfasstes Grabgedicht überliefert (vgl. Chyträus 1594: 831). In dem in sechs elegischen Distichen verfassten lateinischen Werk finden sich Anspielungen auf einen Tod im Zusammenhang mit einer Schwangerschaft. Diese Todesart kam in Grabinschriften häufig zur Sprache, insbesondere, wenn sowohl Mutter als auch Kind verstarben (vgl. Zajic 2004: 286). Ursula von Remchingen war die Tochter von Hans von Remchingen, Obervogt in Kirchheim unter Teck, und dessen Ehefrau Anna von Frauenberg. Vermutlich in den späten 1560er oder frühen 1570er Jahren heiratete sie Hermann von Rehen (vgl. Schilling von Canstatt 1807: 380 f.). Die Ehe war nicht von langer Dauer, denn Ursula starb bereits am 1. Januar 1572. Aus dem Grabgedicht geht hervor, dass sie sehr jung starb, in der Blüte ihrer Jahre (»in medio cecidi dolor aevi flore«). Ihr Geburtsjahr ist nicht überliefert, doch ein Vergleich mit ihrer ebenfalls in der Elisabethkirche bestatteten Schwester Amalia bekräftigt die Richtigkeit dieser Aussage. Diese starb am 2. März 1600 und überlebte Ursula damit um fast 30 Jahre (vgl. Seibert 1856: Nr. 36). Zudem liefert das Grabgedicht Hinweise auf Ursulas Alter. Es erwähnt, dass sie »kaum fünf Lustren und zweimal zehn Monate« gelebt hatte (»nam vix quinque meae super aram lustra iuventae / bisque decem fueram mensibus apta toro«). Lustrum bezeichnet einen Zeitraum von fünf Jahren. Addiert man die erwähnten 20 Monate hinzu, ergibt sich ein Lebensalter von 26 Jahren und acht Monaten. Für diese ungewöhnliche Zeitraumangabe entschied sich der Dichter vermutlich aus metrischen Gründen, denn nur so war die Bildung des an dieser Stelle gewünschten elegischen Distichons möglich.

Obgleich nicht offen ausgesprochen, werden die Umstände von Ursulas Tod anhand der Inschrift deutlich, denn dort heißt es: »in medio cecidi dolor aevi flore duplexque / mors in me peperit duplice morte malum« (»Mitten in der Blüte meiner Jahre bin ich, oh Schmerz, gefallen, und der Tod hat in mir durch doppelten Tod doppeltes Übel geboren«). Nicht ganz klar wird, ob Ursula in der Schwangerschaft oder nach bzw. während der Geburt starb. Das mit ihr gestorbene Kind wird in der Inschrift als ›foetus‹ bezeichnet, was eher für einen Tod im Zusammenhang mit Schwangerschaftskomplikationen spricht. Wie schon bei Anna Sibylla Klos erzählt auch hier die Verstorbene selbst von ihrem Schicksal. Auch sie wendet sich scheinbar direkt an den Leser, den »viator« (Wanderer), und gemahnt ihn seiner Sterblichkeit. Bewegend ist zudem ihr Abschiedsgruß an Ehemann und Welt: »ergo vale coniunx valeant ludibria mundi / vobiscum dolor est nos fovet alma quies« (»Leb also wohl, Gemahl, lebt wohl, ihr Tändeleien der Welt, / mit euch ist der Schmerz, uns aber umsorgt die erquickende Ruhe«). Der Verlust scheint Hermann von Rehen sehr hart getroffen zu haben. Mehrfach wird seine Trauer betont. Dies war vermutlich auch der Grund, weshalb er einen renommierten Dichter mit der Abfassung dieses prachtvollen Grabgedichts beauftragt hatte.

Ursula von Remchingen war nicht die einzige in der Elisabethkirche bestattete Frau, die im Zusammenhang mit der Geburt eines Kindes starb. Auch die hessische Landgrafenfamilie war nachweislich von ähnlichen Schicksalen betroffen. Wie bereits erwähnt, war die Elisabethkirche auch Grablege der Landgrafen und -gräfinnen von Hessen. Seit dem Ende des 13. Jahrhunderts fanden dort zahlreiche Mitglieder der hessischen Herrscherfamilie ihre letzte Ruhe, darunter die Landgräfin Jolanthe von Lothringen. Jolanthe war die Tochter von Herzog Friedrich VI. von Lothringen, Graf von Vaudémont, und heiratete 1496 den Landgrafen Wilhelm II., ›den Mittleren‹, von Hessen. Sie starb schon am 21. Mai 1500 am Kindbettfieber. Zuvor hatte sie am 27. März den Sohn Wilhelm geboren, der aber bereits wenige Tage nach der Geburt am 8. April verstarb (vgl. Knetsch 1917: 60 f., 67). In der Elisabethkirche hat sich ihre prachtvolle Grabplatte erhalten. Die Grabinschrift erwähnt Jolanthes Todesumstände jedoch mit keinem Wort, sondern hebt nur ihre Stellung als Landgräfin und Ehefrau Wilhelms II. hervor. Dort heißt es:

> »Anno d(omi)ni m° ccccc° xxi° mensis may / obiit illustr(issima) d(omi)na iola(n)da lotringie et barr(i) ducissa etc. legiti(m)a / quo(n)da(m) illustr(issimi) p(ri)ncipis et d(omi)ni d(omi)ni / Wilhelmi la(n)tg(ra)vi hassie comit(is) i(n) kaze(n)elnboge(n) dietz zege(n)hai(n) et i(n) nidd(a) c(oniux)«.

Wilhelm II. hatte sich zu Beginn des 16. Jahrhunderts mit der Syphilis angesteckt (vgl. Feis 1937: 75). Es kann nicht ausgeschlossen werden, dass ein Zusammenhang zwischen seiner Krankheit und Jolanthes Kindbetttod bestand. Wilhelm starb am 11. Juli 1509 an den Folgen seiner Erkrankung (vgl. Knetsch 1917: 60). Auch er wurde in der Elisabethkirche bestattet. Sein imposantes Tumbengrabmal aus Alabaster, das der Marburger Bildhauer Ludwig Juppe geschaffen hatte, kann noch immer in der Südkonche (Landgrafenchor) besichtigt werden. Das sogenannte ›Doppeldecker-Grabmal‹ (vgl. Panofsky 1964: 71 f.) zeigt den verstorbenen Landgrafen in zwei Gestalten. Auf der oberen Platte befindet sich die Liegefigur Wilhelms II. in Rüstung und mit zum Gebet gefalteten Händen. Darunter ist der Verstorbene als *Transi* dargestellt, d. h. als stark verwester Leichnam, der von Schlangen und Kröten bedeckt ist (vgl. Mörsch 2016: 9, 11 ff., 17 ff.). Dieser Grabmaltypus war seit dem 14. Jahrhundert vor allem in England und Frankreich verbreitet (vgl. Mörsch 2016: 11; Ariès 1982: 144 ff.; Körner 1997: 54 ff.). In Deutschland war er nur selten anzutreffen. Zu den wenigen bekannten Beispielen zählen das 1462 vollendete Grabmal des Trierer Erzbischofs Jakob II. von Sierck, ehemals in der Trierer Liebfrauenkirche, von dem sich jedoch nur die Liegefigur des Verstorbenen in erzbischöflicher Amtstracht erhalten hat (vgl. Fuchs 2006: Nr. 272; Heinz/Rothbrust/Schmid 2004: 9; Roller/Buczynski 2011: 202 ff.), oder das Wandgrabmal für den 1517 verstorbenen Markgrafen Friedrich IV. von Baden, Bischof von Utrecht, in der Stiftskirche Baden-Baden (vgl. Bartusch 2009: Nr. 213). Das Epitaph des 1523 verschiedenen Alpirsbacher Abtes Alexius Karrenfurer scheint nur über eine Transi-Darstellung verfügt zu haben (vgl. Bartusch 2016: Nr. 164; ders. 2018: 99 ff.). Folglich ist das Grabmal Landgraf Wilhelms II. in der Elisabethkirche eine besondere Rarität innerhalb der deutschen Sepulkralkunst des Spätmittelalters. Leider trägt es keine

Grabinschrift. Die gewöhnlich in der Grabinschrift enthaltenen Informationen zu Name, Stand, Titeln und Todesdatum des Verstorbenen werden von einem nahe des Grabmals aufgehängten Totenschild mitgeteilt (vgl. Mörsch 2016: 24).

Das Alter der Verstorbenen

Viel zu oft sind die Todesumstände einzelner Verstorbener nicht bekannt und nur die Erwähnung ihres jungen Alters in den Grabinschriften deutet darauf hin, dass sie vermutlich einer Krankheit zum Opfer gefallen waren. Ein solches Beispiel ist Theodor (Dietrich) Kettler zur Hovestadt. Der Sohn von Goswin Kettler zur Hovestadt war zwecks Ausbildung in Marburg und starb am 17. September 1600 (vgl. Hömberg 1972: 125). Er ist nach Ausweis seiner Grabinschrift aus der Elisabethkirche »in Gott seelig entschlaffen«, allerdings »in dem 16 iahr seines Alters«. Beklagt wird sein frühzeitiger Tod in dem in fünf elegischen Distichen verfassten lateinischen Grabgedicht. Der so geliebte und tüchtige junge Mann wurde vor seiner Zeit dahingerafft (»raptus at ante diem«). Ein Trost blieb den Hinterbliebenen jedoch, denn »wer der Welt stirbt, der wird Gott geboren« (»qui moritur mundo nascitur ille deo«) (vgl. Epitaphia Marburgensia 1716: 543; Seibert 1856: Nr. 41).

Ähnlich ist es bei Johannes Vultejus. Der 1582 geborene älteste Sohn des Marburger Rechtsgelehrten, Professors und Universitätsrektors Hermann Vultejus ist am 8. Juli 1604 »in Christo pie obdormivit« (»fromm in Christus entschlafen«) im Alter von nur 21 Jahren (vgl. Epitaphia Marburgensia 1716: 563 f.; Seibert 1856: Nr. 42). Das in lateinischer Sprache abgefasste Grabgedicht fordert den Vorbeigehenden zum Verweilen und Lesen der Inschrift auf (»siste gradum viator et lege«). Wieder kommt der Verstorbene selbst zu Wort. Die Wendung »siste gradum« (»Hemme deinen Schritt«) hat ihren Ursprung in der Antike und geht auf Vergils *Aeneis* (Buch 6, Vers 465) zurück. In dieser Zeit handelte es sich bei den Lesern von Grabinschriften oftmals tatsächlich um Wanderer oder Reisende, denn die Grabstätten der Antike befanden sich entlang großer Straßen, die in die Städte führten. Diese Aufforderung an den Leser hat die Antike überdauert, fand ihren Weg in zahlreiche mittelalterliche und frühneuzeitliche Inschriften und erfreute sich vor allem im 17. Jahrhundert großer Beliebtheit (vgl. Zajic 2004: 254 f.).

Das Grabgedicht für Johannes Vultejus ist zudem voller Memento mori-Gedankengut und gemahnt den Leser damit seiner eigenen Sterblichkeit. Außerdem geht aus der Inschrift hervor, dass es sich bei dem Grabdenkmal um eine Grabplatte handelte, die im Boden der Kirche lag, ein Umstand, der nur selten explizit erwähnt wird. Hier ist es der Fall, denn die Inschrift schließt mit den Worten: »Abi viator et qui me nunc calcas vivus cogita si sapis idem te mox futurum« (»Geh hinfort, Wanderer, und der du mich jetzt mit Füßen trittst, denke, wenn du klug bist, als Lebender darüber nach, dass du bald dasselbe sein wirst«).

Es gab noch weitere in der Elisabethkirche Bestattete, die nach Ausweis ihrer Grabinschriften sehr jung verstarben. Zu nennen wäre Ludwig Casimir von Cramm. Er war der Sohn des in Marburg ansässigen landgräflichen Statthalters an der Lahn, Burkhard von Cramm, und dessen Ehefrau Katharina Zenger und wurde 1573 geboren (vgl. Stahr 1952: 201). 1590 hielt sich Ludwig Casimir in Braunschweig auf, wo er unerwartet erkrankte. Über die Art seiner Erkrankung schweigen die Quellen, doch scheint es etwas Ernstes gewesen zu sein, denn sein Vater machte sich umgehend auf den Weg zu ihm. In einem Schreiben bat er Landgraf Ludwig IV. von Hessen-Marburg um Entschuldigung, dass er beim Eintreffen von dessen Bruder, Landgraf Wilhelm IV. von Hessen-Kassel, nicht in Marburg zugegen sein konnte (HStAM, Bestand 17d Nr. von Cramm 9). Ludwig Casimir erholte sich nicht wieder, sondern starb am 15. März 1590. Sein Vater veranlasste seine Bestattung in der Elisabethkirche und ließ ein Grabdenkmal anfertigen, eine hochrechteckige Grabplatte mit einer Umschrift auf dem Rand und einer weiteren, neunzeiligen Inschrift im Feld (*Abb. 4*).

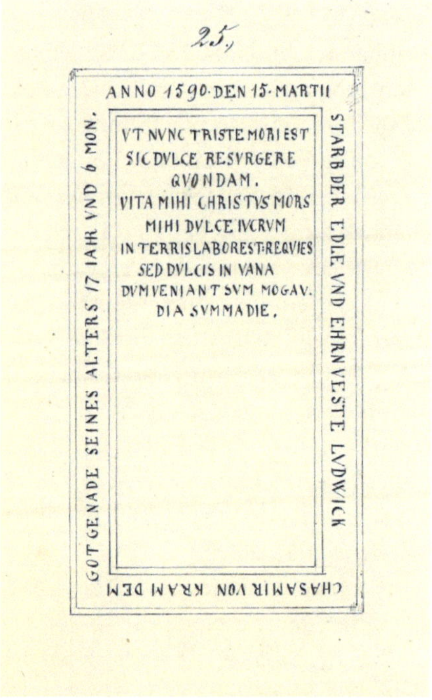

Abb. 4: Zeichnung der Grabplatte des Ludwig Casimir von Cramm (Landeskirchliches Archiv Kassel)

Die Umschrift hebt das niedrige Alter des Verstorbenen hervor, 17 Jahre und sechs Monate. Das aus zwei elegischen Distichen bestehende Grabgedicht im Feld ist eine Mischung aus Totenklage über das vorzeitige Ableben des jungen Mannes und Lobpreisung Christi sowie der erwarteten Auferstehung. Im Laufe des Gedichts werden eine Reihe von Gegensätzen einander gegenübergestellt, wie Trauer (über den Tod) und Freude (über die Auferstehung) oder Leben (das Mühsal bedeutet) und Tod (der Ruhe bringt). Genannt seien die Passagen »ut nunc triste mori est, sic dulce resurgere quondam« (»Wie traurig es ist, jetzt zu sterben, so süß ist es, einst aufzuerstehen«) oder »in terris labor est, requies sed dulcis in urna« (»Auf Erden ist Mühsal, aber süße Ruhe ist im Grabe«) (vgl. Seibert 1856: Nr. 25; Chyträus 1594: 831). Das Grabgedicht für Ludwig Casimir von Cramm zeigt deutlich, dass die Hoffnung auf Auferstehung oftmals der einzige Trost für die trauernden Angehörigen war. Die Auferstehung war das höchste Gut, das Ziel des Lebens, dem der jung Verstorbene nun ein Stück nähergekommen war. Mit dieser Einstellung war der Verlust besser zu ertragen.

Der Tod Ludwig Casimirs war nicht der einzige Schicksalsschlag für den landgräflichen Statthalter. Am 9. April 1580 war bereits seine Frau Katharina Zenger gestorben. Sie erhielt ein Grabdenkmal aus rotem Sandstein in der Lutherischen Pfarrkirche in Marburg (vgl. Stölzel 1938: 54). Zudem war am 2. September 1571 ihr Sohn Arnold Burckhard im Alter von nur acht Wochen und vier Tagen gestorben. Auch für ihn war ein Grabdenkmal in der Lutherischen Pfarrkirche aufgestellt worden (vgl. Stahr 1952: 201; Stölzel 1938: 75).

In der Elisabethkirche gab es nicht nur Grabdenkmäler für Erwachsene, sondern auch für früh verstorbene Kinder. Eines von ihnen war Wilhelm Sittich von Dalwigk. Er war vermutlich der Sohn des hessischen Geheimrats und Hofrichters zu Marburg, Johann von Dalwigk zu Dillich, und dessen Ehefrau Katharina von Hundt zu Kirchberg. Seine Eltern hatten mindestens fünf Kinder, wie aus dem Stammbaum der Familie hervorgeht (Buttlar-Elberberg 1888). Wilhelm Sittich wird dort nicht genannt, vermutlich weil er so jung starb. Nach Ausweis der Inschrift auf seiner Grabplatte starb er im Jahr 1596 im Alter von nur acht Jahren (vgl. Seibert 1856: Nr. 26). Die Umstände seines Todes gehen aus der Inschrift leider nicht hervor und auch in den Quellen finden sich diesbezüglich keine Informationen. Neben einer Krankheit käme auch ein Unfall als Todesursache in Frage. Tödliche Unfälle ereigneten sich häufig, wenn Kinder nicht ausreichend beaufsichtigt wurden, beispielsweise weil die Eltern beschäftigt oder abwesend waren und ältere Geschwister mit der Aufgabe der Betreuung nicht zurechtkamen (vgl. Ohler 1990: 28, 185).

Noch jünger starb das Mädchen Anna Zeitlos von Minckwitz. Sie war vermutlich die Tochter von Barthold von Minckwitz dem Älteren und dessen Ehefrau aus der Familie von Dernbach. Nach Angaben ihrer Grabinschrift wurde sie gerade einmal ein Jahr alt (vgl. Epitaphia Marburgensia 1716: 529; Seibert 1856: Nr. 49). Dies bekräftigt der Begriff »Iungfawe« (Jungfrau), der für sie gewählt wurde und zur Bezeichnung unverheirateter Frauen, insbesondere junger Mädchen und Kinder, gebräuchlich war. Zudem war für sie eine kleinere Grabplatte in Auftrag gegeben worden. Früh verstorbene Kinder waren nichts Ungewöhnliches in der betrachteten Zeit. Ein Großteil der Kinder verstarb bereits kurze Zeit nach der Geburt oder überlebte die ersten Lebensjahre nicht (vgl. Ohler 1990: 28). Es herrschte eine hohe Kindersterblichkeit, von der nicht nur ärmere Schichten betroffen waren, sondern auch Adels- und wohlhabende Bürgerfamilien, wie die Beispiele aus der Elisabethkirche verdeutlichen.

Der Tod eines Kindes bereitete den Eltern großen Schmerz. Dies zeigt ein weiteres Beispiel aus der Elisabethkirche, das Grabdenkmal für Anna Elisabeth Steuber. Sie war die Tochter von Johannes Steuber, einem Prediger und Professor der Theologie in Marburg, und dessen Ehefrau Elisabeth Lincker und starb am 9. Juli 1626. Geboren im März 1625, war sie zum Zeitpunkt ihres Todes gerade einmal ein Jahr alt (vgl. Stahr 1963: 121). Vermutlich aufgrund der Tätigkeit ihres Vaters als Prediger erhielt sie eine Bestattung in der Elisabethkirche. Die Inschrift ihrer heute verlorenen Grabplatte betont den großen Schmerz der Eltern und bringt zum Ausdruck, wie sehr sie ihr verstorbenes Kind geliebt hatten (vgl. Epitaphia Marburgensia 1716: 566 f.; Seibert 1856: Nr. 96). Um den Verlust zu verarbeiten, ließen sie das Grabdenkmal anfertigen und mit einer aufwendigen Grabinschrift versehen. Es klingt in der Inschrift an, dass es keineswegs üblich war, einen solchen Aufwand für ein so jung verstorbenes Kind zu betreiben. Dies verdeutlicht noch einmal, dass es sich bei den Trauerbekundungen der Eltern nicht bloß um Floskeln handelte. Vielmehr sind sie Ausdruck echten Abschiedsschmerzes. Die Ansicht der älteren Forschung, Eltern in der Zeit des Mittelalters und der Frühen Neuzeit hätten den Tod ihrer Kinder gleichmütig zur Kenntnis genommen und Mutter- bzw. Elternliebe sei erst in der Moderne anzutreffen, gilt inzwischen als widerlegt. Schon die Menschen des Mittelalters liebten ihre Kinder, und ihr Verlust traf sie hart (vgl. Ohler 1990: 186).

Auch die Landgrafen und -gräfinnen von Hessen mussten immer wieder mit Schicksalsschlägen, die ihre Kinder betrafen, umgehen. Im Landgrafenchor der Elisabethkirche befindet sich ein Hochgrab für einen Knaben und seine Schwester (*Abb. 5*).

Abb. 5: Hochgrab der Kinder Heinrich und Elisabeth (Akademie der Wissenschaften und der Literatur, Mainz; Astrid Garth)

Es handelt sich bei ihnen um Heinrich und Elisabeth, die Kinder von Landgraf Hermann II., ›dem Gelehrten‹, von Hessen und dessen zweiter Ehefrau Margarethe von Nürnberg. Beide waren im Juli 1394 kurz nacheinander gestorben, Heinrich am 13. Juli 1394 im Alter von sieben Jahren und Elisabeth am 22. Juli 1394 im Alter von sechs Jahren (vgl. Knetsch 1917: 52). Über die näheren Umstände ihres Todes ist nichts bekannt. Die zeitliche Nähe der beiden Tode könnte für eine Krankheit sprechen, mit der sich die beiden Kinder ansteckten und ihr nacheinander erlagen. Das Grabmal in der Elisabethkirche war im Auftrag ihres Vaters Hermann II. angefertigt worden und ist das einzige, das nur Landgrafenkindern gewidmet ist, was es zu einem außergewöhnlichen Objekt macht (vgl. Küch 1903: 177 f.; Lemberg 2010: 36 ff.). Aus Platzgründen erhielten für gewöhnlich nur die regierenden Landgrafen und ihre Ehefrauen Denkmäler in der Elisabethkirche. Das Grabmal für Heinrich und Elisabeth berührt den Betrachter in besonderer Weise. Es zeigt die beiden Kinder, die in standesgemäßer Kleidung und mit gefalteten Händen nebeneinander liegen. Während die Grabinschrift über die Verstorbenen informiert und ihre Todestage nennt, lassen zwei Spruchbänder die Kinder selbst zu Wort kommen. »God erbarme dich uber mich«, sagt Heinrich und »bruoder des begere ouch ich«, antwortet seine Schwester (*Abb. 6*).

Abb. 6: Hochgrab der Kinder Heinrich und Elisabeth. Detail mit Inschrift (Akademie der Wissenschaften und der Literatur, Mainz; Astrid Garth)

In dem Grabmal kommt die große Trauer des Landgrafenpaares zum Ausdruck. Heinrich war Hermanns erstgeborener Sohn und zunächst einziger Erbe. Sein Tod 1394 war ein großer Verlust, der den Fortbestand der Dynastie gefährdete. Erst zwei Jahre nach Heinrichs Tod wurde mit Hermann wieder ein männlicher Erbe geboren (vgl. Knetsch 1917: 52, 53). Vielleicht war gerade die große Trauer des Landgrafen der Grund, warum dieses imposante und gleichzeitig ungewöhnliche Grabmal entstand und in der Elisabethkirche aufgestellt wurde.

In einer ähnlichen Weise verfuhr Hermann II. nach dem Tod seines zweiten Erben Hermann. Dieser starb am 15. Januar 1406. Zwar brachte sein Verlust den Landgrafen nicht so sehr in Bedrängnis wie Heinrichs Tod 1394, da mit dem 1402 geborenen Ludwig noch ein männlicher Erbe am Leben war, doch weniger schmerzhaft wird er kaum gewesen sein, denn am selben Tag starb auch Hermanns Ehefrau Margarethe von Nürnberg (vgl. ebd.). Vielleicht war auch hier eine Krankheit der Grund für den gleichzeitigen Tod zweier Familienmitglieder. Margarethe erhielt ein Hochgrab im Landgrafenchor der Elisabethkirche (vgl. Küch 1903: 177 f.; Lemberg 2010: 36 ff.).

Abb. 7: Hochgrab für Landgräfin Margarethe von Nürnberg und ihren Sohn (Akademie der Wissenschaften und der Literatur, Mainz; Astrid Garth)

Dieses zeigt nicht nur die liegende Figur der Landgräfin, sondern auch die Gestalt eines kleinen Jungen, bei dem es sich um den zeitgleich verstorbenen Hermann handeln muss. Wie im Fall des Grabmals für die Kinder Heinrich und Elisabeth liegen die beiden Verstorbenen mit zum Gebet gefalteten Händen nebeneinander und tragen die für ihre Stellung angemessene, prachtvolle Kleidung (*Abb. 7*). Die große Ähnlichkeit zwischen den beiden Grabmälern lässt denselben Künstler vermuten (vgl. Lemberg 2010: 36, 38). Leider hat sich keine Grabinschrift erhalten. Dass ursprünglich Inschriften vorhanden waren, belegen die beiden Spruchbänder neben den Köpfen der Landgräfin und ihres Sohns. Vermutlich enthielten sie ebenfalls Bittgesuche an Gott, die man den Verstorbenen in den Mund gelegt hatte. Die beiden Hochgräber spiegeln die Trauer Hermanns II. deutlich wider und zeigen, dass auch den Landgrafen der Verlust von Familienmitgliedern naheging. Hermann II. ging mit den Schicksalsschlägen auf seine Weise um und errichtete seinen dahingegangenen Liebsten imposante Grabdenkmäler mit bewegenden Inschriften.

Im Landgrafenchor der Elisabethkirche gibt es noch ein weiteres Grabmal, das eine Landgräfin mit ihrem Kind zeigt (*Abb. 8*). Beim Hochgrab der Adelheid von Braunschweig, Ehefrau des Landgrafen Heinrich I. von Hessen, ist die Landgräfin gemeinsam mit ihrem Sohn dargestellt.

Abb. 8: Hochgrab für Landgräfin Adelheid von Braunschweig und ihren Sohn (Akademie der Wissenschaften und der Literatur, Mainz; Astrid Garth)

Während seine Hände zum Gebet gefaltet sind, hält sie in der rechten eine Blume und die linke behütend hinter dem Kopf des Kindes (vgl. Küch 1903: 164 ff.; Lemberg 2010: 27 ff.). Adelheid war die Tochter von Herzog Otto I. von Braunschweig-Lüneburg und hatte Heinrich I. 1263 geheiratet. Sie schenkte ihm sieben Kinder und starb schließlich am 12. Juni 1274. Zur selben Zeit starb auch der dargestellte Junge, der um 1270 geboren worden war, dessen Name jedoch nicht überliefert ist (vgl. Knetsch 1917: 45, 46). Vermutlich war wieder einmal eine Krankheit der Grund für den Tod der beiden. Adelheid und ihr Sohn wurden gemeinsam in der Elisabethkirche bestattet und erhielten ein gemeinsames Grabmal. Die Grabinschrift, die einst auf dem Rand der Tumbenplatte verlief, hat sich nicht erhalten und ist lediglich kopial überliefert. Schon im 19. Jahrhundert war sie nicht mehr vollständig vorhanden. Es heißt, sie sei verlorengegangen, weil die Küster der Elisabethkirche die Hochgräber in der Vergangenheit besonders energisch mit Wasser und Bürsten gereinigt hätten (vgl. Küch 1903: 165). Es scheint, dass die Inschrift nur den Tod der Landgräfin Adelheid erwähnte und auf ihren Sohn nicht einging. Nach den Aufzeichnungen des Restaurators Friedrich Lange (o. J.: 62) war im 19. Jahrhundert nur noch »anno [...] id. [...] obiit aleydis quondam landgravia t[...]« zu lesen. Friedrich Küch (1903: 167) schlägt folgende Ergänzung vor: »āno mcclxxiv pridie id • iunii obiit • aleydis • qvondam • lantgravia • terre hassie domina« (»Im Jahr 1274 am Vortag der Iden des Junis (12. Juni) starb Adelheid, einstige Landgräfin, Herrin des Landes Hessen«). Die gemeinsame Darstellung einer Mutter mit ihrem Kind ist bei Grabdenkmälern selten zu beobachten; bei dem Hochgrab für Adelheid von Braunschweig und ihren Sohn handelt es sich um die erste bekannte im deutschsprachigen Raum (Greska 1996: 50).

Trotz allem befanden sich in der Elisabethkirche nicht nur Grabdenkmäler für jäh aus dem Leben gerissene Menschen. Einige Marburger wurden auch recht alt. Zu nennen wäre der Marburger Bürgermeister Wigand Happel der Jüngere. Geboren im Jahr 1548 als Sohn des Professors und ebenfalls Bürgermeisters der Stadt Marburg, Wigand Happel des Älteren, bekleidete er das Bürgermeisteramt in den Jahren 1602/1603 und starb am 8. Januar 1620 im Alter von 72 Jahren (vgl. Stahr 1955: 98 f., 101).

Ebenfalls ein hohes Alter erreichte der Marburger Rechtsgelehrte, Professor und Universitätsrektor Hermann Vultejus. Er wurde 1555 geboren und starb am 31. Juli 1634 im Alter von 78 Jahren, sieben Monaten, sechs Tagen und fünf Stunden, wie seine Grabinschrift zu berichten weiß (vgl. Epitaphia Marburgensia 1716: 561 f.). Zudem rühmt sie seine Verdienste und Tätigkeiten – darunter 53 Jahre und elf Monate als Professor – und beklagt den Verlust, den sein Tod nicht nur der Familie, sondern auch der Stadt und der Universität Marburg brachte. Die Inschrift ist noch in einer anderen Hinsicht interessant, denn sie birgt ein Chronogramm. Betrachtet man bei der zweiten und dritten Zeile die Buchstaben, die auch als römische Zahlzeichen gelesen werden können, und addiert sie, so ergibt dies 1634, das Sterbejahr Vultejus', welches auch aus anderen Quellen überliefert ist. Die Zeilen, die das Chronogramm enthalten, lauten: »VLtIMa LVX IVIt IVLI Vt VVLteIVs obIVIt / astraea eCCLIpsIn fIXIt In hoC obItV« (»Das letzte Licht des Juli ging dahin, als Vultejus starb. Durch diesen Tod erlitt Asträa eine bleibende Verfinsterung«).

Noch um einiges älter wurde Burckhard Lincker (Lyncker). Der am 23. April 1621 in Marburg geborene Sohn des Marburger Stadtschreibers und Bürgermeisters Konrad Lincker stand als Vogt und Zinsmeister im Dienst des Deutschen Ordens. Er starb am 17. Oktober 1702 im Alter von 81 Jahren (vgl. Stahr 1957b: 94, 96). Seine heute leider verlorene Grabplatte aus der Elisabethkirche ließ nach Ausweis der Inschrift seine Witwe anfertigen (vgl. Epitaphia Marburgensia 1716: 572 f.; Seibert 1856: Nr. 67).

Auch einige Frauen erreichten ein vergleichsweise hohes Lebensalter. Zu diesen zählte Margarethe Niederhöffer. Sie war die Tochter von Ruland Niederhöffer und wurde um 1542 geboren. Vor 1572 ging sie eine Ehe mit dem Marburger Hofgerichtsrat Hermann Nuspicker ein und bekam mindestens zwei Kinder. Sie starb im April 1617 im Alter von 75 Jahren. Ihren 1591 verstorbenen Ehemann hatte sie um fast 30 Jahre überlebt (vgl. Stahr 1959: 56f., 85). Augenscheinlich hatte sie auf eine Wiederverheiratung verzichtet, denn die Inschrift ihrer einst in der Elisabethkirche vorhandenen Grabplatte bezeichnet sie als Witwe Nuspickers (vgl. Epitaphia Marburgensia 1716: 552; Seibert 1856: Nr. 81). Frauen, die ein hohes Alter erreichten, waren noch seltener als alte Männer. Ein Grund für die geringere Lebenserwartung waren die Gefahren, die mit Schwangerschaft und Geburt verbunden waren. Die kleinsten Komplikationen bei der Entbindung konnten den Tod bedeuten. Hinzu kamen die schlechten hygienischen Bedingungen bei der Geburt und im Wochenbett, die nicht selten das gefürchtete Kindbettfieber zur Folge hatten. Hatte eine Frau die kritische Zeit ihrer fruchtbaren Jahre hinter sich, bestand die Chance, dass auch sie ein hohes Alter erreichte, vorausgesetzt, sie fiel nicht einer Krankheit zum Opfer (vgl. Ohler 1990: 21). Die Grabinschrift der Margarethe Niederhöffer erwähnt explizit ihr Alter. Anhand der Grabdenkmäler der Elisabethkirche wird deutlich, dass eine Altersangabe in Grabinschriften für gewöhnlich entweder dann zu finden ist, wenn die betreffende Person sehr jung starb – im Kindes-, Jugendlichen- bzw. jungen Erwachsenenalter – oder, wenn sie ein für diese Zeit hohes Alter erreichte. Zu nennen wären Hieronymus Cottich (60 Jahre), Jakob Boss (63 Jahre), Barbara Otthera (63 Jahre), Katharina Justina Stuichs (64 Jahre), Jan Daniel von Priort (66 Jahre), Konrad Pincier (67 Jahre), Wigand Happel der Jüngere (72 Jahre), Hermann Vultejus (78 Jahre) und Burckhard Linker (81 Jahre). Etwas aus der Reihe fällt nur der Landkomtur Adolph Eitel von Nordeck zur Rabenau mit 52 Jahren. Erwähnenswert schienen den Menschen somit sowohl tragische Schicksale als auch besondere Leistungen in Form von langer Lebenszeit.

Konfessionalität und Grabmalskunst

1526 hatte Landgraf Philipp der Großmütige die Reformation in Hessen eingeführt (vgl. Schaal 2007: 25). Auch die Stadt Marburg war dem Religionswechsel gefolgt. 1527 wurde mit der Marburger Universität eine der ersten protestantischen Hochschulen gegründet (vgl. Schmidt-Voges 2022: 56). Diese Entwicklung hatte auch Folgen für die Marburger Deutschordensniederlassung und die ihr unterstellte Elisabethkirche. Seit dem Ende der 1520er Jahre fand dort überwiegend evangelischer Gottesdienst statt (Schaal 2018: 10). Während die mit geistlichen Aufgaben betrauten Priesterbrüder den Orden größtenteils verließen, entschieden sich die adligen Ritterbrüder für den Religionswechsel. Zudem kam es in dieser Zeit zu heftigen Auseinandersetzungen mit dem Landgrafen, die einen Höhepunkt erreichten, als Philipp der Großmütige 1539 die Reliquien der heiligen Elisabeth aus der Elisabethkirche entfernen ließ. Die Marburger Ordensniederlassung existierte jedoch weiter und ihre Mitglieder rekrutierten sich fortan aus den protestantisch gewordenen Adelsfamilien der Landgrafschaft (vgl. Schaal 2007: 22, 25 f.; Laupichler 2022: 41 f.). Unter den Landkomturen gab es aber auch weiterhin Katholiken. Einer von ihnen, der bereits erwähnte Konrad Klos, war 1628 bei einer Wienreise im Auftrag des Landgrafen Georg II. von Hessen-Darmstadt vom lutherischen zum katholischen Glauben konvertiert. Klos brachte seine neue Konfession auch in seinem Grabdenkmal zum Ausdruck, denn dieses zeigt ihn betend vor einem Altar mit Kruzifix und mit Rosenkranz in den gefalteten Händen. Von dieser Darstellungsweise wird nur bei einem weiteren Grabdenkmal eines Landkomturs in der Elisabethkirche Gebrauch gemacht, nämlich beim Epitaph des ebenfalls zum Katholizismus übergetretenen Adolph Eitel von Nordeck zur Rabenau (vgl. Rabe von Pappenheim 1894: 234; Schuchard 2017a: 32).

Die Reformation hatte auch Auswirkungen auf die Sepulkralkultur. Wie schon im Mittelalter wurde auch in der Frühen Neuzeit weiterhin im Kircheninnern bestattet. Geändert hatte sich jedoch das Verhältnis der Lebenden zu den Toten, was sich in den Grabdenkmälern der Elisabethkirche deutlich widerspiegelt. In der katholischen Trauer- und Begräbniskultur lag der Schwerpunkt auf dem Verstorbenen und den Fürbitten für dessen Seelenheil (vgl. Schuchard 2017b: 28). Bei den spätmittelalterlichen und damit katholischen Grabdenkmälern der Elisabethkirche sind entsprechende Formeln vielfach anzutreffen. Zu nennen wären die Wendungen »dem/der Gott gnad« (Grabplatte der Adligen Anna von Weyers von 1481, Totenschild des Landgrafen Wilhelm II. von Hessen von 1509), »deren Seele der allmächtige Gott gnädig und barmherzig sei« (Grabplatte der Adligen Lutgard von Hatzfeld vom Ende des 15. Jahrhunderts) oder »deren Seele Gott gnädig sein wolle« (Grabplatte der Landgräfin Anna von Katzenelnbogen von 1496). In der Reformation ist ein Wandel zu erkennen. Zwar treten die Bitten um die Gnade Gottes noch immer in einigen Inschriften auf, doch enthalten sie nun auch verstärkt den Wunsch nach einer glücklichen bzw. fröhlichen Auferstehung. Das Evangelium und die tröstende Hoffnung auf Auferstehung standen im 16. Jahrhundert im Mittelpunkt der protestantischen Lehre (vgl. ebd.). In den Grabinschriften der Elisabethkirche klingt außerdem an, dass es die Hoffnung auf Auferstehung war, die den Hinterbliebenen dabei half, mit den oftmals sehr schmerzhaften Verlusten umzugehen. Die Auferstehung der Toten ist ein zentrales Element des christlichen Glaubens. Der Glaube an sie brachte den Menschen Zuversicht. Der Tod war damit nicht mehr das endgültige und unumkehrbare Ende, sondern ein Übergang (vgl. Ohler 1990: 175).

Für Martin Luther waren Kirchen nicht mehr ›Leidensstätten‹ oder ›Klagehäuser‹, sondern vielmehr ›Ruhestätten‹ bzw. ›Schlafhäuser‹ (*coemeteria*) (vgl. Schuchard 2017b: 28). Dementsprechend hielt mit der Reformation auch das Bild vom Tod als Bruder des Schlafes und die dazugehörige Schlafmetaphorik verstärkt Einzug in Grabinschriften. Der Ausdruck ›entschlafen‹ (*obdormire*) als Synonym für ›sterben‹ geht auf die biblische Apostelgeschichte (Apg 7,60) zurück und ist vor allem in der zweiten Hälfte des 16. Jahrhunderts sehr verbreitet (vgl. Zajic 2004: 245 f.). Wie der Schlafende nach einer Zeit der Rast wieder aufwacht und sein Leben fortsetzt, so glaubte man auch an eine Auferstehung der Toten und an ein ewiges Leben. Diese Vorstellung spendete nicht nur dem Sterbenden Trost, sondern auch den Hinterbliebenen (vgl. Ohler 1990: 78 f.; Ariès 1982: 35 f.). Positiv konnotierte Adjektive wie ›selig‹, ›fromm‹ oder ›friedsam‹, die dem Verb ›entschlafen‹ in den Grabinschriften zumeist beigegeben sind, helfen zusätzlich dabei, dem Tod etwas von seiner Bedrohlichkeit zu nehmen. Nach Ansicht Luthers war der Zustand des Totseins nur eine kurze Episode, ehe es am Tag des Jüngsten Gerichts, das in seinen Augen kurz bevorstand, zur Auferstehung der Verstorbenen kam. Um diese Zeit des Wartens zu charakterisieren, kam das Bild des Todes als Schlaf auf, wobei der Schlaf nur den Körper betraf, während für die Seele ein waches Bewusstsein angenommen wurde (vgl. Krebs 2022: 31, 33). Folglich verwundert es nicht, dass im protestantischen Marburg die Schlafmetaphorik in zahlreichen der frühneuzeitlichen Grabinschriften aufgegriffen wurde.

Eine weitere Veränderung betraf bildliche Darstellungen. Protestant*innen standen diesen eher ablehnend gegenüber. Bei ihren Grabdenkmälern sollte der Schwerpunkt vielmehr auf dem Text liegen. Dies wird auch bei den Grabplatten der protestantischen Marburger Elite der Frühen Neuzeit erkennbar. Während keine bildlichen Darstellungen der Verstorbenen belegt sind, lassen sich stattdessen umfangreiche Textpassagen finden. In der Forschung herrscht die Meinung, dass protestantische Verstorbene Grabinschriften in der Volkssprache wählten, während Katholiken weiterhin die lateinische Sprache bevorzugten (vgl. Balbach 2014: 91 f.). Tatsächlich sind viele der frühneuzeitlichen Grabinschriften der Elisabethkirche auf Deutsch, doch einige sind auch auf Latein verfasst. Die Grabplatten, die lateinische Grabinschriften trugen, gehörten aber nicht etwa Katholiken, sondern Personen aus dem Umfeld der Marburger Universität, protestantischen Professoren, Theologen und Rechtsgelehrten sowie deren Familienmitgliedern. Ihre Grabinschriften waren in anspruchsvollem Latein verfasst und beinhalteten neben rhetorischen Stilmitteln auch allerlei Zitate und Anspielungen, was darauf hindeutet, dass es den Verfassern darum ging, die eigene Gelehrsamkeit zu demonstrieren. Die Texte waren für ebenso

Gebildete bestimmt und sollten den Zeitgenossen den hohen Akademisierungsgrad der Bestatteten und ihrer Familien vor Augen führen. Dieses Phänomen ist auch bei Professorengrabmälern in anderen Städten zu beobachten (vgl. Knöll 2005: 76 f.).

Zusammenfassung

Grabinschriften sind wertvolle Quellen für die historische Forschung, die jedoch oftmals verkannt werden. Sie können nicht nur dabei helfen, die biografischen Informationen zu einer bestimmten Person zu ergänzen, sondern berichten auch vom Umgang mit Tod und Trauer. Vor allem die bisher kaum von der Forschung berücksichtigten Grabinschriften der Elisabethkirche bieten einen einzigartigen Einblick in das Leben, aber auch das Sterben von Marburger Bürger*innen und Adligen am Ende des Mittelalters und zu Beginn der Frühen Neuzeit. Die Grabinschriften dienten dazu, dem Verstorbenen zu gedenken, aber auch der Trauer der Hinterbliebenen Ausdruck zu verleihen und ihnen bei der Verarbeitung des Verlusts zu helfen. Darüber hinaus waren sie vielfach auch Bekenntnis zum Glauben und ein Mittel, um Bildung und Gelehrsamkeit zu demonstrieren. Außerdem spiegelt sich in ihnen deutlich protestantisches Gedankengut wider, wie etwa die Vorstellung des Todes als Schlaf oder der explizit geäußerte Wunsch nach einer fröhlichen Auferstehung. Der Tod wurde nicht mehr als endgültiges Ende begriffen, sondern als Übergang auf dem Weg zur Auferstehung. Außerdem lag der Fokus nicht mehr auf den Verstorbenen, für deren Seelenheil Gebete und Fürbitten gesprochen werden sollten, sondern auf den Hinterbliebenen und deren Tröstung.

Literatur

Ariès, Philippe (1982): *Geschichte des Todes*, München.

Balbach, Anna-Maria (2014): *Sprache und Konfession. Frühneuzeitliche Inschriften zum Totengedächtnis in Bayerisch-Schwaben*, Würzburg.

Bartusch, Jan I. (2009): *Die Inschriften der Stadt Baden-Baden und des Landkreises Rastatt*, Wiesbaden.

Bartusch, Jan I. (2016): *Die Inschriften des Landkreises Freudenstadt*, Bd. 1: *Einleitung, Katalog der Inschriften*, Wiesbaden.

Bartusch, Jan I. (2018): »Wer war Abt Alexius? Name und Herkunft eines Alpirsbacher Klostervorstehers«, in: *Jahrbuch Landkreis Freudenstadt* 18, S. 99–106.

Buttlar-Elberberg, Rudolf von (1888): *Stammbuch der Althessischen Ritterschaft. Enthaltend die Stammtafeln der im ehemaligen Kurfürstenthum Hessen ansässigen zur Althessischen Ritterschaft gehörigen Geschlechter*, Kassel.

Chyträus, Nathan (1594): *Variorum in Europa itinerum Deliciae*, Herborn.

Dietrich, Simon (2017): »Ein Student aus Ulm. Konradin Dieterich«, in: ders. (Hg.): *Spuren der Reformation in der Marburger Elisabethkirche*, Marburg, S. 26.

Dolff-Bonekämper, Gabi (1981): »Die Restaurierung der Marburger Elisabethkirche im 19. Jahrhundert«, in: *Hessische Heimat* 31 (4/5), S. 158–167.

Epitaphia Marburgensia, quae extant in Basilica Lutheranorum et in coemiterio eiusdem, Manuskript Marburg um 1716, heute in der Landesbibliothek Kassel, 4° Ms. Hass 50.

Falckenhainer, Wilhelm (1888): *Catalogus studiosorum scholae Marpurgensis 1629–1636*, Marburg.

Feis, Oswald (1937): »Die Krankheit Wilhelm des Mittleren. Ein Beitrag zur Frühgeschichte der Lues«, in: *Janus. Revue internationale de l'Histoire des Sciences de la Médecine, de la Pharmacie et de la Technique* 41, S. 75–87.

Fuchs, Rüdiger (2006): *Die Inschriften der Stadt Trier I (bis 1500)*, Wiesbaden.

Greska, Christiane (1996): *Der Gott Genad. Studien zu Form und Funktion figürlicher Frauengrabmäler des Mittelalters in Deutschland*, Diss. Ludwig-Maximilians-Univ. München.

Heinz, Stefan/Rothbrust, Barbara/Schmid, Wolfgang (2004): *Die Grabdenkmäler der Erzbischöfe von Trier, Köln und Mainz*, Trier.

Hömberg, Albert K. (1972): *Geschichtliche Nachrichten über Adelssitze und Rittergüter im Herzogtum Westfalen und ihre Besitzer*, Bd. 3: *Kirchspiele Oestinghausen und Ostinghausen*, Münster.

HStAM, Bestand 17d Nr. von Cramm 9 (1590): *Entschuldigung des Burkhard von Cramm an Landgraf Ludwig IV. von Hessen-Marburg*, Archivale von 1590, heute im Hessischen Staatsarchiv Marburg.

Knetsch, Carl (1917): *Das Haus Brabant. Genealogie der Herzöge von Brabant und der Landgrafen von Hessen*, Bd. 1: *Vom 9. Jahrhundert bis zu Philipp dem Grossmütigen*, Darmstadt.

Knöll, Stefanie (2005): »Geistesadel. Grabmonumente für Professoren in Oxford, Leiden und Tübingen im 17. Jahrhundert«, in: Hengerer, Mark (Hg.): *Macht und Memoria. Begräbniskultur europäischer Oberschichten in der Frühen Neuzeit*, Köln, S. 71–85.

Körner, Hans (1997): *Grabmonumente des Mittelalters*, Darmstadt.

Krebs, Daniel (2022): »Jenseitsvorstellungen im Spiegel protestantischer Bestattungskultur. Süßer Schlaf«, in: Jungklaus, Bettina/Lippok, Juliane/Krebs, Daniel/Malliaris, Michael (Hg.): *Gräber, Grüfte und Gebeine. Tod in der Frühen Neuzeit*, Darmstadt, S. 31–35.

Küch, Friedrich (1903): »Die Landgrafendenkmäler in der Elisabethkirche zu Marburg. Ein Beitrag zur hessischen Kunstgeschichte«, in: *Zeitschrift des Vereins für hessische Geschichte und Landeskunde* 36, S. 145–225.

Lange, Friedrich (o. J.): *Notizbuch*, heute im Hessischen Staatsarchiv Marburg, Bestand Slg 1 Nr. 171.

Laupichler, Fritz (2022): *Der Deutsche Orden in Marburg (1234–1809). Geschichte - Spurensuche - Nachleben*, Marburg.

Lemberg, Margret (2010): *›god erbarme dich uber mich / bruder des begere ouch ich.‹ Die Grablegen des hessischen Fürstenhauses*, Marburg.

Mörsch, Gerd (2016): »Das Grabmal Wilhelms II. in Marburg«, in: *Fachinformationsdienst Kunst, Fotografie, Design*, http://archiv.ub.uni-heidelberg.de/artdok/volltexte/2016/4246 [5. Januar 2025].

Noll, Julia/Dickhaut, Eva-Maria (2025): *Die Inschriften der Elisabethkirche in Marburg*, Wiesbaden.

Ohler, Norbert (1990): *Sterben und Tod im Mittelalter*, München.

Panofsky, Erwin (1964): *Grabplastik. Vier Vorlesungen über ihren Bedeutungswandel von Alt-Ägypten bis Bernini*, Köln.

Rabe, Wilhelm (1930): »Auszüge aus den Parentationen der Christlichen Sterbekunst des Marburger Professor Johannes Steuber«, in: *Nachrichten der Gesellschaft für Familienkunde in Kurhessen und Waldeck* 5 (3), S. 77–82.

Rabe von Pappenheim, Gustav (1894): »Konrad Klos. Landkomtur der Ballei Hessen und Komthur zu Marburg«, in: *Hessenland* 8 (18), S. 234–235.

Roller, Stefan/Buczynski, Bodo (2011): »Grabmal des Trierer Erzbischofs Jakob von Sierck (1398/99–1465)«, in: Roller, Stefan (Hg.): *Niclaus Gerhaert. Der Bildhauer des späten Mittelalters*, Petersberg, S. 202–205.

Saur, Abraham (1594): *Calendarium Historicum, das ist Ein besondere tägliche Hauß vnd Kirchen-Chronika*, Frankfurt am Main.

Schaal, Katharina (2007): »Leichenzug und Nachlass des Landkomturs Adolph Eitel von Nordeck zur Rabenau«, in: dies. (Hg.): *Leben und Sterben eines Deutschordensritters in Marburg. Adolph Eitel von Nordeck zur Rabenau 1614–1667*, Marburg, S. 11–50.

Schaal, Katharina (2018): »Die Einführung der Reformation in der Elisabethkirche. Allmählicher Übergang oder harte Zäsur«, in: Dietrich, Simon (Hg.): *Spuren der Reformation in der Marburger Elisabethkirche*, Marburg, S. 10–11.

Schilling von Canstatt, Carl F. (1807): *Geschlechts Beschreibung derer Familien von Schilling*, Karlsruhe.

Schmidt-Voges, Inken (2022): »Im Zeichen der Reformation und Universitätsgründung. Marburg im 16. Jahrhundert«, in: Bender, Eva/Fischer, Ruth/Otterbeck Christoph (Hg.): *Marburg Stadtgeschichten 1222–2022*, Marburg, S. 54–57.

Schuchard, Jutta (2017a): »Katholisch, lutherisch, calvinistisch. Die Grabdenkmale der Landkomture«, in: Dietrich, Simon (Hg.): *Spuren der Reformation in der Marburger Elisabethkirche*, Marburg, S. 32–33.

Schuchard, Jutta (2017b): »Die Elisabethkirche als Begräbnisort seit der Reformationszeit«, in: Dietrich, Simon (Hg.): *Spuren der Reformation in der Marburger Elisabethkirche*, Marburg, S. 28–29.

Seibert, C. (1856): *Zeichnungen der Grabplatten in der Marburger Elisabethkirche*, Manuskript Marburg, heute im Landeskirchlichen Archiv Kassel, Bestand C.1.2 Gesamtkonsistorium Kassel – Spezialakten, Nr. 1650.

Stahr, Kurt (1952): *Marburger Sippenbuch. 1500–1850*, Bd. 6: *Kleemann-Gravenhorst. Begonnen 12. Mai 1952 / Abgeschlossen 3. November 1952*, https://wiki.genealogy.net/Marburger_Sippenbuch/06/Titelblatt [5. Januar 2025].

Stahr, Kurt (1954): *Marburger Sippenbuch. 1500–1850*, Bd. 9: *Többing-Eppinghaus. Begonnen 4. Oktober 1953 / Abgeschlossen 12. Februar 1954*, https://wiki.genealogy.net/Marburger_Sippenbuch/09/Titelblatt [5. Januar 2025].

Stahr, Kurt (1955): *Marburger Sippenbuch. 1500–1850*, Bd. 11: *Frentzel-Hellwig. Begonnen 22. November 1954 / Abgeschlossen 11. Juli 1955*, https://wiki-de.genealogy.net/Marburger_Sippenbuch/11/001 [5. Januar 2025].

Stahr, Kurt (1957a): *Marburger Sippenbuch. 1500–1850*, Bd. 13: *Hube-Lizerich. Begonnen 26. April 1956 / Abgeschlossen 21. Januar 1957*, https://wiki.genealogy.net/Marburger_Sippenbuch/13/Titelblatt [5. Januar 2024].

Stahr, Kurt (1957b): *Marburger Sippenbuch. 1500–1850*, Bd. 14: *Lobberdahn-Mertzer. Begonnen 26. Januar 1957 / Abgeschlossen 21. Oktober 1957*, https://wiki.genealogy.net/Marburger_Sippenbuch/14/Titelblatt [5. Januar 2024].

Stahr, Kurt (1959): *Marburger Sippenbuch. 1500–1850*. Bd. 16: *Nebe-Reinhard. Begonnen 12. Juli 1958 / Abgeschlossen 11. Juli 1959*, https://wiki.genealogy.net/Marburger_Sippenbuch/16/Titelblatt [5. Januar 2024].

Stahr, Kurt (1963): *Marburger Sippenbuch. 1500–1850*, Bd. 21: *Skio-Urff. Begonnen 2. November 1962 / Abgeschlossen 28. September 1963*, https://wiki.genealogy.net/Marburger_Sippenbuch/21/Titelblatt [5. Januar 2024].

Stölzel, Otto (1938): *Marburgs alte Grabschriften*, Marburg.

Wohlbrück, Siegmund W. (1829): *Geschichtliche Nachrichten von dem Geschlecht von Alvensleben und dessen Gütern*, Bd. 3, Berlin.

Zajic, Andreas (2004): *›Zu ewiger gedächtnis aufgericht.‹ Grabdenkmäler als Quelle für Memoria und Repräsentation von Adel und Bürgertum im Spätmittelalter und in der Frühen Neuzeit. Das Beispiel Niederösterreichs*, Wien.

II Interview

»Sterben einfach geschehen zu lassen, ist alles andere als modern.«

Ein Interview mit Werner Schneider

»Simply letting death happen is anything but modern.«

An Interview with Werner Schneider

Ekkehard Coenen

Werner Schneider (geb. 1960) ist seit 2003 Professor für Soziologie an der Philosophisch-Sozialwissenschaftlichen Fakultät der Universität Augsburg. Zuvor war er wissenschaftlicher Oberassistent und Privatdozent am Institut für Soziologie der Ludwig Maximilians-Universität München. Zu seinen Forschungsschwerpunkten zählen u. a. die Familiensoziologie, die Soziologie der Lebensphasen und privaten Lebensformen, die Wissenssoziologie, die Medizin-/Gesundheitssoziologie sowie die Diskurs- und Dispositivforschung. Er hat zahlreiche soziologische Texte zum Lebensende publiziert und ist Mitglied im Wissenschaftlichen Beirat des *Jahrbuchs für Tod und Gesellschaft*. In diesem Gespräch über seine thanatosoziologische Forschung spricht Schneider über sein Konzept des Sterben-Machens, seine Kritik an der aktuellen Thanatosoziologie und seinen dispositivanalytischen Zugang zum Lebensende. Das Interview stammt aus dem Juni 2024. Es wurde aufgrund der damaligen Hochwasserkatastrophe in Bayern online durchgeführt.

Sterben, Dispositivanalyse, Diskursanalyse, Ethnografie, Todeswissen

Werner Schneider (born 1960) is a Professor of Sociology at the Faculty of Philosophy and Social Sciences at the University of Augsburg. Prior to this, he was a senior research assistant and private lecturer at the Institute of Sociology at Ludwig Maximilian University in Munich. His research interests include sociology of family, sociology of life courses and lifestyles, sociology of knowledge, sociology of health, and discourse/dispositive research. He has published numerous sociological texts on the end of life and is member of the advisory board of the *Annual Review for Death and Society*. In this interview about his thanatosociological research, Schneider talks about the ›doing dying‹, his critique of current thanatosociology and his discourse/dispositive analytical approach to the end of life. The interview was conducted online in June 2024 due to the flood disaster in Bavaria at that time.

Dying, dispositive analysis, discourse analysis, ethnography, knowledge of death

Ekkehard Coenen: Herr Schneider, Sie sind in der deutschsprachigen Thanatosoziologie eine bekannte Persönlichkeit, haben etliche Publikationen vorgelegt und sind auch Mitglied des Wissenschaftlichen Beirats des *Jahrbuchs für Tod und Gesellschaft*.[1] Bevor Sie sich soziologisch mit Sterben und Tod auseinandergesetzt haben, waren Sie vorrangig in der Familiensoziologie tätig. Wie kam es dazu, dass Sie zur Thanatosoziologie gekommen sind?

Werner Schneider: Das war aus meiner Sicht recht unspektakulär, denn es hat z. B. gar nichts damit zu tun, dass es irgendwelche Schlüsselerlebnisse oder dergleichen gegeben hätte. Es ist schnell geschildert: Ich habe nach der Dissertation, die tatsächlich in der Familiensoziologie angesiedelt war – meine thematischen Vertiefungen im Studium waren bereits Familie, Lebensformen, Lebensphasen usw. –, eigentlich ganz strategisch-instrumentell gedacht, ich müsste mein Forschungs- und Lehrprofil etwas erweitern und fand den Themenbereich Gesundheit, Krankheit, Medizin, bis hin zu Körpertechnik etc. interessant und passend. In dem Zuge habe ich Mitte der 1990er Jahre u. a. im Münchener Klinikum Großhadern Kurse in Medizinsoziologie gegeben für Pflegepersonal, das sich für Stationsleitungen qualifizierte mit Themen wie beispielsweise ›Was ist Gesundheit, was Krankheit aus soziologischer Perspektive?‹, Arzt- und Patientenrolle, Merkmale der Pflegerolle usw. Die Teilnehmer bzw. häufiger Teilnehmerinnen stellten naheliegenderweise die Frage nach der Nützlichkeit der soziologischen Perspektive für den Pflegealltag und waren bei so manchen Themen recht schnell gelangweilt, einhergehend mit der Frage: ›Ja, gibt es denn nichts Interessanteres?‹ Auf meine Gegenfrage, was aus ihrer Sicht interessanter erscheinen würde, kam umstandslos und in großer Einhelligkeit als Antwort: ›Ja, das Thema Sterben und Tod, das beschäftigt uns Tag für Tag.‹ Das war für mich ein klarer Hinweis, dass dieses Thema in der medizinisch-pflegerischen Alltagspraxis auf den Nägeln brannte. Also habe ich mich dazu entsprechend in die soziologische Literatur eingelesen und gleichzeitig zunächst vor Ort in München und dann darüber hinaus auch Kontakte zur Praxis geknüpft: in München z. B. zum Christophorus Hospiz-Verein, der schon damals im Rahmen der Hospizbewegung recht ›prominent‹ war, und auch zur Münchner Palliativmedizin, vertreten von Personen wie z. B. Claudia Bausewein oder Thomas Binsack. Parallel dazu habe ich am Institut für Soziologie in der Konradstraße Seminare in Medizinsoziologie, u. a. auch mit der Schwerpunktsetzung auf das Lebensende, angeboten. Bei den Soziologiestudierenden stieß nicht zuletzt auch die Verbindung von Seminardiskussion und Besuchen im Feld und dem entsprechenden Austausch mit den ›Praktikern‹ auf Interesse.

1 Mit Dank an *Isa Werner* (Weimar) für Ihre Unterstützung bei der Vorbereitung dieses Interviewtranskripts.

Diese Aktivitäten in der Lehre waren für mich dann der Einstieg zu dem Entschluss, in diesem Themenfeld auch selbst zu forschen. In meiner Habilitationsschrift, die 1999 erschienen ist, habe ich mich dann der Thematik Hirntod und Organtransplantation gewidmet. Das Thema Sterben und Tod insgesamt war damals in der Soziologie – bis auf wenige ›klassische Arbeiten‹ wie z. B. von Alois Hahn (1968), Werner Fuchs (1969), dann auch Klaus Feldmann (1990, ders./Fuchs-Heinritz 1995) – kaum bzw. nicht präsent. Das Thema Hirntod hat sich angeboten, weil damals – aufgrund einer in Deutschland fehlenden gesetzlichen Regelung – eine sich intensivierende Diskussion über Hirntod und Organtransplantation beobachtbar war. An dem Thema arbeiteten aus soziologisch unterschiedlichen Perspektiven zur damaligen Zeit nur wenige Kolleginnen und Kollegen – z. B. Gesa Lindemann oder Alexandra Manzei. Anzumerken bleibt dabei vielleicht noch, dass mich schon damals die Frage beschäftigt hat: Was kann die Thanatosoziologie nicht nur als kleine, eher randständige spezielle Soziologie leisten, sondern welche (theoretischen, empirischen, zeitdiagnostischen) Bezüge gibt es zur Allgemeinen Soziologie? Anders formuliert: Warum beschäftigt man sich soziologisch mit dem Thema Lebensende? Als ganz knappe und sicherlich wenig überraschende Antwort: Weil auch und gerade das Lebensende für die Frage nach Gesellschaft per se bzw. nach gesellschaftlichem Wandel relevant ist – z. B.: Was hält Gesellschaft (über die Lebensspannen ihrer jeweiligen Mitglieder hinaus) zusammen? Welche Vorstellungen zum Lebensende und welche Praktiken des Umgangs mit der gewussten Endlichkeit menschlichen Lebens gibt es? Das war für die Soziologie damals zwar keineswegs mehr Neuland, aber doch ein noch recht wenig erforschtes Terrain. Und im Hintergrund stand damals die bis heute ja bekannte sogenannte ›Verdrängungsthese‹, die zwar soziologisch formuliert, aber in diesem Sinn keineswegs soziologisch dominiert war – will heißen: Die behauptete ›Verdrängung‹ von Sterben und Tod hat aus meiner Sicht weniger eine theoretisch orientierte Debatte in der Soziologie über Gesellschaft, ihre Veränderungen und Kontinuitäten angestoßen, als vielmehr über die Soziologie hinaus vor allem für die Praxis Wirkung entfaltet: z. B. zur Legitimation des Ausbaus hospizlich-palliativer Begleitung und Versorgung.

Coenen: Die Frage nach den Bezügen zur Allgemeinen Soziologie ist auch etwas, was im Arbeitskreis Thanatologie immer mal wieder in verschiedener Weise thematisiert wird. Was ist Ihre Perspektive darauf? Was wären die Vorteile der Thanatosoziologie? Was kann sie zur Allgemeinen Soziologie beitragen?

Schneider: Aus meiner Sicht ist das eine Frage, die sich letztlich für jede spezielle Soziologie stellt: Was wäre der Beitrag – wenn ich z. B. Familiensoziologie betreibe –, den der soziologische Blick auf den Gegenstand Familie für das Verständnis von Gesellschaft bieten kann? Bei der Thanatosoziologie wären das drei

Aspekte, die ich als bedenkenswert erachte und die sich für mich aus dem Blick in die Literatur ergeben: Der erste Aspekt adressiert, wie schon gesagt, die Frage nach gesellschaftlichem Wandel. Das ist bekanntlich eine der zentralen Fragen der Gründerväter der Soziologie: Wie erklären wir als Soziologen das, was als gesellschaftliche Prozesse über den Zeitverlauf und aktuell beobachtbar ist, seien es jetzt mehr oder weniger massive Veränderungen oder sich kontinuierende Elemente des sozialen und kulturellen Zusammenlebens. Das Spannende ist hier aus meiner Sicht bei der Thanatosoziologie, dass wir, wenn wir die vor ca. 150 Jahren durchgesetzte Industriemoderne bis heute betrachten, einen Bereich vor uns haben, wo es – wie in jeder Gesellschaft, zu jeder historischen Epoche – ganz grundsätzlich um existenzielle Fragen des Menschen geht: um die Fragen der ›Grenzen des Sozialen‹, wie Gesa Lindemann (2009) formuliert hat, und wie Gesellschaften mit diesen existenziellen Grenzproblematiken bzw. mit den damit jeweils einhergehenden ›Schwellenzuständen‹ umgehen. Die Thanatosoziologie gibt uns Aufschluss darüber, wie Sterben und Tod entlang welcher Leitbilder und normativen Setzungen institutionell, organisatorisch, aber auch alltagspraktisch mit der Durchsetzung der Moderne konzipiert oder konturiert waren, im Vergleich zur vormodernen Gesellschaft, und was sich seit dem 19. Jahrhundert bis heute in der Modernisierung von Umgangsweisen mit Sterben und Tod in unserer Gesellschaft verändert hat. Um nur exemplarisch einen Punkt zu nennen: Wenn in der modernen Gesellschaft Privatheit und Öffentlichkeit als zwei dichotom aufeinander verweisende Lebenssphären moderne-spezifisch ausbuchstabiert werden, erscheint es mir hinsichtlich der Frage nach gesellschaftlichem Wandel aufschlussreich zu sein, das Thema Lebensende dazu in Anschlag zu bringen. Empirisch wäre dann zu rekonstruieren, wie sich beispielsweise sowohl symbolisch wie praktisch Grenzziehungen zu Sterben und Tod in ihren institutionell-organisatorischen Ausgestaltungen hinsichtlich der Zuordnung zum Privaten hier und dem ›öffentlich Relevanten‹ dort bis hin zu den ›Grenzen des Sozialen‹ im Zuge der fortschreitenden Modernisierung der modernen Gesellschaft im Verlauf des 20. Jahrhunderts verschieben.

Und an der Stelle tritt ein zweiter Aspekt für mich hinzu, der sich wiederum aus der Literatur und aktuellen Diskussionen speist: Dass man, so wie man das Lebensende soziologisch in den Blick nimmt, auch den Lebensanfang betrachtet und beides auf der Grundlage entsprechender Empirie zueinander in Bezug setzt – also die Thanatosoziologie auch in einen Diskussionskontext einer Soziologie des Lebensbeginns und Lebensendes stellt –, was aus meiner Sicht viel theoretisches Potenzial hinsichtlich unseres Verständnisses von gesellschaftlichem Wandel entfalten könnte. Der dritte Aspekt, der mir hier relevant erscheint, ist die Frage nach Macht bzw. Machtbeziehungen, Herrschaftsverhältnissen und damit immer schon nach sozialer Ungleichheit. Auch das ist bekanntermaßen eine Grundsatzfrage der soziologischen Klassiker seit Beginn der Soziologie. Selbstverständlich lassen sich die genannten drei Aspekte für jede spezielle Soziologie durchdeklinieren. Mein Eindruck ist jedoch, dass es dort, wo es um ›gesellschaftlich Existenzielles‹ geht, dem soziologischen Blick am ehesten möglich ist, bei der Frage nach gesellschaftlichem Wandel auch theoretisch zu unterscheiden zwischen dem, was sich permanent wandelt und dem, was die Prinzipien dieses Wandels charakterisiert sowie seine Möglichkeiten und Grenzen markiert.

Coenen: Sie haben gesagt, dass die Thanatosoziologie für die Allgemeine Soziologie viel Potenzial entfalten *könnte*. Heißt das, dass das Potenzial Ihrer Meinung nach gerade noch gar nicht ausgeschöpft wird? Wie kann ich das verstehen?

Schneider: Ja, ich würde definitiv sagen, da ist noch deutlich mehr drin, als bisher geschehen. Mir ist durchaus bewusst – auch und gerade im Austausch mit den Kolleginnen und Kollegen in der Thanatosoziologie –, dass die von mir genannten drei Aspekte in vorliegenden Forschungsarbeiten selbstredend mehr oder weniger präsent sind und nicht extra von mir gesagt bzw. eingefordert werden müssen. Gleichwohl sehe ich schon einen gewissen Nachholbedarf, auch und gerade seit den 1980er Jahren, die skizzierten Fragen weiter empirisch und vor allem auch theoretisch auszuleuchten, zumal wenn wir unsere thanatosoziologische Forschungslandschaft international einordnen. Zwar haben wir in den letzten 30, 40 Jahren schon eine ganze Reihe von spannenden Studien gehabt, etwa zu verschiedenen institutionell-organisatorischen Feldern des Sterbens, also z. B. zur ambulanten Hospizarbeit oder zum Sterben im stationären Hospiz, auf der Palliativstation, im Alten-/Pflegeheim. Aber Klaus Feldmann hat mehrfach darauf hingewiesen, und letztlich auch früher schon Werner Fuchs oder Alois Hahn, ich beziehe mich wieder auf diese ›Pioniere‹, dass auch in der Thanatosoziologie die Empirie nicht nur für sich stehen sollte, um die spezifischen Settings von Sterben und Tod zu beleuchten. Und so ist für mich etwa die Frage interessant: Was bedeutet die Entwicklung in diesen Praxisfeldern des Lebensendes für die Charakterisierung der Moderne, z. B. hinsichtlich des Wandels der dichotomen Vorstellung von ›hier privat‹ und ›dort öffentlich‹ – oder Sozialstaat hier und Zivilgesellschaft dort. Das Ganze ist dabei nicht nur empirisch zu konturieren und mit den verfügbaren Begriffen und Konzepten als Analyseinstrumente für sich stehend zu interpretieren, sondern in einen breiteren theoretischen Kontext von gesellschaftlichem Wandel zu stellen. Auf der Grundlage der verschiedenen Theorierichtungen in der Soziologie gibt es z. B. ein breites Potpourri von unterschiedlichen Modernisierungstheorien mit den verschiedenen Schlagworten, die für aufeinander aufbauende theoretische Interpretationen der empirischen Befunde eingesetzt werden können. In diesem

Sinne würde ich mir eine Intensivierung des theoretischen Diskurses in der Thanatosoziologie und in einer Soziologie des Lebensbeginns und Lebensendes wünschen.

Coenen: Interessanterweise hatten wir im Jahrbuch Tod und Gesellschaft ein Interview mit Allan Kellehear (Coenen/Sitter 2023), der darauf hingewiesen hat, dass gerade der angloamerikanische Raum – wie Sie es gerade formuliert haben – sich durch einen sehr starken empirischen Fokus auszeichnet, und im deutschsprachigen Raum hat Kellehear bemerkenswerterweise dann doch schon eine starke Theorieaffinität festgestellt. Aber das ist aus Ihrer Sicht noch ausbaufähig?

Schneider: Richtig. Die deutsche Soziologie ist als solche – zumal, wenn man auf ihre Geschichte schaut – sicherlich nicht theoriearm; insofern würde ich der Beschreibung von Allan Kellehear zustimmen. Um es grob zu vereinfachen: Vieles im angloamerikanischen Raum ist als ›empiristisch‹ zu kennzeichnen. Ähnliches gilt aber, nicht zuletzt infolge des forcierten Anwendungsbezugs von Forschung, auch für die hiesige Forschungslandschaft, wobei es per se ja keine Mangelbeschreibung ist, auf empirischen Fundamenten zu stehen. Aber ich meine, für unsere thanatosoziologische Debatte in Deutschland ist in der Art und Weise, wie wir uns theoretisch auf Empirie beziehen, durchaus noch Luft nach oben. Vielleicht nehme ich das auch nicht präzise genug wahr, dann lasse ich mich gerne auf entsprechende kritische Hinweise ein – aber was ich nicht so richtig sehe, ist in der hiesigen Thanatosoziologie eine systematische und kontinuierliche Debatte über theoretische Ansätze und Perspektiven jenseits einzelner Veranstaltungen, Workshops etc. In anderen, etablierteren speziellen Soziologien geschieht das – je nach Theorie-Konjunkturen – mitunter gleichsam automatisch, versickert dann manchmal in der einen oder anderen Verästelung und/oder bleibt einfach stecken, um schließlich durch Neues ersetzt zu werden. Hinsichtlich einer solchen Debatten-Dynamik sehe ich für die deutschsprachige Thanatosoziologie noch Steigerungsmöglichkeiten.

Coenen: Wenn wir schon bei der Theorie sind, möchte ich einen Blick auf ein zentrales theoretisches Konzept von Ihnen werfen, nämlich das ›Sterben-Machen‹ (Schneider 2014). Das ist, so wie ich es verstehe, ein relationales Konzept, das sehr im Gegensatz zu der individualistischen Perspektive in der Gesellschaft steht, die das sterbende Individuum in den Vordergrund stellt. Könnten Sie vielleicht kurz einleitend beschreiben, wie Sie eigentlich zu diesem Konzept gekommen sind?

Schneider: Ja, auch das ist, ehrlich gesagt, recht unspektakulär, und ich würde es eigentlich so herunterbrechen, wie Sie es jetzt schon formuliert haben. Im Kern basiert das Konzept auf einer relationalen Perspektive, die bereits bei Simmel grundgelegt ist, in der verstehenden Soziologie ebenso wie in der Theorie der Symbolischen Interaktion und der Wissenssoziologie von Mannheim bis Berger/Luckmann verankert ist. Damit ist auch meine Ausbildung während meines Studiums in den 1980er Jahren umrissen. Ab Anfang der 1990er habe ich mich dann zunehmend einer wissenssoziologisch orientierten Rezeption der Foucaultschen Diskursperspektive gewidmet, wobei es darum ging, die genannten klassischen Perspektiven bis hin zur Hermeneutischen Wissenssoziologie (Soeffner, Honer, Hitzler, Knoblauch u. a.) und den Bezug zu Macht und Herrschaft bis hin zu Ungleichheit für mich zu präzisieren. Eingebettet war das in die damalige Debatte um die Wissenssoziologie und Diskursanalyse mit Münchner und Augsburger Kollegen wie Reiner Keller, Willy Viehöver und Andreas Hirseland. Das zusammen bildete das Fundament für meine eigenen Arbeiten in der Thanatosoziologie bis hin zum Konzept des Sterben-Machens.

Erwähnenswert ist vielleicht noch, dass ich bei Vorträgen, vor allem vor Praktikern, mit diesem Begriff häufig Stirnrunzeln oder gar Widerspruch ernte, weil es im Selbstverständnis der Praktiker nicht um ein ›Sterben-Machen‹ gehen darf, sondern um ein möglichst gutes Begleiten, Pflegen, Versorgen. Mir ging es bei diesem Konzept allerdings nicht um eine angemessene Paraphrasierung der Praxis, sondern einerseits um die Abgrenzung zum mittlerweile recht prominenten ›Doing‹-Konzept, hier im Sinne eines ›Doing dying‹ oder eines ›Doing Death‹-Ansatzes. Andererseits, und was noch wichtiger ist, stand für mich bei dem Konzept des Sterben-Machens als Analyseheuristik die Verbindung einer lebensweltlichen – ich würde sagen: sterbensweltlichen – ethnografischen Perspektive auf der Mikroebene mit der auf der Meso-/Makroebene zu verortende Frage von Wissen, Macht, Herrschaft, Ungleichheit aus einer Diskurs-/Dispositiv-Perspektive im Zentrum. In Anlehnung an David Sudnow (1973) geht es mir in einem weiteren Sinne um die Organisation des Sterbens, besser gesagt um das jeweilige ›lokale‹ Organisieren, welches immer gerahmt ist von dem jeweils vorherrschenden, als wahr gesetzten Sterbe-/Todeswissen der entsprechenden Institution, Organisation. Hinzu kommen die Mikrokonstellationen nicht nur von Interaktion und Kommunikation, sondern auch ihrer raum-zeitlichen Situierung und materialen Ausstattung. Das ist, wenn man so will, das Gesamtprogramm dieses Sterben-Machens aus einer wissenssoziologisch fundierten, ethnografisch-dispositivanalytischen Herangehensweise. Mir ist klar, dass man hier methodisch-methodologisch sicherlich noch mehr ins Detail gehen müsste, bis hin zu epistemologischen Diskussionen, ob man die soweit angerissenen analytischen Bestandteile so einfach zusammenbasteln kann. Aber das ist auf jeden Fall die Programmatik und ihre ›Entstehungsgeschichte‹.

Coenen: Sie haben gerade angedeutet, dass es Teil dieses sehr umfassenden Ansatzes ist, auch Materialität, Medialität und Diskurse stark mit einzubringen. Das Sterben-Machen ist jetzt konkret in der Palliativmedizin oder in der Hospizarbeit entwickelt worden. Daher kommt wahrscheinlich auch der Fokus auf den menschlichen Akteur. Sie haben vorhin im Kontext von Hirntod und Organtransplantation Gesa Lindemann erwähnt. Sie würde z. B. davon ausgehen, dass innerhalb der Grenzen des Sozialen nicht nur Menschen sein können (Lindemann 2009). Würde das Sterben-Machen etwa auch für Tiere, Planeten, Maschinen, Avatare oder was auch immer gelten? Oder ist es ein Konzept, das sich ausschließlich auf Menschen bezieht?

Schneider: Das ist eine interessante Frage, und wenn ich sie richtig verstanden habe, würde ich meine Antwort wie folgt formulieren: Mich interessieren soziale Welten als genuin menschliche. Mich interessiert als Soziologe nicht die – sicherlich spannende – ethische oder philosophisch abstrakte Frage danach, was das Subjekt als solches auszeichnet, wie viele und welche ›Subjektmerkmale‹ oder Eigenschaften einem bzw. welchem Tier zukommt usw. Kurzum, es geht mir im Kern um Sterbewelten, und zwar um solche, die sozial konstruiert sind und in denen sich Menschen mit anderen Menschen für Menschen bewegen, die mit Sterben und Tod konfrontiert sind. Wenn man das ›für Menschen‹ jetzt im Sinne Ihrer Frage erweitern will, möchte ich festhalten: Der Blick auf Materialitäten, auf ihre zeitlich-situative Verortung als ›Agenten‹ ist ein wesentlicher Teil im Konzept. Über Tiere habe ich noch nicht systematisch nachgedacht, sehe aber kein grundsätzliches Problem darin, solche ›Erweiterungen‹ vorzunehmen. Denn selbstverständlich können wir z. B. das Verhältnis eines Menschen zu seinem geliebten Haushund als soziale Beziehung fassen – mit entsprechenden Folgen für den Menschen beim Tod des Hundes oder auch für die Bedeutung der Anwesenheit des Hundes in den letzten Lebenstagen eines Menschen. Aber Tiere organisieren kein ›Sterben-Machen‹. Ebenso können wir ›Dinge‹ als Aktanten fassen, die im Sterben-Machen involviert sind, aber ihnen kommt in diesem ›Mit-Agieren‹ kein ›Eigenleben‹ im Sinne einer ›Ego-Alter Ego-Beziehung‹ zu. Schwieriger wird die Problematik, wenn beispielsweise das verstorbene Kind für die Eltern via KI als möglichst ›wirklichkeitsgetreues‹ künstliches Abbild wiederaufersteht und ›kommunikationsfähig‹ die Welt der Lebenden, für die sich mittlerweile die keineswegs fixen Grenzen zwischen Virtualität und sogenanntem ›real life‹ in Bewegung gesetzt haben, wieder betritt. Somit erscheint, aus meiner Sicht, das Konzept des Sterben-Machens als vielfach anschlussfähig.

Coenen: Sie hatten auch erwähnt, dass es Reaktionen aus der medizinischen Praxis gibt und dass das Sterben-Machen dort anscheinend nicht so gut angenommen wird.

Schneider: Naja, ich habe die vorhin erwähnte Skepsis zur Begrifflichkeit seitens der Praxis eher als einen interessanten empirischen Befund wahrgenommen, der mich aber auch nicht überrascht hat, da in dem Moment, wo man von Sterben-Machen spricht, diese Rede von den Praktikern sehr schnell in den Kontext einer anhaltend kontroversen Sterbehilfedebatte gestellt wird. Aber das Sterben-Machen zielt, wie schon skizziert, vom Begriff her nicht auf gesellschaftliche Debatten als solche ab, denn mir ist das ›Machen‹ (doing) wichtig, welches in seiner soziologischen Perspektivierung über einen ethnomethodologischen Blickwinkel hinausreicht und auf die institutionell-organisatorischen Rahmungen verweist. Über den Zeitverlauf hinweg betrachtet, geschieht Sterben in der Regel ja nicht einfach so (wenn man z. B. überraschende Tode durch Unfall u. dgl. beiseite lässt), sondern wird in seinem Ablauf nach Möglichkeit dem je vorherrschenden Sterbe- und Todeswissen folgend sinnhaft bearbeitet. Hier lässt sich in grober Zeiteinteilung systematisch ein vormodernes Sterbedispositiv, in dem ärztliche Interventionen unterlassen und das Sterbegeschehen in Gottes Hand gegeben wurden, von einem modernen und das wiederum von einem modernisiert-modernen Sterbedispositiv unterscheiden. Generell gilt dabei als Differenz zur vormodernen Gesellschaft: Sterben einfach geschehen zu lassen, ist alles andere als modern. Für das fortgeschritten modernisierte Sterbedispositiv ist das entsprechende Sterben-Machen normativ noch umfänglicher aufgeladen als in der Moderne am Ende des 19. bis Mitte des 20. Jahrhunderts, wo es primär um die Vermeidung des Sterbens, um Lebensverlängerung ging. Mittlerweile ist es vor allem eine Frage seiner Organisation nicht einfach nur als Lebensende, sondern als umfassend individualisierte letzte Lebensphase.

Das ist jedenfalls die Charakterisierung, die ich im Moment vornehme, wobei ich hier folgendes Desiderat sehe: Aus meiner Sicht wissen wir empirisch so gut wie nichts über das modernisiert-moderne Sterben-Machen in seiner praktischen Ausgestaltung überall dort, wo es nicht von solchen professionellen und zivilgesellschaftlichen Sterbeorganisationen wie Hospiz oder Palliativmedizin aufgefangen wird, sondern wo – wenn überhaupt – nur ein Hausarzt greifbar ist oder wo noch ein ambulanter Pflegedienst auftaucht, aber ansonsten – und das ist statistisch immer noch die überwiegende Zahl – relativ ›unspektakulär‹ in den privaten vier Wänden gestorben wird. Hierzu wäre aus meiner Sicht mehr Empirie hilfreich, weil sie auch zu anderen theoretischen Erträgen führen könnte, bis hin zur Frage des ungleichen Sterbens, ohne gleich, wie es heute in den politisch-medialen Debatten offenbar unvermeidlich ist, ungleiches Sterben umstandslos als ungerecht im Rahmen der mittlerweile üblichen Alarm-Wörter wie Stigmatisierung, Diskriminierung etc. zu skandalisieren.

In diesem Kontext könnte man den Hinweis, den Sie vorhin zu Gesa Lindemann gegeben haben, noch einmal aufgreifen: dass nicht nur Menschen Sterben machen, Ärzte, Pflegekräfte, ehrenamtliche Begleiter, Angehörige etc., sondern dass auch Dinge Sterben machen. Ein solcher – zweifellos notwendiger – analytischer Einbezug von Dingen, von Materialitäten zielt ja nicht nur auf die Rekonstruktion dessen, was passiert, wenn etwa der Ehrenamtliche in der Sterbebegleitung noch einmal das Familienalbum hervorholt und über die Familiengeschichte des Sterbenden gesprochen wird. Mindestens so wichtig bzw. theoretisch interessanter ist beispielsweise die Rekonstruktion dessen, was der Einsatz einer Schmerzpumpe zu Hause leistet, wie sie ›als Ding‹ aktiv mitgestaltet und welche Bedeutung ihr aus Laiensicht z. B. in der Ausgestaltung der Sorgebeziehung zwischen Sterbenden und Angehörigen zukommt. Wie verändern bzw. verschieben solche technischen Dinge in der informellen Pflege die Optionen und auch Grenzen, aktiv zu werden? Verlagert sich dabei womöglich das Zentrum des ›Geschehens‹, des ›Machens‹ weg vom Bett, weg vom Sterbenden hin zur Maschine oder ermöglicht diese geradezu eine dann gleichsam technisch formierte Intensivierung von Sorge? Zu solchen Fragen finden sich ja bereits einige interessante Forschungen mit spannenden theoretischen Bezügen.

Coenen: Wenn wir jetzt das Sterben-Machen, wie Sie gesagt haben, in die Nähe des ›Doing Death‹ stellen, etwas, das sehr nah an diesem Begriff ist, dann besteht u. a. auch eine Nähe zu solchen Semantiken wie Leben-Nehmen oder Töten. In welches Verhältnis würden Sie Sterben-Machen zu diesen Bereichen setzen?

Schneider: Dazu schließe ich direkt an das vorhin Gesagte an: Vielleicht erscheint die folgende Unterscheidung als eine etwas wackelige Krücke, aber ich kann es momentan nicht präziser ausdrücken: Ich ziele in meinen Überlegungen bislang nicht auf den Akt des ›Tot-Machens‹, des – aus welchen Motiven auch immer erfolgenden – Tötens als solchen, sondern auf die im und durch das Sterben-Machen hergestellten Sterbewelten. Das Sterben-Machen ist für mich eigentlich nur die Überschrift meines analytischen Instrumentariums, das ich als hilfreich erachte und mit dem ich von der Mikroebene auf eine Meso-/ Makroebene und wieder zurück wechseln sowie die verschiedenen Ebenen – in Kombination mit einer überschaubaren Dimensionierung – zueinander in Bezug setzen kann. Die theoretische Verankerung dieses Instrumentariums wäre dann nicht nur in einer ethnomethodologischen Perspektive, aber auch nicht ausschließlich in einer Diskursperspektive. Vielmehr beziehe ich mich mit dem Begriffs-Baukasten im Sinne einer – wenn man so will – ›sterbensethnografisch‹ orientierten Analyse von Sterbenswelten einerseits auf Anne Honers Konzept der »kleinen Leiblichkeiten« (Honer 2011); andererseits auf eine wissenssoziologisch ausgerichtete, begrifflich-konzeptionell von Foucault entlehnte Dispositivperspektive. Klar ist, dass man diesen Baukasten noch theoretisch sowie methodologisch-methodisch weiter konturieren könnte, bis hin zur Bearbeitung erkenntnistheoretischer Problematisierungen. Und deswegen kann das Sterben-Machen in seiner theoretischen Unterfütterung und mit seiner analytischen Heuristik nicht einfach mit einer ›Doing Gender‹-Perspektive gleichgesetzt werden.

Coenen: Sie haben gerade von der Sterbeethnografie gesprochen. In Ihrem Text zu den Sterbewelten (Schneider 2014), aber auch vor zwei Jahren im Rahmen des Workshops *Liminalität des Lebens. Zu den Ambivalenzen und Grenzbereichen von Leben und Tod* an der Justus-Liebig-Universität Gießen (Coenen 2023) haben Sie sehr stark die Kritik ins Spiel gebracht, dass die Ethnografie eigentlich nicht ausreicht, um das Sterben zu beforschen. Meiner Meinung nach wird in der gegenwärtigen Thanatosoziologie sehr viel Ethnografie betrieben. Könnten Sie Ihre Kritik noch einmal präzisieren? Wo wären denn genau die Grenzen ethnografischer Sterbeforschung?

Schneider: Ich bin mir nicht sicher, ob ich wirklich einen umfassenden Überblick über die derzeitige empirische Forschung in der Thanatosoziologie habe, aber würde Ihrem Eindruck durchaus zustimmen. Zugespitzt ließe sich darüber hinaus formulieren: Häufig wird in der empirischen Literatur zwar auf Ethnografie oder auch auf Grounded Theory verwiesen. Und wenn man dann genauer nachliest, gewinnt man den Eindruck: Es wird rauf und runter methodologisch ›irgendwie‹ und methodisch-praktisch in recht unterschiedlichen Facetten jeweils darauf Bezug genommen. Was genau in der jeweiligen Empirie methodisch-praktisch gemacht wird, ist mit dem bloßen Label allein aber noch nicht wirklich geklärt. Das ist jetzt nicht als Kritik im Sinne von schlechter empirischer Forschung gemeint, sondern zielt vor dem Hintergrund der Ausbreitung und auch Ausdifferenzierung qualitativer Forschungsperspektiven und -ansätze erneut auf die oben schon angesprochene Intensivierung des Austausches in der Thanatosoziologie zu Theorie, Methodik und Empirie. Was in der Forschung eigentlich genau mit welchem Erkenntnisinteresse und theoretischer Zielstellung gemacht wird, wenn ›Ethnografie‹ drübersteht, ist nicht ganz so eindeutig und homogen, wie man sich das vorstellen mag. Was ich als einen wesentlichen Kern des ethnografischen Ansatzes wahrnehme, die Rekonstruktion der subjektiven und intersubjektiv kommunizierbaren Deutungsrahmen in bestimmten, benennbaren Handlungsfeldern, führt mich gleichsam zwangsläufig zu der genaueren Ausleuchtung der jeweiligen Ordnung des Wissens, den verschiedenen, Geltung beanspruchenden Wissensformen – konkret z. B. des jeweils lokal vorherrschenden Sterbe-/Todeswissens in einem Handlungsfeld in seinem Verhältnis zu konkurrierenden Wissensformen und auch im Vergleich zu ähnlichen Handlungsfeldern usw. Was mir in der ethnografischen Perspektive fehlt, ist eine – einfach ausgedrückt – analytische Achse, ein Interpretationspfad hin zur Makroebene, wo mich interessiert, welches Wissen mit welcher Reichweite, mit welchen Praktiken, welchen Verfahren als ›für wahr‹ gesetzt und auch durchgesetzt wird; anderes Wissen hingegen als ›nicht wahr‹, nicht relevant, also sozusagen auch als Gegenwissen qualifiziert wird. Dieser Blick auf Wissenskonstellationen, auf das, was Deutungen bzw. Deutungsrahmen überhaupt erst ermöglicht und hervorbringt, erscheint mir als fruchtbares Standbein zu einer ethnografischen Forschungsperspektive, zumal wenn das Erkenntnisinteresse über einzelne Handlungsfelder hinausgehen will.

Coenen: Das wäre dann der Einsatz der Diskursanalyse oder der Dispositivanalyse?

Schneider: Eine bloße Addition von Ethnografie und Diskursanalyse würde m. E. zu kurz greifen. Denn für mich markiert, anders als das in der Literatur nachgelesen werden kann, bei Foucault (1991) nicht der Diskurs-, sondern der Dispositivbegriff das soziologisch weiter reichende Konzept, indem das Dispositiv mehr als lediglich die Infrastruktur von Diskursen adressiert. Um den Punkt deutlich zu machen, folgende – zugegeben arg simplifizierende – Analogie: Ausgebaute Straßen als Infrastruktur machen es möglich, im Rahmen des Individualverkehrs mittels Auto schnell und bequem weite Strecken zurückzulegen. Entscheidend beim empirischen Blick auf den Individualverkehr als Ganzes ist jedoch, dass (welche?) Autos auf Straßen warum und wozu fahren etc. – und nicht nur, dass es ein ausgebautes Straßennetz gibt. Für mich wäre der Individualverkehr bzw. die individuelle Mobilität das, was ich mit dem Dispositivbegriff analytisch ansteuern würde, das Straßennetz wie das Auto als solches nur ein Bestandteil seiner notwendigen Materialitäten, die geltenden Verkehrsregeln etc. der Ausdruck von diskursiver Wissensproduktion usw. Dispositiv bezeichnet als analytisches Konzept aus meiner Sicht also mehr als ›Infrastrukturen‹ von Diskursen. Ich verwende den Dispositivbegriff mithin als Oberbegriff, indem Diskurse einen zentralen Bestandteil von Dispositiven bilden und darüber hinaus die verschiedenen institutionell-organisatorischen sowie mehr oder weniger alltäglichen Praktiken und Materialitäten zu berücksichtigen sind. Letztere prozessieren nicht nur ›aktiv‹ Diskurse, indem sie diverse Diskursarenen bespielen. Schließlich reicht für mich das Dispositivkonzept bis hin zur Frage von Subjektivierung, d. h. der Ausgestaltung von Subjektpositionierungen und -formierung sowie Subjektivierungsweisen. Insofern möchte ich die Begrifflichkeit, wenn es um Wissen und Praxis geht, etwas anders sortieren als in genuin diskurstheoretischen bzw. diskursanalytischen Debatten üblich. So gesehen, erscheint mir das Dispositivkonzept auch ›verträglich‹ bzw. anschlussfähig hinsichtlich einer ethnografischen Perspektive, indem beides nicht nur als Additum für das jeweils andere aufscheint. Ich selbst würde mich dabei keineswegs als Ethnografen bezeichnen, sondern als wissenssoziologischen Dispositivanalytiker, der in der eigenen, thematisch begrenzten Forschung versucht, jeweils Diskurse, Praktiken, Materialitäten sowie die Konstitution von Subjekten zueinander ins Verhältnis zu setzen.

Coenen: Das bedeutet, dass man auch als Forschende sehr nah am Feld operieren muss. Auf welche Herausforderungen sind Sie bei Ihrer Forschung zum sensiblen Thema Sterben gestoßen und wie sind Sie damit umgegangen?

Schneider: Ich möchte bekräftigen, was Sie gerade gesagt haben, dass man nah am bzw. im Feld forschen muss. Für mich steht soziologisch im Zentrum das, was Menschen in ihren jeweiligen lebensweltlichen Bezügen tun und denken, was sie für sich als relevant oder als irrelevant deuten, was sie davon wie kommunizieren oder nicht kommunizieren. Insofern ist es wichtig und richtig, vor Ort zu sein und zu schauen, was dort, vor Ort, passiert, denn sonst forschen wir viel über Diskurse, beispielsweise in den Medien, in der Politik, was zweifellos erkenntnisfördernd und spannend, aber eben nur die ›halbe Miete‹ ist. Für mich besteht beim Thema Sterben und Tod die unumgängliche und unlösbare Herausforderung darin, dass wir aus der Perspektive des eigentlich Betroffenen, nämlich des Sterbenden, nur so lange Auskunft geben können über das, was vor Ort passiert, wie er noch in der Lage ist, sich mitzuteilen. Alles, was dann passiert, wenn der Betroffene nicht mehr kommuniziert, können wir selbstredend nur noch aus der Perspektive der anderen Beteiligten rekonstruieren, aber nicht mehr aus der Perspektive dessen, um den sich das Geschehen, um den sich die Praxis als solche dreht. Das klingt zwar banal, aber ich meine, das ist ein zentraler Punkt für eine empirische Wissenschaft wie die Soziologie, der nicht aus dem Blick geraten darf. Meine eigenen Herausforderungen, nach denen Sie fragen, haben – muss ich ganz offen gestehen – weniger mit diesem Aspekt bzw. mit dem Thema Sterben als solchem zu tun, sondern mit etwas anderen: Wenn ich als Soziologe, der Sterbewelten erforscht, als Akteure im Feld nicht nur Sterbende, deren Angehörige, sondern auch z. B. Ehrenamtliche, spezialisierte ›Palliativschwestern‹ im Hospizbereich, Palliativmediziner, Pflegekräfte im Altenheim und andere vor Augen habe, dann ist die konkrete Forschungsarbeit sicherlich vielschichtig und komplex. Schwieriger wird es, so meine Erfahrung, wenn diese verschiedenen Professionen oder Disziplinen dann nicht nur als relevante Akteure im Feld präsent, sondern selbst als Forscher bzw. partizipativ ›Mitforschende‹ ebenfalls um Begriffe ringen bzw. dies dann alle gemeinsam bewerkstelligen sollen bzw. müssen. So wenn z. B. ein SAPV-Dienst eine hospizlich-palliative Versorgung und Begleitung übernimmt, sich dabei mehr oder weniger abstrakt und deutungsoffen als ›Team‹ versteht, weil es aufgrund der unterschiedlichen Deutungen, Relevanzen und Zielstellungen in der je eigenen Praxis, gerade dadurch am ehesten möglich ist, die Organisation als solche zu organisieren. Vieles davon mag vordergründig gar nicht charakteristisch für – wie von Ihnen formuliert – das sensible Thema Sterben sein, sondern auch schon eine Rolle spielen, wenn z. B. Arbeitssoziologen gemeinsam mit Familiensoziologen forschen. Aber all dies wird naheliegend umso schwieriger, je normativ aufgeladener das Handlungsfeld ist und beteiligte Disziplinen verschiedene Selbstverständnisse hinsichtlich der Normativität z. B. von Zielstellungen der Forschung aufweisen. Dann müssen mitunter Begriffe bis auf Weiteres bewusst offen, uneindeutig gehalten werden oder mehrfach interpretierbar sein, um weiterhin eine Basis für die Zusammenarbeit zu haben. Sicherlich gibt es Kolleginnen und Kollegen, die – zumal im Themenfeld von Sterben und Tod – da ganz andere Erfahrungen gemacht haben, aber ich kann jetzt für mich nicht in Anspruch nehmen, dass ich spezifische, ganz besonders herausfordernde Problemkonstellationen wahrgenommen habe, die man unbedingt kennen sollte, damit im Forschungsfeld nichts schiefgeht, oder die man gar selbst erlebt haben müsste, um ›authentisch‹ über Sterben und Tod als Soziologe sprechen zu können.

Coenen: Abschließend noch die Frage, wenn wir gerade schon bei Feldern und Feldzuschnitten sind: Welche Dispositive, mit welchen Diskursen, Praktiken, Materialitäten bis hin zu Subjektivierungsweisen, drängen sich denn aktuell auf? Was sind Themen, die von der Thanatosoziologie aktuell bearbeitet werden sollten?

Schneider: So umfassend auf Dispositive, Diskurse, Praktiken, Subjektivierungsweisen bezogen, kann ich das abschließend gar nicht beantworten. Wenn ich mir jetzt nur die Thanatosoziologie in ihrem Blick auf das Lebensende anschaue, dann kann ich folgende drei Punkte nennen: Das Erste, was mich interessieren würde, wäre mit der Forschung – so schwierig das forschungspraktisch ist – dispositivanalytisch noch viel stärker empirisch in den Bereich des Privaten hineinzugehen, weil sich dort hinsichtlich der gesellschaftlichen Ordnung und alltagspraktischen Ausgestaltung von Lebensphasen und Lebensformen mittlerweile sehr viel verändert hat und weiterhin verändern wird. Wir kennen das Thema zwar aus der ganzen Pflegedebatte insgesamt. Und es ist völlig klar, dass es immer noch die Angehörigen sind, die sehr viel mit dem Lebensende von für sie entsprechend bedeutsamen, privaten Anderen konfrontiert sind. Aber da bricht vieles auf, bis hin zu hybriden Settings zu Hause mit Live-Ins oder all den in Aussicht gestellten technischen Innovationen, deren Bedeutung und praktische Relevanz im Sorge-Alltag derjenigen, die dann vor Ort ›Sterben machen‹, noch weitgehend ungeklärt sind. Diesen Bereich finde ich auf jeden Fall empirisch interessant und – im Sinne unseres Gesprächseinstiegs – auch gegenwartsdiagnostisch fruchtbar. Und das Zweite, wo es jetzt nicht primär um die Frage des Privaten hier und dessen Verschränkung mit semiprofessionellen, professionellen öffentlichen Organisationen usw. dort geht, wäre der Diskurs bzw. genauer: die Diskursivierungen des Lebensendes in der Rahmung als Sterbehilfe. Ich gehe davon aus, dass sich das ganze Feld der Versorgung am Lebensende – und das zeichnet sich ja schon seit mehreren Jahren ab – noch einmal anders formieren wird, wenn sich die Debatten um die Sterbehilfe auch in Deutschland – wie in anderen Ländern bereits erfolgt – intensivieren und zu weiteren Normierungen führen werden. Weiterhin den Deckel drauf zu halten, wird aus meiner Sicht nicht mehr funktionieren. Ein Drittes haben wir ja schon angesprochen: Ich würde mir wünschen – und dann rede ich nicht mehr nur von der Thanatosoziologie –, dass nicht bloß in der Ergebnisdebatte von empirischen Befunden, sondern auch in einer theoretischen Perspektivendebatte eine systematische Verknüpfung von Lebensende und Lebensanfang mit Fokus auf die Frage nach gesellschaftlichem Wandel stattfindet. Ich meine, da gäbe es in der Tat auch für die Allgemeine Soziologie viel zu gewinnen.

Literatur

Coenen, Ekkehard (2023): »Bericht zur Tagung ›Liminalität des Lebens. Zu den Ambivalenzen und Grenzbereichen von Leben und Tod‹, Justus-Liebig-Universität Gießen, 1.-2. September 2022«, in: *Jahrbuch für Tod und Gesellschaft* 2, S. 230–238.

Coenen, Ekkehard/Sitter, Miriam (2023): »›The dying person is an endangered species.‹ An Interview with Allan Kellehear«, in: *Jahrbuch für Tod und Gesellschaft* 2, S. 138–156.

Feldmann, Klaus (1990): *Tod und Gesellschaft. Eine soziologische Betrachtung von Sterben und Tod*, Bern/Frankfurt am Main.

Feldmann, Klaus/Fuchs-Heinritz, Werner (Hg.) (1995): *Der Tod ist ein Problem der Lebenden. Beiträge zur Soziologie des Todes*, Frankfurt am Main.

Foucault, Michel (1991): *Die Ordnung des Diskurses*, Frankfurt am Main.

Fuchs, Werner (1969): *Todesbilder in der modernen Gesellschaft*, Frankfurt am Main.

Hahn, Alois (1968): *Einstellungen zum Tod und ihre soziale Bedingtheit. Eine soziologische Untersuchung*, Stuttgart.

Honer, Anne (2011): *Kleine Leiblichkeiten. Erkundungen in Lebenswelten*, Wiesbaden.

Lindemann, Gesa (2009): *Das Soziale von seinen Grenzen her denken*, Weilerswist.

Schneider, Werner (2014): »Sterbewelten. Ethnographische (und dispositivanalytische) Forschung zum Lebensende«, in: Schnell, Martin W./Schneider, Werner/Kolbe, Harald (Hg.): *Sterbewelten. Eine Ethnographie*, Wiesbaden, S. 51–138.

Sudnow, David (1973): *Organisiertes Sterben. Eine soziologische Untersuchung*, Frankfurt am Main.

III Besprechungen thanatologischer Literatur

Kurzrezension zu:

Simon Cottee (2022): *Watching Murder. ISIS, Death Videos and Radicalization*, Abingdon/New York: Routledge, 156 Seiten, gebunden ca. 168 €, broschiert ca. 46€.

Warum schauen sich Menschen im Internet Videos an, in denen reale Gewalt und Tötungen zu sehen sind? Dieser Frage geht *Simon Cottee* aus einer kriminologischen Perspektive nach. Im Fokus steht dabei der ›jihadi snuff‹, d. h. die Hinrichtungsvideos der Terrororganisation Islamischer Staat, die seit den 2000er Jahren vermehrt in Umlauf sind. Um sich der Rezeptionsästhetik zu nähern, hat sich Cottee drei Monate lang durch einschlägige Gore Sites geklickt, wie z. B. *Death Addict*, *Documenting Reality*, *BestGore* und dem Reddit-Kanal *Watch People Die*. Er führte teilstandardisierte Interviews, Umfragen und strukturierte Gespräche mit Fokusgruppen durch und hat sich darüber hinaus kritisch mit seiner eigenen Praxis als ehemaliger Journalist auseinandergesetzt.

Cottee gibt einen Überblick darüber, wie mit dem Aufkommen etlicher IS-Hinrichtungsvideos insbesondere in Großbritannien eine wahre Hysterie aufkam. Jihadi snuff, so die verbreitete Annahme, würde direkt zur Radikalisierung der Rezipient*innen führen. Dieses Kausalitätsnarrativ wird in dem Buch jedoch widerlegt; und zwar anhand von Interviews mit Gore-Fans und Betreibern von Gore Sites, Personen, die sich aus professioneller Perspektive mit diesen Videos beschäftigen, aber auch mit ›gewöhnlichen jungen Menschen‹. Cottee zeigt, dass Gore-Fans sich in hohem Maße mit dem ihnen zugeschriebenen Stigma identifizieren, dabei jedoch ganz unterschiedliche Motive verfolgen (z. B. Wahrheitssuche, Memento mori, Eskapismus, Katharsis) und zwischen distanziertem und empathischem Blick auf die Opfer, zwischen Sympathie für den IS und dessen Ablehnung schwanken. Diejenigen, die sich aus professioneller Perspektive mit Gore Video befassen, seien hingegen bemüht, ein anderes Narrativ aufzubauen. Sie betonen den gesellschaftlichen Mehrwert ihrer ›schmutzigen‹ und psychologisch belastenden Arbeit.

Watching Murder. ISIS, Death Videos and Radicalization ist eine aufschlussreiche Lektüre, die für alle zu empfehlen ist, die sich mit audiovisuellen Aufnahmen von Tötungspraktiken und deren Rezeption auseinandersetzen möchten. Das Buch ist reich an empirischem Material und gibt bisher nicht dagewesene Einblicke in die Internet Death Video Community. Besonders hervorzuheben ist das aufschlussreiche Interview, das Cottee mit Mark Marek geführt hat, dem Betreiber von BestGore, der seinerzeit bekanntesten und meistbesuchtesten Plattform für ›Death Content‹. Theoretische Überlegungen, sei es zur Visualität des Tötens, zur Mediatisierung oder Legitimation der regelmäßigen Sichtung von Gore Videos, sind indes rar. Das Buch mündet in die zentrale Einsicht, dass es ein wesentlicher Bestandteil des kontinuierlichen Sichtens von Gore Videos ist, ein langanhaltendes moralisches Unbehagen zu entwickeln.

Kurzrezension zu:

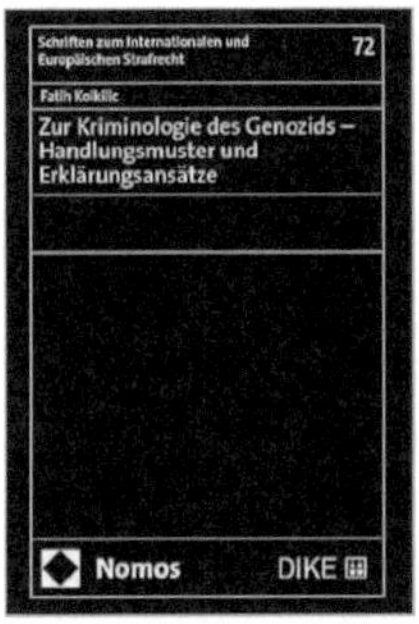

Fatih Kolkilic (2024): *Zur Kriminologie des Genozids. Handlungsmuster und Erklärungsansätze*, Baden-Baden: Nomos, 838 Seiten, 229 € (Schriften zum internationalen und europäischen Strafrecht, Bd. 72).

Der Umfang der vorliegenden Studie liegt bei gut 840 Seiten, die in gebundener Form für 229 € verkauft werden; es ist also kein Buch, dass man am Bahnhofskiosk spontan für die Urlaubslektüre am Strand ersteht. Dagegen spricht wohl auch die Thematik. *Fatih Kolkilic* thematisiert bekannte Genozid-Tribunale und liefert, allerdings erst im Schlussteil, eine umfangreiche juristische Urteilsanalyse. Zunächst aber werden soziologische und sozialpsychologische Konzepte referiert, die helfen sollen, das Phänomen Genozid zu verstehen. Aus diesem Verständnis kristallisieren sich, schreibt der Autor mit Verweis auf Fritz Bauer, im besten Fall Ansätze zur Prophylaxe heraus.

Den Genozid versteht Kolkilic als Spitze einer potenziellen »pyramidalen« Struktur von »Megaverbrechen« (5), die durch die herkömmliche Kriminologie nicht erklärt werden können. Das Desiderat seien also »Handlungsmuster und Erklärungsansätze des Genozids« (24), die anhand der klassischen soziologischen Einteilung Mikro-Meso-Makro recherchiert werden sollen, nachdem der genozidale Komplex schließlich auch auf all diesen Ebenen ansetze und nur in just dieser Verschränkung nachvollziehbar sei (vgl. 101).

Zentral sind dem Autor die Vorkommnisse in Armenien, die Shoah, die Taten während der Jugoslawien-Kriege und der Völkermord in Ruanda. Sie werden, auch hinsichtlich der involvierten historisch-kulturellen Dimension, knapp vorgestellt. (Einen Sonderfall nehmen die Verbrechen der Khmer in Kambodscha ein, die nach strenger Lesart nicht als Genozid zu fassen wären, da sie die eigene Bevölkerung zum Ziel hatten.)

Zur Erklärung des Genozids bemüht Kolkilic die Techniken der Neutralisierung nach Sykes und Matza, die auf verschiedene Fallkonstellationen bezogen und um weitere Faktoren ergänzt werden, u. a. um die Control-Balance-Theorie von Charles Tittle. Angesprochen werden ferner Ansätze und Theorien von Theodore Abel, Hannah Arendt, Erving Goffman und Zygmunt Bauman. Adornos F-Skala kommt ebenso zur Sprache wie die Goldhagen-These über *Hitlers willige Vollstrecker* – und auch Vorkommnisse abseits des Genozidspektrums (wie die Tötung von Kitty Genovese und die Problematik des Bystander-Effekts) spielen eine Rolle.

Von besonderem Gewicht für die Erklärungsargumentation sind diverse sozialpsychologische Experimente, von denen Milgrams Konformitätsstudie und Zimbardos ambivalenter Gefängnis-Versuch nur die prominentesten Exempel darstellen. Geboten wird also ein Rundgang durch einen primär sozialwissenschaftlichen Parcours, der dem eigentlichen Ziel – einer völkerstrafrechtlichen Einordnung – zuarbeitet. Entsprechend breit ist der Horizont, der hier entfaltet wird und der weit über den üblichen Tellerrand einer rechtswissenschaftlich-kriminologischen Dissertation hinausragt.

In der konkreten Darstellung ergibt sich bisweilen das Problem, dass die referierten Kontexte und ihre entsprechende Anwendung auf empirische Fälle etwas kurzatmig daherkommen, also jeweils nur auf knappem Raum und im Hinblick auf die ›bare essentials‹ abgebildet werden. Entscheidend dafür ist das Design des Buches: Entweder werden wenige Konzepte ausführlich diskutiert oder es wird – um den Preis der Detailfülle – eben die Bandbreite der anschlussfähigen Ideen aufgezeigt. Kolkilic hat sich für Letzteres entschieden. Ob diese Strategie erfolgreich ist, liegt im Auge der Leserschaft. Immerhin machen die konzentrierten Überlegungen die Lektüre selbst bei einem so umfangreichen Werk kurzweilig. Und nebenbei erfährt man einiges über die Verstärkungskraft, die in der Passivität (im bloßen Zuschauen, in der Nicht-Intervention) liegt (vgl. 167), sowie über die Konstruktion von Opferpositionen, gewissermaßen: von kollektiven Opferidentitäten, die über Akte der Dehumanisierung und Deindividuierung entstehen (vgl. 182). Auch das Verhältnis von vorgesetzten Entscheidungsträgern und untergeordneten Ausführenden wird diskutiert. Am Ende kann der Befehlshaber stets argumentieren, er habe die Taten nicht ausgeführt und der Soldat rechtfertigt sich damit, er habe nur Befehle befolgt. Die Minimierung des eigenen Verantwortungsraums ist hier ein zentrales psychologisches Moment. Hinzu kommen zahlreiche weitere Variablen, etwa die Erziehungshistorie von Tätern, aber auch die bürokratische Struktur von Genoziden, die eine Wiederholung bzw. Fortführung erleichtern, da sie den verbrecherischen Charakter zunächst verschleiern usw. usf.

Ganz am Ende der Arbeit werden die Urteilsanalysen und die theoretischen Stränge zusammengeführt, und es werden typische Verlaufs- und Rechtfertigungsdiskurse aus Gerichtsverhandlungen des Internationalen Strafgerichtshofs rekonstruiert. Die gleichermaßen für die Rechts- und Sozialwissenschaften brauchbaren Ergebnisse verteilen sich auf den Fließtext und auf den ›Subtext‹, der in 4.773 Fußnoten nicht nur Quellen, sondern manchen reizvollen weiterführenden Gedanken enthält.

Kurzrezension zu:

Nina Kreibig/Thomas Macho/Moisés Prieto (Hg.) (2023): *Ordnungen des Todes. Von Listen, Statistiken und Dunkelziffern über das Sterben und die Verstorbenen*, Bielefeld: transcript, 299 Seiten, 27 Illustrationen, 35 € (Tod und Agency – Interdisziplinäre Studien zum Lebensende, Bd. 1).

Listen zur Thematik wissenschaftlicher Auseinandersetzungen zu erheben, ist nichts Neues. Dezidiert Todeslisten in den Fokus zu rücken indes schon. Somit widmet sich das Buch einer Leerstelle in Diskursen über Aufzählungen und ihre Form- und Sinnvielfalt. Die Einleitung des Sammelbandes nimmt seinen Gegenstand bereits in der Darstellungsart auf: Unterschiedliche Aspekte von Listen werden aneinandergereiht. Hierbei wird die Bandbreite des untersuchten Phänomens durchaus deutlich. Demnach verschränke sich in der Liste »das Alltägliche, Biedere, Nüchterne der Lotteriegewinner, des Telefonbuchs oder des Katasterbuchwerks mit dem Erhabenen, Feierlichen oder Erschreckenden einer Liste von Nobelpreisträgern, von Gefallenen oder von zivilen Opfern von Gewalttaten« (18). Die Liste wird im Weiteren definiert, mit der typischen Rezeptionsform des »Konsultierens« verknüpft, in ihrem Aufbau beleuchtet (vgl. 19), in punktuelle und serielle Formen unterteilt (vgl. 27), mit Wertungen verbunden (vgl. 24), mit Akteur*innen und ihren Intentionen assoziiert (vgl. 28 ff.) und hinsichtlich der Schaffung von Ordnungsstrukturen (vgl. 31 f.) perspektiviert. Dabei werden Ambivalenzen herausgearbeitet, die sich darauf beziehen, dass gerade Totenlisten individuelle Schicksale sowohl verschleiern als auch aufzeigen können. Tatsächlich hat man nach dem Lesen der Einleitung das Gefühl, die Liste als Textgattung bis dato unterschätzt zu haben.

Ihre kulturelle, gesellschaftliche und historische Bedeutung zeigt sich dann vertieft in den einzelnen Beiträgen, die in thematische Blöcke unterteilt sind. »Das Sterben in der Ferne« umfasst einen Text von *Philipp Krauer*, der Totenlisten von Schweizer Söldnern ins Zentrum rückt, eine Auseinandersetzung von *Wiebke S. Nissen* mit der Dokumentation von historischen Sterbefällen an der Westküste Schleswig-Holsteins und eine Abhandlung zum aktuellen Phänomen, Totenlisten im Rahmen zivilgesellschaftlichen Engagements für eine humanere Flüchtlingspolitik einzusetzen. Gerade der am Zeitgeschehen orientierte Beitrag zeigt, wie relevant die Beschäftigung mit Dokumentationsweisen von Toden auch für politische Debatten ist.

Im zweiten Teil stehen »Institutionen des Todes« im Zentrum. *Nina Kreibig* widmet sich Totenlisten eines Berliner Leichenhauses im 19. Jahrhundert, bei Sebastian *Knoll-Jung* steht die Unfallstatistik im Deutschen Kaiserreich im Fokus und *Niklas Barth*, *Katharina Mayr*, *Andreas Walker* und *Sophie Gau* setzen sich mit dem schwierigen Einsatz von Listen in deutschen Hospizen auseinander. Auch hier ist der Beitrag, der einem kontemporären Feld gewidmet ist, am Schluss platziert; so zeigt sich die historische Kontinuität der Relevanz von Listen, Statistiken und aufzählenden Dokumentationen jedweder Art.

Der vierte Teil »›… ein Meister aus Deutschland‹« umfasst Texte zu Diktaturen in Deutschland während des 20. Jahrhundert. *Andreas Kronebitter* und *Bertrand Perz* befassen sich mit der Erfassung des Todes in nationalsozialistischen Konzentrationslagern, *Sophie Liepold* setzt sich mit der ›nachschrift‹ des österreichischen Schriftsellers Heimrad Bäcker auseinander, einem Kunstprojekt zur Sprache der NS-Zeit, und *Udo Grashoff* rekurriert auf die Suizidstatistik in der DDR. So reicht der letzte Beitrag zwar nicht bis in die Gegenwart hinein, ist aber in der jüngeren Geschichte verortet. Und schließlich zeigt *Thorsten Benkel* im Epilog, welche soziologische Relevanz Listen zukommt und wie sie soziale Ordnung zu stiften vermögen.

Der Sammelband verliert seinen roten Faden, die strukturierende Kraft der Liste in all ihrer historischen, kulturellen und sozialen Mannigfaltigkeit, nie aus den Augen. Die Beiträge sind, je nach Interessenslage der Rezipient*innen, hochgradig lesenswert. Es kann nur verwundern, dass den Kontexten, die zu Beginn als relevant für die Genese des Buches hervorgehoben werden, die Coronapandemie und der Angriffskrieg auf die Ukraine, keine Untersuchungen gewidmet sind – obwohl ansonsten auch gegenwärtige Phänomene aufgegriffen werden. Nichtsdestotrotz ist der Sammelband ein uneingeschränkter und lehrreicher Lesegenuss, trotz der düsteren Thematik, und das gilt insbesondere für die allgemein ausgerichteten Texte am Anfang und am Ende.

Kurzrezension zu:

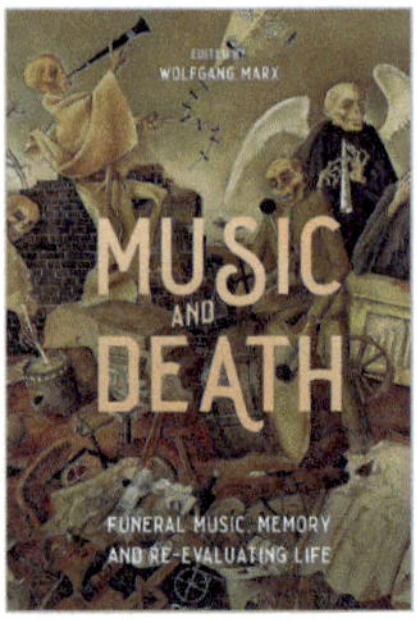

Wolfgang Marx (Hg.) (2023): *Music and Death. Funeral Music, Memory and Re-Evaluating Life*, Woodbridge: Boydell, 260 Seiten, 14 Illustrationen, gebunden ca. 110 €, broschiert ca. 30€.

Musik ist einerseits abstrakt: Aus Aneinanderreihungen von Tönen wird ein (mehr oder minder geordnetes) Ganzes, das eigenwillige Sinnadressierungen mit sich bringt – sie gleicht nicht dem Sprechen, nicht dem Denken, auch nicht körperlichen Erfahrungen. Andererseits gelingt es Musik trotz dieser sinnlichen Eigenwilligkeit, bei Menschen emotionale Zustände freizusetzen. Musik berührt, sie reißt mit, sie verführt zum Tanzen, zum Weinen, zur Ergriffenheit in verschiedenen Intensitätsstufen.

Kein Wunder, dass auch das Ende des Lebens musikalisch eingerahmt wird. Das ohnehin sprachlich schwer Fassbare, der endgültige Weltabschied eines eben noch lebendigen Menschen, wird von der Musik einerseits bedauernd unterstrichen, andererseits aber auch konterkariert. Beides gelingt insbesondere dann, wenn die Musik von Text begleitet wird. Dann tritt neben die musikalische noch eine weitere Ebene, bei der der Kommunikationsaspekt wesentlich vordergründiger ist.

Mit dem spezifischen Verhältnis von Musik und Tod beschäftigt sich der vorliegende, von dem in Irland lehrenden Musikwissenschaftler *Wolfgang Marx* edierte Sammelband. Das Buch ist vorwiegend musikhistorisch angelegt; Notenbeispiele finden sich nur wenige. Untergliedert ist das Werk in drei thematische Panels: »Facets of Ritual«, »Negotiating Memory and Loss« und »Reflecting Death to re-evaluate Life«.

Der Fokus liegt, das ist naheliegend, zunächst auf der Gattung des Requiems – der Totenmesse aus der katholischen Liturgie, deren sequenzieller Ablauf mittlerweile von tausenden Komponisten zum Ausgangspunkt einer Vertonung genommen wurde. Der Beitrag von *Wendling* thematisiert die Grundzüge des Requiems im Mittelalter und diskutiert geografische Differenzen.

Buckle untersucht im Anschluss daran die Rolle der Aristokrat*innen, die als Musikpatron*innen fungierten und somit viele Kompositionen erst ermöglichten. Der Herausgeber selbst befasst sich in seinem Beitrag mit der Gattung per se und betrachtet dabei vor allem Mozarts Beitrag (sein letztes, unvollendet gebliebenes Werk). Marx unterstreicht, dass aus ursprünglich religiösen Ritualwerken mittlerweile Konzertstücke geworden sind – die Säkularisierung hat das Requiem gewissermaßen aus der Kirche auf die Bühne der Philharmonie bugsiert.

Bailey-Shea vergleicht Vertonungen trauriger Lyrik und berichtet von einem für Kenner erstaunlichen Fund, dem Aufscheinen eines Motivs aus Richard Wagners *Lohengrin* in einem frühen Kunstlied seines ästhetischen Kontrahenten Johannes Brahms. Auch *Grimes* befasst sich mit Brahms und seinen diversen dem Tod gewidmeten Musikstücken. Von hier aus werden assoziative Brücken in die Gegenwart (Corona, Black Lives Matter) geschlagen, und es wird zudem die berechtigte Frage gestellt, was überhaupt die Kriterien dafür sind, dass ein musikalisches Werk den Tod ›behandelt‹?

Danach setzt sich *Rogers* mit Trauer im französischen Musiktheater zwischen 1915 bis 1930 auseinander. Dies geschieht vor dem Hintergrund der gesellschaftlichen Befindlichkeiten jener Zeit (die z. B. auch Gender-Fragen tangieren). Zu den typischen Sujets gehört durchaus der Krieg, was mit kurzen Einblicken in die Kriegserlebnisse namhafter Komponisten garniert wird.

Einen stilistischen Bruch hin zur Populärmusik vollzieht *Elliot*. Es geht um den Abschied noch lebender Künstler*innen (ein Beispiel: Leonard Cohen) aus der Musik, somit also um letzte Songs. Dabei handelt es sich um eine Art ›veröffentlichtes‹ Sterben, zumindest in der Rückschau, wenn nämlich melancholisch festgehalten wird, dieses oder jenes Album sei ›das letzte‹ gewesen. So verständlich diese Melancholie ist, sie hängt mit einer trivialen Unvermeidbarkeit zusammen: Wer Musik publiziert, wird früher oder später zwangsläufig ein finales Stück vorlegen.

Edwards und *Sailer* berichten von den Bühnenauftritten eines offenbar populären Pianisten, dessen Repertoire querbeet geht und der ›klassische‹ Ritualismen durchbricht. Hier geht es vor allem um die psychologischen Effekte spezifischer (oft minimalistischer) Werke, allerdings wirkt das Ganze seltsam distanziert; eine Beschreibung ist eben kein guter Platzhalter für eine Performance.

Der Tod des Dirigenten und Komponisten Pierre Boulez – der wahre Endpunkt des 20. Jahrhunderts, heißt es hier ernsthaft – dient *Kanno* als Aufhänger für seinen Beitrag, der zeitgenössische Formen des Komponierens und der Rezeption thematisiert, auch ausgehend von Boulez' wenig todesaffinem Kollegen und Briefpartner John Cage.

Kattari betrachtet transgressive, gewissermaßen ›campy‹ Songthemen der 1950er Jahre. Es geht um Aliens, Nekrophilie und darum, »how life would be better as a member of the undead« (186). Dies geht mit der Wiedergabe amüsanter Lyrics der Epoche einher.

Schließlich befasst sich *Maus* mit der US-amerikanischen Band B-52s. Zu Beginn überrascht die Trigger-Warnung (»editorial note«): Hier geht es um Sex! Seltsam, bei Kattari wird man nicht gewarnt, obwohl dort immerhin die Vorzüge des Liebesspiels mit einer von Würmern zerfressenen Prostituiertenleiche thematisiert werden (»Worm Hole Hooker«). Und überhaupt, ist Sex schlimmer als der Tod? Für die dadaistisch orientierten B-52s sicherlich nicht. Der Beitrag rankt sich um den Tod eines Mitglieds, das an AIDS verstarb, und leitet von hier über zur Rekonstruktion einiger Songs dieser US-amerikanischen Band. Das Resultat ist interessant und überaus unterhaltsam, wenn auch wenig thanatologisch.

Der Band wirft, man kann es ihm nicht vorwerfen, auf das Titelthema nur Schlaglichter. Eine theoretische Befassung mit dem Komplex Tod/Musik wird nicht geliefert, auch keine Darstellung typischer Themen und Genres der ›Todesmusik‹, dafür aber ein buntes Panorama, das verschiedene Epochen und Stile tangiert. Vielleicht gibt es einfach nicht so viele kompetente Autor*innen im musikologischen Fach, die sich gerne mit dem Tod befassen. Wen das Zusammenspiel von Musik und Tod reizt, der stößt hier jedenfalls auf viele spannende Gedanken; aber das letzte Wort zu Musik und Tod ist damit noch nicht gesprochen.

Kurzrezension zu:

Katrin Weleda (2023): *Enthauptung als Paradigma. Zur Ikonografie des Übergangs, der Wahrheitsfindung und der Konversion*, Bielefeld: transcript, 242 Seiten, 27 Illustrationen, 45 € (Image, Bd. 232).

Die in Braunschweig entstandene Dissertation befasst sich mit einem hochinteressanten und bislang nur selten durchleuchteten Thema: mit Bildern und Wissensbeständen bezüglich der Praxis des Enthauptens. Auf Basis ihrer in eine ähnliche Richtung gehenden Master-Arbeit liefert *Katrin Weleda* eine Darstellung, bei der zunächst die Guillotine als politisches Übergangssymbol im Vordergrund steht; es herrscht also die Zeit der Französischen Revolution vor. Im Fortgang der Arbeit wird der chronologische Weg in die Gegenwart hinein beschritten. So wird beispielsweise, ausgehend von (pseudo-)medizinischer Forschung im 19. Jahrhundert, der Diskurs betrachtet, ob und wie lange der abgeschlagene Kopf noch zu Empfindungen imstande ist. Ferner wird ein künstlerisches Exponat von 1996 thematisiert, das seinerseits die Enthauptungspraxis aufgreift. Aus dem Corpus der Argumentation fällt die abschließende, exkurshafte Darstellung zur Mythologie der Medusa und zu ihren psychoanalytischen Implikationen (Stichwort: Kastration) allerdings ein wenig heraus.

»Im Zusammenspiel von anatomischem Interesse und künstlerischer Überformung der Anzeichen von Tod und Verwesung wird«, so Weleda, »der Tod als Bruchlinie von Bilderfahrung offenbar.« (16) Als die Guillotine noch eine gleichermaßen ikonische wie auch gebräuchliche Apparatur war, reizte sie zahlreiche Künstler*innen zu bildhaften Darstellungen, aber auch zu Einsprüchen gegen die Todesstrafe (etwa Victor Hugo). Das malerische Repertoire, das in diesem Zusammenhang entstand, liefert tatsächlich eine Art visuellen Todesbeweis, zumal es seltsam zwischen Ästhetik und der Referenz auf die revolutionäre ›Tagespolitik‹ oszillierte. Es kam, wird behauptet, an 49 Tagen in Paris zu 1.400 Guillotinierungen; und der Akt der Enthauptung dauerte jeweils nur 4/10tel einer Sekunde. Das also sind die ›harten Fakten‹ des blutigen Geschäfts, die mit der Zeit und im Dienste der Jagd nach wissenschaftlicher Wahrheit zu experimentellen Versuchen führten: »Der Frage nach dem fortdauernden Bewusstsein von Enthaupteten geht die körperliche Bemächtigung durch Strategien der Reanimation voraus, in welchen der Anatom sich zunehmend als Künstler und sein Präparat als Gliederpuppe wahrnimmt.« (107)

In der Besprechung einer einschlägigen Publikation von 1889 wird bündig auf den Punkt gebracht, dass es gewissermaßen um den ›Rest des Lebens‹ nach dem »intellectual death« gehe (vgl. 133). Die zeitgenössische Debatte wogte ergebnislos hin und her, sodass in Ermangelung belastbarer Tatsachen schließlich apodiktische Urteile gefällt wurden: Der hingerichtete Verbrecher (der den adeligen Volksfeind abgelöst hatte) spüre keinen

Schmerz, wenn die Klinge zuschlägt – basta (vgl. 138). Das kam ethischen Bedenken zugute, beantwortete aber nicht die Frage nach »anastatischen Bewegungen« (passim), also nach den Zuckungen des vermeintlich schon toten Körpers.

Die vorliegende bildwissenschaftliche Untersuchung klärt nicht so ganz, weshalb von einem Enthauptungs»paradigma« auszugehen ist. Die diversen Abbildungen sind in Farbe, aber leider recht klein geraten. Französischsprachige Passagen werden mal übersetzt, mal nicht; ärgerlicher für den Lesefluss ist, dass jede Abweichung alter Sprache gegenüber heutigen Gepflogenheiten mit »sic!« markiert wird. Hinzu kommen einige Flüchtigkeitsfehler (»Durschneiden«, »Menning« statt Menninghaus usw.). Dennoch: Wer sich für dieses abseitige Thema interessiert und überhaupt Freude an der Recherche von nischenhaften, ein wenig verpönten Sujets hat, dürfte dem Buch manchen anregenden Gedanken entnehmen.

Die zwiespältige Faszination, das Leben von seinem Ende her zu denken

Nicole Kirchhoff

Rezension zu: Thorsten Benkel/Ekkehard Coenen/Matthias Meitzler/Miriam Sitter (Hg.) (2024): *Lebensende. Einblicke in die Gesellschaft*, Baden-Baden: Nomos/Rombach, 314 Seiten, zahlreiche Illustrationen, 79 € (Thanatologische Studien, Bd. 3).

Die Faszination, die der Tod auf die Lebenden ausübt, beruht zweifelsohne auf seiner Widersprüchlichkeit: Allen Menschen gewiss, definiert er die Abwesenheit des Lebens und ist dennoch in dessen gesamter Spanne enthalten. In seiner unbegreiflichen Omnipräsenz strukturiert der Tod das Handeln und das daran gebundene Wissen und bleibt dennoch ein Mysterium. Eine Möglichkeit, sich dem Tod als unausweichlichem Phänomen dennoch verstehend zu nähern, ist, ihm hinsichtlich seiner Bedeutung für Leben und Lebendiges analytisch zu Leibe zu rücken – theoretisch, methodologisch und empirisch. Wie dies und die Implikationen des Lebensendes, des Gestorbenseins sowie des kulturell gerahmten Umgangs mit beidem offengelegt werden können, stellt der vorliegende Sammelband eindrücklich unter Beweis. Es handelt sich um die ebenso differenzierte wie vielfältige Dokumentation des gegenwärtigen Standes einer soziologischen Unternehmung, die sich die komplexe Beziehung von Tod, Sterben, gesellschaftlichen Strukturen und ihren Praktiken thematisch zu eigen gemacht und sie zu einem lebendigen Forschungsfeld ausgebaut hat. Die dahinterstehende Subdisziplin *Thanatosoziologie* strahlt nicht nur in weitere Bindestrich-Soziologien aus, sondern inzwischen auch in Disziplinen, die sich dem Tod jenseits der Soziologie vielgestaltig widmen, etwa in die Philosophie und Theologie, die Archäologie, die Rechtswissenschaft, die Medizin usw. So entstehen *Zwischenräume*, die gemeinsame Fragen aufwerfen.

Thorsten Benkel, Ekkehard Coenen, Matthias Meitzler und *Miriam Sitter* wollen Sozialität von ihrem Ende aus reflektieren. Dabei führen sie nicht zuletzt über eigene Arbeiten zum Thema Perspektiven zusammen, die zeigen, inwiefern die Auseinandersetzung mit der eigenen Sterblichkeit und jener der anderen nicht nur individuelle, sondern auch kollektive Dimensionen freilegt, die augenscheinlich ineinandergreifen.

Die Herausgeber*innen führen unter dem Titel »Gesellschaft vom Ende her denken« ausführlich in die Vielschichtigkeit des Feldes und des Sammelbandes ein: Es geht mithin um das in der Welt *gewesen* sein von jemandem oder etwas. Dargelegt werden Entwicklung und aktueller Stand der Thanatologie, insbesondere im Bereich der sozialwissenschaftlichen Forschung. Rekapituliert wird, dass die Erforschung von Tod, Sterben und Trauer in der Soziologie seit den 1960er Jahren an Bedeutung gewonnen hat. Gleichwohl wird darauf hingewiesen, dass trotz dieser frühen Ansätze die Auseinandersetzung mit dem Tod in der Soziologie – als Lebenswissenschaft – lange Zeit begrenzt geblieben ist. Dass der Tod in modernen Gesellschaften tabuisiert, die eingehende Beschäftigung mit ihm vermieden und durch eine unterhaltungsorientierte ›Geschwätzigkeit‹ der Medien trivialisiert wird, ist freilich bekannt. Erst in den vergangenen Jahrzehnten, insbesondere seit den 1980er Jahren, hat die Thanatosoziologie an Sichtbarkeit gewonnen und so den Fokus zunehmend auf empirische Forschung und interdisziplinäre Ansätze gerichtet. Damit einhergehend wird die Notwendigkeit begründet, Themen einer Soziologie des Lebensendes in einem breiteren sozialen Kontext zu betrachten. Ihre Gegenstände und theoretischen Anbindungen sind, wie das Forschungsfeld selbst, noch ausbaufähig. Exemplarisch seien Herausforderungen genannt, die sich aus gegenwärtigen Prozessen der Digitalisierung ergeben.

Die insgesamt elf Beiträge des Buches skizzieren die Bandbreite einer Tagung, die unter dem Titel *Wissenskulturen des Todes* im März 2022 stattfand. Sie sind übersichtlich in drei thematische Abschnitte gegliedert, die auf verschiedene Dimensionen des Lebens fokussieren und in ihrer Gesamtheit durch den Tod gespiegelt werden. Damit setzen sich theoretische Ansätze mit empirischen Untersuchungen und persönlichen Reflexionen der Autor*innen in ein komplexes Verhältnis, das sowohl für Leser*innen innerhalb des Forschungsfeldes neue Blickwinkel eröffnet, nachvollziehbar aber auch für solche ist, die sich jenseits soziologischer Ansätze für das Thema interessieren. So etwa, wenn anhand empirischen Materials Strategien der Regulation von Nähe und Distanz im Zusammenhang mit der ambulanten Palliativversorgung analysiert werden (*Anna Bauer*). Deutlich wird, dass der Tod trotz seiner Unwiderruflichkeit nicht allein als Begrenzung des Lebens betrachtet werden kann, sondern stets in einem sozialen, kulturellen und politischen Kontext steht. Nur so kann er analytisch zugänglich gemacht werden.

Im ersten Abschnitt, »Gesellschaft, Tod und Trauer« werden die Wechselseitigkeit von Sozialität und Trauererfahrungen, Trauerhandeln und Trauerpraktiken thematisiert. Hier werden theoretische Perspektiven mit Datenmaterial verwoben, die bestimmte Lebensphasen – unter anderem der Kindheit (*Miriam Sitter*) – in den Blick nehmen. Indem normative Vorstellungen Erwachsener von einer ›gelungenen‹ Kindheit mit dem Tod von Kindern in äußerster Zuspitzung kollidieren, drückt sich empirisch aus, dass und in welcher Weise sich die Thanatosoziologie und weitere Unterdisziplinen gegenseitig befördern können. Darüber hinaus sind Reflexionen hervorzuheben über die Frage, inwiefern die Dimension des Konsums neben Prozessen des sozialen Wandels einwirkt auf Sterbeprozesse, die – auch klimatisch bedingt – globale Ausmaße annehmen und das Leben auf der Erde als universale Konsequenz durch anhaltende Verluste kennzeichnen (*Tony Walter*). Hier oszillieren individuelle und kollektive Ebenen.

Ein zweiter Schwerpunkt des Buches umfasst die Rolle von Gemeinschaften im Umgang mit Trauer und Verlust. In dem Abschnitt »Sterben, Räume, Sprache« sind Ansätze versammelt, die sich mit der Aushandlung des Lebensendes beschäftigen. Das Sterben vollzieht sich nicht nur in einem physischen Raum, sondern ist stets geprägt durch soziale Räume und ihre (sprachlichen) Ausdrucksformen, in denen der Prozess abläuft. Sterben und Tod werden in Krankenhäusern und Hospizen erlebt, aber auch zu Hause, wo der Umgang mit dem Tod stark von institutionellen Rahmenbedingungen beeinflusst wird. Die soziale Gestaltung dieser Räume hat Einfluss auf die Erfahrungen der Sterbenden und ihrer Angehörigen, wobei materielle wie auch kommunikative Dimensionen von Aushandlungen zur Sprache kommen. In diesem Abschnitt ist ein Beitrag hervorzuheben, der die methodisch nachvollziehbare Analyse solcher Aushandlungen bearbeitet (*Daniel Schönfeld*). Der Beitrag verweist implizit darauf, dass die Ausarbeitung und Reflexion von Methoden in einem sensiblen Gegenstandsbereich wie jenem der Thanatosoziologie noch intensiviert werden können.

Daran schließt auch der dritte Abschnitt des Buches an, »Körper, Tod und Gewalt«. Die Bedeutung des Körpers für das Lebensende als sozialer Angelegenheit ist scheinbar selbsterklärend. Diese jedoch zu visualisieren bzw. ihre visuelle Dimension hervorzuholen, kann für Forschende wie für Rezipient*innen herausforderungsvoll sein. Umso relevanter erscheinen Beiträge, die sich ausführlich mit der Betrachtung des toten Körpers und mit Gewaltakten beschäftigen, die zum Tod führen. Hier das Verhältnis von Nähe und Distanz auch hinsichtlich seiner affektiven Dimension auszuloten, erfordert soziologisches Fingerspitzengefühl. Gleichzeitig ermöglicht dieser Forschungskontext die notwendigen empirischen Zugänge, um Probleme der Mediatisierung des Tötens und Sterbens zu erörtern. Dies wird u. a. an jenem Beitrag deutlich, der sich mit Tötungshandeln und seiner Videorezeption auseinandersetzt (*Ekkehard Coenen*).

Das Buch ist eine Pflichtlektüre für alle, die sich von der zwiespältigen Faszination erfasst fühlen, die der Tod ausübt. Dies gilt unabhängig davon, ob es sich um wissenschaftliche, professionsbezogene oder lebensweltliche Interessenlagen handelt. Die Kombination von soziologischen, philosophischen und psychologischen Perspektiven ermöglicht eine umfassende Auseinandersetzung, die an den entscheidenden Stellen empirisch angebunden wird und so nicht allein von theoretischer, sondern auch von praktischer Relevanz gekennzeichnet ist. Eine klare und verständliche Sprache, die Einbeziehung von alltäglichen Beispielen, subjektiv geprägten Narrationen und die Flankierung durch Bilder tragen dazu bei, dass die Leser*innen eine ebenso verstehende wie emotionale Verbindung zu dem Themen entwickeln können. Sie könnte zugunsten der Transparenz vertieft und ausgeweitet werden, indem gerade der Emotionalität des Sterbens und Trauerns eine verstärkte und systematisierte Aufmerksamkeit zuteilwürde – und hier insbesondere ihrer methodischen Zugänglichkeit. Das Ende von Welt und Gesellschaft ist trotz all ihrer Krisen, trotz des Tötens und Sterbens nicht unmittelbar zu erwarten. Dennoch, oder gerade deshalb, darf man gespannt sein, wie es weitergeht mit dem Tod.

Bestattungsgespräche en détail analysiert

Dirk Preuß

Rezension zu: Maximilian Bühler (2023): *Erzählen und Gestalten. Formen und Funktionen gegenwärtiger Bestattungsgespräche*, Leipzig: Evangelische Verlagsanstalt, 696 Seiten, 108 € (Arbeiten zur Praktischen Theologie, Bd. 92).

Bei dem vorliegenden, knapp 700 Seiten umfassenden Buch handelt es sich um eine Dissertationsschrift. Sie ist handwerklich sauber herausgearbeitet, der Autor entwickelt in der sehr detaillierten Untersuchung stringent und in konsistent aufeinander aufbauenden Schritten seinen Gedankengang.

Eine forschungsgeschichtliche Übersicht zu Beginn dient dazu, mit Blick auf Bestattungsgespräche ein »empirisches Vakuum« (106) zu konstatieren, das durch die vorgelegte Arbeit gefüllt werden soll. *Maximilian Bühler* orientiert sich methodisch hierbei am gesprächsanalytischen Ansatz von Arnulf Deppermann, wenn in Folge die zentralen Gesprächssequenzen von Bestattungsgesprächen mit ihren charakteristischen Gesprächspraktiken und -verläufen, Dynamiken und Machtgefügen herauspräpariert und in verschiedenen Anläufen unter wechselnden Foki erschlossen werden. So stehen beispielsweise die Erzählung der Lebensgeschichte, die Sterbeerzählung, das Ritualdesign oder die musikalische Gestaltung der Kasualie im Mittelpunkt des Interesses. Die abschließenden praktisch-theologischen Erkenntnisse und Ergebnisse zu dem, was Bestattungsgespräche leisten sollen und die im Verlauf der Untersuchung schon vorbereitet werden, sind zwar wenig überraschend, doch wurden sie – als wichtiger Ertrag wissenschaftlichen Arbeitens – empirisch fundiert und konsistent rekonstruiert bzw.

plausibilisiert. So stößt man im Laufe der Untersuchung immer wieder auf interessante Erkenntnisse, Denk- und Reflexionsanstöße für die eigene seelsorgerliche Praxis. Einige dieser kleineren und größeren Einsichten seien exemplarisch herausgegriffen.

So zeigt Bühler nicht nur überzeugend, dass Pfarrpersonen im Bestattungsgespräch zunehmend auskunftsfähig darüber sein bzw. werden müssen, »welche Funktionspotentiale bzw. welche Plausibilisierungen sie für Kasualmusik nennen können und wollen« (560). Zugleich arbeitet er heraus, dass Bestattungsgottesdienste zukünftig nicht nur durch die Lied- und Textauswahl gestaltet und individuell angepasst werden dürfen. Vielmehr wird es darum gehen, im Austausch und Austarieren zusammen mit den Hinterbliebenen und in Auseinandersetzung mit ihren Bedürfnissen im Bestattungsgespräch zu bestimmen, ob und in welchem Umfang sie das Bestattungsritual und den Bestattungsgottesdienst insgesamt (mit-)prägen wollen – und dies, weil bzw. obgleich sie meist keine weitreichende Erfahrung und Kompetenz auf diesem Feld besitzen (vgl. insbes. 620 ff.).

Der Rekurs auf Traditionen im Kasualgottesdienst kann dabei einerseits stabilisieren, aber auch einschränken und als unstimmig empfunden werden. Plastizität in der Gestaltung kann Freiheit und Stimmigkeit befördern, aber auch destabilisieren. Die Herausforderung für Pastor*innen bzw. Ritualbegleiter*innen besteht im Bestattungsgespräch darin, »ausgehend von den diffusen ritualdesignerischen Vorstellungen und ihren biographischen Hintergründen einem stimmigen Ritual auf die Welt zu helfen« (623) – ohne dass hierfür ein Fahrplan an die Hand gegeben wird.

Konturiert wird durch die Analyse überzeugend, dass jene Ritualgestaltung, die im Bestattungsgespräch stattfindet, Trauerarbeit ermöglichen kann – und zwar vor allem dadurch, dass »Ritualgestaltung und die Entscheidung über Stimmigkeiten eine Frage des angemessenen Umgangs mit Macht(losigkeit) und der Ermöglichung von Freiheit ist, damit die Kasualbegehrenden zu einem interaktiv(!) stimmigen Ausdruck ihrer selbst finden können« (634). Aufmerksamkeit ist, so wird vor Augen geführt, auf die Wechselwirkung zwischen Lebensgeschichte bzw. der Art und Weise, was und wie sie erzählt wird, und dem Ritualdesign zu legen. Hierbei ist anstelle eines vollständigen Curriculum Vitae die Besonderheit eines Lebens herauszustellen. Doch gilt auch dies wiederum nur bedingt, denn nicht jede Biografie (oder Erzählung über sie durch die Hinterbliebenen) eignet sich als Grundlage für eine dramaturgische Predigt. Die religiöse Rede kann dann zur passenderen Alternative werden (vgl. 351 f.).

Speziell in den Erfahrungen von Dankbarkeit, von Abhängigkeit und Vulnerabilität, von Fülle, Freude und Leichtigkeit oder wenn Lebensmöglichkeiten in Unmöglichkeiten transformiert werden, scheinen für Bühler Unverfügbarkeit und Transzendenz durch, die sich als Anknüpfungspunkte religiöser Deutung eignen können (vgl. 662).

Für Gesprächsführung und -setting fördert die Untersuchung zutage – eigentlich selbstverständlich, aber bisweilen vernachlässigt –, dass durch die Ritualleitenden auf ein möglichst störungsfreies Umfeld zu achten ist (vgl. 199). Interessant für Praktiker*innen ist ebenso, dass Fragen nach Geburts- und Herkunftsort nicht erzählgenerierend sind, dass Praktiken des Fragens und der Erzählaufforderung zu kombinieren sind, oder dass das Treffen in der Wohnung der Hinterbliebenen bzw. Verstorbenen gegenüber dem Pfarrbüro zu bevorzugen ist, weil jene sowohl vertraute Umgebung als auch ein Fenster in die Lebenswelt des/der Verstorbenen mit biografisch signifikanten Gegenständen sein kann (vgl. 231, 249, 293). Bemerkenswert ist ferner, dass der Gesprächseinstieg tendenziell vorprägt, ob von den Hinterbliebenen eine chronologische Struktur oder eine thematische Struktur der Lebenserzählung gewählt wird (vgl. 298 f.). Ein kirchenpolitisch beachtlicher ›Beifang‹ ist die Beobachtung Bühlers, dass bei jenen Verstorbenen, die engen Kontakt zur Kirche hatten, die Prägekraft vor allem der Hauptamtlichen auffallend war (vgl. 323).

Zu erwähnen ist schließlich, dass Bühler das Bestattungsgespräch als christlich-diakonische Praxis konturiert (vgl. 640). Führte der/die Leser*in diesen Gedanken Bühlers in Anlehnung an das ebenfalls bemühte Gleichnis vom barmherzigen Samariter weiter (vgl. 642), spräche dies – ebenso kirchenpolitisch relevant – für das (kostenfreie oder zumindest nicht profit-orientierte) offensive Angebot der christlichen Bestattung für prinzipiell alle, die als Trauernde ihrer bedürfen und sie nachfragen (unabhängig von einer Kirchenzugehörigkeit oder -bindung).

Es wäre verwunderlich, würde eine so umfangreiche Untersuchung trotz ihrer hohen Qualität nicht auch die eine oder andere Nachfrage evozieren. Dies betrifft beispielsweise die Auswahl des Samples. Die empirische Grundlage der Untersuchung bilden die Tonaufnahmen von sieben Bestattungsgesprächen. Fünf davon stammen aus dem landeskirchlichen Bereich, eine aus dem freikirchlichen (evangelisch-methodistisch). Ein siebtes Gespräch führte ein freier Ritualbegleiter. Gerne wüsste man, wie und anhand welcher Überlegungen die Auswahl genau zustande kam bzw. als hinreichend befunden wurde (vgl. allgemein 117, 166). Dies gilt vor allem in drei Hinsichten:

Hätte sich die Untersuchung erstens auf Bestattungsgespräche im evangelischen Kontext beschränkt, wäre das Sample einsichtig. Kommt aber ein freier Ritualbegleiter hinzu, stellt sich die Frage, weshalb die Untersuchung nicht auch weitere Konfessionen einbezogen hat. (Die Frage stellt sich schon insofern vorher, als in der Forschungsgeschichte die katholische Pastoraltheologie weitgehend ausgespart bleibt.) Dabei moniert Bühler selbst bei Thomas Klie, dass dieser den römisch-katholischen Diskurs nicht einbezogen hätte (vgl. 368). Doch selbst wenn man die Hinzunahme des freien Ritualbegleiters als Vergleichspunkt gelten lässt, fehlt eine Einordnung über die vorgenommene Begründung hinaus, ob und in welcher Hinsicht dieser tatsächlich als solcher geeignet ist. Handelt es sich bei ihm womöglich um jemanden, der selbst eine theologische und pastorale (Kasualien-)Ausbildung durchlaufen hat, sodass Ähnlichkeiten zu den evangelischen Kolleg*innen nicht verwundern würden? Der Verdacht kommt zumindest auf, wenn von einem »freie[n] Theologe[n]« (169) gesprochen wird.

Zweitens variieren die Fälle zwar hinsichtlich des Alters der Pastor*innen, der Bestattungsformen (von der Erdbestattung bis hin zur Plastination) und auch etwas hinsichtlich des Alters der Verstorbenen (56 bis 88 Jahre); jedoch handelt es sich stets aufgrund von Alter oder Krankheitsbild um erwartbare Todesfälle. Weshalb tauchen keine

›plötzlichen und unerwarteten‹ Todesfälle im Sample auf, die zu signifikant anderen Gesprächsverläufen führen könnten? Ist dies Zufall oder stehen dahinter moralische Skrupel (des Autors oder der angefragten Pastor*innen), weil in einer solchen Konstellation die Bitte um eine Gesprächsaufzeichnung zu Forschungszwecken auf die Hinterbliebenen zu belastend wirken könnte? In dem (auch deshalb zu) kurzen, halbseitigen Kapitel zur Forschungsethik wird dieser Aspekt leider nicht adressiert.

Drittens ist zwar einerseits verständlich, dass die Datenbasis limitiert ist. Dies führt andererseits aber auch dazu, dass eine einzelne Sequenz mehrfach aufgegriffen wird und werden muss (vgl. 455, 525, 588, 629 usf.), wenn eine konfliktbeladene Situation zwischen Pastor*in und Angehörigen vorgestellt werden soll: Ein Pastor verweigert den Wunsch der Hinterbliebenen nach dem (gesungenen) Ave Maria. Tatsächlich hätte sich der (katholische) Rezensent genau zu dieser Szene eine vertiefte Auseinandersetzung gewünscht. So wird zum einen fälschlicherweise zweimal unwidersprochen kolportiert, dass katholischerseits Maria *angebetet* werde (vgl. 590, 628). Zum anderen wird die Chance einer Ökumene-theoretischen Reflexion angesichts der Beobachtung vertan, dass sich Pastor*innen einerseits offenbar ambiguitätstolerant gegenüber selbstbewusstem Synkretismus zeigen (vgl. 664), aber andererseits – zumindest, wenn man den Einzelfall als Muster auffassen will (vgl. 588) – christliche Traditionsinhalte anderer Konfessionen nicht tolerieren mögen.

Wem ist der Band zu empfehlen? Vermutlich nicht den Praktiker*innen. Zum einen ist es mit knapp 700 Seiten kein Buch, das sich für Pastor*innen als Begleitlektüre zum dichten Arbeitsalltag anbietet. Zum anderen ist es in einem sprachlichen Duktus verfasst, der sehr voraussetzungsreich ist. Um exemplarisch einen Satz zu zitieren, der dies verdeutlicht: »Dies darf nicht als simple Repristination missverstanden werden, sondern muss ethisch und hermeneutisch zunächst als interaktives Einzeichnen der horizontal gelagerten Stimmigkeitsprätentionen in die vertikalen Resonanzachsen und also in das Verhältnis zu umgreifenden kosmologischen Orientierungsmustern betrachtet werden.« (627)

Aufgrund beider Faktoren wird man das Buch auch nicht als Literatur für eine Seminararbeit oder ähnliches im Studium empfehlen können. Das heißt, es ist für ein sehr überschaubares Fachpublikum geschrieben. Folgt man dieser Einschätzung, so hätte man – schon aus ökologischen Gründen – die Dissertation auch über die Universitätsbibliothek als PDF offerieren können. An ihrer Stelle hätte sich eine leichter lesbare und deutlich kürzere Zusammenfassung als Büchlein mit den für die Praxis relevanten Erkenntnissen und Einsichten angeboten, zumindest wenn gilt: »Theorie der Praxis ist [...] immer auch Theorie *für die* Praxis.« (124)

Sterben in der Glaskugel. Interdisziplinäre Auseinandersetzungen mit künftigen Szenarien des Lebensendes

Matthias Meitzler

Rezension zu: Wolfgang George/Karsten Weber (Hg.) (2023): *Wie werden wir in Zukunft sterben? Szenarien zu Sterben, Tod und Trauer im Jahr 2045*, Gießen: Psychosozial, 331 Seiten, 44,90 €.

Über den Zusammenhang von Zukunft und Lebensende ist bereits allerlei gesagt worden. Dazu gehört nicht zuletzt die unumstößliche, wenn auch kulturell unterschiedlich behandelte Gewissheit, dass der Tod die Zukunft eines jeden *ist*. Gleichzeitig *hat* der Tod Zukunft, insofern sich auch die späteren Generationen der heute noch nicht Geborenen mit ihrer Sterblichkeit werden beschäftigen müssen. Trotz sämtlicher Immortalitätsverheißungen, die im Laufe der Menschheitsgeschichte immer wieder im neuen Gewand aufgetreten sind (gegenwärtig wird etwa vom *Digital Afterlife* gesprochen; Meitzler et al. 2024), ist der Tod zumindest als Ende der leiblichen Existenz noch lange nicht aus der Welt geschafft. Doch wie genau ist es um seine Zukunft bestellt?

Um dies zu ergründen, könnte man sich in astrologische Gefilde wagen – man könnte aber auch die vergleichsweise nüchternen Herangehensweisen der Wissenschaft bemühen. Nun eignen sich Wissenschaftler*innen nur bedingt als Hellseher*innen, und selbst Personen, die von sich behaupten, mit entsprechenden Begabungen gesegnet zu sein, können die permanente Kontingenz des Künftigen weder glaubhaft eliminieren noch mit absoluter Sicherheit vorhersehen, wie die Welt von morgen im Detail aussehen wird. Auch wenn die Zukunft »(fast) niemals einfach die lineare Fortschreibung der Vergangenheit über die Gegenwart hinaus« ist (176), lassen sich auf der Grundlage verfügbarer Empirie über aktuelle und zurückliegende Entwicklungen zumindest einige Prognosen im Hinblick auf wahrscheinliche und weniger wahrscheinliche Szenarien entwerfen. Dies schließt auch den Umgang mit dem Tod und die spezifischen Umstände ein, unter denen Menschenleben zu Ende gehen.

Der zu besprechende Band greift entsprechende Überlegungen auf, indem es der titelgebenden Frage nachspürt: *Wie werden wir in Zukunft sterben?* Die »Zukunft« ist in diesem Fall kein abstrakter Horizont, sondern auf einen konkreten Zeitpunkt terminiert: auf das Jahr 2045. Weshalb für die angestrebte Vorausschau ausgerechnet dieses und kein anderes Datum gewählt wurde, wird nicht explizit erläutert, sodass man als Leser*in lediglich mutmaßen kann. Es handelt sich um eine fiktive Jahreszahl, die von der Gegenwart (2025) noch weit genug entfernt liegt, um der Zukunftsgerichtetheit des Buches eine zumindest mittelfristige Aktualität zu garantieren, und die obendrein einen qualitativen

Vergleich zwischen dem Heute und dem Morgen erlaubt. Andererseits ist das besagte Jahr bereits nah genug, sodass die Einschätzungen der Autor*innen teils noch von ihnen selbst, teils von ihren Leser*innen verifiziert werden können, wenn 2045 keine Zukunft mehr ist. Manche Beobachter*innen werden dann nicht mehr unter den Lebenden weilen, andere werden sich weiterhin bester Gesundheit erfreuen und wieder andere werden dann zu genau jener Personengruppe gehören, um die sich der Band vordergründig dreht: den Sterbenden.

Prognosen über künftige Sterbeszenarien blieben unvollständig, würden sie die gesellschaftlichen, politischen, demografischen, ökonomischen und ökologischen Rahmenbedingungen außeracht lassen, in die das Lebensende immerzu eingebettet ist. Was bedeutet es etwa für medizinische und pflegerische Versorgungsstrukturen, dass eine wachsende Zahl älterer Menschen einer schrumpfenden Zahl jüngerer Menschen gegenübersteht? Mit welchen Maßnahmen kann man den damit verbundenen Problemen (insbesondere: Knappheit personeller, finanzieller und zeitlicher Ressourcen) begegnen? Inwiefern werden die konkreten Umstände des Sterbens weiterhin Ausdruck sozialer Ungleichheit sein? Welchen Einfluss werden der Klimawandel, die Begrenztheit natürlicher Ressourcen, aber auch die weltpolitische Lage, die Kriegsgefahr und weitere gesellschaftliche Krisen haben? Wie der Untertitel des Bandes verrät, soll es jedoch nicht nur um das Sterben, sondern auch um die kategorial davon zu unterscheidenden Phänomene des Todes und der Trauer gehen: Wie werden künftige Generationen über ihre eigene Endlichkeit denken? Wird der Tod mehr oder wird er weniger Platz in der Gesellschaft und im individuellen Bewusstsein finden als zum gegenwärtigen Zeitpunkt? Wie werden Menschen umeinander trauern, welche Dinge werden hierfür von Bedeutung sein und welche weiteren Veränderungen sind zu erwarten?

Wohin die Reise führen könnte, deutet bereits die etwas schemenhaft anmutende Illustration auf dem Buchcover an. Darauf sind in dunkle Gewänder gehüllte Personen zu sehen, die mit verdeckten Gesichtern vor einigen, an Grabmäler erinnernden Steinmonumenten stehen. An einem der Steine ist, so zumindest meine Interpretation, ein großes, rechteckiges Display befestigt, das einen wiederum nicht näher erkennbaren Inhalt zeigt. Das Bild wurde nicht von Menschenhand gemalt, sondern – wie passend! – von einer Künstlichen Intelligenz generiert.

Die Herausgeber des Bandes, der Medizinische Psychologe *Wolfgang George* und der Philosoph *Karsten Weber*, haben sich bereits in der Vergangenheit publizistisch mit unterschiedlichen Perspektiven auf Sterben, Tod und Trauer befasst (siehe z. B. George/Weber 2022; besprochen in Bd. 3 des vorliegenden Jahrbuchs) und versammeln nun erneut eine Autor*innenschaft, deren Expertisen aus unterschiedlichen wissenschaftlichen Disziplinen (u. a. Soziologie, Medizin, Pädagogik, Kunstgeschichte), aber auch aus anderen Berufsfeldern (z. B. Journalismus, Pflege, Soziale Arbeit) stammen. Das Buch wartet mit gleich drei Vorworten auf; neben den Herausgebern kommen auch der Theologe und Soziologe *Reimer Gronemeyer* sowie der frühere Bundesgesundheitsminister *Hermann Gröhe* zu Wort. Die sich anschließenden Beiträge werden drei thematischen

Blöcken zugeteilt, die mit »Gesellschaftliche Ausgangslage«, »Patientenversorgung« und »Digitalisierung« überschrieben sind. Wie eine nähere Lektüre der einzelnen Texte offenbart, sind diese Kategorien nicht trennscharf, weshalb mancher Artikel prinzipiell auch an anderer Position gut aufgehoben wäre.

Angesichts der angekündigten »Szenarien zu Sterben, Tod und Trauer« darf man bereits nach einer kursorischen Betrachtung des Inhaltsverzeichnisses feststellen, dass erstgenanntes Themenfeld, insbesondere die künftige Versorgung Sterbender, ein deutliches Übergewicht erhält. Die betreffenden Beiträge befassen sich u. a. mit der künftigen intensivmedizinischen Behandlung, der Notfallversorgung, der statistischen Verlagerung von Sterbeorten, der (stationären wie ambulanten) Palliative Care sowie der weiteren Entwicklung der Hospizbewegung. Neben dem institutionalisierten Sterben ist auch die Selbstbestimmung am Lebensende ein Thema. Hier wird zum einen auf den (u. a. demografisch bedingten) Relevanzgewinn von Vorsorgemaßnahmen (z. B. in Form von Patientenverfügung und Vorsorgevollmacht) verwiesen, zum anderen erhalten die sich mehrenden Debatten rund um den assistierten Suizid und die diesbezügliche Rolle von Mediziner*innen eine kritische Würdigung.

Diskutiert wird ferner der Einfluss von Technik auf Sterben, Tod und Trauer. Hier steht vor allem die Frage im Mittelpunkt, welche Möglichkeiten (z. B. erhöhte Effizienz und Datenzugänglichkeit, Gesundheitstracking), Grenzen und Risiken (z. B. Technologieabhängigkeit, Falschinformationen) die Digitalisierung in diesen Handlungsfeldern mit sich bringt. Künstliche Intelligenz hat hier gleich in doppelter Hinsicht einen berechtigten Platz: Zum einen, weil es sich aktuell um eine sehr populäre Thematik handelt und das Einflusspotenzial dieser Technologie auf sämtliche Lebensbereiche (und damit auch auf das Lebens*ende*) bislang nur zu einem geringen Bruchteil ausgeschöpft ist. Zum anderen, weil KI ihrerseits eingesetzt wird, um Zukunftsvorhersagen hinsichtlich eines meist komplexen Sachverhalts treffen zu können. Folglich thematisiert einer der Beiträge ihre Rolle bei der medizinischen Sterbeprognose und daraus abzuleitenden ärztlichen Entscheidungen.

Weitere Überlegungen beziehen sich auf die thematische und kommunikative Neukonzeption eines nicht nur in thanatologischen Fachkreisen einschlägig bekannten Museums, das sich in einer weltweit einzigartigen Bandbreite den kulturellen Facetten von Sterben, Tod, Trauer und Totengedenken widmet. Darüber hinaus wird so mancher interessante Seitenblick geworfen, etwa auf die Darstellung von Sterben, Tod und Trauer in Videospielen, den Einsatz von Virtual Reality als »ergänzende palliative Leistung« (307) bzw. das ›Weiterleben‹ als Avatar im Metaverse.

Gewiss können in einer Textsammlung dieser Art nicht sämtliche mögliche Zukunftsszenarien ausbuchstabiert werden, wie auch die Herausgeber in ihrem Vorwort einräumen. Dessen ungeachtet, ließen die ein breites Spektrum adressierenden Ankündigungen im Klappentext genügend Spielraum, um mühelos weitere Diskurse zu beleuchten. In der gebotenen Kompilation etwas zu kurz kommen beispielsweise der Bereich der Bestattungskultur und dessen künftigen Entwicklungen im Spannungsfeld von Tradition und Innovation; dies betrifft die Bedeutung von Beisetzungs- und Trauerorten im Allgemeinen ebenso wie die Zukunft von Friedhöfen im Besonderen. Die überschaubaren Bezugnahmen fallen zudem recht apodiktisch und aus Sicht der betreffenden Gewerke doch etwas übertrieben düster aus: »Sichtbare Friedhöfe werden verschwinden [welche Friedhöfe wären denn unsichtbar?; M.M.], wenn sie durch digitale Plattformen ersetzt werden. Die Angehörigen und Freunde finden stattdessen im Netz einen digitalen Grabstein oder Ähnliches [...]. Friedhöfe als Orte der Stille und Reflexion über die eigene Endlichkeit braucht es nicht mehr.« (277) Es ist sicher nicht von der Hand zu weisen, dass im Lichte einer zunehmend zu beobachtenden *Delokalisierung* von Trauer und Gedenken (vgl. Benkel/Meitzler 2021: 84 f.) insbesondere digitale Adressen an Zulauf gewinnen und sich viele Menschen mit dem gegenwärtigen Angebot kommunaler und kirchlicher Friedhöfe schwertun. Doch handelt es sich hierbei mitnichten um einen monokausalen Zusammenhang, bei dem ein Mehr vom einen zwangsläufig ein Weniger vom anderen bedeuten würde. Allein mit Blick auf die weiterhin bestehenden Potenziale analoger Gräber ist aller Unkenrufe zum Trotz zu bezweifeln, dass die Friedhofskultur – die über die bloße Verwahrung toter Körper hinausgeht – bis 2045 ausstirbt und »der Tod und das Gedenken an Verstorbene aus dem öffentlichen Bewusstsein« verschwinden (277). Anstelle einer in diesem Zusammenhang häufig hervorgeholten und auch an betreffender Stelle bemühten eindimensionalen ›Ersatzsemantik‹ – »[s]tatt auf den Friedhof zu gehen, um den Grabstein zu betrachten, besuchen die Menschen dann virtuelle Gedenkstätten« (278) – wären eher Konstellationen des ›Sowohl-als-auch‹ in Betracht zu ziehen. Immerhin wird in dem Band die Digitalisierung im Kontext von Trauer und Erinnerung mitgedacht, wenngleich entsprechende Sachverhalte insgesamt noch wesentlich stringenter und differenzierter verfolgt werden könnten.

Die Texte sind aufgrund ihrer größtenteils unprätentiösen Darstellungsform auch für eine nicht-akademische Leser*innenschaft geeignet. Manche Ausführungen sind eher essayistisch gehalten, andere arbeiten sich an eigenen oder fremden (qualitativen wie quantitativen) Studien ab. Dabei geht es nicht lediglich darum, bereits bestehende und sich in den nächsten Jahren noch weiter verschärfende Strukturprobleme zu markieren, sondern es werden darüber hinaus Lösungswege bis hin zu konkreten Leitfäden angeboten. Dies kommt in aller Regel nicht ohne normativen Einschlag im Sinne von »›wünschenswerte[n]‹ Perspektiven« aus (Klappentext); bisweilen wird von einem »Wertekompass« (276) und einer »gesellschaftlichen Vorsorgeplanung« (16) gesprochen, und auch um die eine oder andere Warnung ist man nicht verlegen. Leser*innen, die ein Sammelsurium wissenschaftlich-distanzierter Analysen erwarten, mögen angesichts des bald mehr, bald weniger deutlich aufscheinenden Aktionismus – der mithin durch emotional gefärbte, persönliche Meinungsäußerungen gekennzeichnet ist – ein wenig verwundert sein. Gleichwohl gehört es zur Grundintention dieses Bandes, Risiken und Missstände offenzulegen, um daraus Handlungsoptionen entlang konkreter Leitbilder herauszuarbeiten. Wie genau diese im Einzelnen aussehen sollen, darüber sind sich die Autor*innen nicht in jedem Punkt einig – wiewohl die Herausgeber auch nicht darauf bedacht sind, eine *best practice* für sämtliche Anwendungsfälle zu eruieren, sondern vielmehr Diskurse zu forcieren, in denen sich unterschiedliche Erfahrungswerte, Positionen und Vorschläge wiederfinden. Und schließlich wird es genau diese Perspektivenpluralität brauchen, um die multifaktoriellen Problemlagen der Zukunft anzugehen und – im günstigsten Fall – zu bewältigen. Dass sich manches hierbei nur bedingt zuverlässig antizipieren lässt, dürfte einleuchten und lehren nicht zuletzt die von schwer zu kalkulierenden Variablen abhängenden technischen Entwicklungssprünge (und -hemmungen) der jüngeren Vergangenheit.

Schon in Anbetracht des Umstandes, dass die Zahl der Alten und Sterbenden in den nächsten 20 Jahren deutlich zunehmen wird, weshalb noch gravierendere Überlastungen des Gesundheitssystems drohen, und Sterbeprozesse sich durch den medizinisch-technologischen Fortschritt noch weiter verlängern, erscheint eine frühzeitige Auseinandersetzung mit der Frage ratsam, unter welchen Bedingungen man in Zukunft sterben möchte – und was dafür auf individueller wie gesellschaftlicher Ebene zu tun ist. Diesbezüglich bietet der Band eine Reihe interessanter Anregungen, Perspektiven und Entwürfe. Einmal mehr wird hieran die im thanatologischen Diskurs seit langem als Binsenweisheit etablierte Einsicht evident, dass das Sterben über seinen biologisch-physischen Kern hinaus ein *soziales* Geschehen ist, welches unterschiedlichen kontextuellen Rahmungen, Deutungen und Aushandlungen unterliegt. Zumindest daran wird sich bis 2045 nichts ändern.

Literatur

Benkel, Thorsten/Meitzler, Matthias (2021): »Die Transformierbarkeit des Körpers. Vom vergänglichen Leib zur beständigen Materialität«, in: Benthien, Claudia/Schmidt, Antje/Wobbeler, Christian (Hg.): *Vanitas und Gesellschaft*, Berlin/Boston, S. 83–103.

George, Wolfgang/Weber, Karsten (Hg.) (2022): *Fehlendes Endlichkeitsbewusstsein und die Krisen des Anthrophozän*, Gießen.

Meitzler, Matthias/Heesen, Jessica/Hennig, Martin/Ammicht Quinn, Regina (2024): »Digital Afterlife and the Future of Collective Memory«, in: *Memory Studies Review* 1 (1), S. 1–18.

Shukatsu – eine Reise in den Tod

Makoto Kashiwabara

Rezension zu: Dorothea Mladenova: *Selbstoptimierung bis in den Tod. Aktive Lebensendplanung in Japan*, Bielefeld: transcript 2023, 302 Seiten, 18 Illustrationen, 45 €.

Open Access-Zugang zum Buch: *https://www.transcriptverlag.de/media/pdf/02/58/4d/oa9783839467411cC17dvnj1RXYb.pdf*

Am Morgen des 30. November 2006 erhielt ich eine E-Mail von meinem Bruder, der in Japan lebt. Mein Großvater war plötzlich verstorben. Ich lebte zu dieser Zeit bereits seit sechs Jahren in Deutschland. Meine Eltern waren damals noch nicht vertraut mit der Nutzung von E-Mails, und das Hauptkommunikationsmittel zwischen Japan und mir war das Telefon.

Meine Familie lebt trotz der ständigen Veränderungen in Tokio seit der Zeit vor dem Zweiten Weltkrieg auf demselben Grundstück. Als ich begann, mich für meine familiären Wurzeln zu interessieren, lebte ich bereits in Europa, und es war schwierig, mit meiner Familie darüber zu sprechen. Heute gibt es niemanden mehr, der mir dabei helfen könnte, diese Wurzeln weiter zurückzuverfolgen.

Das Grab meiner Vorfahren befindet sich auf dem Gelände eines Tempels, auf dem auch der Kindergarten liegt, den ich besuchte. (In Japan gibt es Tempel, die Kindergärten betreiben; das ist vergleichbar mit kirchlichen Kindergärten oder Seniorenheimen in Europa.) Unsere Familie war eine gewöhnliche, traditionell patriarchalisch geprägte japanische Familie, in der der Tod ein Tabu war. Weder sprach man über den kommenden Tod, noch wurde der Tod der Vergangenheit zum Thema gemacht.

Die Informationen, die ich über den Tod meines Großvaters erhielt, waren folgende: Am Vormittag war er noch wohlauf, arbeitete in seinem Uhrengeschäft, das er nach dem Krieg gegründet hatte (dieses Geschäft diente auch als Wohnhaus), und bediente seine Kunden. Zu Mittag aß er mit der ganzen Familie zusammen. Doch danach verschlechterte sich sein Zustand plötzlich, und noch am selben Tag verstarb er.

Ich dachte aus der Ferne in Deutschland darüber nach, wie schwierig wohl die Beerdigung und die Nachlassregelungen sein würden. Doch in einem kurzen Telefongespräch mit meiner Familie erfuhr ich, dass mein Großvater alles zu Lebzeiten geordnet hatte. Damit war das Thema für meine Familie abgeschlossen.

Zu jener Zeit waren mir der Begriff ›Shūkatsu‹ (終活) und die dahinterstehende Praxis noch nicht bekannt; beides existierte damals noch nicht einmal. Doch der Tod meines Großvaters blieb mir im Gedächtnis, und nach und nach erfuhr ich mehr über die Handlungen, die er zu seinen Lebzeiten geplant hatte. Davon berichtet auch das vorliegende Buch. Es bietet nicht nur eine Möglichkeit, die Veränderungen in der japanischen Sterbekultur der letzten 20 Jahre nachzuvollziehen, sondern enthält auch äußerst nützliche Informationen für Menschen, die bislang wenig über die japanische Kultur und insbesondere über die Thanatologie in Japan wissen.

Die Autorin, *Dorothea Mladenova*, ist Japanologin an der Universität Leipzig und beleuchtet in diesem Werk, ihrer Dissertation, die moderne japanische Gesellschaft aus der Perspektive der Kulturwissenschaften, der Gouvernementalitätsforschung und mithilfe der Diskursanalyse. Zuvor studierte sie Japanologie, Bulgaristik und Soziologie u. a. an der Chiba-Universität in Japan.

Zwar unterscheiden sich Japan und ›der Westen‹, hier: Deutschland, hinsichtlich vieler Aspekte. Doch der Tod ist das letzte Ereignis im Leben eines jeden Menschen, unabhängig davon, wo auf der Welt er eintritt. Der bereits erwähnte Begriff Shūkatsu beschreibt nun die Aktivität, das Ende des Lebens gezielt zu planen. Mladenova schildert im ersten Kapitel ihre erste Begegnung mit diesem Konzept, die in das Jahr 2015 fällt. Das Wort selbst ist in Japan neu entstanden; es wurde um 2009 geprägt.

Der hier verfolgte Ansatz, die japanische Kultur im Lichte der Theorien des französischen Philosophen Michel Foucault zu erklären, ist zwar nicht neu, aber angesichts der Herausforderung, diese Perspektive einem europäischen Denkhorizont näherzubringen, wohl doch eine adäquate Methode. Mladenova arbeitet ferner mit Interviews, die sie während ihres Aufenthalts in Japan geführt hat. Deren Analysen und Erläuterungen ermöglichen es den Leser*innen, die bis dahin vorgestellten Konzepte als persönliche Erfahrungen Betroffener nachzuempfinden.

Um die Idee des ›würdigen Todes‹ näher zu verstehen, der hier ein Tod ist, welcher andere nicht belastet – was wiederum durch genaue Vorbereitung ermöglicht werden soll – stellt Mladenova auf Prinzipien ab, die vom Zen und Bushidō her bekannt sind. Die entsprechenden kulturellen Muster prägen vermutlich weltweit das Bild, das viele Menschen von Japan haben. Indes verzichtet die Autorin darauf, diese Konzepte detailliert mit den Sichtweisen auf Selbstdisziplin und Selbstreflexion (im Foucault'schen Sinne) zu rekonstruieren – ein kluger Gedanke, denn dies würde vermutlich ein weiteres Buch erforderlich machen.

Nach der Lektüre konnte ich bestimmte Handlungen (und wohl auch Gedanken) meines Großvaters, der weit von mir entfernt in Japan lebte und starb, besser nachvollziehen. Das Buch ist eine gewinnbringende Studie, die über kulturelle Grenzen hinweg Verbindungen schlägt.

Tod, Gewalt, Vernichtung. Dreißig Jahre nach dem Völkermord in Ruanda

Henriette Seydel

Rezension zu: Anne D. Peiter (2024): *Der Genozid an den Tutsi Ruandas. Von den kolonialen Ursprüngen bis in die Gegenwart*, Marburg: Büchner, 380 Seiten, diverse Illustrationen, 45 €.

1994 wurden in Ruanda mehr als eine Millionen Menschen gewaltsam umgebracht. Und die internationale Gemeinschaft, so die einhellige Meinung heute, hat zu lange geschwiegen. Dreißig Jahre nach dem Völkermord beleuchtet die Germanistin Anne D. Peiter den Genozid an den Tutsi Ruandas aus kultur- und literaturwissenschaftlicher sowie philologischer Perspektive. Sie beschreibt dabei Entstehung, Verlauf und Nachwirkungen des Völkermords und plädiert für eine tiefgreifende Aufarbeitung.

In dem Gebiet des heutigen Ruanda lebende Menschen wurden während der deutschen (später: belgischen) Kolonisierung in drei Gruppen klassifiziert und ethnifiziert: Twa, Hutu und Tutsi. Während als Twa in Wäldern lebende, vermeintlich unzivilisierte Menschen eingruppiert wurden (pejorativ als Pygmä*innen oder Zwerg*innen bezeichnet), wurden Hutu als eingewanderte Bantu-N~ konstruiert, die angeblich die Tutsi unterjocht hätten. Die Tutsi galten als schöne, nicht-negroide Riesen von überlegener Intelligenz, als geborenes Herrenvolk, das als Nachfahren ägyptischer Pharaon*innen von Nordafrika aus einwanderte. Obwohl Ruanda in religiöser, kultureller und sprachlicher Hinsicht ein einheitliches Land war, wurden ihm diese abgrenzenden Fremdkategorien und damit verbundene Ideen von Über- und Unterlegenheit übergestülpt, was später sogar amtlich in Ausweisdokumenten festgeschrieben wurde. Die Einteilungen wurden paratheologisch und durch pseudowissenschaftliche Körpervermessungen legitimiert. Sie bereiteten den geistigen Nährboden des Völkermords, waren aber – so Peiter – keinesfalls deren monokausale Ursache.

Ausführlich, eindringlich und mit zahlreichen Literatur- und Fotobeispielen erläutert die Autorin zunächst die ideologischen und gesellschaftlichen Mechanismen sowie die innen- und außenpolitischen Zusammenhänge, die zum Genozid führten. Hutu machten Ende der 1950er Jahre etwa 90 % der Bevölkerung aus; die gesellschaftlich und politisch relevanten Positionen hatten Tutsi inne. Eine Hutu-Elite bildete sich, die im ›Hutu-Manifest‹ Forderungen nach Emanzipation und Gleichstellung erhob. Gleichzeitig wurden Tutsi als das rassisch Andere und als Kolonisator*innen festgeschrieben. Es kam zur Massenvertreibung ganzer Tutsi-Familien, die ›als Fremde nach Hause geschickt‹ werden sollten, zu Fluchtbewegungen und gewaltsamen Auseinandersetzungen.

Diese Eskalation war eine tiefgreifende Zäsur, ohne die der Genozid nicht begriffen werden kann. Peiter analysiert scharf: »Dass in Ruanda ein – kolonialpolitisch benutztes – System ohne gerechte Einbeziehung aller Bevölkerungsgruppen durch ein neues, auf der Diskriminierung der eben ausgeschalteten, einstigen Elite beruhendes System abgelöst wurde, zeigt zugleich auch, dass die Unterdrückung stets neue Gewalt hervorbrachte.« (73)

In den Folgejahren wurden Kinder beispielsweise in Schulen systematisch als Tutsi identifiziert, abgewertet und ausgeschlossen. Im öffentlichen Raum und in den Medien wurden Tutsi animalisiert, also etwa als Schlangen, Käfer, Ungeziefer bezeichnet, die zertreten und vernichtet werden müssen. Der Vergleich oder die Ähnlichkeit dieser Dehumanisierung mit der sprachlichen Animalisierung von Juden und Jüdinnen als auszurottende Schädlinge in der NS-Zeit drängt sich geradezu auf. Diese diskriminierenden Prozesse *müssen* nicht zwangsläufig zu Tötungen und Gewalt führen, konstatiert Peiter, »doch in dem Moment, in dem die Unterscheidung erst einmal institutionell etabliert war, wurden die Tötungen *möglich*« (92).

In immenser Geschwindigkeit verselbständigten sich 1994 Angst, Hass und Rassismus zu ideologisch legitimierter brutaler Gewalt, die schließlich in einem Völkermord gipfelte. Vor allem Tutsi, aber auch mit ihnen verheiratete Hutu und sich gegen die Gewalt aussprechende Ruander*innen wurden von ihren eigenen Landsleuten verhöhnt, verfolgt, vergewaltigt, mit AIDS infiziert, geschlagen, gefoltert, getötet. Die Mörder*innen schlugen ihren Opfern Gliedmaßen ab, töteten sie mit Machetenhieben, schnitten Föten aus den Bäuchen ihrer schwangeren Mütter, stießen Kinder zum Sterben in Latrinen, wo sie langsam und qualvoll erstickten. Das Töten, Vernichten und Sterben geschah mitten im öffentlichen Raum. Die Toten wurden an ihren Sterbeorten in Kirchen, Schulen, Sportstadien, Straßen oder Feldern liegengelassen.

Nachdem es der Exilarmee *Front Patriotique Rwandais* (FPR) nach blutigen Kämpfen gelang, den Völkermord zu beenden, flohen zahlreiche Hutu aus dem Land. Viele Täter*innen wurden nie verurteilt, auch weil »das Land administrativ und ökonomisch schwerlich hätte am Laufen gehalten werden können, wenn man wirklich alle am Genozid Beteiligten hinter Gitter gebracht hätte« (236). Offen bleibt die Frage, welche Auswirkungen die brutale Gewalt auf die ruandische Gesellschaft bis heute hat, wo einstige Täter*innen und Opfer in Nachbarschaft zusammenwohnen, wo aus Vergewaltigung gezeugte Kinder leben, wo Rache, Reue und die Bitte nach Vergebung, Verdrängung und Traumata gleichzeitig existieren.

Die Autorin legt großen Wert darauf, die Täter*innen zu benennen. Denn wer von Genozid in Ruanda spräche, lasse unter den Tisch fallen, dass die Mehrzahl der Täter*innen Hutu, die Getöteten vor allem Tutsi waren. Der Begriff des ›Tutsizids‹ beuge Fehlinterpretationen vor. Bezüglich des Holocausts spräche auch niemand von einem ›deutschen Genozid‹, vergleicht Peiter (vgl. 9 f.). Sie zeigt auf, wie 1994 die deutsche Berichterstattung die Grenzen zwischen Opfer und Täter*innen verwischte, von ›den Ruandern‹ sprach und einen Fokus auf die dem Genozid folgende Fluchtbewegung von

Hutu und deren katastrophale Lagerzustände legte. Peiter kritisiert das fehlende Bewusstsein und die Gleichgültigkeit für die deutsche Kolonialisierung Ruandas und die Übernahme negationistischer Thesen zum Tutsizid. Die deutsch-ruandischen Beziehungen, seien sie in der Außen- und Entwicklungspolitik oder zivilgesellschaftlichen Zusammenarbeit, neigten bis heute dazu, die gemeinsame Geschichte einseitig und oftmals glorifizierend darzustellen.

Wenn auch interessant und hilfreich, geraten einige Gegenüberstellungen literarischer und/oder biografischer Verarbeitungen des Holocausts und des Tutsizids etwas langatmig. Die 15-seitige Präsentation von Vermenschlichungsprozessen von Haustieren bzw. Kühen, die zunächst anstelle ihrer Halter*innen gequält und getötet werden, sowie damit einhergehende Dehumanisierungsprozesse von Juden/Jüdinnen und Tutsi lockern den roten Faden des Werks ebenso wie Exkurse in das Bildarchiv der Deutschen Kolonialgesellschaft oder das Richard-Kandt-Museum. Komplexe Hypotaxen über mehrere Zeilen mit redundanten Wortspielen und komplizierten Fremdwörtern tragen ihren Teil zu diesen Längen bei.

Peiters Methode, längere Tagebucheinträge von Opfern und Täter*innen abzudrucken, die beim Lesen die volle emotionale Wucht der Betroffenheit, Trauer, Angst, Fassungslosigkeit oder des Ekels aufrufen, ist zunächst ungewohnt. Vielleicht ist aber eine nüchterne, distanzierte Betrachtung dieser Themen eben gar nicht anders möglich, als durch radikales Zuhören. Auf jeden Fall ist die Herangehensweise des »closest reading[s] bis zum Extrem eines stolpernden Lesens« (34) ein Alleinstellungsmerkmal dieser Publikation. Ob es jedoch zwingend notwendig ist, rassistische Begriffe aus Originalquellen auszuschreiben oder koloniale Bilder abzudrucken, sei dahingestellt. Peiter legitimiert ihr Vorgehen damit, dass »die Gefährlichkeit der ethnisierenden Zuschreibungen in Ruanda nur dann begriffen werden könne« und wehrt sich gegen »ein regelrechtes Bilder-, wenn nicht gar: ein generelles Denkverbot« (30). Andere postkoloniale Theoretiker*innen und Aktivist*innen halten dagegen, dass dies eine schmerzhafte, aber doch eigentlich vermeidbare Perpetuierung kolonialen, rassistischen Wissens sei.

Nichtsdestotrotz: Peiters Werk ist eine wichtige, aufwühlende und multiperspektivische Betrachtung des Tutsizids. Es gelingt ihr, den eurozentrischen exotisierenden, trivialisierenden, unterschätzenden Blick auf diesen Völkermord zu entlarven. »Bloße, tribale Konflikte bzw. unvermeidliche Stammesfehden« (203) waren es eben nicht, sondern geplantes, entgrenztes Morden, legitimiert durch Entmenschlichung der Tutsi. Mit ihrem Vergleich des Genozids in Ruanda und dem Genozid an der jüdischen Bevölkerung Europas sticht Peiter in ein erinnerungspolitisches Wespennest. Dadurch gelingt es ihr, für die genozidalen Mechanismen der gesellschaftspolitischen Ideologisierung und für Veränderungsprozesse zu sensibilisieren, die letztlich die Forderung nach einem ›Nie wieder‹ konkretisieren.

IV Tagungsberichte

Bericht zur Tagung *Die letzten Klänge. Zum kulturellen Zusammenspiel von Tod und Musik* an der Albert-Ludwigs-Universität Freiburg, 10. und 11. November 2023

Ursula Engelfried-Rave

Am 10. und 11. November 2023 fand die Tagung *Die letzten Klänge. Zum kulturellen Zusammenspiel von Tod und Musik* als Kooperationsveranstaltung des Zentrums für Populäre Kultur und Musik der Albert-Ludwigs-Universität Freiburg und des Arbeitskreises Thanatologie der Sektion Wissenssoziologie der Deutschen Gesellschaft für Soziologie statt. Michael Fischer, Leiter des ZPMK, und Thorsten Benkel vom AK Thanatologie organisierten die Veranstaltung und informierten zu Beginn der Vorträge über ihre Institutionen. Die Tagung gliederte sich in sechs Panels, die sich mit dem kulturellen Zusammenspiel von Tod und Musik aus soziologischer, musikwissenschaftlicher und theologischer Perspektive befassten.

Michael Fischer (Freiburg) referierte in Panel 1 über Empfehlungen deutscher Bestattungsunternehmen zur musikalischen Gestaltung von Trauerfeiern. Das Zitat »Die Auswahl kann individuell getroffen werden« aus dem Handbuch des Bundesverbandes Deutscher Bestatter e.V. zu Trauermusik, gab die Richtung des Vortrags vor. Ein historischer Abriss zum Wandel der Bestattungskultur von kirchlich-ritualisierten hin zu kreativen und innovativen Formen der Gegenwart bildete den Auftakt des Vortrags. Die Zunahme säkularer und individuell gestalteter Bestattungen regte Fischer zur Frage an, was heute populär unter Trauermusik verstanden werden kann. Sowohl das Portal des Bestatterverbandes als auch das der Sterbegeldversicherung SeguraLife weisen eine niedrigschwellige Erklärung von Trauermusik auf, welche den Anforderungen von Dienstleistungsunternehmen geschuldet sei. Die Kundenorientierung zeige sich auch in der Gestaltung der Musikempfehlungen, deren Repertoire sich von traditionell kirchlichem Liedgut über die Musik der Klassik bis zu modernen Popsongs erstrecke. Diese ›Hitlisten‹ der Trauermusik spiegeln nach Fischer einerseits die Pluralisierung und Individualisierung der gegenwärtigen Gesellschaft wider, andererseits kommen die Anbieter auch den Kund*innen entgegen, indem sie ihnen durch ihre Vorschläge die Gestaltung der Trauerfeier erleichtern. Die Klassifizierung und Kategorisierung der Trauermusik durch die Dienstleister im Bestattungsgewerbe verweisen allerdings auch darauf, dass hier eine neue Kanonisierung und Normierung der Trauermusik durch die einschlägigen Anbieter stattfindet.

Felix Tirschmann (Ludwigsburg) ging in seinem Vortrag von dem Phänomen aus, dass sich die als »situationsangemessen wahrgenommene Musik« in Trauerveranstaltungen gewandelt habe und seit Beginn des 21. Jahrhunderts eine stetige Abnahme von Traditionen in Trauerveranstaltungen zu verzeichnen sei. Die Verbindung von Tod und Musik sei jedoch ein soziales Phänomen, welches kulturübergreifend ist und im soziologischen Diskurs noch wenig Beachtung finde. Mit Rekurs auf Weber, Simmel und Schütz betrachtete Tirschmann Musik als Handlungsproblem und suchte einen phänomenologischen Zugang zur Funktion ihres Einsatzes bei Trauerveranstaltungen. Eine breit angelegte Untersuchung, die dem Vergleich der theoretisch gewünschten und praktisch eingesetzten Beerdigungsmusiken nachging, war der Kern des Vortrags. Die in der Wissenssoziologie verortete Studie geht der These nach, dass »das Fehlen von direkten Sinnbezügen« zu Sterben und Tod bei der Musikauswahl als Indiz für eine Verdrängung des Todes bewertet werden kann. Befragungen von Studierenden, Bestattern und Mitarbeitenden in der Hospiz- und Palliativversorgung bildeten die empirische Grundlage. Eine Auswertung der Daten erfolgte mittels einer quantitativen Inhaltsanalyse. Die Funktion der Musik beschreibt Tirschmann nach der Auswertung der Befragungen als eine symbolische Sonifikation, die Verbindungen herstellen, Trost spenden und Erinnerungen wecken könne. Dabei wirkt die gemeinsam gehörte Musik gemeinschaftsstiftend und ermöglicht die Errichtung eines symbolischen Raumes für die geteilte Trauer. Die Trauergemeinde wird sozusagen durch die Musik zu einer Hörgemeinschaft.

In Panel 2 referierte *Carsten Heinze* (Hamburg) über Inszenierungen und Symboliken des Todes in Jugend- und Musik(sub)kulturen vom Industrial zum Black Metal. Heinze interessierte sich in seinem Vortrag besonders für die Frage, wie die Todesthematik in ausgewählten Musik(sub)kulturen bearbeitet und präsentiert wird. Fokussiert wurden das Zusammenspiel von Musik und Text und die symbolische Inszenierung der entsprechenden Musik(sub)kulturen. Ein historischer Abriss mit Bildbeispielen verdeutlichte, dass die Anfänge der Popkultur und Musiksubkulturen, welche sich der Thematik Tod widmen, bis in die 1950er Jahre zurückreichen und im Okkult-Rock der frühen 1970er Jahre, im Punk, Industrial, Post-Punk und Gothic sowie in Varianten des Heavy Metall und des Rap ihre Plattform finden. Die Performanz des Todes gehe eine Verbindung von Musik und Songtext ein und werde visuell durch symbolische Inszenierungen präsentiert. Aber auch das Element der Zerstörung werde eingesetzt, indem Gitarren verbrannt, Babypuppen ›massakriert‹ oder Alice Cooper die Selbstenthauptung auf dem Schafott inszeniert. Eine besondere Gewichtung erfahren nach Heinze verstorbene Musiker, deren Andenken durch Hologramme, Videos oder Avatare medial festgehalten werden. Den symbolischen und realen Bezugsrahmen bilde das ausschweifende Leben, der Suizid oder der natürliche Tod bei alternden Musikern. Der Tod selbst werde zum jugendlichen Leben der Subkulturen in Beziehung gesetzt. Die Todesnähe zeige sich in diesen Musikkulturen im Risikoverhalten und in der Furchtlosigkeit. In ihren Ideologien unterscheiden sich die jeweiligen Jugend- und Musik(sub)kulturen. Punk positioniere sich sozialkritisch und fokussiere den Tod durch staatliche Gewalt in apokalyptischen Bildern des Krieges oder den individuellen Tod durch Drogen. Der Rechts-Punk Rock inszeniere den Tod, indem zu Menschenfeindlichkeit aufgerufen oder die Shoah verhöhnt werde. Eher ästhetisch-spielerisch zeige sich die Bedeutung des Todes in der Gothic-Szene. Schwermütige Musik präsentiere die Vergänglichkeit und Todessehnsucht in Verbindung mit melancholischer Romantik. Gemeinsam ist den Jugend- und Musik(sub)kulturen die Präsentation existenzieller Ängste und Bedürfnisse, die Ambivalenzen hervorrufe, aber zugleich auch ›knallige Unterhaltung‹ sei, die der Steigerungslogik des Marktes folge.

»Expressivität und Gegenwartsverlust« war das Thema, dem *Thorsten Benkel* (Passau) in seinem Vortrag nachging. Im Fokus standen ästhetische Transformationen der Trauer, die anhand zweier Komponisten untersucht wurden, welche sich an einer Vertonung von Trauer versucht hatten. Der US-amerikanische Komponist Georg Rochberg (1918–2005) verlor 1964 seinen Sohn im jugendlichen Alter. In Folge dieses Schicksalsschlages veränderte Rochberg seine bisher praktizierte, serielle Kompositionstechnik hin zu tonalen Kompositionen. Im Serialismus fand er keine Möglichkeit, um seine Trauer auszudrücken. Sein erstes Werk im neuen Stil war das *Streichquartett Nr. 3* (1972). Der polnische Komponist Henryk Górecki (1933–2010) wandte sich in den frühen 1970er Jahren vom Avantgardestil ab und komponierte eher harmonisch und mit vereinfachter Rhythmik. Die 3. Symphonie, auch »Symphonie der klagevollen Lieder« genannt, greift im ersten Satz eine Wehklage aus dem 15. Jahrhundert auf. Im zweiten Satz werden die Worte von Helena Błażusiakówna, »Nein Mutter weine nicht«, vertont; die Jugendliche hatte sie an die Wand eines Gestapo-Gefängnisses in Zakopane geschrieben. Der dritte Satz stammt aus einem schlesischen Volkslied und beschreibt den Schmerz einer Mutter, die ihren Sohn bei Aufständen verloren hatte. Beide Komponisten verbinden Trauer um verstorbene Familienmitglieder: Góreckis Mutter starb, als er zwei Jahre alt war, Rochbergs Sohn als Teenager. Sowohl Rochberg wie auch Górecki gelingt es, ihre Trauererfahrungen in Musik zu übersetzen bzw. sie ästhetisch zu transformieren. »Pathos und Unsterblichkeit« untersuchte Benkel sodann am Beispiel von Gustav Mahlers 2. Symphonie. Zwischen dem ersten Satz der Symphonie, von Mahler ursprünglich »Todtenfeier« genannt, und dem letzten Satz, der die Auferstehung vertont, entsteht ein Spannungsgefüge, das sich von einer »bombastischen« Interpretation des Todes zur Apotheose der Auferstehung entwickle. Nach Benkel sei die 2. Symphonie zwar für den Konzertsaal komponiert, sie stehe aber dennoch in der Tradition kirchlich-religiöser Trauermusik, die mit der Bezwingung des Todes durch die Vorstellung der Auferstehung der Toten Hoffnung suggeriert.

Die Gleichsetzung von Lebens- und Liebesende finde sich dagegen in den Narrativen der Popkultur, wie es exemplarisch der Song *Dancing with Tears in my Eyes* der Gruppe Ultravox ausdrücke. Benkel deutete diese Phänomene als »Metamorphosen der Unsterblichkeitsverheißung«, da nicht mehr das Auferstehungsmotiv die Unsterblichkeit verspreche, sondern die Erinnerung an die vergangene Liebe. Die Elegie werde in der Popkultur, aber auch bei Kompositionen aufgegriffen, die das Motiv der Gewalt beinhalten. Mit »Mord und Ironie« umschrieb Benkel die musikalische Rezeption von Gewalttaten und -darstellungen in der Popkultur, bei denen die Gewaltszenerie mit Unterhaltungsmusik kombiniert werde. Ein Beispiel dafür sei der Song *I don't Like Mondays* von den Boomtown Rats. Mit dem Satz »I don't like Mondays; this livens up the day«, rechtfertigte die damals 16-jährige Brenda Ann Spencer ihre 1979 stattgefundene Amok-Tat in der Grover Cleveland Elementary School in San Diego, bei der zwei Menschen getötet und neun weitere verletzt wurden. Der Song erreichte in Großbritannien und Deutschland Hitparadenplätze und wurde in mehreren Versionen gecovert.

Den Massenmord an Juden durch den Nationalsozialismus hingegen machte Paul Celan zum Gegenstand seines Gedichts *Todesfuge*. Nach Benkel mache dieses Gedicht von Celan der Musik Vorgaben, indem es gleichsam wie eine Fuge gestaltet sei. Die Polyphonie der Stimmen werde durch den Wechsel des Sprecherchores der Gefangenen (Wir) und der Täterfigur (Er) ausgedrückt und so ineinander verwoben, dass eine dramatische Struktur entstehe, die durch den Satz »Der Tod ist ein Meister aus Deutschland« verstärkt werde. Das gliedernde Element sei dabei die Wiederholung der Metapher »Schwarze Milch der Frühe«. Das Gedicht wurde u. a. von Tilo Medek, Christa Abels, Anne Segal, Giora Feidmann und vielen anderen vertont. Als Ergänzung zur Trauermusik führte Benkel abschließend elegisch-ekstatisch-pseudoreferenzialistische Musikstücke an. Der Song *You Only Live Twice*, interpretiert von Nancy Sinatra, aber auch das Trauerlied um einen Gummibaum in der Oper *Serse* von Händel befassen sich gleichermaßen mit dem Tod, aber in ganz unterschiedlichen musikalischen Dimensionen.

In Panel 3 referierte *Melanie Pierburg* (Hildesheim) zum Thema »Like a Candle in the Wind. Hymnen der Verletzbarkeit«. Ihren Vortrag führte sie mit einer Definition von musikalischen Hymnen ein und charakterisierte sie als einfach gebaute Musikstücke, die identitätsstiftenden Charakter für eine bestimmte

Gruppe haben und zu bestimmten Anlässen aufgeführt werden. Die Referentin ging dann von der These aus, dass es Songs gebe, die eine Rezeptionskarriere machen und zu Hymnen erhöht werden, weil sie durch einschneidende Ereignisse identitätsstiftend wirken. In diesem Zusammenhang interessierte Pierburg, wie diese Identitätsstiftungen vollzogen werden und welche Verletzbarkeiten sich aus der Verbindung von Ereignis und Musik rekonstruieren lassen. Die Songs *Candle in the Wind* von Elton John und *Only Time* von Enya dienten als Fallbeispiele zur Plausibilisierung der These. Der bekannte Song von Elton John mit dem Text von Bernie Taupin wurde 1973 Marilyn Monroe gewidmet. Diese erste Version war zunächst weniger erfolgreich, was sich jedoch änderte, als Elton John den Song auf der Trauerfeier für Prinzessin Diana spielte, die 1997 verunfallte. Das Lied erhielt immense Prominenz und avancierte zu einer Trauerhymne für Diana, was durch den Abschiedsgruß von Elton John »Goodbye England's Rose« verstärkt wurde. Identitätsstiftend wurde der Song insofern, als die Assoziation der Verlusterfahrung mit dem musikalischen Nachruf und der postmortalen Überhöhung ein virtuelles Trauerkollektiv schuf. Der Text von *Candle in the Wind* enthält in seiner ursprünglichen Fassung noch das Motiv der Anklage gegen Hollywood, während die umgestaltete Version für Lady Di die Trauer um den Verlust der Person ins Zentrum rückt. Der Wir-Bezug im Songtext verweise Pierburg zufolge auf das Trauerkollektiv, das eine Symbolfigur verloren hat. Diana selbst werde als Heldin konstruiert und damit auch als eine Projektionsfigur für Sinnzuschreibungen.

Der zweite Song, dem sich Pierburg widmete, war *Only Time* der Sängerin Enya. Er wurde 2000 veröffentlicht, war zunächst ebenfalls weniger erfolgreich und fand vor allem als Hintergrundmusik für Serien und Trailer Verwendung. Als Soundtrack für die Berichterstattung der Anschläge des 11. Septembers 2001 gewann der Song indes eine breite Öffentlichkeit und wurde danach sehr erfolgreich. Nach Pierburg werde durch die Betonung der Trauer als emotionale Reaktion ein Kollektiv geschaffen, das sich auf einen gemeinsamen virtuellen Erfahrungshorizont beziehe. Das Verletzbarkeitsmotiv liege bei diesem Song in der willkürlichen Angreifbarkeit durch Terror und dem Verlust von Sicherheit, Prosperität und Entfaltungsmöglichkeiten. Das Fazit des Vergleichs beider Songs verweist auf das Motiv der Verletzungsoffenheit. Beide Lieder können aufgrund ihres Bezugs zu schrecklichen Ereignissen als Hymnen verstanden werden, die die Darstellung menschlicher Verletzbarkeit suggerieren und sich zu deren Symbolen verdichten.

In ihrem Vortrag über »Klangsymbole der Vergänglichkeit« ging *Miriam Sitter* (Hannover) einer Genrekontrastierung zwischen Eric Claptons *Tears in Heaven* und Tschaikowskis Symphonie Nr. 6, der »Pathétique« nach. Sitter zufolge lassen sich Gefühle der Trauer in Musik übersetzen und sind ein Versuch, die Tragik des Todes zu verstehen. Clapton schrieb seine Ballade 1991 nach dem tragischen Unfalltod seines vierjährigen Sohnes. Über seine Motivation zu diesem Song sagte er, dass es für ihn »ein Beruhigungsmittel« war, um über den Tod des eigenen Sohnes hinwegzukommen. Die Gattung der Ballade schaffe in der Verbindung von Klang und Narration ein Ventil, die Trauergefühle um den verstorbenen Sohn auszudrücken. Tschaikowskis 6. Symphonie scheint eine Vorwegnahme seines eigenen Todes zu sein, denn der Komponist starb sechs Tage nach der Uraufführung seines Werkes, die er selbst noch durchführte. Durch die Intonation eines sogenannten Seufzermotivs durch die Streicher erhalte besonders der letzte Satz den Charakter eines Requiems. Der exemplarische Vergleich beider Werke zeigt nach Sitter, dass Klänge uns emotional tief berühren und die Auseinandersetzung mit der Vergänglichkeit nachvollziehbar machen.

Den Abendvortrag hielt *Dirk Pörschmann* (Kassel), Leiter des Museums für Sepulkralkultur. Am Beispiel von Veranstaltungen, Ausstellungen und den Plänen zur Neukonzeption des Museums befasste er sich mit grundsätzlichen Fragen zum Verhältnis von Kunst und Tod. Als Begegnungsstätte wolle das Museum künftig in seiner Dauerausstellung Geschichte, Bedeutung und Entwicklung der Sepulkralkultur präsentieren, damit die Diversifizierung der Gesellschaft abbilden und Menschen unterschiedlicher Herkunft, Religion und Weltanschauung ansprechen. Diese Neukonzeption habe dann zur Konsequenz, dass die Artefakte nicht mehr historisch-chronologisch, sondern in die Bereiche Körper, Psyche, Geist und Seele gegliedert werden, um existenzielle Problemlagen der Menschen besser darstellen zu können. Gerade die Sonderausstellungen greifen nach Pörschmann gesellschaftliche Diskurse auf. Exemplarisch nannte er die Ausstellungen *Suizid – Let's talk about it* oder die Ausstellungstrilogie zum Themenfeld Trauer und Gedenken: *Lamento – Trauer und Tränen* (2019), *Memento – Im Kraftfeld der Erinnerungen* (2020) und *Trost – Auf den Spuren eines menschlichen Bedürfnisses* (2023). Unter dem Einfluss der Corona-Pandemie ermöglichte die Ausstellung über den Trost eine Begegnung mit künstlerischen, kulturellen und religiösen Perspektiven auf das Phänomen des Trostes und gab Impulse für die Reflexion von Verlusterfahrungen.

Am zweiten Tag wurde das vierte Panel von *Jens Wolff* (Rostock) eingeleitet. Das Thema des Vortrags war die Markus-Passion von Michaël Levinas. Letzterer wurde am 18. April 1949 in Paris als Sohn des französisch-litauischen Philosophen Emanuel Levinas geboren. Als Komponist ist er Vertreter der Spektralmusik und Mitglied der Gruppe *L'Itinéraire*. Das Werk selbst war eine Auftragskomposition des Vereins *Musique pour un temps présent* aus Yverdon-les Bains, deren Ziel es einerseits ist, die zeitgenössische klassische Musik mit philosophischen, theologischen und religiösen Fragen in Verbindung zu bringen und andererseits den interreligiösen Dialog zu fördern. Die Uraufführung fand am 12. April 2017 in der Église St-François in Lausanne statt. Wolff betonte, dass das Werk eine Herausforderung für die Hörer*innen darstelle, welche durch Disharmonien – seien es eingespielte Geräusche oder die Polyphonie von Stimmen – den Zeitbezug und die Orientierung verlieren und auch nicht nachvollziehen können, ob das Werk im Sinne des Komponisten gespielt werde. Levinas selbst verstehe seine Komposition weniger als streng evangelische Passion, sondern eher als Meditation. Die Passion ist dreigliedrig aufgebaut und beginnt mit einem hebräischen Teil, der das Kaddisch, das El maleh Rachamim und die Lecure des noms mit dem »Jiskor« (Erinnere Dich), dem Gedenkgebt für die Verstorbenen, enthält. Der zweite Teil thematisiert das Evangelium nach Markus. Levinas wählte das Markus-Evangelium aus, da es keine antijudaistischen Einfügungen enthalte und den Juden Jesus präsent mache. Die Interpretation des Markusevangeliums lässt Levinas jedoch mit der Kreuzabnahme Jesu enden. Der dritte Teil besteht aus zwei Gedichten von Paul Celan, der ebenfalls den Holocaust überlebte und diese Erfahrungen in den Gedichten *Die Schleuse* und *Espenbaum* einfließen ließ. Alle drei Teile enthalten auf unterschiedliche Weise den Bezug zum Judentum und den ermordeten Juden des Holocausts.

Wolfgang Marx (Dublin) nahm in seinem Vortrag das moderne Requiem in den Blick und betrachtete es »im Spannungsfeld von Vergangenheit und Gegenwart«. Zunächst wurde die musikalische Gattung des Requiems erläutert, welche bis ins 18. Jahrhundert an die liturgischen Formen des katholischen Sterbeamtes gebunden war und eher als Begleitmusik des Gottesdienstes aufgefasst wurde. Exemplarisch verwies Marx auf Mozarts Requiem, welches noch in dieser Tradition stand. Im 19. Jahrhundert erweiterte sich diese Tradition des Requiems und fand ihren Weg in den Konzertsaal. Die Kompositionen richteten sich auch nicht mehr direkt an die Hinterbliebenen, sondern an ein Konzertpublikum, wie die Requien von Verdi und Berlioz zeigen. Nicht mehr die ästhetische Untermalung der Bestattungszeremonie, sondern der Kunstgeschmack eines zahlenden Publikums war ausschlaggebend für den Erfolg der Komposition. Exemplarisch stellte Marx drei moderne Komponisten vor, deren Werke diesen Wandlungsprozess verdeutlichen. Der ungarische Komponist György Ligeti (1923–2006) komponierte im Auftrag des schwedischen Radios ein halbstündiges Requiem, welches aus vier Sätzen, dem ›Introitus‹, dem ›Kyrie‹, dem ›Dies Irae‹ und dem ›Lacrimosa‹ besteht. Die Texte bilden Teile der katholischen Liturgie ab, folgen aber nicht den tradierten Gattungsformen. Exzessive Expressivität, der Wechsel von homophonen und polyphonen Stimmen, die zu einem Klangbild verschmelzen, prägen das Requiem. Der zweite Komponist, Bernd Alois Zimmermann (1918–1970), ist durch sein Konzept des pluralistischen Komponierens und seine Collagentechniken bekannt. Das *Requiem für einen jungen Dichter* ist eine Text-Collage von Dichtern wie Jessinin, Majakowski und Beyer, die durch Suizid aus dem Leben schieden. Das Requiem selbst ist politisch orientiert und thematisiert die gesellschaftliche Situation von 1920 bis

1970 durch Redefragmente von Hitler, Zitaten aus dem Grundgesetz und dem ›Roten Buch‹ Mao Zedongs. Das von Marx als drittes besprochene Requiem stammt von Hans Werner Henze (1926–2012) und besteht aus neun geistlichen Konzerten für Klavier, Trompete und Kammerorchester, die ebenfalls politisch geprägt sind und sich mit der Geschichte des Nationalsozialismus auseinandersetzen. Gemeinsam sei den drei Werken, dass sie die frühen Gattungsnormen des Requiems verlassen haben und eine politische Orientierung aufweisen. Es gehe ihnen nicht mehr um das Jenseits, sondern um den Tod in der Welt.

Christofer Jost (Freiburg) referierte im fünften Panel aus gedächtnissoziologischer Perspektive über »Popsongs als Formen des personenbezogenen Gedenkens«. Ausgehend vom Titel *American Pie* verdeutlichte er, dass Popsongs, die den Tod verstorbener Musiker zum Inhalt haben, spezifische Ausprägungen einer musikalisch-kulturellen Gedächtnisarbeit sind. Inspirationsquelle für den von Don McLean 1971 veröffentlichten, kommerziell erfolgreichen Song war der im Vers »The day the music died« angedeutete Tod von Buddy Holly, Richie Valens und The Big Bopper, die am 1959 bei einem Flugzeugabsturz ums Leben kamen. Jost deutet das Lied als Beispiel für die textlich-gesangliche Verarbeitung des sozialen konjunktiven Erfahrungsraums und als die Genese einer kollektiven Gedächtnisleistung der Rock 'n' Roll-Generation. In seiner Studie über dieses personenbezogene Gedenken in Popsongs wertete er 25 Popsongs aus und kam auf folgende Typologie: 1. Persönliche Beziehungen und authentische Ergriffenheit, 2. Legenden und gebrochene Held*innen und 3. kulturelle Schließungen. Mit seinem Vortrag konnte Jost plausibilisieren, dass aus (musik-)kulturanalytischer und gedächtnissoziologischer Perspektive ästhetische Wertordnungen in diesen Songs zur Entfaltung gebracht und traditionale Wertordnungen in Frage gestellt werden.

Julia Heimerdinger (Wien) referierte zum Thema Suicide-Songs und ging der Frage nach, wie der Tod durch Suizid in Songs musikalisch präsentiert wird. Dabei fokussierte sie sich auf Genrefragen, Erzählperspektiven und Stoßrichtungen. Songs, welche sich mit Suizidalität beschäftigen, gehen bis in die 1990er Jahre zurück. *Gloomy Sunday* wurde von dem ungarischen Schriftsteller László Jávor aus Liebeskummer geschrieben und von dem ungarischen Pianisten Rezső Seress in der Tonart c-Moll vertont. Besonders der Interpretation von Billie Holiday wurde nachgesagt, dass sie, ähnlich dem Werther-Effekt, zu Suiziden geführt haben soll. Aufgrund dessen spielten einige englische Radiosender den Song nicht mehr. Die angebliche suizidale Wirkung von Liedern der Popkultur führte auf Initiative von Tipper Gore und Susan Baker zum ›Parental Advisory Sticker‹, der Songs zu Themen wie Suizid, Drogenkonsum, Sex und Gewalt kennzeichnete und Verkaufsverbote bewirkte. Anti-Suicide Songs im Rahmen von Präventionskampagnen vertreten nach *Heimerdinger* das Genre der Betroffenheitslyrik. Grundsätzlich thematisieren Blues, Country, Hard Rock und Hip Hop schwierige Lebenslagen, Liebeskummer, soziale Zwänge und Autoaggression. Direkt zum Suizid auffordernde Punksongs wie *Commit Suicide* oder *Teenage Tragedy Songs* und deren Persiflage wie Elton Johns Song *I think I'm going to kill myself* verweisen dabei auf das diskursive Verhältnis von Kunst und Realität.

Panel 6 leitete *Nina Gurol* (Karlsruhe) mit ihrem Vortrag zum »Funktionswandel von Trauermusik im 21. Jahrhundert« ein. Sie präsentierte die qualitativen Forschungsergebnisse ihres »künstlerisch-wissenschaftlichen Kooperationsprojekts« zwischen dem Forschungsinstitut Carpo e.V. und dem Beethovenfest Bonn im August 2023. Ein weiteres Interesse galt der Rolle der Trauermusik in islamisch geprägten Ländern wie dem Jemen oder Syrien. Die Referentin ging dabei von der These aus, dass die Universalität des Todes durch das Medium der Trauermusik kulturverbindend wirke. Der transkulturelle Austausch werde durch die nonverbale Kommunikation der Musik ermöglicht und zeige sich sowohl auf aktiver wie passiver Rezeptionsebene in zwei Dimensionen, nämlich akustisch wie vibratorisch. Aufgrund der Komplexität heutiger »trauerbedeutsamer Musik« sei es schwierig, eine Begriffsdefinition von Trauermusik zu finden. Jedoch verspricht sich Gurol durch den Vergleich der Bedeutung von Trauermusik in unterschiedlichen Kulturkreisen der Gegenwart eine Klärung ihres Forschungsinteresses.

Den Abschlussvortrag hielten *Michael Corsten* und *Volker Schubert* (beide Hildesheim) über »Tod und Schnulze«. Da der Begriff der Schnulze eine weitgehend undefinierte Abwertungskategorie sei, legten die beiden Referenten zunächst eine Arbeitsdefinition vor, die die Schnulze als tonale und textuell-lyrische Verkörperung einer Gefühls- und Stimmungslage fasst. In Kombination mit dem Tod werde die Schnulze zum Melodrama des Alltags, welches sich im ambivalenten Spannungsfeld zwischen der Realität des Todes einer geliebten Person und der Sehnsucht nach ihr bewege. Der Tod und die Vergänglichkeit werden in der Schnulze in verschiedenen Bildern dargestellt. So finden sich Motive des Verlassen-Seins und des Unterwegs-Seins, ohne anzukommen, in der Anrufung eines inklusiven Wir im Sinne von *You Never Walk Alone* oder im Glauben an eine Wiederkehr wie im Song *Green, Green Grass of Home*. Die Schnulze evoziere tiefe Emotionen und spreche die Betrauerbarkeit jedweden Verlustes an. Corsten und Schubert interessieren sich sowohl für das, was in Schnulzen betrauerbar wird, als auch für die Rezipient*innen und dafür, welche Arten des Betrauerns ausgelöst werden. Schnulzen ermöglichen Assoziationen zum Tod geliebter Menschen, so das Fazit der Referenten. Sie lassen Erinnerungen an sie aufkommen und ein Gefühl der Verbundenheit entstehen.

Aus dem Blickwinkel verschiedener Disziplinen bot die Tagung einem interessierten Fachpublikum einen fundierten Einblick in Fragestellungen zur Trauermusik. Die dargebotenen Themen umfassten ein breites Repertoire von Werken der Klassik bis hin zur Popkultur und konnten nicht nur den gesellschaftlichen Wandel der Trauermusik, sondern auch ihre Wirkung auf die Rezipient*innen verdeutlichen.

Bericht zur Tagung *Unsterblich als Avatar? Ethik, Recht und Sicherheit des digitalen Weiterlebens* an der Eberhard Karls Universität Tübingen, 19. Januar 2024

Matthias Meitzler

KI-basierte Anwendungen im Kontext der sogenannten *Digital Afterlife Industry* (DAI) ermöglichen das ›Weiterleben‹ und die Interaktion mit digitalen Nachbildungen von Verstorbenen. Avatare, Chatbots und andere Formen der interaktiven Repräsentation sind in der Lage, das frühere Kommunikationsverhalten der Toten immer realistischer in Text, Ton und Bild zu imitieren. Dies hat nicht nur Einfluss auf die private Trauer, sondern u. a. auch auf die Unterhaltungsindustrie, die öffentliche Erinnerungskultur und die historisch-politische Bildung. Die hierfür eingesetzten Technologien bringen neben neuen Potenzialen auch einige Herausforderungen in Bezug auf Ethik, IT-Sicherheit und Datenschutzrecht mit sich.

Vor dem Hintergrund eines BMBF-geförderten interdisziplinären Kooperationsprojekts[1] zwischen dem Internationalen Zentrum für Ethik in den Wissenschaften (IZEW, Universität Tübingen) und dem Fraunhofer Institut für Sichere Informationstechnologie (SIT, Darmstadt) fand am 19. Januar 2024 eine Tagung statt, die der Frage nachging, inwieweit sich Gesellschaft, soziale Beziehungen, Identitäten und das Verhältnis des Menschen zu seiner Endlichkeit durch die gegenwärtigen und künftigen Möglichkeiten des digitalen Weiterlebens mithilfe von Künstlicher Intelligenz verändern werden. Zu den Anwesenden zählten nicht nur Wissenschaftler*innen verschiedener Disziplinen, sondern

1 In dem Anfang 2024 abgeschlossenen Projekt mit dem Titel »Ethik, Recht und Sicherheit des digitalen Weiterlebens – Edilife« wurden aktuelle Dienste der DAI insbesondere mit Blick auf ethische, juristische und sicherheitstechnische Problematiken reflektiert und Innovationsbedarfe auf individueller, gesellschaftlicher und politischer Ebene gekennzeichnet. Anhand von qualitativen Interviews, Fokusgruppendiskussionen und Medienanalysen wurde das Spektrum der bestehenden Diskurse, Narrationen, Imaginationen und Perspektiven auf das Thema erschlossen und entlang der forschungsleitendenden Fragestellungen analysiert. Darauf aufbauend wurden einige Handlungsoptionen erarbeitet. Zu den Ergebnissen des Projekts siehe u. a. Ammicht Quinn et al. 2024; Meitzler et al. 2024; Meitzler 2025.

auch Medienvertreter*innen und Personen, die bereits im Vorfeld an der Studie teilgenommen hatten. Neben den Impulsen eingeladener Referentin*innen wurden einige Projektergebnisse vorgestellt und im Plenum diskutiert. Die Veranstaltung und die ihr zugrundeliegenden Forschungen verfolgen das Ziel, die Öffentlichkeit für diese Thematik zu sensibilisieren und Denkanstöße für einen informierten und verantwortungsbewussten Umgang zu geben.

Nach der Begrüßung durch die Veranstalter*innen gab *Martin Hennig* (Tübingen) erste Einblicke in das Feld, indem er aktuelle Dienste der DAI, deren Einsatzgebiete sowie zentrale Forschungsfragen des Projekts vorstellte. Daraufhin folgte das erste Panel, welches allgemeinen Perspektiven auf Digitalisierung, Körper und Gedenken nachging. Der Vortrag von *Regina Ammicht Quinn* und *Jessica Heesen* (beide Tübingen) befasste sich mit der Rolle und dem Wandel von Körperlichkeit in digitalen Welten. Dabei wurden verschiedene Körperdiskurse vorgestellt (vom überflüssigen über den umkämpften und den total erfassten bis hin zum toten Körper) und das menschliche Bedürfnis, sich anhand von Körperbildern zu verständigen, sowie die zunehmende Relevanz von körperlichen Repräsentationen in der digitalen Kommunikation hervorgehoben. Mit dem Erinnerungs-, dem Präsenz- und dem Zukunftsmodus beleuchteten die Referentinnen zudem drei Formen des Umgangs mit dem Tod entlang folgender Fragen: Inwiefern lassen sich Vorstellungen von Würde im Digitalen auch auf postmortale Kontexte übertragen? Geht es tatsächlich um ein unsterbliches Weiterleben oder nicht schlichtweg um das Hinterlassen eines digitalen Vermächtnisses? Inwieweit eignen sich betreffende Angebote für die Trauerverarbeitung – oder reichen die mit ihnen verbundenen Immortalitätsfantasien so sehr darüber hinaus, dass sie sich eher als hinderlich für eine gelingende Verlustbewältigung erweisen? Das Negieren von Endlichkeit wurde hierbei als Aneignung von Zukunft beschrieben, wobei die Frage offen bleibt, auf wessen Kosten dies geschieht.

Mit einer anderen Facette des digitalen Weiterlebens, der virtuellen Zeitzeug*innenschaft im Kontext des Holocaustgedenkens, beschäftigte sich der Vortrag von *Christoph Bareither* und *Berit Zimmerling* (beide Tübingen), die hierzu ein ethnografisches Forschungsprojekt durchführen. Anhand von umfangreichem (sogenanntem stereoskopischen bzw. volumetrischen) Videomaterial und des Einsatzes von KI-Technologien wird es möglich, dass z. B. Museumsbesucher*innen mit den digitalen Repräsentationen von Überlebenden des Holocausts interagieren, indem sie bestimmte Fragen an ihr virtuelles Gegenüber richten können – und die jeweils passende Antwort aus dem Material ausgewählt wird.[2] Die Referent*innen verstehen das Holocaustgedenken als *Assemblage*, d.h. als ein komplexes Gefüge aus unterschiedlichen Elementen (menschliche Zeug*innen, Dokumente, Archive, Museen, Nachfahren, Praktiken des Gedenkens etc.), dessen Eigenschaft nicht lediglich die Summe dieser Teile bildet, sondern sich aus deren dynamischen Beziehung zueinander konstituiert. Durch das Hinzutreten von KI-Systemen werde die Dynamik dieser spezifischen Assemblage weiter forciert. Ihr Einfluss auf das Holocaustgedenken gelte es vor dem Hintergrund erinnerungskultureller Diskurse näher zu beleuchten.

Jean-Daniel Strub (Bern) stellte Ergebnisse des von ihm geleiteten Projekts »Der Tod im digitalen Zeitalter« vor (Strub et al. 2024). Neben Applikationen zur interaktiven Simulation von Verstorbenen stehen dabei auch andere Dienste im Fokus, etwa zur Verwaltung bzw. Löschung postmortal hinterlassener Daten oder zur Gestaltung von Online-Gedenkseiten. Diesbezüglich lasse sich zwischen *Death Tech* (Technologien im Zusammenhang mit dem Lebensende) und *Grief Tech* (digitale Tools für Trauernde) unterscheiden. In der referierten Studie wurden bestehende Angebote identifiziert und im Zuge eines Mappings hinsichtlich gemeinsamer bzw. unterscheidbarer Eigenschaften klassifiziert. Von Interesse sei dabei nicht nur die Frage, wie sich die jeweilige Nutzung auf die Anwender*innen konkret auswirkt, sondern es werden auch die Motive der Anbieter betrachtet, denn nicht immer sei unternehmerisches Kalkül handlungsleitend. Der Vortrag endete mit zwölf Empfehlungen, die auf einen durchdachten und sensiblen Umgang abzielen, wobei *Digital Literacy* als Schlüsselbegriff hervorgehoben wurde. Dieser umfasst neben dem Wissen über die Anwendungs- und Funktionsweisen entsprechender Medienangebote auch die Kenntnis über ihre ethischen Implikationen sowie die Fähigkeit, diese unter Berücksichtigung von Nutzen und Risiken zu reflektieren.

Das zweite Panel war der Ergebnispräsentation des oben angesprochenen Forschungsprojekts gewidmet. Dabei standen sicherheitstechnische, rechtliche, medienwissenschaftliche, soziologische und ethischen Dimensionen der Studie im Vordergrund. *Ulrich Waldmann* (Darmstadt) stellte die sicherheitstechnischen Aspekte und daraus resultierende Erkenntnisse aus dem von ihm bearbeiteten Teilprojekt vor. Zunächst widmete er sich verschiedenen (einfacheren und komplexeren) Formen von Avataren des digitalen Weiterlebens sowie deren Möglichkeiten und Grenzen. Anschließend beleuchtete er einige Risiken, die sich insbesondere im Hinblick auf die Datensicherheit ergeben und benannte einige technologische Lösungen, die diesbezüglich eingesetzt werden könnten.

2 Aktuell kommt diese Technologie u.a. in der noch bis 2026 geöffneten Ausstellung »Frag nach!« des Deutschen Exilarchivs 1933–1945 der Deutschen Nationalbibliothek in Frankfurt am Main zum Einsatz. Die Ausstellung beschäftigt sich intensiv mit den Biografien zweier Holocaustüberlebender. Nähere Informationen unter: https://fragnach.org/

Grundsätzliche Fragen betreffen die Auswahl der für die digitale Repräsentation zu verwendenden Trainingsdaten und die Adaptierbarkeit menschlicher Werte durch ein KI-Model. Auch hier rundeten konkrete Handlungsoptionen, an denen sich Anbieter und Nutzende orientieren können, den Vortrag ab.

Eine Einschätzung des digitalen Weiterlebens aus rechtlicher Sicht lieferte *Ines Geissler* (Darmstadt). Nachdem sie verschiedene datenschutzrechtliche Rollen aus der DSGVO und die jeweils mit ihnen verbundenen Rechte und Pflichten erläuterte, stellte sie die Rechtmäßigkeit der Datenverarbeitung und die Umsetzung von Informationspflichten in den Vordergrund. Um Betroffene verständlich und zielgruppengerecht über die Verarbeitung ihrer Daten zu informieren (z. B. über Zweck und Grundlage der Verarbeitung sowie die Speicherdauer), und damit bestehende Rechte gemäß der DSGVO wahrgenommen werden können (z. B. Recht auf Auskunft, Berichtigung und Löschung), gelte es, gewisse Transparenzanforderungen in Form von Datenschutzhinweisen zu berücksichtigen.

Martin Hennig betrachtete zunächst einige gesellschaftliche Bereiche, auf die sich die Anwendungen der DAI auswirken (u. a. Erinnerungskultur, Unterhaltungsindustrie, Populärkultur) und analysierte sodann einige Erzählungen des digitalen Weiterlebens, die im Sinne einer *narrativen Ethik* in verschiedenen populären Film- und Serienproduktionen zum Vorschein kommen. Dort werde häufig ein bestimmtes Modell der virtuellen Fortexistenz nach dem Tod beansprucht, wonach die mediale Repräsentation nahezu identisch mit der realen Person sei. Hierin würden die ethischen Konflikte erkennbar, die durch eine drohende Nicht-mehr-Unterscheidbarkeit zwischen Realität und Simulation entstünden. Die fiktionalen Beispiele verengen das Spektrum an Möglichkeiten des digitalen Weiterlebens auf eine Dystopie der ›Ersetzung‹ von Verstorbenen durch ein virtuelles Abbild und die damit einhergehende Verhinderung etablierter Formen von Trauerarbeit.

Einblicke in das empirische Material der Studie und dessen theoretische Verdichtung gab *Matthias Meitzler* (Tübingen). Im Rahmen eines partizipativen Ansatzes wurden Vertreter*innen verschiedener gesellschaftlicher Gruppen über ihre Einstellungen zu KI-Anwendungen aus dem Umfeld der DAI befragt. Die Forschungsteilnehmenden äußerten sich diesbezüglich überwiegend skeptisch; nicht selten wurde die Befürchtung geäußert, der Avatar könne den tatsächlichen Verlust verschleiern, eine Art Scheinwelt schaffen, in der sich seine Nutzer*innen verlieren, und auf diese Weise den Trauerprozess negativ beeinflussen. Weitere Bedenken betreffen die Einschränkung der persönlichen Erinnerungshoheit, die kommerziellen Motive der anbietenden Unternehmen sowie den manipulativen Einfluss, der den KI-Systemen zugeschrieben wird. Diese Eindrücke wurden im weiteren Forschungsverlauf ernst genommen und spielten eine wichtige Rolle für die Erarbeitung der Handlungsoptionen. Gleichwohl sei darauf hingewiesen, dass es an belastbaren empirischen Erkenntnissen über die faktischen

Auswirkungen von DAI-Angeboten auf die Trauer von Hinterbliebenen angesichts der noch relativ geringen Verbreitung mangelt. Als umso wichtiger erscheint daher eine differenzierte Perspektive, die unterschiedliche Anwendungsszenarien mit jeweils eigenen Potenzialen und Risiken auslotet. Die allgemeine Akzeptanz des digitalen Weiterlebens durch KI hängt, so ein weiteres Ergebnis der Studie, stark von der dem digitalen Output zugeschriebenen Authentizität ab – und davon, inwieweit die Technologie eher als ein genealogisches Hilfsmittel oder tatsächlich doch in der Hoffnung genutzt wird, eine verstorbene Person hierdurch ›wiedererlangen‹ zu können.

Ethische Perspektiven auf die Thematik bot der Vortrag von *Jessica Heesen*, der sich mit der Überlegung auseinandersetzte, ob das digitale Weiterleben eine neue Trauerkultur oder lediglich eine Datafizierung des Todes hervorbringe. Besondere Berücksichtigung fand der Umstand, dass Verstorbene in digitalen Welten nicht nur für ihre Hinterbliebenen präsent und adressierbar bleiben, sondern darüber hinaus für Unternehmen als lukrative Datenquellen dienen können, wenn es etwa darum geht, Nutzungsprofile für die Entwicklung personalisierter Werbung zu erstellen. Letztere richtet sich dann zwar an die noch lebende Zielgruppe – die Verstorbenen bleiben hierdurch dennoch Teil einer datenkapitalistischen Logik. Sich gegen eine solche postmortale Nachnutzung der Daten im Vorfeld abzusichern, stelle ein praktisches Problem dar. Hieran schließe sich die Frage an, ob man mit Verstorbenen (weiterhin) Geld verdienen dürfe oder ob gerade die Möglichkeit, sich jener kommerziellen Verwertung zu entziehen, Voraussetzung für einen würdevollen Umgang mit dem Tod sei.

Der dritte und letzte Veranstaltungsblock bestand aus einer Podiumsdiskussion, deren Teilnehmenden sich vor dem Hintergrund ihrer beruflichen Spezialisierung ausgewählten Kontexten der Thematik des digitalen Weiterlebens widmeten. Zunächst berichtete *Kian Bank* (Stuttgart) von seiner alltäglichen Arbeit als Koordinator für Online-Trauerbegleitung, bei der Menschen eine schriftbasierte Unterstützung (per E-Mail) erhalten. Die digitale Technik spiele hierfür zwar eine fundamentale Rolle, doch werde sie nicht als Allheilmittel, sondern eher als Brücke bei Überlastung menschlicher Ressourcen verstanden. Auf den Einsatz von Künstlicher Intelligenz werde dabei bewusst verzichtet. KI könne zwar prinzipiell dabei helfen, schneller und einfacher an benötigte Informationen zu gelangen (z. B. bei der Suche nach einer geeigneten Trauergruppe) und diese aufzubereiten – ein wirksames Tool für die Trauerbegleitung könne sie jedoch schon deshalb nicht sein, da es ihr nicht gelinge, eine Beziehung zu den Trauernden aufzubauen und die dafür notwendige Nähe zu erzeugen.

Miriam Sitter (Hannover) befasst sich in ihrer akademischen und außerakademischen Arbeit mit der Trauer von Kindern und Jugendlichen. Obwohl diese in vielen Punkten der von Erwachsenen ähnlich sei, bestünden ebenso wichtige Unterschiede. U.a. führe das vor allen bei jüngeren Kindern wesentlich stärker ausgeprägte magische Denken zu einer anderen Wahrnehmung komplexer Zusammenhänge. Um diesbezüglich nicht zu verängstigen oder zu verwirren, sei besondere Vorsicht geboten, wenn Erwachsene mit Kindern über solche existenziellen Dinge wie Sterben, Tod und Trauer sprechen. Das gelte umso mehr für etwaige Szenarien, in denen Kinder mit den Avataren verstorbener Familienmitglieder konfrontiert würden. Grundsätzlich könnten entsprechende Anwendungen die kindliche Neugier und Fantasie fördern, gleichwohl sollten sie stets in Begleitung von erwachsenen Bezugspersonen genutzt werden. Ein Problem sieht Sitter u. a. darin, dass KI nicht in der Lage sei, die Sorgen und Bedürfnisse zu erfassen, die sich hinter einer kindlichen Äußerung verbergen. Gerade dies sei jedoch für eine kindgerechte Unterstützung essenziell.

Karen Jungblut war lange Zeit für die *USC Shoah Foundation* (Los Angeles) tätig, die es sich zur Aufgabe gemacht hat, Zeugnisse und Geschichten des Holocausts (und anderer Völkermorde) zu dokumentieren und für nachfolgende Generationen aufzubereiten. Zu dem vorhandenen Archivmaterial gehören neben tausenden von videografischen Interviews u. a. auch die oben angesprochenen interaktiven Zeitzeugnisse, deren Entwicklung Jungblut von Beginn an begleitete. In diesem Zusammenhang ist es ihr besonders wichtig, dass die Aussagen der digitalen Repräsentationen nicht auf KI-generiertem Output beruhen, sondern dass es sich um ausgewählte Statements handelt, die die Interviewten tatsächlich so geäußert haben. KI werde somit lediglich als Werkzeug genutzt, das den Zugang zu den Berichten erleichtert und Nutzenden ein noch intensiveres Gefühl eines Gesprächs in Echtzeit vermittelt, ohne dabei die Integrität und Authentizität der historischen Zeugnisse zu gefährden. Gleichzeitig solle stets erkennbar bleiben, dass man es mit einem technischen System und nicht mit der repräsentierten Person selbst zu tun hat. In diesem Punkt unterscheidet sich die Anwendung von einigen aus der DAI bekannten Diensten. Kleinere technische Fehler oder eine abgespielte Antwort, die nicht zu der gestellten Frage passt, könnten somit in einer positiven Wendung dabei helfen, den artifiziellen Charakter des Interaktionsgeschehens zu begreifen.

Im Rahmen der Veranstaltung konnten die bisherigen Forschungsergebnisse durch wertvolles Feedback aus den Reihen der Zuhörenden kritisch gespiegelt und durch die anderen Vorträge und Diskussionsimpulse um neue Perspektiven erweitert werden. Überdies wurde die Bedeutung der Tagung als Schnittstelle zwischen Wissenschaft, Praxis und Öffentlichkeit durch die breite Zusammensetzung des Teilnehmer*innenfeldes unterstrichen. Die gewonnenen Erkenntnisse flossen in die Fertigstellung einer umfassenden Publikation mit den Beiträgen aller am Projekt Beteiligten ein (Ammicht Quinn et al. 2024).

Literatur

Ammicht Quinn, Regina/Geissler, Ines/Heesen, Jessica/Hennig, Martin/Kunz, Thomas/Meitzler, Matthias/Waldmann, Ulrich (2024): *Ethik, Recht und Sicherheit des digitalen Weiterlebens. Forschungsergebnisse und Gestaltungsvorschläge zum Umgang mit Avataren und Chatbots von Verstorbenen*, Darmstadt/Tübingen.

Meitzler, Matthias/Heesen, Jessica/Hennig, Martin/Ammicht Quinn, Regina (2024): »Digital Afterlife and the Future of Collective Memory«, in: *Memory Studies Review* 1 (1), S. 1–18.

Meitzler, Matthias (2025): »Digital Afterlife Industry. Soziale Präsenz durch Künstliche Intelligenz«, in: Stetter, Manuel (Hg.): *Afterlife. Die soziale Präsenz der Toten*, Bielefeld (im Erscheinen).

Strub, Jean-Daniel/Bosisio, Francesca/Jox, Ralf J./Sterie, Anca-Cristina (2024): *La Mort à l'Ère numérique. Chances et Risques du Digital Afterlife*, Zürich.

Bericht zur Tagung *Neues vom Tode. Aktuelle thanatologische Forschung im interdisziplinären Dialog* an der Eberhard Karls Universität Tübingen, 21. und 22. März 2024

Marc Gräf, Lennart Preiser und Sebastian Zimmermann

Am 21. und 22. März 2024 fand an der Eberhard Karls Universität Tübingen die Tagung »Neues vom Tode. Aktuelle thanatologische Forschung im interdisziplinären Dialog« des Arbeitskreises Thanatologie der DGS-Sektion Wissenssoziologie statt. *Thorsten Benkel, Ekkehard Coenen, Matthias Meitzler* und *Miriam Sitter* organisierten die Veranstaltung. Gemeinsam mit *Ursula Engelfried-Rave, Matthias Hoffmann* und *Melanie Pierburg* führten sie die Teilnehmer*innen durch das Programm.

Manuel Stetter (Rostock) eröffnete das erste Panel mit einem Vortrag über seine ethnografischen Beobachtungen zum Umgang mit verstorbenen Körpern innerhalb des Bestattungsprozesses. Der menschliche Körper ist für ihn Forschungsgegenstand, Forschungskategorie und Forschungsinstrument zugleich. U.a. betrachtete Stetter die Personenkonstitution durch Körperproduktion im Rahmen der sogenannten *Death Care*, bei der der Körper zunächst entkleidet, daraufhin verschlossen (genauer gesagt: bestimmte Öffnungen wie Mund, Nase und Augen) und abschließend wieder bekleidet werde. Da das Gesicht und die Hände im Zentrum der etwaigen Aufbahrung stehen, werden diese sichtbaren Stellen weiter modelliert. Auf diese Weise werden Emotionen geformt und nach außen transportiert. Stetter schloss daraus, dass ein dreifacher Körper geschaffen werde: Durch seine Konstitution werde der Körper zum einen zum Repräsentanten einer Person; weiterhin werde er zivilisiert, da seine Entgrenzung den Verlust des Selbst nach sich ziehe und die *Death Care* diesen Sachverhalt umkehre. Zuletzt liege ein begrenzter Körper vor, denn dieser sei der Sitz des Individuums (gewesen), an dem sich auch nach dem Tod orientiert werde und sich eine Religions- und Ritualisierungsfähigkeit etabliere. Der Körper böte aus wissenschaftlicher Perspektive reichlich Potenzial, um ihn in seiner Vollzugswirklichkeit, Schweigsamkeit, Mobilität, Sinnlichkeit, Responsivität, Sozialität und Teilnahmefähigkeit zu untersuchen.

Matthias Meitzler (Tübingen) ging in seinem Vortrag »Auferstanden aus Platinen? Immersive Verwicklungen des Postmortalen« der Frage nach, wie sich digitales Weiterleben im Kontext verschiedener Online-Angebote, insbesondere unter dem Einsatz von Künstlicher Intelligenz gestaltet. Mit der Delokalisierung des Grabes als Bezugspunkt für Trauer- und Gedenkpraktiken der Angehörigen gehe der Umstand einher, dass die Rolle des Körpers nicht mehr zentral für entsprechende Rituale sei. Der Körper der Toten lasse sich auf zweierlei Ebenen betrachten: als physischer Körper (Leiche) sowie als »Erinnerungskörper«, der von der Leiche gelöst sei und durch die Reminiszenzen der Hinterbliebenen geschaffen und aufrechterhalten werde. Letztgenannte Körperform sei vermehrt im Internet aufzufinden. Digitale Avatare und Chatbots, gespeist mit Informationen von und über die Verstorbenen, sollen die Möglichkeit bieten, auch nach dem Ableben mit den Verstorbenen Kontakt halten zu können. In diesem Zusammenhang verwies Meitzler auf das Beispiel von Maria Smith, die, bevor sie im Alter von 87 Jahren starb, hunderte von Fragen ausführlich beantwortete und dabei von 20 Kameras aus verschiedenen Winkeln gefilmt wurde. Anhand des daraus entstandenen Materials und unter Zuhilfenahme von KI bekamen die Trauergäste nach der Beerdigung die Gelegenheit, Fragen an die digitale Repräsentation der Verstorbenen zu richten – und das System spielte die jeweils dazu passende Antwort ab. Auch die Geschichten von Holocaustüberlebenden sollen auf diese Weise nicht nur bewahrt, sondern auch in Form von technisch indizierten Dialogen z. B. für Museumsbesucher*innen erfahrbar gemacht werden. Darüber hinaus gebe es aber auch solche Angebote, bei denen nicht bloß Originalaufnahmen der Verstorbenen wiedergegeben werden, sondern durch sogenannte generative KI ein neuer Output entstehe. Die Simulation könne dann in der künstlich imitierten Stimme der Toten Dinge sagen, die diese zu Lebzeiten selber nie gesagt haben. Meitzler führte auch kritische Positionen aus seinem Interviewmaterial auf, in denen Bedenken hinsichtlich des KI-gestützten Digital Afterlife zum Ausdruck kommen. Demnach werde nicht selten von einer gewissen Realitätsflucht und Abhängigkeit durch das Eintauchen in die virtuelle Welt gesprochen.

Das KI-gesteuerte Digital Afterlife war auch Thema des Vortrags von *Annalena Mittlmeier* (Wien), die das zweite Panel eröffnete und ihr Dissertationsprojekt vorstellte. Ihr Ausgangspunkt lag in der Beobachtung verschiedener Unternehmen, die digitale Technologien entwickeln, um die »persönliche Identität« eines Menschen nachzubilden. Menschen, die Konzepten der traditionellen Erinnerungskultur skeptisch gegenüberstehen, hätten so die Möglichkeit, eine digitale Version ihrer selbst zu erstellen, um auch nach ihrem Ableben mit ihren Angehörigen und anderen in Kontakt zu bleiben. Diese künstliche Nachbildung wurden von Mittlmeier als »digitale Persona« bezeichnet und als Gedächtnis-Medien konzeptualisiert, die darauf abzielen, spezifisches Wissen über die Verstorbenen für potenziell viele Menschen zugänglich zu machen. Einen empirischen Zugang erhielt sie, indem sie über einen US-amerikanischen Anbieter ihrerseits eine digitale Persona von sich erstellte. Dabei beantworten

Nutzende zunächst Fragen, um Erinnerungen und Botschaften für die Nachwelt in der App zu speichern. Die hierdurch entstandene digitale Persona kann dann ihrerseits Fragen beantworten, die wiederum andere Nutzende über die App stellen. Diesen Prozess untersucht Mittlmeier ethnografisch, indem sie die Beziehung zwischen der Endlichkeit des Körpers und der potenziellen Unsterblichkeit der digitalen Persona in den Blick nimmt. Dabei hinterfragt sie, welche Probleme, insbesondere im Umgang mit dem Tod, diese Technologie lösen soll.

Ekkehard Coenen (Weimar) referierte in seinem Vortrag über die Problematik von Handlung(-sunterlassung)en in Suizidsituationen. Basierend auf Daten aus seinem Forschungsprojekt, das öffentlich zugängliche Videos von Suiziden sowie Diskurse in Online-Foren analysiert, betrachtet er den Suizid als einen kommunikativen Akt. Da die eigentliche Suizidhandlung jedoch oft unerforscht bleibe, sei eine umfassende qualitative Untersuchung notwendig, um die Komplexität des Suizids zu verstehen. Das Phänomen des Schienensuizids, bei dem sich Menschen in einer suizidalen Absicht in die direkte Nähe von Schienenfahrzeugen begeben, wurde zum Fokus seiner Forschungen. Durch die Analyse von Überwachungsvideos identifizierte er raum-zeitlich eingefasste soziale Aktionsfelder, die die Dynamik dieser Situationen verdeutlichen. Dabei betonte er, dass die Wahrnehmung der Situation für die Suizident*innen und die Beobachter*innen unterschiedlich sei und die Plötzlichkeit des Handelns eine bedeutende Rolle spiele. Die Untersuchung des Schienensuizids mache in diesem Sinne die Notwendigkeit einer kulturellen und situativen Einbettung des Phänomens evident. Popkulturelle Repräsentationen sowie verschiedene Performanztypen wurden vor diesem Hintergrund weiter analysiert und diskutiert. In seinem Resümee hob Coenen die Bedeutung einer umfassenden Betrachtung des Suizids als »Blackbox« und »Greybox« hervor. Der wichtigste Ausgangspunkt bestehe darin, dass der (Schienen-)Suizid immer mit einer Dinggebundenheit und zwei reflexiv handelnden Seiten verbunden ist, welche erst nach dem Akt des Suizids einen vergleichbaren Blick auf die Situation besitzen.

Panel 3 begann mit einem Vortrag von *Miriam Sitter* (Hannover) zum Thema »Verlustverarbeitung und Realismus. Eine zweifelhafte Dyade«. Die Verbindung von Verlustverarbeitung und Realismus wurde sowohl in Medizin und Psychologie wie auch in trivialisierter Weise in der einschlägigen Ratgeberliteratur als Bedingung für eine gelungene Verlustverarbeitung postuliert. Nach dem Tod müsse das Leben in der neu entstandenen Wirklichkeit ausgehandelt werden, wobei Verluste als naturalistische Gewissheiten betrachtet werden und daher eine Dualität von Verlustverarbeitung und Realismus entstehe. Sitter argumentierte, dass der Umgang mit dem Tod nicht als einfache soziale Beziehung, sondern als eine komplexe Dyade zu verstehen sei – eine Zweiheit zwischen dem Trauernden und dem Verlust. Dabei kritisierte sie die streng rationale Betrachtung des Verhältnisses der Trauernden zur Realität. Anhand zweier Beispiele – einer

Mutter, die nach dem Tod ihrer Tochter weiter mit ihr spricht, und der Trauer um ein verstorbenes Tier im Tierheim – demonstrierte sie, dass in der Auseinandersetzung mit dem Tod die üblichen Rationalitätsstandards oft außer Kraft gesetzt werden. In solchen Situationen entstünden Übergangsobjekte, die eine »Zwischenwelt« schaffen, in der sich die Menschen zwischen Realität und Transzendenz bewegen, wie es Donald Winnicott beschrieben hat. Sitter betonte, dass die Akzeptanz der Realität nie vollständig abgeschlossen sei und dadurch ein ontologischer Übergangsbereich entstehe. Besonders in der Sterbebegleitung zeige sich, dass Pflegende durch die Konfrontation mit dem Tod oft selbst in diesen Zwischenbereich geraten. Dies stelle wiederum einen Konflikt mit der professionellen Distanz und dem Objektivitätsanspruch in der Pflege dar. Die dadurch entstehende »intermediäre Wirklichkeit« beruhe auf einer doppelten Täuschung – einer Art selbst geschaffenen Realität, die es den Pflegenden ermöglicht, mit den emotionalen Herausforderungen umzugehen.

Der Vortrag von *Oliver Zöllner* (Stuttgart) fokussierte das Dasein und Fortleben von Schallplattensammlungen »als transzendente Hinterlassenschaften«. Diese überwinden Mortalität und Tod, indem sie zum einem als biografische Spuren fungieren. Zum anderen ermögliche es die Sammlung, etwas in physischer Form zu hinterlassen, das später auf das Leben der sammelnden Person rekurriert. Vor dem Hintergrund der Frage, was am Ende bleibt, argumentierte Zöllner, dass dies insbesondere materielle Spuren seien, die einst aus dem Wunsch entstanden, fortzuleben. Dieses Fortleben sei dadurch garantiert, dass die gesammelten Artefakte die Authentizität der Existenz absichern. Hierdurch entstünden langfristige Bedeutung und persönliche Erfüllung, die nach dem Ableben durch die Existenz der Sammlung abrufbar gemacht werden können. Die totgeglaubte Schallplatte erfahre nicht zuletzt deshalb ein Wiederaufleben, da sie nicht nur Ton, sondern auch Erinnerungen speichere und über die physische Determination des Lebens transzendent hinauswirke.

Das vierte Panel begann mit dem Vortrag von *Nicole Kirchhoff* (Bielefeld) über das »Fortwirken des gestorbenen Körpers im Sezierkurs der anatomischen Ausbildung von Mediziner*innen«. Sie berichtete aus einem laufenden Projekt, das sich aus körpersoziologischer Perspektive mit der Leiche und ihrer Sektion beschäftigt. Dessen zentrale Forschungsfrage lautet, inwieweit die Forschung zum toten Körper dazu beitragen könne, den Körper als soziale Konstruktionsleistung besser zu verstehen. Daran schließe sich die Frage an, wie sich der Körper als Gegenstand der anatomischen Ausbildung von angehenden Mediziner*innen über seinen Tod hinaus sozial auswirkt. Während der Körper aus medizinischer Sicht als Material, Objekt und Subjekt von Gesundheit und Krankheit betrachtet werde, sei der soziologische Blick auf den Körper als Grundbedingung des sozialen Lebens und Handelns gerichtet. Mit dem Tod ende die Fähigkeit zur sozialen Praxis, und der menschliche Körper werde zum

Material für die anatomische Ausbildung von Mediziner*innen (sofern sich die betreffende Person zu Lebzeiten für die Spende ihres Körpers zu entsprechenden Zwecken entschieden hat). Inwieweit körpersoziologische Fragen, die sich auf den lebenden Körper beziehen, bei Studierenden der Medizin relevant sind, bilde den Gegenstand der empirisch angelegten Studie.

Mit einem Vortrag von *Thorsten Benkel* (Passau), der dem Thema »Geisterjagd mit Derrida. Abjekt und hantologisches Motiv« nachging, endete der erste Veranstaltungstag. Ausgehend von einer Episode im Leben der Performance-Künstlerin Marina Abramović beschäftigte sich Benkel mit dem spezifischen »Temporalmanagement« im Todesfall: Der Körper werde schnellstmöglich beseitigt, derweil soziale Bindungen weiterhin aktiv seien und Wirkungen entfalten. Anhand von vier Kategorien (das Unheimliche, das Toxische, das Ausdehnende, das Logistische) rekonstruierte der Referent das Verhältnis von sozialer Persönlichkeit und totem Körper. Als theoretische Bezugspunkte wählte er hierfür Julia Kristeva und Jacques Derrida. »Vom Abjekt zum Affektiv« gehend, machte Benkel sich für eine soziologische Berücksichtigung der »Hantologie« Derridas stark und schlug für die anhaltende Präsenz (oder vermeintliche Wiederkehr) der Toten in den Biografien der Lebenden den Terminus »Revenanz« vor. Zwischen Loswerden und Festhalten changierend, vermitteln solche ›Geister‹, dass Präsenz dann beklemmend werde, wenn ihr Gegenteil – Abwesenheit – überhaupt nicht mehr denkbar sei.

Panel 5 wurde am Folgetag durch den Vortrag von *Rico Gutschmidt* (München) mit dem Titel »Endlichkeit als transformative Erfahrung« eröffnet. Vor dem Hintergrund eigener Interviews mit Patient*innen, Pfleger*innen und Mediziner*innen in verschiedenen Palliativstationen veranschaulichte er, dass der Tod nicht nur eine biologische Realität darstelle, sondern auch eine transformative Erfahrung, die sowohl persönliche als auch epistemische Veränderungen hervorrufe. Obgleich der Tod als abstraktes Konzept verstanden werden könne, bleiben seine wahre Natur und Bedeutung unvorstellbar. Dies mache ihn zu einem Mysterium, das jenseits der menschlichen Vorstellungskraft liege. Diese Unvorstellbarkeit des Todes manifestiere sich insbesondere in philosophischen Überlegungen, in denen die Schwierigkeit, den Tod als vollständiges Ende der Existenz zu begreifen, thematisiert werde. Das Mysterium des Todes werde auch in religiösen und spirituellen Vorstellungen reflektiert, die den Tod als Übergang ins Unbegreifliche betrachten. Einige Menschen fänden Frieden in der Vorstellung des Todes als Teil eines größeren spirituellen Plans, während andere von Angst und Unsicherheit geplagt seien – insbesondere angesichts der Unvorstellbarkeit dessen, was nach dem Tod (nicht) kommt. Die Anerkennung des Mysteriums des Todes könne dazu beitragen, die Komplexität des menschlichen Erlebens und die Vielfalt der Reaktionen darauf besser zu verstehen.

Christian Banse (Göttingen) referierte über »Kommunikation von Grenzen in der Palliativversorgung«. Als Ausgangspunkt für seinen Vortrag und die ihm zugrundeliegende Interviewstudie diente die Beobachtung, dass palliative Angebote signifikant seltener von Menschen mit Migrationshintergrund genutzt werden. Dies liege vor allem an Herausforderungen in der Vorbereitung der Mitarbeitenden und den Grenzerfahrungen der Personen mit Migrationshintergrund. Die befragten Mitarbeitenden empfinden interkulturelle Sterberiten als fremd, tun sich mit kulturellen Unterschieden und sprachlichen Barrieren schwer und stoßen auf normative Verhaltensweisen, die ungewohnt für sie sind. Menschen mit Migrationshintergrund sehen sich wiederum vor allem mit Orientierungsproblemen im medizinischen System, dem Wunsch nach Rückkehr in die Heimat, der Sorge vor Diskriminierung und einer stark verankerten familiären Verantwortung für Sterbende konfrontiert. Um diesen Herausforderungen zu begegnen, setzen die Versorgenden auf »Rechtfertigungsregime«, die sie durch objektivierte, oft exkludierende Codes entlasten. Beispiele hierfür seien Bedrohungsszenarien, die Migration als Gefahr darstellen, die Infantilisierung der Betroffenen aufgrund sprachlicher Hürden und der Verweis auf Machtlosigkeit, um mangelnde Kompetenzen zu legitimieren. Trotz des Anspruchs auf interkulturelle Offenheit erschweren diese exkludierenden Mechanismen den Zugang zur Palliativversorgung für Menschen mit Migrationshintergrund erheblich.

Der nachfolgende Vortrag von *Carsten Ohlrogge* (Münster) befasste sich mit der transhumanistischen Perspektive auf den Tod, der zufolge es die absolute Begrenzung des Lebens mit technischen Mitteln zu überwinden gelte. Philosophische Diskussionen beleuchten den Tod aus verschiedenen Perspektiven, wobei sowohl seine soziale Dimension als auch seine unergründliche Natur hervorgehoben werden – insbesondere in den Werken von Ludwig Wittgenstein und Søren Kierkegaard. Der Transhumanismus betrachte den Tod als Hindernis für das menschliche Leben möchte ihn technologisch überwinden, ohne dabei jedoch die individuelle Sterblichkeit ausreichend zu berücksichtigen. Dies führe zu einer gewissen Unschärfe in der Betrachtung individueller Lebensformen und werfe Fragen nach dem transhumanistischen Streben nach ewigem Leben auf.

Das sechste und letzte Panel wurde von *Nico Wettmann* (Koblenz) und *Frederik Peper* (Gießen) eingeleitet. Im Fokus ihrer Betrachtungen stand der »(Un)sterblichkeitsdiskurs der Longevity-Community«. Hierzu präsentierten die beiden erste Ergebnisse ihrer Feldforschung. Die Longevity-Community verfolge das Ziel, das biologische Altern umzukehren. Nicht zu altern, könne dann dadurch erfolgen, dass der biologische Tod verdrängt oder sogar negiert wird. Die angestrebte Ausdehnung der Lebensspanne solle zu einer Steigerung der Lebensqualität führen. Altern werde demzufolge als Krankheit begriffen, deren Heilung erforderlich sei, um das Ziel der Unsterblichkeit erreichen zu können. Eine Ausnahme bilden dabei jene Todesfälle, die durch äußere Einflüsse (wie Gewalt oder Suizid) erfolgen und die durch keine Methode vollständig eliminiert werden können.

Den Abschluss der Tagung bildete ein Vortrag von *Josef Barla* (Frankfurt am Main) mit dem Titel »Todesarbeit und Nekrowert. Elemente einer mehr als menschlichen Thanatologie«. Die neuen Entdeckungen in der Biologie verändern das Leben nicht nur auf molekularer Ebene, sondern auch im Hinblick auf Wissen und Macht. Der bisherige Forschungsstand zur Biopolitik und Bioökonomie konzentriere sich in erster Linie auf Vitalitätszugänge, lasse das Lebensende jedoch außer Acht. Zwei Beispiele verdeutlichen, dass auch der Tod einbezogen werden sollte: Die genetisch veränderten Stechmücken von »Oxford Insect Technology« und »Target Malaria« seien so konzipiert, dass sie ihre eigene Art auslöschen, weil die Reproduktion der künstlichen mit einer natürlichen Stechmücke dafür verantwortlich sei, dass nur noch männliche, das Virus nicht (über-)tragende Mücken entstünden. Indem eine Insektenart mittels genetischem »Aus-Schalter« aussterbe, werde das Überleben vieler Menschen gesichert. Barla bezeichnete dieses dem Leben von Menschen untergeordnete gezielte Insektensterben als »Todesarbeit« und deren Funktion als »Nekrowert«.

Die Tagung bot dem interessierten Fachpublikum einen fundierten Einblick in unterschiedliche Fragestellungen zu aktuellen thanatologischen Forschungen.

Bonustrack: Ein schöner Tod von Leon Windscheid

Vor mir im Publikum sitzen über 3.000 Leute. Meine Eltern sind da, meine Freundinnen und Freunde. Es ist die Dernière meiner Tour, die letzte Show. Hier muss alles sitzen und ich bin wirklich mal wieder richtig aufgeregt. Als ich kurz vor der Pause, nach der Tasse mit meinem Wasser greife, um den ersten Schluck des Abends zu trinken, habe ich noch keine Vorstellung davon, was mir gleich durch den Kopf gehen wird. Ich setze an, trinke und merke sofort, dass etwas nicht stimmt. Das Wasser schmeckt nach Gift, nach einem Mittel, nach Desinfektion – unklar! Aber nicht nach Wasser. Und ich denke wirklich, das war's. Irgendwer (wer zur Hölle?) will dich vergiften, und gleich kippst du tot auf der Bühne um. Ich weiß es nicht mehr ganz genau, aber ich will glauben, dass ich mir in dem Moment gedacht habe: Ein schöner Tod. Das wünschen sich doch alle, bei dem, was man liebt, einfach umzukippen. Im Rückblick glaube ich, dass sich mein Hirn hier etwas zurechtbiegt. Ich weiß im Nachhinein nicht, wie ich vergessen konnte, dass mir die Jungs aus meinem Team doch noch erzählt hatten, dass es Brauch sei, bei der Dernière als Scherz Wodka ins Wasser des Künstlers zu mischen. Naja, ich hab's überlebt. Knapp zwar, aber immerhin …

Autorinnen und Autoren

Ekkehard Coenen, geb. in Jena, ist Wissenschaftlicher Mitarbeiter am Lehrstuhl für Mediensoziologie an der Bauhaus-Universität Weimar. Er hat Kulturwissenschaftliche Medienforschung, Medienkultur, Soziologie und Musikwissenschaft studiert. In seinem Promotionsprojekt befasste er sich mit den kommunikativen Zeitstrukturen des Bestattungswesens in Deutschland. Seine Forschungsschwerpunkte liegen im Bereich der Kultursoziologie, Thanatosoziologie, Wissenssoziologie, Mediensoziologie, Gewaltsoziologie und der qualitativen Sozialforschung.
Buchveröffentlichungen: *Zeitregime des Bestattens. Thanato-, kultur- und arbeitssoziologische Beobachtungen* (2020); *Lebensende. Einblicke in die Gesellschaft* (Mithg., 2024).
► ekkehard.coenen@uni-weimar.de

Michael Corsten, geb. in Mönchengladbach, ist seit 2008 Professor für Soziologie an der Universität Hildesheim. Studium der Soziologie in Bielefeld und Marburg, Nebenfächer: VWL, Wirtschafts- und Sozialgeschichte, Philosophie. 1988 Diplom, 1991 Promotion in Marburg, 1998 Habilitation an der FU Berlin. 1991 bis 2000 war er Wissenschaftlicher Mitarbeiter am Max-Planck-Institut für Bildungsforschung, 2001 bis 2008 Oberassistent an der Universität Jena. Seine Arbeitsschwerpunkte liegen in der Praxissoziologie, der Lebenslauf- und Generationsforschung sowie der Soziologie der Populären Kultur.
Buchveröffentlichungen u. a.: *Karl Mannheims Kultursoziologie* (2010); *Handbuch Qualitative Videoanalyse* (Mithg., 2019); *Lebenslauf und Sozialisation* (2020); *Praxis. Ausüben. Begreifen* (Hg., 2021).
► corsten@uni-hildesheim.de

© Hochschule München

Gabriele Fischer, geb. in Coburg, ist Professorin für Gender, Migration und Diversität an der Fakultät für Angewandte Sozialwissenschaften der Hochschule München. Einer ihrer Forschungsschwerpunkte liegt auf der Rekonstruktion von Praktiken des Erinnerns und Nicht-Erinnerns an Todesopfer extrem rechter Gewalt. Sie arbeitet außerdem zu den Themen Anerkennung, Geschlechterverhältnisse und Erwerbsarbeit.

Buchveröffentlichungen: *Anerkennung, Macht, Hierarchie* (2015); *Erinnern, Bildung, Menschenrechte* (Mithg., 2022).

► gabriele.Fischer@hm.edu

© Matthias Jung

Matthias Jung, geb. in Frankfurt am Main, ist Privatdozent am Institut für Soziologie des Fachbereichs Gesellschaftswissenschaften der Goethe-Universität Frankfurt. Er studierte u. a. Soziologie, Philosophie und Vor- und Frühgeschichtliche Archäologie. Mitarbeit in und Leitung von diversen soziologischen und archäologischen Forschungsprojekten. Seine Arbeitsschwerpunkte sind rekonstruktive Sozialforschung (Objektive Hermeneutik), Hermeneutik materieller Kultur, Sozialstrukturen prähistorischer Gesellschaften sowie Konflikt- und Gewaltforschung.

Buchveröffentlichungen u. a.: ›*Heimathirsche*‹. *Hobbyarchäologen zwischen Hedonismus und Professionalisierung* (2010); *Archaische Illusionen* (2016); *Narrative der Gewalt* (Mithg., 2019); *Konfliktvermeidung und Konfliktbeilegung in Gesellschaften ohne Zentralgewalt* (Hg., 2024).

► ma.jung@em.uni-frankfurt.de

© Makoto Kashiwabara

Makoto Kashiwabara, geb. in Tokio, ist in der Stabsstelle Internationales der Charité – Universitätsmedizin Berlin tätig. Nach dem Abschluss seines Bachelor-Studiums in Social Welfare an der Taisho-Universität zog er 1997 nach Italien und 2000 nach Deutschland. An der Charité erwarb er den Master in Public Health. 2014 gründete er die Organisation »Jamsnet Germany«, die sich der Unterstützung der japanischen Gemeinschaft in Deutschland widmet. Ferner ist er Mitglied des DeJaK-Tomonokai und leitete als erster Dozent in Deutschland Schulungen zum Thema Demenz-Support, die durch das japanische Ministerium für Gesundheit, Arbeit und Wohlfahrt unterstützt werden. Seine Interessen konzentrieren sich zunehmend auf Thanatologie und die kulturellen Unterschiede im Umgang mit dem Thema Tod, besonders im Hinblick auf japanische Migranten in Deutschland. Er engagiert sich ehrenamtlich und fördert den interkulturellen Dialog im Bereich der Pflege und des Lebensendes.

► kashiwabaramakoto@gmail.com

© Nicole Kirchhoff

Nicole Kirchhoff, geb. in Hagen, ist Wissenschaftliche Mitarbeiterin und Koordinatorin der Interdisziplinären Profilierung »Diversität, Gesundheit und Versorgung« an der Medizinischen Fakultät der Universität Bielefeld. Sie studierte Erziehungswissenschaft und Soziologie an der TU Dortmund und wurde an der Universität Jena promoviert. Ihre Schwerpunkte liegen in den Bereichen qualitative Methoden der Sozialforschung, Bildpraktiken, Körper, Geschlecht, Kindheit und Familie.
Buchveröffentlichungen: *Der neue Vater. Bilder einer Figur im Wandel* (2014); *Körperbilder und Bildkörper als soziale Praxis von Jugendlichen* (2024).

► nicole.kirchhoff@uni-bielefeld.de

© Matthias Meitzler

Matthias Meitzler, geb. in Groß-Umstadt, ist Wissenschaftlicher Mitarbeiter am Internationalen Zentrum für Ethik in den Wissenschaften der Eberhard Karls Universität Tübingen. Er studierte u. a. Soziologie, Psychoanalyse und Geschichte. Seine Forschungsschwerpunkte liegen in den Bereichen qualitative Methoden, Mediatisierungsforschung sowie Soziologie des Wissens, des Körpers, der Emotionen und des Alter(n)s. Seit mehreren Jahren beschäftigt er sich intensiv mit dem Spannungsfeld von Sterblichkeit und Gesellschaft.
Buchveröffentlichungen u. a.: *Soziologie der Vergänglichkeit* (2011); *Sinnbilder und Abschiedsgesten* (Co-Autor, 2013); *Der Glanz des Lebens* (2019, Co-Autor); *Wissenssoziologie des Todes* (Mithg., 2021); *Norbert Elias und der Tod* (2021); *Mythenjagd. Soziologie mit Norbert Elias* (Mithg., 2023).
► Matthias.Meitzler@uni-tuebingen.de

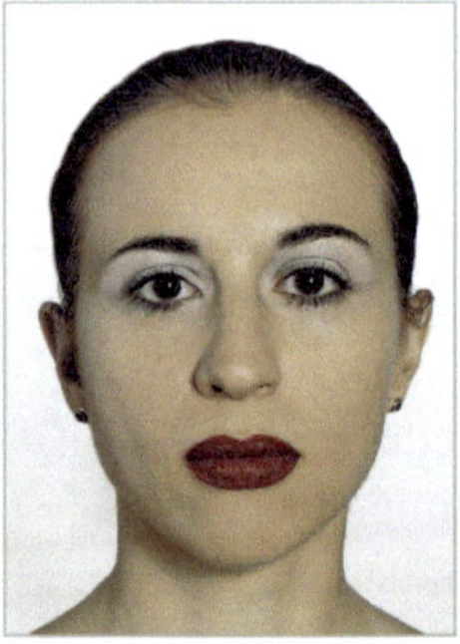

© Paula Muhr

Paula Muhr, geb. in Subotica, ist Professorin für Transdisciplinary Studies an der Brand University of Applied Sciences in Hamburg und visuelle Künstlerin. Zudem ist sie assoziierte Forscherin am Institute for Implementation Science in Health Care an der Universität Zürich und Gastwissenschaftlerin im Fachgebiet Sozialwissenschaftliche Wissenschafts- und Technikforschung an der TU Berlin. Zuvor war sie Postdoktorandin am Karlsruher Institut für Technologie (KIT). Sie promovierte am Institut für Kunst- und Bildgeschichte der Humboldt-Universität zu Berlin. Ihre transdisziplinäre Forschung bewegt sich an der Schnittstelle von Bildwissenschaft, Medientheorie, Wissenschafts- und Technikforschung (STS) sowie Medical Humanities. Sie untersucht die wissensproduzierenden Funktionen neuer Bild- und Visualisierungstechnologien in den Naturwissenschaften, von der Neurowissenschaft über die Medizin bis zur Astrophysik.
Buchveröffentlichung: *From Photography to fMRI. Epistemic Functions of Images in Medical Research on Hysteria* (2022).
► paula@paulamuhr.de

© Astrid Garth/Akademie der Wissenschaften und der Literatur Mainz

Julia Noll, geb. in Landstuhl, ist Wissenschaftliche Mitarbeiterin im Projekt »Die Deutschen Inschriften« der Akademie der Wissenschaften und der Literatur Mainz. Nach dem Studium der Geschichte und British Studies promovierte sie an der Johannes Gutenberg-Universität Mainz mit einer Arbeit zu Glasmalerei und ihren Stiftern im spätmittelalterlichen Köln. Ihre Arbeitsschwerpunkte liegen in den Bereichen Glasmalerei, Stifterforschung, Epigraphik und Geschichte der Elisabethkirche in Marburg. Buchveröffentlichung: *Zwischen Selbstdarstellung und Seelenrettung. Glasmalerei und ihre Stifter in Köln im 14. bis 16. Jahrhundert* (2024).

► Julia.Noll@adwmainz.de

© Carsten Ohlrogge

Carsten Ohlrogge, geb. in Bremen, ist seit 2022 Wissenschaftlicher Mitarbeiter an der Professur für Sozialisation am Institut für Soziologie der Universität Münster. Nach dem Studium der Soziologie, Wissenschaftsphilosophie und Kommunikationswissenschaft arbeitet er an einem Promotionsprojekt zu digitalen Erscheinungsweisen von Mensch-Maschine-Relationen und den Metamorphosen der menschlichen Person. Seine Forschungsschwerpunkte liegen in den Bereichen Leibphänomenologie, poststrukturalistische Sozial- und Sozialisationstheorie, kritischer Posthumanismus und Historiogenese von Menschen- und Maschinenbildern.

► carsten.ohlrogge@uni-muenster.de

© Marek Kruszewski/bph

Dirk Preuß, geb. in Nürnberg, arbeitet als Umweltbeauftragter im Bistum Hildesheim. Nach dem Studium der Biologie und der Theologie in Erlangen, Erfurt und Frankfurt am Main wurde er auf dem Gebiet der Wissenschaftsgeschichte (Dr. rer. nat.) bzw. Angewandten Ethik (Dr. phil.) an der Universität Jena promoviert. Die langjährige wissenschaftliche Auseinandersetzung mit Themen der Sepulkralkultur wurden durch eine Ausbildung zum Trauerbegleiter und pastorale Arbeit praktisch ergänzt.
Buchveröffentlichungen u. a.: *Grüfte retten!* (Mithg., 2013); *Facetten der Pietät* (Co-Autor, 2015); *Autonomie der Trauer* (Co-Autor, 2019); *...et in pulverem reverteris?* (2. Aufl. 2024).
► Dirk.Preuss@bistum-hildesheim.de

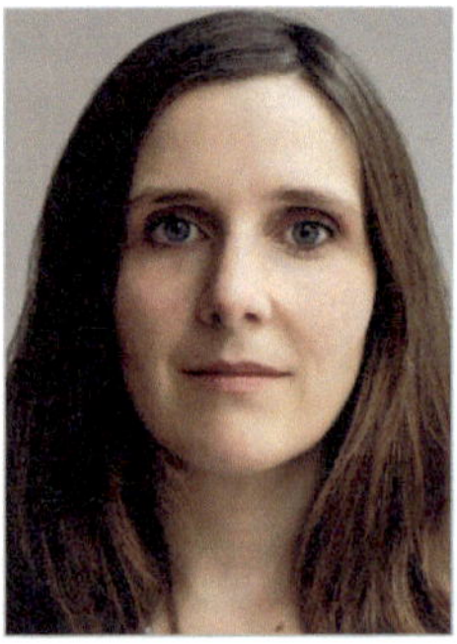

© Nicole Chahrokh

Nina Rabuza, geb. in Sindelfingen, ist Universitätsassistentin am Institut für Erziehungswissenschaft der Universität Innsbruck. Nach dem Studium der Philosophie und der Politikwissenschaft in Halle und an der FU Berlin arbeitete sie in der Bildungsabteilung des Max Mannheimer Studienzentrums Dachau. Sie promoviert an der FU zum Problem der Darstellung nationalsozialistischer Gewalt an KZ-Gedenkstätten. Aktuell forscht sie zum Verhältnis von Anthropologie und Kritischer Theorie. Ihre Forschungsschwerpunkte liegen zudem in den Memory Studies, der Antisemitismusforschung und der Bildungsphilosophie.
Buchveröffentlichung: *Verräumlichte Erinnerung. Die Grenzen der Darstellung nationalsozialistischer Gewalt am Modell der KZ-Gedenkstätte Dachau* (2023).
► Nina.rabuza@uibk.ac.at

© Volker Schubert

Volker Schubert, geb. in Versmold, ist emeritierter Professor für Erziehungswissenschaft an der Universität Hildesheim. Er studierte Germanistik, Politik und Erziehungswissenschaft in Marburg. Seine Arbeitsgebiete sind die Vergleichende und Allgemeine Erziehungswissenschaft sowie die Ästhetische Erziehung.
Buchveröffentlichungen u. a.: *Einführung in die Allgemeine Erziehungswissenschaft* (Co-Autor, 2013); *Einführung in die Ästhetische Bildung* (Co-Autor, 2013); *Der Pädagoge als Ingenieur* (2019); *»Alles kann besser werden, außer dem Menschen.« Anthropologie und Pädagogik bei Bertolt Brecht* (2025).
► V_schubert@web.de

© Stefan Rehbinder

Henriette Seydel, geb. in Ebersberg, ist Soziologin in München. Sie studierte European Studies an der Universität Passau und Konfliktforschung an der Universität Augsburg. Derzeit promoviert sie über Colonial Heritage Tourism in Tansania mit einer wissenssoziologischen Diskursanalyse der damit verbundenen Erinnerungspolitiken. Ihre Forschungsschwerpunkte sind Post-/Kolonialismus, Tourismus und Entwicklungspolitik.
► henriette.seydel@uni-a.de

© Marvin Ruppert

Leon Windscheid, geb. in Bergisch-Gladbach, ist Psychologe, Podcaster und Unternehmer. Er hat Psychologie an der Universität Münster studiert und promovierte an der Universität Witten/Herdecke mit einer wirtschaftswissenschaftlichen Arbeit zu Geschlechtervielfalt in Unternehmen und Frauen in höchsten Führungspositionen. Er produziert diverse Podcasts zum Thema Psychologie, moderiert Sendungen für den öffentlich-rechtlichen Rundfunk und tritt im Rahmen von Bühnenshows auf.
Buchveröffentlichungen u. a.: *Das Geheimnis der Psyche* (2017); *Besser fühlen. Eine Reise zur Gelassenheit* (2021).

Grabstein des Jahres

Auf dem berühmten Friedhof Père Lachaise in Paris liegt der Mann begraben, der als (zumindest begrifflicher) Begründer der Soziologie gilt – obwohl er zunächst von »sozialer Physik« sprach. In seinem Versuch, ein philosophisches System zu entwickeln, das gewissermaßen alle zentralen Fragen und Themen des gesellschaftlichen Lebens abdeckt, hat Auguste Comte sich auch mit dem Tod beschäftigt. Überliefert, und anhaltend relevant, ist dieses Postulat: »Les morts gouvernent les vivants« – die Toten regieren die Lebenden.

ES
WAR DOCH SO
SCHÖN!